ヤマケイ文庫 クラシックス

山の憶い出 紀行篇

Kogure Ritaro

木暮理太郎

Y L

Yamakei Library
Classics

著者肖像

目次

装丁・本文組版・地図製作　渡邊　怜

思い出ばなし

私の生れ故郷である東上州からは、秋から春にかけて、西北の風が吹く。よく晴れた日には、赤城、榛名、妙義の三山は言うに及ばず、秩父連山、蓼科(たてしな)山、浅間山、横手山、岩菅山から、奥上州の白砂山などが望まれる。皇海(すかい)山、武尊(ほたか)山、男体山なども、ほんの頂上だけではあるが見えている。

どうかすると稲含(いなふくみ)山の頂上の左の斜面に、ギラギラと輝く真白な雪の山の片鱗が現出することがある。老人に聞くと、あれは信州の和田峠だといい、いや木曽の御岳だという。後になって、それは八ガ岳の天狗岳あたりであることが判明したが、そんな途方もない答えも、唯山の名を知るのが嬉しかった。又船のようでもあり、屋根の破風(はふ)にも似ている面白い形の荒船山や、妙義などよりは、遥に高い両神(りょうかみ)山の怪奇な姿も目を惹いた。

秩父連山を、私の地方では単に秩父山と呼んでいる。夏秩父山に夕立が起ると、白い雨脚が先駆の風に靡(なび)いて、西から東へと次第に山や谷を掻き消して行くのを、横から眺めているのは奇観であった。秋稲を刈る頃、水の涸れた小溝に枯柴を敷いて、其の上に寝転びながら日向ぼっこをしていると、目路の果てにそそり立つ山々の嶺を、赤蜻蛉が列を作ってすいすいと飛び越して行くのが面白かった。冬友達と紙鳶を揚げるような日には、秩父山が殊にはっきりと近く見えた。前の村で揚げている紙鳶は、秩父山よりいくらも高くなかった。日の入際に糸を巻きながら眺めていると、空の色は燃えるような朱から樺に、樺から緑を合んだ冴えた透明な桃色に変って行く。それにつれて山の色も、赤紫から紫に、紫から紫紺に染って、夕暮の天にくっきりと描き出される。

　こんな環境が、私を山好きにした大きな原因であることは疑ないようであるが、其の頃の遊び仲間で、同じ位に山に興味を持っていた五六人の腕白どもの中、私の外には一人の山岳好きも出なかったことを考えると、其の後の境遇の変化にもよるであろうが、環境よりも、寧ろ山が好きになる素質というようなものが、先天的に存在している人と、そうでない人があるのではないかと思われる。

　此の素質がありさえすれば、どんな境遇にあろうとも、何かの機会を見付けて、それが現れずにはいないであろう。其の素質のない人は、山に登ることはあっても、終に山好きにはなり得ない。これは、友人尾崎喜八君の説である。

　富士講の先達に連れられて、十三歳に富士山に登ったのが、私の登山の第一歩であった。尤(もっと)も六つの時に赤城山へ登っているが、これは祖母に連れられて湯ノ沢へ湯治に行っていた序(ついで)に、人に負われて登ったのであった。それでも大洞の景色や、湖畔にあった氷蔵のことや、地蔵岳の頂上の地蔵様などは、朧(おぼろ)げながら記憶に残っている。明治廿一年七月の磐梯(ばんだい)山の破裂は、大いに私の好奇心を唆(そそ)って、翌年の夏には其の跡を見物に行って、帰りは檜枝岐(ひのえまた)から尾瀬に入り沼田に出た。吹割の瀑は追貝の荒磯という名で通っていた。往復十四五日の旅であったが、磐梯の外は山には登らなかった。

明治廿六年は、私が単独で山の旅に出掛るようになった記念の年である。そして夏休は大抵二三十日、長い時には四十日も歩き廻ったことがある。宿貨は普通十五銭から十七八銭、廿五銭となれば上等で、絹布の夜具に、其の頃はまだ珍らしいカステラなどがお茶菓子に出た。概して一日の費用三十銭乃至四十銭であったから、十円もあれば楽に二十日は歩けたのである。

当時私の友人に、瀑(たき)ばかりを探して歩く変った道楽者があって、或年関川の地震瀑や平湯の瀑を目指して、観瀑旅行をしたことがある。其の時の土産話で、私は始めて白馬山脈のことを知ったのであった。御礼としては私は袋田の瀑を教えてやった。

此の男は止むを得ぬ場合の外、決して草鞋(わらじ)をはかないことにしていた。大抵の山路はいつも日和下駄で歩く。支度といえば単衣(ひとえ)に脚絆(きゃはん)の尻端折(しりはしより)、宿に着くと手拭でばたばたとはたいて座敷に通る。店先で足を洗う世話がない。つまり不精から来たのであるが、これは旅慣れた人のしたことで、それが羨しさに真似たものと思われた。

　しかし服装に就ては余り人のことは笑えない。私の登山の支度とても似たようなもので、着衣はシャツに単衣物、ズボン下に脚絆、草鞋、茣蓙（ござ）を纏い、着換の単衣、冬のシャツ、其の他の必要品を二つの風呂敷包とし、更に油紙で包み、太い平打の真田紐で振分けにして肩に懸け、麦藁帽に蝙蝠傘（こうもりがさ）という扮装である。尤も麦藁帽のない頃は、てんで帽子など被らなかった。油紙は六尺四方もあるもので、野宿の際には天幕の代用ともなり、雨の激しい時は茣蓙の下に着た。両掛も山に登る時はぶらぶらして邪魔であるから、一からげにして真田紐で背負えば、背嚢（はいのう）と同様になる。吹き降りの日や藪の中では、蝙蝠傘は反って邪魔だ。それで腰にさして歩いた。

　最も困ったのは食物の用意と水のない場合であった。三日分位の食料は、大きな握飯を焼いて、十五位持って行くことにした。水は有る所まで飲まずにいる外に仕方がない。大抵は半日の辛抱で間に合った。この大握飯にはいつも閉口して、荷を軽くする為に腹の方へつめ過ぎ勝ちだ。それで兎角（とにかく）食料の欠乏を来して、よく失敗を演じたものだ。

　いつか信州方面から嵐の日に甲斐駒に登って、頂上の陸地測量部の天幕に泊めて貰い、屏風岩の小屋があるから安心と思って、朝食の分まで晩に平げてしまった所、小屋の主人が食料の買入に下山して留守だった為にすっかり当がはずれ、ヒョロヒョロに疲れて、今よりずっと上手にあった尾白川の丸木橋を馬乗りになって辛くも渡り越え、這う様にして台ガ原まで辿り着いたことは、今も忘れ得ない記憶の一となっている。

［『登山の今昔』昭和三十（一九五五）年・山と溪谷社］

木曽御岳の話

［明治二十六（一八九三）年八月］

今日は懐古の夕だそうですから思いきり古い話をすることにしますが、私の古い山旅はただぶらぶら歩いていたのみで日記さえもつけない、ですから忘れてしまった方が多いのは残念ですが、しかし何といっても、見て面白いし、登って面白いし、読んで面白く、聞いても考えても亦おもしろい山のことですから、随分古い思い出はあります。そのうちで一番よく頭に残っているのは、初めて木曽の御岳へ登った時のことです。その話はいつか前にもしたことがあったかと思いますけれども、また一つ今夜お話して見たいと思います。

なにしろその頃は中央線の汽車がまだ八王子までしか通じていないし、碓氷トンネルがやっと出来て汽車が通じて間もない明治二十六年、丁度私が二十でございました。何故御岳へ行ったかといいますと、その頃私の家は御岳講に入っていましたからその講中の者が参詣するというのでそれについて行ったわけです。しかし講中と同じ行をすることは御免を蒙りました。あれは毎日水ばかり浴びているのですから、もっとも夏のことですから別に苦にもならないでしょう。朝起きると水を浴びる。夕方宿に着くと早速また水を浴びる。それがこの講のお勤めなのです。その連中と一緒に碓氷峠を越えて岩村田から長久保へ出て行ったのですが、その辺はあまり記憶に残っていません。ただ和田峠の頂上で客をのせる馬が多いのと、馬子が賃銭を受取るとすぐ側の林の中で賭博をやるのには驚きました。その時あの餅屋の餅を食ったが、どんな味だったかすっかり忘れてしまいました。

それから下諏訪の亀屋へ泊ったとき、入口の土間の揚げ板をあげてさあ足をお洗い下さいという、勿論草鞋（わらじ）ばきです、見ると湯がどんどん流れている。なるほどこれは重宝だなと思った。足を洗うとすぐそばに湯殿があってそれに飛び込む、そして水行を済してからゆっくり晩飯という段取は、講中には誂向きに出来ているがお相伴の私には、千松ほどでなくとも可なりつらい辛抱でありました。

翌日は塩尻峠を越して洗馬（せば）に出てそれから木曽街道を下りました。途中なんでも奈良井の日野屋だったと思う、そこに泊った時、この家は白味噌の味噌汁が自慢なので、朱塗りの大椀に盛って出す、何杯お代りしてもいい。いいどころじゃない。椀がからになるとすぐお代りを持って来る。これには随分閉口しましたが、中には勇敢な奴があって十二杯ぐらい平げた。今はあるかどうか知りません。外にも御岳講の講中が幾組も泊っているので、給仕の女達がもう沢山だという客の手からお椀をひったくる、もういらない、もっとおあがりなどと飯時には大騒ぎでした。

それから鳥居峠を越えて藪原（やぶはら）へ下ってそこへ泊ったのです。夜になると小娘が花漬を売りに来る。丸、四角、扇形などさまざまの形をしたちいさい曲げ物に、紅、淡紅、白と、主に梅、桃、李（すもも）などの花や蕾を巧に按配して入れたもので、木曽の宿では大抵売りに来ました。見た目には誠に綺麗なものです。それからお六櫛というのがありまして、これも今はないかも知れませんが、それを売りに来ました、それがどういうわけでお六櫛というのか謂（いわ）れは聞きませんでしたが、とにかく本物の黄楊（つげ）で作った特有な形をした櫛でした。鳥居峠には頂上に茶屋がありまして、そうめんを売っている。冷たい水に浸してあるのでそれが非常にうまい。真正面に御岳が見える。鳥居が立っていてそれに落首が書いてあった。

お鳥居のやうに両足ふんばつて　山をにらんで拝むつらつき

というのです、ちょっとおもしろいと思いました。

峠を下れば本当の木曽街道で、その頃は今とちがって木曽街道もなかなか風情があったように憶えています。それは田部君も言ったけれども、われわれはどうも昔のことをひどくいいように覚えているのです。木なんかでも実際はそれ程でもなかったろうと思うが非常に大きかったように覚えている。どうもそういう傾向——癖がある。その頃私は太平記を愛読しておりましたが、山路雨無うして空翠常に衣をうるほすという文句があるのを思い出して、うまいことをいったもんだとつくづく感心しました。それは藪原から先へ行きますと宮越までの間は、両側が迫って来て大きな木が立ちならび、水楢や橡（とち）などもあったように思うが、繁り合った葉がそよふく風に揺れて、其間（その）から洩れる日の光が翠（みどり）の竪縞を織りなしている。その並木の間を通るとひやりと涼しく、しっとりした感じはいい気持ちで、これが空翠というのだなとおもいました。

それから福島の蔦屋に一泊して翌日王滝へはいった。福島から木曽川を渡ると間もなくかなり大きな黒木の林が続いて、下を流れている川は見ようと思っても見られなかった。一と所脚の下に川を瞰（み）る場所があって矢張り木曽川と思っていたら、それは王滝川で、いつの間にか右へ廻り込んでいたのでした。其後に行った時はもうそんな林はどこへけし飛んでしまったか少しも見られませんでしたが、その当時はそこに黒木の林が茂っておった。動物園に行くと沢山飼ってあるあの縞栗鼠（しまりす）、私はそれを単に木鼠だと思っておりましたが、それが沢山おりました。それに高い枝から可なり太い蔓（つる）が下っておった。それにつかまれば上へ登れそうな太い蔓です。それを私は霧藻だとばかり思っていました。後で武田君にそれはシラクチヅルだと嗤（わら）われたけれども、木深い木曽の方では霧藻でもだんだん伸びて地へとどくと、地中へ根をはって大きくなるのだろうと考えていました。それがまたなかなか沢山ある。それを木鼠がさかんに上ったり下ったりしている。人を恐れる気配もなく、余り近く跳び歩くので終いにはそれを一匹捕ってやろうという気になって追いかけましたが、のろいようでも素早いので手捕りなどに出来る筈もありません。なにしろ黒木の林の中に栗鼠が沢山戯れていて、余り人を恐れないというような光景は、今では容易に見られないでしょう。われわれが山へはいる頃には何処にも森林が非常に茂っておって、殊に黒木の森林であると、その中へはいるのが楽しみでもありまたなんだか恐ろしいようでもあった。そんな林の中では少しの物音――がさっと音がしてもすぐぞっとする程緊張していたものです。そういう森林が福島に近い木曽川や王滝川の岸にずっと続いておったのですが、その後三年経って行った時にはもうだいぶ伐られておりました。御岳は五度ばかり行っておりますけれども、行く度に木がなくなって、終にはすっかり昔の面影が見られなくなってしまいました。

常盤橋から今では沢渡(さわど)峠を越えて行きますが、私共はクズシロ峠というのを越えていきなり田嶋へ下り、すぐ釣橋を渡って王滝に着いたように覚えています。五万の地図で見てもどうもよくわからないのですが、尾羽林を通り崩越への峠の上から尾根伝いに一四三二米の三角点附近に至り、そこから西に下ったのかも知れません。長い峠路で大雷雨に遇い、それが霽(は)れると正面に御岳を仰いだことを覚えています。次に通った二十九年にはまだ其儘(そのまま)でしたが、四回目のたしか明治三十三年の時にはその道がなくて、ずっと下の方の峠を通りました。これは田部君が言ったように峠の解消とでもいうんでしょうか。鞍馬橋を渡ったのは更にその次の登山の時でありました。

王滝では松原彦右衛門という人の家へ泊りました。今その家があるかどうか、大きな家だったから多分あるだろうと思います。そこへ泊ると御岳講の連中が二三十組も泊っておりましたろうか。いよいよ明日はお山へかかる。今日は特にたびたび水を浴びなくちゃいけないというので、盛に行が始まる。水を浴びるといっても、御岳教の教文を唱えながら、流し又は行場へつくばって絶えず両手で頭へ水をかけ、四五分経ってから最後に大きく胸から体へ懸るようにする。それを二三遍繰返してやる。もっとも傍に湯が立っていて、寒くなれば湯にはいってまたやるのです。そうして車座をつくって、まん中に中座(なかざ)を勤める人が御幣を持って坐ると、先達がその中座の前に坐る。そうして教文を読みはじめる、そうすると早ければ四五十分、遅くも一時間過ぎには中座に御岳さんがのり移るのです。教文は神仏混合で、いろいろのお経や祝詞やお祓いを読む、高天ケ原の祝詞からはじまって不動様のお経までやる。ことに般若心経をよくやる、それは中座の人によく利くお経やお祓をやるので、ある中座の人は般若心経を最後に読まなければ神様がのりうつらない。ある人は六根清浄の祓でないといけないという工合で、このことをお座をたてるといいますが、このお座が幾つも立つので、こっちでは般若心経を繰返す。あっちでは高天ケ原を繰返す。いずれも真剣だから笑われもしない。そのうちに中座の人が両手で持っている御幣をすうと頭上に上げて強く急に振り動かす、即ち神がのりうつったのです。そこで先達がいろいろ伺いをたてる。たとえば、エー御前様（ごぜんさま）、明日のお天気は如何でしょうという類である。すると中座は御幣を頭の上でパッと振る。其時の御幣の紙のかえり工合を見て先達が判断するのですが気のきいた人は実によく当てる。なかなかおもしろいものです。中には水の浴び方が足りないといって叱られるものもある。内所で何かよくないことをしたものは、大抵ここで泥を吐いてしまう。さもないと頂上まで登れないで必ず途中でへたばるということです。それから皆な自分の家のことを心配して何か変りはないかと伺って見る、大概ないといいます。時とすると誰の家に急変が起ったと云うので非常に騒ぎ立てる組もあるそうで、それがだいぶ当るらしいのです。訊ねて見ると易と同じように御幣の十三枚の紙の裏表の組合いの工合によって判断する規定があるらしく、それをその場合に応じてうまく判断しなければならぬから、先達はなかなかむずかしい役だろうと思いました。ですから気の利いた先達がいるとその講中はなかなか繁昌するそうです。中座は物を言わない場合の方が多いようですが、中にはおごそかな句調で神意を告るものもある。私などには抑揚の強い含み声なので何を言ったのか少しも分らないが、先達は慣れているので気持よくてきぱきと処理してしまう。それから明日のお山が無事に済ませるようにと皆中座の前に放射状に足を投げ出して御幣でお加持（かじ）をして貰う。これは足の疲れを癒す為で、私も一緒にやって貰いました。夫（それ）が済むとまた一しきり教文を合唱する。そして先達は其間に臨兵闘者皆陣列在前と唱えながら九字を切り、中座の肩から腕のあたりを撫でるのです、そして握り緊めている指の硬直が弛むと、先ず御幣を取って自分の衿にさし、更に何処か急所をうんと押すと、神は離れて中座は平素の吾にかえり、皆と一緒に読経して、お座は終りとなるのであります。

　お山をかける朝の出立は早い、大抵午前三時か三時半、遅くも四時には銘々が松明（たいまつ）を持って出掛ける、昔の絵によく描いてある通りです。麓のものは遠くから見られませんが、田ノ原から上ですと、もう偃松（はいまつ）帯で邪魔な木立がないから、一列の松明が蛇のようにうねりながら山を登って行くのがよく見える訳です。途中に清滝というのがあります。

　そこへ寄ってまた滝に打たれる、水量は少ないが高さは三四丈もありましょうか、それに叩かれるとなかなか痛い、滝壺はなく平な一枚岩なので、般若心経を口誦しながら其下を往復すると、経の終る頃には十遍位も往復することになって、背中は真赤になってしまいます。私も打たれて見ましたが冷たいのと痛いのとで五六遍で飛び出しました。随分頑張っても八九遍やるともう参ってしまいます。慣れている先達などは十五へんも二十ぺんもやる。今度お出かけになったらおやりになるのも一興でしょう。

それから俗称神王原（じんのうっぱら）を通り過ぎて昼も薄暗い黒木立の中を登りました、例の太いシラクチ蔓があったことを覚えています。三笠山に参詣して田ノ原の小屋に休み、雲の去来する中を六根清浄を唱えながら王滝口の頂上に著（つ）いたのは夕方でした。何にせお宮や石碑があれば一々杖を止めて拝みを上げるので非常に時間を潰すから道は捗りません。ここで私は一行と別れて二の池の小屋へ行って泊りました。そして翌日は山を一廻りする積りで小屋の主人によく道すじを聞きただしますと、なにしろ講中の登山者ばかりいるのですから、迂闊（うかつ）な真似をして、お山を荒すというので殴られでもしては大変だというので、いろいろ注意を受けました。御岳講では御神符ということをいいます。それは頂上に一の池、二の池、三の池、四の池、五の池というて五の池があるのです。もっとも一の池には水のあることは稀で、四の池は水は流れているが池にはなっていません。是等（これら）の池の水に半紙を浸してそれを乾かして貯え置き、病人があると夫を小さく切って汲みたての清水に入れて飲ませる。それが薬になる。とにかく御神符は奥の池の水に浸したもの程利き目が著しい。二の池よりは三の池、三の池よりは四の池、四の池よりは五の池の方がいいのだそうです。後には池の水を竹筒や瓶に入れて持ち返る人があるようになりました。ところが三の池から奥へは余程行を積んだ先達でないと行かれない。たいがい三の池でお終いです。二の池では余り近いし三の池なら丁度よい。四の池となると恐ろしくて近寄る人は殆んどない。

三度目の登山の時でしたか二の池の小屋の主人が、昨日東京から来た人でこの池で泳いだ者がある、勿体(もったい)ないことをしたものだ、よく罰が当らないと話したことを覚えている。後でその話を梅沢君にしたところがその当人が梅沢君だったのには驚いた。梅沢君が早く亡くなられたのは其の所為(せい)かも知れぬ、といったら同君は地下で「何を馬鹿な」と例の腹を突き出してワッハッハと大笑いすることでしょう。ともあれ山を神聖なものと崇めている講中の前で、目に余ると思われるような行為をせぬようくれぐれも注意されたのでした。

二の池で泊って、私は翌日起きて驚いた。あんなに沢山の高い山があるのを一目に見たのは初めてです。先(ま)ず東の方を見ると、鼻につかえる位の近くに目八分の高さに長い山がある。其上には更に高い山があり、どこまで続いているのか、先の方は棚引く横雲に隠れているので分らない、何山だか小屋の主人に聞いてもよく知らぬ。側に居た駒草採りの男が甲州の山で白峯(しらね)というのだと教えてくれました。賽の河原を過ぎて三の池まで来ますと、火口壁の上では幾組もの先達が池に向って盛に九字を切っていました。見ると幾人かが池の水へ御神符の紙を浸している所でした。其人達の居なくなるのを待って池の畔に下り、東側の偃松の中を辿って継母(ままはは)岳の頂上に出て振り返ると、梵天(ぼんてん)のようなものを押し立てた四十人余りの白衣の信徒達が池に向って高声に祈禱しながら九字を切っていました。下は真青な池です。私は何だか恐ろしくなって急いで四の池の火口壁内へ下りて、冷たい水の流れている草原に腰を卸して暫く休んでから継子岳を上下し、高天ケ原の最高点に立ったのでした。この附近までは駒草採りも稀にしか入り込まないと見えて、十も二十も花の咲いている大きな株があっちにもこっちにもありました。私も五つ六つ採集して紙に包み、小屋に帰ってから主人に見せたら、ヤア旦那、二両がとこ仕事をしましたネと言われて吃驚(びっくり)したのでした。ここまで来ると北の方の雲がいいあんばいに晴れて、いきなり鼻の先へ頭が小さくて恐ろしく根張りの大きい山が現われる。それが乗鞍でした。おまけに乗鞍の南の斜面には大きな残雪があった。御岳では二の池の西側に僅かしかなかったのですが、乗鞍には沢山雪が残っていたので、これは御岳より高い山ではないかと思って残念なような気がしたのでした。

更に後の方を見ると三つ穂の槍のような山が見える、支那人の所謂一柄三尖の槍に似ている。つまり槍と奥穂高と前穂高の三つが三叉の槍のように見えたのです。あれが小屋の主人から聞いた槍ケ岳であろう。私はこの三尖が一個の槍ケ岳だと思ったのです。穂高なんて名は知りもしなければ聞いたこともない。そのために穂高へ登りそこなったのでした。私は四方の山を見ている中にぼうとなってしまって、殆ど夢中で五の池から摩利支天、一の池の三十六童子を廻って小屋に帰り、其日の中に下山して宮ノ越に泊ったのですが、意識的に日本アルプスの山々を大観したのは此時が始めてでありました。二度目に行った時は、ちょうど二十九年で「日本風景論」を読んでいましたから御岳はつけたりで、立山を振り出しにどうしても槍へ登りたいと思って行ったのですけれども、案内者を傭って登るなんてことは知らなかったものですから、なんでも山へは一人で登るもののように思っていたのです。それで「風景論」を読んでみると三千五百三十一メートルと書いてある。富士山のほかにも高い山があるものだ、これはどうしても登らずんばあるべからずと思って行ったのですが、註のところに時に雷鳥、熊、かもしかを見ると書いてあるので熊に恐をなして断念しました。その時島々で穂高へ登ったらよかろうといわれたのですが、そんな名も知らない山へ登ったところがしようがないというのでとうとう登らなかったのは今から考えると甚だ残念です。兎に角御岳へ初めて登った時が、日本にもこんなに高い山が沢山あるぞということをまざまざと見せつけられたので、一番よく記憶に残って居ります。

後になって、ある日行きつけの本屋をちょっと覗いてみると「山岳」という雑誌が出ている。おや、これは大変なものがある。どんな人が書いているのだろうと思って開けてみると知らない名前が沢山列ねてある。さあ大変だ、世の中には山の好きな奴が随分沢山あるものだと思いました。そしてそれは多分皆自分と同じ位の年配だろうとばかり思っていました。ところが後で知り合になってみると皆な若い人ばかり、これにも驚いた。こんなに若いくせに山へ登るなんて……。それがこの頃、見渡したところ孰れも小鬢に白髪の加わっていない人はないのですから、懐古の夕というような催しが出るのも止むを得ないことだと観念した次第です。

［昭和八（一九三三）年八月、日本山岳会「懐古と幻灯の夕べ」講演録・「日本山岳会会報」昭和八年八月／『山の憶ひ出』下巻　昭和十四（一九三九）年・龍星閣］

サビタのパイプ

［明治二十九（一八九六）年五月］

日清戦争の終った年、冬休みに帰省した友の一人が、札幌からサビタのパイプを二三本持って来た、アイヌの手細工だそうである。見たところ、仄に赤味のさした水飴色の木肌は潤いがあって、どこか象牙を想わせる感じがある。「一年も経つと、もっといい艶が出るぜ」と自慢しながら、煙草をふかしては、パイプを逆しまにする、紫を含んだ翠色の烟が、パイプを撫でるようにすうと昇って、手許で波をうって崩れる。その頃は、プリシラとか、リッチモンド・ベルなどといういい匂いのする、甘い上等のアメリカ煙草が、容易に買えた、皆刻んだまま缶入りになっているのを、自分で紙に捲いて吸うのである。この翠紫の烟に燻されたパイプを、ネルか何かの柔い布で拭きこむと、成程日毎に艶を増して、いかにも好ましい色合となるのであった。

このサビタのパイプは後になって一時流行したのであるが、その当時は仙台市中では、未だ何処にも売っていなかった。皆が羨しがって、手に入れようとするが、どうにも仕様がない。北海道の山にあるものならば、仙台付近の山にも生えているかも知れないというので、愈々サビタの木を採集に出かけることになった。丈の矮い、漸く二尺前後の灌木であるから、山に雪が積っていては見付からない、雪消まで待つことにして、其間に山を、何処がよいか、物色することにした。

仙台市に初めて来た時、私の目を惹いた山が三つあったことを覚えている。一は大白山で、高さは三百二十一米、三つの山の中では最も低く、最も近く、仙台市の西微南に在って、直径にして七粁許り離れている。そのような低い山が、何故人目を惹くかというと、仙台市の西に、広瀬川を隔てて俗に向山と呼んでいる、二百米前後の丘陵が蟠っているが、その丘陵の上に、百二十米の円錐頂を一気呵成に聳立させている為である。其突兀たる山頂は、汽車が阿武隈川を渡って、岩沼町に近づく頃から、既に注目の的となり、海上の漁船からは、常に航行の目標とされているとの事である。形が盃を伏せたようであるから、大白山の雅名はあるが、土地の人は烏兎ガ森と称している。狭い頂上は、大きな安山岩の堆積で、其上に磁石を置くと、終始左右に揺れて、一定の方向を指さないのに驚いたことがあった。しかし此処にはサビタが生えていそうに思えなかった。

烏兎ガ森から南に連なる山脈が、西するに従って、次第に高さを増し、羽前の国境近くに、一座の雄峰を崛起している、それは大東岳であって、私の目を惹いた山の一である。頂上は南北に長い熔岩台地から成っている、東側と南側とに岩崖を連ね、殊に南側に甚しい。しかも闊葉樹ではあるが、木が繁っているので、火山岩と花崗岩、青木と黒木との相違はあっても、外貌は明科あたりから望見した信州の有明山に似ている。唯標高が千三百六十六米で、有明山よりは九百米も低く、且また小さい。それから考えると東は形から名付けられた四阿であろうと想われる。仙台市から約三十粁の距離に在る。この山ならばサビタも生えていそうである。しかし誰もまだ登ったことのない山であるから、距離の点は別としても、之はてんで問題にならなかった。

残る一つは泉岳である。仙台市の北西約二十粁に在る山で、高さは千百七十二米、これも火山岩から成っているらしく、頂上には噴火口の遺趾とも見られる窪地が残っている、小笹や矮い灌木が繁っているが、あたりにごろごろしている岩塊は大きい。岩から岩へと跳び歩く拍子に、それが動いてゴトリと音がすると、よく兎の子が逃げ出したものだ、このあたりの岩の下は、兎の棲家として、如何にも恰好の場所である。東から北にかけて中腹や山頂付近にブナ林が見られる外は、概ね茅戸で、殊に南面は、頂上から五百米の等高線あたりまで、殆んど喬木を見ない。秋も半を過ぎると、この茅戸が霜に焼けて、美しい茜色に変ってゆく、そしていつか狐色に色の褪せた山肌を、鮮に望む日が四日も五日も続くと、初雪がおとずれるのである、それは大抵十月下旬か、十一月初旬であった。

この山の都合のいいことは、土曜日の午後に仙台を立てば、翌日頂上を窮（きわ）めて、其日のうちに楽に帰れることである。私は九月に仙台へ来て、真先にこれへ登った。それからも既に三度は登っている。いつも三里計り歩いて、南麓の根白石（ねのしろいし）で食料を仕入れ、更に一里半程上った、芳（よし）ノ平の小屋で泊ることにしていた。小屋といっても、茅葺（かやぶき）屋根の掘立（ほったて）小屋で、四方を茅で囲い、南の方に狭い入口が明けてある。勿論床などあろう筈もない、それでも三、四人で雨露を凌ぐには充分である。毎年新たに造り替えられるが、位置は其都度少しずつ変っていた。何用のものか、つい聞き洩らしたので、知らずにしまった。場所は打ち開けた高原状の台地とはいえ、闇の夜など、一人泊りは相当淋しかった。狐に覗かれたことも二度ばかりあった。

山に就いては、少しも知る所のない連中のことであるから、私がこの三つの山の話をして、中にも泉岳のブナ林が有望であろうと思う旨を告げると、皆が一も二もなく賛成して、雪が消えたら、泉岳へ採集旅行を試みることに極（きま）った。雪に明け雪に暮れる北国の、幽鬱（ゆううつ）な冬も過ぎて、待ち遠しかった春が、遂に訪れて来た。峡（はざま）の奥では、谷をどよもす雪崩の音が、まだ山にこだましていることであろう、けれども、雪解に嵩（かさ）の増した広瀬川の水は、もう冷くはないのか、河鹿（かじか）が絶えず、遠く近く鳴いている、朧（おぼろ）月夜にふさわしい清亮(せいりょう)な声だ。岸の山吹も花盛りで、瀬々には鮎子さえ走り、淵にはうぐい山女魚(やまめ)が躍(おど)っている。蕗(ふき)の薹(とう)は既にほうけてしまったが、蕨薇(けつび)は丘に萌え、独活(うど)は谷間に茎を抽(ぬ)いて、山家の食膳は、日毎に賑やかならんとしている。眼を上げると泉岳は、青空に浮ぶ綿のように白い雲の下で、雪かずく陸羽の国境山脈を背に、暖い春の陽光を浴びて、かげろう燃ゆる山膚が、うす紫に匂っていた。

サビタ探検隊の出発す可(べ)き時は来た。

五月初旬の或る土曜日の午後、七人の一行は、三食分の食料として、各自に三個宛の大きな日の丸弁当を携帯し、仙台をたった。北山の俗称ある二百米足らずの丘陵を踰(こ)えて、根白石まで三里の路は、正面に目指す泉岳の姿を眺めながら、一歩一歩と近付いてゆく楽しさは味わえるものの、至って単調である。根白石からいつもは左に芳ノ平道を取ったのであるが、今度は右に入り、朴沢、高野原を経て、泉岳と北泉岳との間に発源する沢に沿うた道を辿り、それを上りつめて、北側から頂上に出ることにした。

高野原には其頃まだ人家は無かった。朴沢というのは、元はそこを流れている渓流の名であったろう、その流れに男滝と呼ぶ二丈許りの滝が懸っている、路のすぐ傍であるが、村からは五六町離れている、その滝に浴する人の為に建てたお籠(こも)り堂のあることを知っていたので、そこに泊ることにしていたのであった。

根白石は、三四十戸の人家が道の両側に、まばらではあるが軒を並べて、中央を清澄な川水が流れ、愛するに堪えた古駅の面影を偲ばせていた。七北田（ななきた）川上流の小盆地に於ける日用物の集散地である。夜寒を凌ぐ料に、少しの酒と肴を購（か）い、町はずれで右に七北田川を渡ると、丘陵の裾を流れる小川に沿うて遡って行く、山吹が花盛りであった。家ありとも見えぬ木の間に、唯炊烟のみゆるく棚引く朴沢の部落を過ぎて、お籠り堂に着いたのは、遅々たる春の日も漸く暮れて、黄昏の色が、あたりを罩（こ）めようとする頃であった。無人と思いの外、堂内からは火の光が洩れ、すぐ前の清水を湛えた水槽には、大きな鰹が三四本浸してあり、傍に太い尺許の独活が二三十本置いてあった。声をかけると戸が開いて、赤々と燃えている炉の、自在にかけられた鍋から、味噌汁の香が強く匂って来た。聞けば明日はここの不動尊の縁日に当るので、其準備に来たのだという。泊めて貰えまいかといえば、独りで淋しかった、よく来てくれたと大喜びである。お礼心に、持参の酒をさし出したので、愈々機嫌よく、早速手作りの鰹の刺身に独活を添えて、酒を羞（はじ）め、はては、明日また貰いに行けばいいと独語（ひとりご）ちながら、用意してあった一升余りの酒をも平げてしまい、酔うたまぎれに、上方見物の滑稽な珍談を嬉しげに語り続けて、自ら悦に入っているのであった。この五十男の素朴なる無邪気さよ。眼を閉じると今も其時の有様がありありと脳底に浮んで来る。

翌日は、ゆうべの残りの汁を温めて、朝食を済し、夜のしらしら明けに、まだ鼾睡(かんすい)から覚めやらぬ堂守を残して、出発した。今朝早く来る筈になっているという世話人達は、来て見て、さぞ驚くことであろうと、皆おかしくなって大笑いした。

川沿いに細長く開けた原の縁を、東から次第に西に廻りこむと、二十町余りで、道は全く峡間に入り、狭いが高い崖の上に通じている。このあたりでは、木の芽は纔(わずか)にほぐれた許りで、下には褐色の苞(つと)が隙間もない程に落ち散っていた。独活なども寸青を擡(もた)げたのみである。

夜は既に全く明けて、青い空には一片の雲もない。こんな好く晴れた日の五月に、山へ、それも低いものではあるが、登るのは初めてであった。山に入る日の朝の、あの引き締った気持が、いつか私を支配していた。サビタのことなどは、とくに忘れて了って、知り尽している筈の山の頂上に、何か未知のものに対する憧憬のような、不可思議な情熱を感じて、心を躍らしているのであった。

崖の上の道は、二十町あまり続いた。それが終ると、東をさしていた谷の向きは、西北に転じて、十町余りの先きに、蘭(あららぎ)山と泉岳との山足が、東西から迫り合って、急に谷の行手を塞いだ形になっている。近づくと白いものが目に入った。雪だ、まだ雪があるのだ、皆驚き顔に、まじまじと眙(みつめ)ていた。陸羽の国境山脈には、斑(まだら)に雪が残っている、それは目に見えているから確だ、けれども泉岳に、しかも五月、残雪があろうとは、誰も思い寄らぬ事であった。それ程山の雪の知識などは、皆無かったのである。

谷を離れて、右岸の小さな尾根に登ると、前面が開けて左手に広い雪田が顕れた。更に登ると、その雪田は、他の一層広い雪田に続いていた。つまり泉岳の北側は、まだ全部雪に掩われているのであった。厚さは三尺から六尺を超えていた所もあったろう。ブナの木影が雪の上に紫色に滲んでいた。サビタを採集する望は、この雪で絶えてしまったように思われたので、皆がっかりした様子であった。

体まで潜ることはないにしても、この深い雪の上が歩けるだろうかと、皆不安に襲われた。しかし案じることはなかった。雪は堅く締っていて、少しも落ち込むことがない、何処でも自由に歩ける。それに藁沓や爪掛などを用いず普通の足拵でも、冬雪のように凍むものでないことを知った。これは初めての経験である。この経験に物を言わせようとして、明くる年の春休に、関山峠を踰えて、山形に行き、高湯から蔵王山に登り、青根温泉に出て、帰仙したのであるが、生兵法は大疵の基の例に洩れず、熊野岳付近で大吹雪に襲われ、賽ノ河原では殆んど道を失し、辛くも峨々温泉に辿り着くことを得たのであった。

この登山で、少し高い山では、四五月尚お、屡々吹雪の荒れ狂うことがあるものと、また初めて知った。尤もこの時は身仕度が好く、且厚手な大形の桐油紙を用意していたので、凍傷には罹らなかった。是等の体験は後になって、秩父や奥上州の春の山歩きに、少なからず役立ったのであった。

雪田を過ぎると、少し急な登りが百五十米余り続いた。皆よく滑って困難したが、次第に慣れて事なく頂上に立つことを得た。窪地の中には未だ雪が残っていた、その雪からも、雪の上に頭だけ出している岩からも、陽炎がゆらゆらと燃えていた。

東の方太平洋のただ中に、遠く積雲の湧き上るのが見える丈で、拭ったように真青な空は冱えた光に充ち満ちていた。松島湾に浮ぶ八百の青螺も、手を伸ばせば届きそうに近い。西には国境山脈の、白い或は斑な幾つかの峰頭が南北に長く連立している。最南では蔵王山、続いて大東岳、面白山、白髭山、御所山、最北では須川岳などの外は、名を知らない山許りである。

日向ぼっこをしながら、頂上で二時間余りをすごし、早昼飯を済して、東側のブナ林の中を下り始めた。間もなく「あった、あった」と叫ぶ声がする。一人離れて熱心にサビタを探していた北海道の友が、とうとう見付けたのだ。皆駆け寄って一斉に好奇の目を注いだ。見ると待望のサビタは、小さな株をなした一尺あまりの灌木である。「これか」と失望に似た声を洩らした者もあった。ともかくも標本が得られたので、それを頼りに探すと、造作なく見付けられた。一時間ばかりの間に、好きな形のパイプに作られそうな木振のものを択(えら)び、五六本から十数本を採集して、皆満足して下山したのであった。

其後二三年の間、私は奥羽の山々に登る毎に、それとなくサビタに心を溜めていたのであったが、終(つい)にそれらしいものを発見しなかったので、サビタのことは何時となく忘れて了っていた。それが不図(ふと)植物図鑑を見て、北海道でサビタというのは、ノリウツギのことだと知ったのである。ノリウツギならば至る所の山地に乏しくない、多摩の御前山にも生えていたように思う。しかし泉岳で採集したサビタは、どうもノリウツギとは違っていたようだと、私の朧気な記憶は、今も私に主張して止まないのである。

サビタのことは別として、この登山で最も強い印象を受けたのは、山肌の美しい紫の色であった。蔵王山は殊に美しく、殆んど純粋の濃い紫の色が、残る雪にまで滲んでいるように想われた。翌年の春に私がこの山へ登ったのも、一にはこの美しさにひかれた為であることを否めない。八ガ岳の水の滴るような濃紫の肌を金峰山頂から、岩高蘭(がんこうらん)の中に寝転びながら、飽かず眺め入ったのも、亦(また)五月の晴れた日であった。山紫の二字は、山の色が常に紫を含んでいる事を示すものであるが、その紫は春に於て最も濃いものであり、山上から眺めて初めて純粋の色を現わすものである。唯しかし

千里暮山横紫翠
一鈎新月破黄昏

という句のような雄大な景は、タクラマカン大沙漠あたりから遠望した、天山又は葱嶺（そうれい）崑崙（こんろん）などの大山脈にふさわしいもので、之を内にもとめて得られないのは、甚だ遺憾である。

〔「東京市山岳部年報」第六号・昭和十七（一九四二）年〕

木曽駒と甲斐駒

［明治二十九（一八九六）年七月］

木曽駒

矧川志賀先生の『日本風景論』（第三版）を読まれた人は、日本には火山岩の多々なる事という章の終りに、附録として登山の気風を興作すべしという一文が添えてあることを記憶されているであろう。其の（七）に中部日本の花崗岩と題して、花崗岩の大塊が富士山火山脈の西に曳き、中部日本に蟠居していることを述べ、「所謂木曽地方　悉く花崗岩に成り、其の荘厳雄大なる景象を表出するは実に此岩に因る。中部日本の花崗岩中、須らく登臨を試むべきは」、鎗ケ岳（三五三一米）及び駒ケ岳（二五五七米）であるとし、更に「中部日本の大花崗岩塊の東に片麻岩延縁す。既にして甲斐国裡に入り、二塊の花崗岩あり、西に在るを駒ケ岳塊、東に在るを金峰山塊と称す、共に其の延縁せる面積は些少なるも、而かも此の小塊中に高峰累々、奇抜無比。試に登臨せんか」と呼びかけて、鞍懸山（一四八三米）、駒ケ岳（三〇〇二米）、鳳凰山（二九一二米）、地蔵岳（二七九七米）及び金峰山（二五五一米）の五座が挙げてある。この記事を読んですっかり有頂天になり、鞍懸山は措て問わず、其他の六座は二千五百米から三千米を超えた日本に於ける花崗岩の代表的高山であるから、一つ残らず登りたいものだと、心もそぞろに待ち憧れていた機会到来して、勇躍旅程に上ったのは明治二十九年の七月であった。

この旅の主眼とするところは花崗岩の山に登ることではあったが、最初に久恋の立山に登り、次手に乗鞍岳と御岳の第二回登山とを試みたので、日数や天候に制限され、其上何といっても予備知識の不足が災いして、鎗ケ岳と地蔵鳳凰の三山には登りそこねたけれども、両駒ケ岳と金峰山とは思の儘に目的を果すことを得たので、可なり満足したのであった。この山旅を明治二十八年であったように書きもし話しもしたのは、全く記憶の誤りであって、近頃ふる反故と一からげになっていた雑誌の中から、幸にも駒ケ岳の記行を載せたものを見付出したので、実は二十九年であったことが判明した。当時は歩くことにのみ身を入れて記録もとらず、簡素な旅日記のようなものさえ、既に散逸してしまったので、斯様な記憶の誤りが他にも有るのではないかと憚られて、憶い出の筆を取ることに躊躇されるのであるが、疎漏の罪は暫く寛恕を願いたい。

駒ケ岳のこの古い記行は、漢文調を真似た極めて簡略な記事である。それでも今読んで見ると、忘れている節を憶い出す助けとなることが少くないので、これを基として回顧の筆を加えることも一興であろうかと思って、茲に引用することにしたのである。

信濃の中央より南に亘りて、木曽川天竜川の間に蟠れる花崗岩の大山脈あり、其最高峰を駒ケ岳といふ、高さ八千六百尺、火山の如き広漠たる裾野を有することなく、直に鬱勃崛起して天空を刺し、崢嶸たる峯巒半霄に磅礴して、石筍植うるが如く、危嶂時に其間に秀で、相頡頏して雲表に錯峙駢聳するさま、既に壮絶なるを覚ゆ、御岳の頂上よりして東に之を望めば、天色縹緲の間に嵯峨たる山峯の積翠を天外に湛へて、油然雲を吐くを見る、其山状の怪偉なる、吾未だ多く其比を見ず。山岳の高峻なるもの、ともすれば純骨を露はして、兀硉たる岩石の外は、一木一草の青なく、徒に半天を掠めて転光景の凄愴たるに似もやらず、緑樹山の頂まで蔽ひて、翠を重ね紫を畳み、花崗岩の純白なるものと相映じ、秀色洗ふが如く、蔚乎たる峰勢飛動せんと欲す、若夫れ富岳を以て名山の標準となし、秀麗なる円錐形をなせる火山を以て、山の正なるものとせば、則花崗岩の諸山は其奇なるものに非るなきを得んや、想ふに太古にありて火山の磊磈たりしものも、星霜を経るの久しき、岩石漸く霉爛して、苔を生じ土に掩はれ、遂に今日の観を呈するに至れりしも、其往々にて直截壁立、痛奇を極むること妙義戸隠の如くなるは、これ蓋し異数にして、所謂正中の奇なるものか。駒ケ岳に至りては実に奇中の奇にして、景象の趺宕（てっとう）眺望の雄大、真に人の意表に出づるものあり、平常多くは曠茫たる裾野を有する火山をのみ看熟せるもの、忽ちこの奇秀に接す、その特に之を激賞する故なしとせんや。

余りにも多く画の多い字を用いたので、漢文科を志していた友人から、なぜ漢文で書かなかったと叱られた程である。文選を耽読していたのと、どうも偏（へん）に山や石のついた字を使わないと、気分が露れないように思った年少客気の致すところと相俟って、こんな文章となってしまった。勿論風景論其者から大なる影響を受けたことは言う迄もない。八千六百尺の標高は、少しでも山を高くしたい贔負目（ひいきめ）から、風景論のものを採用しないで、何処かで瞥見した地質調査所発行の中部地質図に、等高線が二千六百米となっていたように思ったので、夫（それ）に従ったものらしいが判然した記憶がない。磊磈たる熔岩から成る火山が、幾多の年月を経て、岩石霉爛の結果、秀麗なる外観を呈するに至ったなどと、曖昧なことは書かずともある可（べ）きものを、これも火山に対する無知から勢に駆られた筆の仕業であると見て頂きたい。

山勢の奇抜此の如し、是を以て峭壁至る所に峙（そばだ）ち、千仞削り成して長屏を囲（めぐ）らすが如く、冉々（ぜんぜん）として岫（みね）を出づる白雲の低く懸崖の半に揺曳して、宛然神仙の雲梯を架するに似たるを見る、加ふるに潤沢せる草樹の間より流れ出づる幾多の渓流は、淙々として急激なる斜面を奔下し、尽（ことごと）く懸りて飛瀑をなし、危岩の突出せるに遇ひては乱糸となり素絹となり、層々相趁（お）うて墜落すること数十丈、更に集りて藍を醮せる一道の迅流となり、大塊に砕けたる花崗岩の幾（ほと）んど楕円形となれるが中を屈折流駛（りゅうし）して、終に木曽川天竜川に入る、其水や清冷に、其石や純白に、山水の景致是に至りて其美を極むといふべし。

これは少し山を登ったことのある人ならば、地図を按じて紙上に筆を走らすことを得可き概念的な記事に近いものである。何か漢文の記行を読んで、之を模倣して書いたものらしい。尤（もっと）も遠見場から眺めた滑川の左岸を成す物凄い山稜や、伊那の前岳から千畳敷を隔てて望んだ主脈の東側、及び黒川上流の岩壁など、充分目を驚かすに足る光景を脳裡に浮べて、其他を類推したものであるにしても。昼過ぎだから雲は捲いていた。瀑と想ったものも、其中の幾つかは谷らしい窪の白いガレであったかも知れぬと思う。

吾既に御岳を攀ぢて遍（あまね）く山巓（さんてん）の奇勝を探り、地獄谷の噴煙を視、中山道を下りて其夜は寝覚の里に宿り、明れば八月十五日、駒ケ岳へと志し、一渓流に沿ひ登ること半里ばかり、敬神の瀑を見る、更に登ること二里、熊笹を排し、矮樹を踏みて進み行けば、枯木自ら僵（たお）れて虬竜（きゅうりょう）路に横たはり、土柔かに苔潤ひ、老檜枝を交へて崇軒高聳し、白日猶ほ暗く、習々たる冷風谷より吹き上りて、白露衣襟に落つるなど、浮世に遠き山中とて、早くも秋の音づれてや、こゝかしこの岩蔭には萩、桔梗（ききよう）、女郎花（おみなえし）などの名も知らぬ花の中に咲き匂ひて、をかしさいはむ方なけれども、山深くして鳥の声も稀なれば、神澄み骨冴えて、物とはなしに凄まじく、憩ひもあへず辿り行くに、途益急にして、樵夫の外には通ふ人もあらざればにや、蘚菌滑かなること粘土の如く、踣転するもの数次、遂に巨巌の欹（そばだ）つありて、仄径（そくけい）縷（る）の如くなるを過れば、金懸の小屋といふに達す。

御岳の頂上から黒沢口を下って、福島に着いたのは午後二時半であった。未だ日も高いし、駒ケ岳へ登るには上松に泊る方が便利なので、川沿いの道を南に下って行く。桟（かけ）橋（はし）の旧跡といわれているあたりは、木曽川の幅も岩崖の間に狭まり、泡立つ急流が足の下に迫って、一寸好い景色であった。上松で聞くと、寝覚からも駒ケ岳へ登る路があるというので、これ幸とそこ迄行くことにする、町はずれの左側に石の段があって、「駒ケ岳登山道是より四里二十町」と書いた標石が建っている、是が一合目に在る里宮に通ずる道であろうと思った。間もなく寝覚に着いて、越前屋というに荷物を預け、寝覚の床を見物した。余り期待が大きかったので、これなら規模は小さいが、岩は寧ろ一之関の厳美（いつくし）渓の方がよいと思わず独語したのは、少し当のはずれた腹癒せに外ならない。臨川寺の前には浦島堂というお堂があって、浦島太郎の遺物と称するものが保存され、釣竿だという二間あまりの布袋竹らしいものもあった。

越前屋に戻ると、部屋に案内されてまだ腰もおろさぬ中に、女中から、

「お客さん、そばでお泊りか、御飯でお泊りか」

ときかれて、何の事か能く意味が分らず、返事にまごついたのであった。謂(いわ)れを聞けば浦島太郎に因んだ長寿そばというのが此家の名物であるとのこと。元より好物であるから早速そばで泊ることにする。

座敷を見廻すと床の間の柱にくくり付けられた五六本の篠竹に、子供が書いたらしい七夕の色紙が下げてあった。明日が旧暦の七夕に当るのである。其色紙に書いてある文字が何と木曽義仲、源義経、楠正成といったように多くは武将の名であって、漸く天の川と書いたのがあったかと思うと、今度は木曽川、吉野川などと川の名が挙げてある。これには七夕様も驚くことであろう。上松で見たものも大抵似たり寄ったりで、なかのりさんで名高い木曽の、しかも其頃の風習としては、興のさめる七夕祭りであると思った。

風呂から上るとそばが出た。見ると驚く可し、居丈(いたけ)に均(ひと)しい程ざるが積まれてある、何でも十はあったようだ。それを余さず平げる人のあればこそ、斯うして出すものと見

える。私は朝の分まで一緒に持って来たのかと思った程で、我慢にも食べ切れずに四つ許りは残してしまった。翌朝は御飯にして貰ったが、別にそばのざるが四つ、ちゃんと添えてあった。

暫くすると按摩(あんま)がやって来た、これは用がないから断る。今度は小娘が花漬を売りに来た。見ると四角や円い曲(まげもの)の底に、金山寺味噌のようなものを入れて、其上に梅、桃、李(すもも)などの紅や白の花を置き並べたものであるが、蕾もあり開いたものもあり、それを或は扇形、或は菱形、又は花模様という工合に、容れ物に応じて並べ方を替えてある。其花の色が頗る鮮かで、生きた花と変りない。私はそれを塩漬の桜の花のように湯に浸して賞味するものかと思ったが、そうではなく、単に見る物であることを後に知った。余り奇麗なので、先の長い道中の荷厄介を承知しながら、勧められる儘に五箱ばかり買った。斯(こ)うした土地の産物を泊り客に売りに来ることは、昔は珍らしいことではなかった。

一人旅の心安さに朝の出立は兎角(とかく)遅くなり勝だ。寝覚の里の南はずれまで行くと、教えられた通り駒ケ岳登山道と書いた杭があった。小径を東に伝って滑川の畔に出で、夫(それ)に沿うて河原を小一里遡ったのであるが、左岸であったか右岸であったか覚えがない。瀑も見た。記行には夫を敬神の瀑とはっきり書いてしまったが、吾ながら今も迷っている。

上松からの登路と合したことは少しも気付かず、しばし谷間を辿ったかと思うと、路は左を指して嶮（けわ）しく急な上りとなり、忽（たちま）ち昼も薄暗い檜の大深林の中に抱き込まれて了った。路とはいうものの一条の細径たるに過ぎない。それも或は灌木や篶（すず）竹が掩いかぶさり、或は木の根や岩角が段を成し、時としては倒木が横たわり、大巌が面前に屹立（きつりつ）するなど、一人では全く心細いものであった。この林の中にも花金鼠（しまりす）が非常に多く、体に黄色の縦縞があって、長い房々した尾を栗鼠のように背に負いながら、木から木へと跳び移っている。人を見ても余り驚く様子もなく、時としては四五尺の距離まで近寄って来ることがあった。遅いように見えても実は極めて敏捷であるから、散々追い廻したが勿論捉え得る筈もなかった。檜に交って樅（もみ）や椈（ぶな）なども少しはあったように思う。金懸の小屋は上松から二里余、丁度五合目に当っている。萩、桔梗、女郎花などがこの高さにある筈がない。何か知ってる花はないかと、考えに考えても思い出せなかった苦しまぎれに麓の花を筆の先で移植したのであった。

此処前に谷を瞰（のぞ）み、後に嵎（ぐう）を負ひ、樅檜奥深く繁り合ひて、木の下露も冷やかなり、吾直に入て主を呼び、膝を抱て共に談（かた）る。主石鼎（せきてい）に泉を汲みて茶を煮、蕈（きのこ）を羹（あつもの）にして飯を供す、芳香脆美、覚えず数杯を尽し、暫し憩ひてまた登る。石片危く畳み、樹根怪しく蟠り、漸く上るに従うて花崗岩の大塊交々天を衝て起ち、或は竦峙(しょうじ)壁の如く、上に土壌を戴き、稚樅翠黛(すいたい)を粧ひ、或は巉層刀稜の如く、老樹石罅(せっか)より生じて岩を攫(つか)み、根瘦せ幹曲りて、直立することを得ず、直に岩面に沿うて俯伏し、往々にして岩を擎(ささ)ぐるものあるに至る、其間雪よりも白き山百合の露を帯びて咲き残りたるは、唯これ仙女の笑を含みて立てるかと思はれ、白雲身をのせて徐々として登り行けば、天風衣を吹いて異薫身にしみわたり、清楚また人界のものにあらず、聞く山中の花木は豪健磊落(らいらく)なりと、今にして其言の謬(あやま)らざるを信ず、吾曽て妙義の勝をたづね、之を攀づること前後三たび、深く山状の雄偉にして景象の変化あるに服せしが、是に至りて初めて駒ケ岳の匹儔(ひっちゅう)に非ざるを知りぬ。

小屋から左に坂を下ること二三町、一段と大きな木立が繁り合っている場所に岩の間から清水が湧き出している。それを汲んで来て小屋の外にある中凹になった大きな岩に湛えてあった。石鼎としゃれた所以(ゆえん)である。白い花は何であったか名を知らないので、茲(ここ)でも復(また)苦しまぎれに山百合を移植した。如何も漢文口調を真似ると悪い癖が出る。今ならば骨を折って嘘を書かずとも済むものをと、当時を顧みて苦笑を禁じ得ない。しかし小屋の前には実際山百合が咲いていたので、八月半に珍しいことだと訊ねて見れば、下から持って来た球を植えたものだとのことであった。

一時間近くも話し込んで、いざ出立しようと腰を上げた途端に、御免というて上手から入って来たのは年のころ、四十五六、白布を鉢巻とし、身長六尺に近い大入道で、鼠色の行衣に籠手臑当(こてすねあて)と見まごう手甲に脚袢、胡桃の実程もある大粒の水晶の珠数を襷のようにかけ、手に握太の柄をすげた錫杖を突き、背には重そうな笈を負うていた。行脚僧か修験者か知らないが名のみ聞く武蔵坊弁慶とはこんな人かと想わせる風体に、主も少なからず驚いた様子であるし、私は恐れて片隅から窃(ぬす)み見ていた。すると其人は主の汲み出す渋茶を啜りながら、私に声をかけて、上りか下りかと聞く、上りと答える。夫は若いのに感心だ。この先で頂上の近くに崩れがある、そこで路が途切れているから気を付けなさいと注意して呉れた。見懸けによらず親切なのに安心して、失礼ながらと身の上を尋ねる。ハハア俺(わし)かと笑を含んで可なり詳しく話して呉れたのであったが、其当時書き留めて置かなかったので殆ど忘れてしまったのは、今思うと誠に惜しいことをしてしまった。

　其人は何でも尾張の春日井郡の者で、十年ばかり前から日本全国の神社仏閣の参拝を思い立ち、今が三度目とかの途中であるとの事であった。そして参拝した社寺では、必ず捺印して貰うことにしている。それも登山したものは頂上の印を押すのであるが、其印を備えて無い山が多い。この駒ケ岳なども夫が無いのは甚だ不都合である。笈の中は捺印帖と野宿の時の自炊道具で、米は何時でも一升を携帯していると話した。そこで其帖を拝見に及んだ。奉書だったか鳥の子だったか何でも立派な紙で、錦襴（きんらん）の表装が施してあり、一冊の厚さ二寸に近く、夫が十冊揃っている。開いて見ると寺は能く知らないが、山では恐山、岩木、鳥海、月山其他私の知らない奥羽の山から、北越関東の山名がずらりと並んで、大きな印が押してある。私は見ている中に嫉ましい程羨ましくなったのを覚えている。家にはこれと同じ物が三十冊もあると言われて、全く茫然としてしまった。笈の重量は九貫目あると言う。私は二貫目あるかなしの自分の両懸の荷物を眺めて、何となく恥かしいような気がしたのであった。尾張の春日井郡といえば、天明五年に御岳の黒沢口の登路を中興した覚明行者の生れ故郷で、御岳講の最も盛んな土地であるから、斯様な人が出るのも不思議ではないと首肯される。

斯くて途もなき巌角を踰（こ）え、物古りたる灌木の叉簇（ささく）せる中を上り行くこと一里余にして、林茲に尽れば、雪かと見まがふばかりなる花崗岩もて、築き上げたらむが如き峻岳の岧嶢（ちょうぎょう）として峙てるに、見渡す限り偃松（はいまつ）生ひ続きて、蒼髯白沙に映じ、雷鳥其間に棲息し、壑（たに）を隔てゝ左に前岳、右宝剣岳の巀嶭（さつはい）たるを仰ぐ、その半腹には十数条の渓流枝を伸せる緑樹の間に懸りて、さながら白竜の夭矯（ようきょう）たるが如く、谷間に群れ飛ぶ岩燕も、渺（びょう）として枯葉の舞ふに異ならず、下は千仞の谷底幽かに、上は万丈の碧落遠く、蒼茫潤沢の気騰々として颺(あが)らむと欲し、青嵐ひとり動く、既にして山勢俄かに蹙(せば)まり、双崖面を掠めて向ふところを知らず、僅に石脈の凹凸せるものに足を托し、駕して之を上れば、危石梁をなし、懸崖深く陥り、足を容るゝところなく、万木森然として唯其梢を瞰る、両手に石を抱き、匍匐して渡り過ぐるに体ふるひ足わなゝき、蓮蹇(れんけん)として纔(わずか)に之を踰ゆることを得たり、山路の険悪なる未だ曽て此の如きものを見ず、御岳の第三火口に下るところ、赭岩(しゃがん)壁立して崩石人と共に下り、頗る危険なれども、彼と此とを較ぶる時は、霄壌(しょうじょう)も啻(ただ)ならざるに似たり、今よりして之を想ふも尚ほ冷汗背に浹きを覚ゆ。

午後二時頃に小屋を立った。これから上は花崗岩の大塊が縦横に錯峙し、木は皆ねじけくねって如何にも高山らしい相を呈して来る。遠見場まで登ると林が尽きて一時に眺望がひらけ、全山雪のような花崗岩の細砂に掩われた駒ケ岳の八合目から上が眼前に展開した。殊に三ノ沢岳から宝剣岳に連る山稜は私を瞠目せしむるに充分であった。当時三ノ沢岳の名を知らなかったので、谷を隔てもせぬ前岳の名を挙げたが、これは左に宝剣岳右に三ノ沢岳と改めなければ適切でない。雷鳥は可なり多かった。翌日私は造作なく頂上で二羽を捕え、其翼を土産に持ち帰った。蚕児の箒立てに雷鳥の羽を使うと蚕があたるというので、御岳で拾った二、三本の尾羽すら珍重されていることを思い出したからである。途中急な登りに疲れて、ふと立止って見上ぐる鼻の先の岩の上に、剣を持った銅像が立っていて、ハッと胆を潰したことも一二度あった。行者から注意された崩れの所では、終(つい)に路が発見されず、止むなく尾根伝いに前岳を登って、馬の背のような岩壁の上を這って渡った。其時左手の二町ばかり下の斜面に二頭の熊を初めて見て、どんなに怖れたことであったか。

　いたく疲れたりければ、暫し休息せんとて岩に腰打ち掛けたるまゝ、茫然として吾あるを知らざりしが、忽ち跫音(きょうおん)渓間に起り、低く咆哮するものあるを聞く、怪しんで顧れば、渓に臨める巨巌の下に其色墨よりも黒き物の半身を顕はせるを見る、相去ること四百歩許、熟視すれば熊也。大に驚きて急ぎ身を岩蔭に潜め、屛息(へいそく)して之を窺ふ、暫くありてまた咆哮する声の聞えて、一頭の大熊徐ろに蒙茸(もうじょう)を排(ひら)き、渓のほとりを歩みつつも、既に吾を認めしものの如く、矚視(しょくし)之を久うして、終に灌木の中に入る、かゝる程に梢を渡る一陣の渓風、驀然(ばくぜん)として袂を捲き、肌に粟を生じて汗氷よりも冷やかに、鬼気人を襲ふかと覚えて、そゞろに心の急かるれば、遑(あわただ)しくこゝを立ちいで、俯伏せる偃松の間を右に上り左に廻りて、嶄巌(ざんがん)の上を辿り行くこと二十余町、辛うじて前岳の頂に達し、頭を回して来路を俯せば、跡はいつしか白雲に埋れて、身は山上の孤客となり、千古変らざるの天風、嫋々として直に穹窿(きゆうりゆう)より流れ来り、斜陽われを照して、翠紫を畳める四山の落暉(らくき)、月影よりも淡し。

この夜絶巓より九町下なる玉窪の小屋といふに宿り、駒ケ岳神社の祠官の神龕(しんがん)を開くとて上松より登山せるものと会し、酒を汲み蕈を炙りつゝ夜もすがら語ふに、七月七日の月は宵より中天に懸り、皎々たる光雪の如き花崗岩を照し、白雲谷より谷を埋め来りて、をりふしは窓の下に訪るゝなど、身は陶然として広寒宮裏の仙かと疑はるゝに、樹梢を伝ふ猿の声、近く屋外に聞えて、いと哀なり。

玉窪の小屋に着いたのは五時頃であったろう。小屋はひっそりと閉ざされて人気もない。暫く四辺をぶらついている中に、主人が薬草採りから戻って来た。間もなく一人の若者を伴に神官が上松から登って来るし、日没近く土地の者らしい御岳講の連中が十二三人やって来たので、小屋は賑わった。神官は下から持って来させた茄子、胡瓜などの野菜を分けて呉れる、私は小屋で酒を買って神前に供え、祝詞が済むと夫を下げて、神官と小屋の主人と私と、別室で互に酒を汲み交しながら、夜遅くまで話した。七日の月は中央に輝いて下界は一面の雲の海だ。ほろ酔いの頬には山上の夜気も心地よく感ずる、これで時々聞える猿の声だという稍(やや)鋭い叫びが耳に入らなければ、天上の仙人になりすませたかも知れないと思った。

つとめて小屋をうち出で、巨巌の上に散在せる枝が枝を踏んで、白らみゆく光をたよりに攀ぢ登れば、猟々たる寒風雲霧を捲きて、咫尺(しせき)の程も見えわかず、やゝ頂上に達して始めて風止み霧収り、山巓の曙色洗ふが如く、旭に映ゆる花崗岩の群巒(ぐんらん)脚下に簇立(そうりつ)して、危峰削られ怪巌蟠(わだかま)り、峭壁峙ち飛瀑下り、崖上壁面尽く偃松を生じ、山腹に森列せる一帯の樹林、蓊蔚(おううつ)として凝黛(ぎょうたい)を沈め、疎密相錯(まじ)り、濃淡相接し、空翠愈(いよいよ)明にして谷益邃かに、窅(よう)として終る所を知らず、更に頭を挙げて眺矚(ちょうしょく)すれば、四周の大嶺天を摩して起り、近くは御岳、乗鞍岳、白峯赤石の諸山、遠くは富士の高嶺、越の白山など、ひとしく双眸のうちに入り、澎湃(ほうはい)として岳麓をめぐれる暁雲の上に其青螺(せいら)を露はして、大海に泛(うか)べる孤島に似たるを見る、風物の雄大は更にもいはず、その眼界の宏壮なる、亦以て海内の偉観と称するに足る、巓(いただき)の東北に一池あり、玉池といふ、めぐり十町ばかり、地層の陥没せる所に雨潦(うろう)のたまりしものにして、その色堆藍の如く、青嶼其中に浮び、白沙水畔を彩り、風景の瀟洒なる山上の湖としも思はれず、其南に当りて宝剣岳突兀(とっこつ)として立てり、巌角を躡(ふ)みて之に登れば、始めて来往せる白雲の間より、天竜川の一条の銀蛇となりて南走するを望む。

明る朝は少し荒れ模様であったが、日が出ると静穏になった。神官と連れ立って絶頂に登り、神祠の前にぬかずき、さて後ゆっくりと眺に耽った。天候が一変するらしく、高い巻雲や巻層雲が少し空に靡いて、非常な速度で東北の方に動いていたが、此処から見られる程の山は、四方を取り巻く雲海の上に姿を露わしていた。唯乗鞍岳と槍ケ岳のみは黒い雲に包まれ、雨でも降っているらしい気配があった。此処で神官と別れ、私は中岳を経て伊那の小屋に至り、荷物を置いて農ケ池を見物し、引返して宝剣岳に登った。恐ろしく急な山もあるものだと呆れた程、岩で築き上げたような狭い頂上は、手放しでは安心して立っていられないような気がした。それでも小さい祠があって、手力雄命（たぢからおのみこと）が祭ってある。前岳のは日本武尊（やまとたけるのみこと）、本岳のは倉稲魂命（うかのみたまのみこと）で、伊那の前岳にも何神か祭ってあったが記憶に存しない。農ケ池を玉池と誤記した事に就ては「登山談義」を参照して頂きたい。窪地に水の溜ったものとすらすら書けば無難であるのに、地層だの陥没だのと、地質学の術語と紛れ易い文字を用いたのが吾ながら気が知れない。池の付近には恐らく高山植物が咲いていたであろうに、少しも記憶していないことから推せば、萩、桔梗などの助けを借りなければならなかったのは寧ろ当然という可きである。

　古より山に登るもの、必ず日出を以て山上の一大奇観となし、嘆賞措かず、吾前人の文を読んで其記事に至る毎に、常に巻を掩うて其状を想見せずんばあらず、後閑を得て出遊するに及び、至る所の名山大岳、概ね之を攀ぢて其山上に一泊し、殆ど日出の真を窺ふことを得たり、然れども遂に奇たるを覚えず、信甲二州の諸岳の如き、共にこれ日本有数の高山にして、而も日出の時に於ける金縷(きんる)錯乱の状は、雨後新霽(しんせい)のあした、海岸平地に於て見る所と大差なく、特に奇とするに足らざるなり、山上の壮景はもと日出其者に非ずして、寧ろ其前後に於ける自然の大観にあり、此大観を発揚して、光彩陸離たらしむるものは、実に水蒸気の変形たる雲にありとす、若夫れ払暁、高山の巓に立ちて四望せんか、東天漸く白くして曙色漸く洽(あまね)く、よべの名残の星まづ消えゆくと見る程に、たゆたふが如き夜色も次第に沈み行きて、立ちこむる峯の横雲ほの白く見え渡り、浩渺(こうびょう)として津涯(しんがい)を知らず、須臾(しゅゆ)にして太陽地平線に上れば、雲之と映発して五彩色(ごさいいろ)を成し、其上に画けるが如き峯頂の或は一峯秀立し、或は数峯岐峙するを見る、紛糾たる幾多の村落また脚下に点綴して、髣髴として隠約(いんやく)の間に在り、時に顧れば身もいつしか雲に駕して、歩虚(ほきょ)の仙たらむとす、既にして朝風徐ろに面を払ふに至れば、雲之に伴うて層々浮動し、忽ちにして茫々一白、忽ちにして山湧き河流れ、千象万景得て端倪(たんげい)すべからず、山上の大観むしろ之に過ぐるものあらんや、彼の海や湖や、大岳の巓よりして之を望む、混沌一色、些(いささか)の変化なく、如何ぞ美と称し奇と呼ぶを得んや、是に於てか初めて知る、古人の所謂「山不得水不生動」の句は、唯これ平地より山岳を仰望する時に於てのみ然るものにして、未だ移して以て山上の壮景を説く可からざることを、山は水あるべし、而も遂に雲なかる可からず。

駒ケ岳の頂上でゆくりなくも素晴らしい雲海と、変幻極りなき其活動とを見て、日の出の礼讃者は多いが雲海の嘆美者がないのに業を煮やして書いたものであった。久保天随君の著わせる明治三十三年発行の『山水美論』を見ると、殆んど同じ事が書いてある。私と同感であったらしい。

かくて広闊なる頂上を徘徊して、自然の大観に俯仰し、天地間の美を極め、清風に嘯(うそぶ)きて静に瞑思黙想すれば、宏遠の気象胸中に鬱積して、飄然として身の塵世にあるを忘る、唯神霊の境凡骨久しく駐る可らず、急ぎ路をもとめて宮田に下り、天竜川のほとりより瞻仰(せんぎょう)として顧れば、宝剣岳の尖頂雲表に出没して、吾を送るものゝ如きを見る。

宝剣岳を下りて伊那の小屋に少憩した後、午後一時に伊那の前岳から烏帽子山に通ずる路を宮田に向って下り始めた。前岳の東の突端に至るまでは、大岩が屹立しているのみでさしたる高低もないが、突端からは急転直下する峻坂で、偃松帯を離れると、また、黒木の大森林である。其路筋は恐らく五万の図に記入されているものであったろう。途中では一人にも遭わなかった。宮田に着いたのは四時半頃で、急いだ為に可なり疲れてはいたが、甲斐駒に登る便宜上、更に二里を歩いて六時頃伊那部に着いて柳屋というに泊ったのであった。

甲斐駒

三峰(みぶ)の流に沿ひ、西高遠の町より南に折れて、非持、溝口、黒河内などの村々を過ぎ、これより東に向ひて、蔦の小路を黒川の奥深く分け上れば、鶏犬の声漸く絶えて、波濤の如き群巒の攅合(さんごう)せる山ふところに戸台といへる処あり、人家僅に二戸、前には黒川の急流奔湍をなし、之に渡せる丸木橋ありて、浮世に通ふ路はあれども、里遠ければおのづから往来の者も稀に、朝には峰の白雲つま木こる人を音づれて、縹緲として軒端に懸り、夕にはそよ吹く風老松の梢に通ひて、玉琴の音にたぐふものから、紅塵の巷にあらねば、柴門閉ざされども いと静かなり。されば世に交らぬ身の礼節などいふことは、露ばかりも知らざめれど、剛毅朴訥は仁に近しといひけむ、太古の民の面影も偲ばれ、熊皮を敷物にして炉辺に跪坐せるさまの、山賊などの姿に似かよひたるも、心は飽まで優しければにや、面識もなき他郷の客に快く一夜のやどをかし与へて、而も主ぶりの懇(ねんごろ)なる、富貴の前にのみ膝を屈する大方の逆旅をいさぎよしとせざる旅人には、げに懐しさの限なる可し。われ信の駒ケ岳を攀ぢて、天竜川のほとりなる宮田に下り、伊那部の宿に仮寝の夢を結びもあへず、明くれば雨を冒して十余里の道を馳せ、行き暮れて頼む蔭なき深山の奥に岩が根を枕として、心細くも唯独り一夜を明さむとしたりしを、思の外の宿とれるさへあるに、老いたる人は可愛きわが初孫の旅より帰りたるを迎ふらむ如く、まめやかに労り慰め、幼き者はさながらおのが同胞の面もちして、右より左より睦び寄るなど、世にも情ある人の真心に旅の心も慰められて、嬉しともうれしかりしは、忘れもえせぬ八月十七日、甲斐の駒ケ岳に登らんとて、こゝに宿りたる折のことにてぞありし。

寝覚の里では蚊帳を釣らず、涼しさも身に適して能く眠れたが、伊那部では蚊が多い上に蒸し暑くて、疲れた身にも夢は快く結べなかった。明くる十七日は予想した通り果して曇っていた。しかし歩く身には曇天の方が楽である。甲斐駒のことを聞いても唯一人知っている者がない、高遠へ行ってお聞きなさいという。天竜川を渡り三峰川に沿うて、高遠に着いたのは午前九時頃であったろう。町の入口のつきあたりに木立の茂った森が見えたので、其処が城跡かと思ったが、そうではなかった。左に高い石段がある、暫く段の上に腰を下ろして汗を拭いている中に雨が降って来た。

城跡は町を東南に抜けて、藤沢川を渡った稍小高い場所に在る、三峯川と藤沢川を三方の要害として取り建てたものであろう。兼て想像していたより案外に規模が小さい。この小城に引籠り、織田方の大軍を悩まして、華々しく討死した城将仁科五郎盛信の最期に私は心を惹かれていた。名家の末路に花を飾ることをせず、後足で砂を懸けた腰抜武士の多きに憤慨して、何の腹の一つ位、切れといえば直にも切って見せると実際考えていた程、客気に逸(はや)っていた頃であるから、此処迄来たのを幸に五郎の英霊を弔ってやろうと立ち寄ったのであった。城跡には昔を語る何物もなく、土塁の外は大方耕されて、大豆や玉蜀黍(とうもろこし)が実っていた。箕子(きし)が殷の墟を過ぎた麦秀の候には既に遅く、つわものどもが夢の跡を偲ぶ夏草も茂ってはいなかったが、往時を追想しているとひとりでに涙がこぼれた。それでも其附近に居合せた農夫に駒ケ岳への途をたずねることは忘れない。しかし答は簡単で、「黒河内へ行ってお聞き」。唯それだけであった。

雨の中を黒河内に着いて、孰(いず)れも農家らしい構えに、昼食する宿があるかと心配したが、飲食店の看板をかけたそれらしくもない家があったので、試に昼食はあるかと尋ねて見た、有るという、早速注文すると、持って来たのは押鮨に使うような四角な木箱で、ぎっしり蓋がしてある。怪しみながら蓋を開けると、思いも寄らずこれが松茸飯であったのには全く驚喜して了った。それに主人は留守であったが、駒ケ岳へ登る路も確に有ることが知れたのは更に嬉しかった。主婦は囲炉裡の自在鍵に懸けてある鉄瓶の下に小枝を折り添えて、湯を沸かしながら、此処から二里ほど行くと戸台という処がある、家は二軒しかないが、その一軒の小松伝弥という人を頼んで泊めて貰いなさい、そしてよく路を聞いて登れば、一人でも心配することはあるまいと、親切に教えてくれた。当時私の持って居た輯製二十万の図に拠れば、黒川は駒ケ岳から発源しないのみならず、其間に山脈がある、それを踰(こ)えて更に谷に下り、初めて駒ケ岳に取り付けるようになっている。それが私をして行く先々で、駒ケ岳への路を聞き質さなければ止ましめなかった原因であった。今から見れば嗤(わら)う可きことであるに相違ない。黒川の部落を過ぎれば全くの山路で、戸台までは人家が無いとのことに、充分に雨の支度をして午後二時頃に此処を出発し、降りしきる雨を衝いて黒川の右岸を辿り、戸台に着いたのは四時少し前であった。

明治十四年に登山した高橋白山の記行には、「戸台戸三、口十二」とあるが、其後一戸を減じたものか、二戸しか無かったように思う。教えられた人の家は、二軒の中でも構えの大きい方であろうと、これは誰しも想像する通り、私も川を少し離れて南向きの段丘の裾に建てられた、がっしりした板葺屋根の家に歩み寄った。入口から「今日は」と挨拶して土間に入ると、上り框(かまち)に腰かけて何か相談していた五、六人の荒くれ男の目が一斉に私に注がれたので、少したじたじとなった。見ると框の横に大きな炉が切ってあり、その正面に熊の皮を敷いて、三十五、六歳かと思われる小肥りの男が雪袴の膝を組んでいた、それが主人であった。

「小松伝弥さんのお宅は」

「ここだよ」

主人が答えて怪訝な顔をする。訳を話して一泊を頼むとすぐ承知してくれた。

奥の間に通されて打ち寛いだところへ、七十許の此家のお婆さんがお茶を持って来て、こんな所へ独りで何の為に来たのかとたずね、それから年寄の細かい話があれこれと一時間近くも続いた。いつもは静かな所であるが、今は小黒川の谷で伐採が行われている為に、元締と飯場の取締が此家に泊っているので、人夫衆の出入りが多いのだと説明する。孫であろう可愛い女の子と男の子が人懐しげに寄り添って、お婆さんが立ち去っても私の側を離れない、私は二人の子供を相手にお伽噺を聞かせなどして、剰(あま)りの時をすごし、雨が歇(や)んだので、外へ出て河原を散歩がてら天候を伺った。山はまだ雲に包まれていたが、晴れるに間もあるまいと思われる西の空には夕焼雲が美しい。前には気が付かなかったが、入口の庇下に棚があって、四つ五つの四斗樽を据え、蜜蜂を飼っているのが私には珍しかった。

風呂から上って、縁に腰かけながら、元締と話をしていると、山から帰った人夫が大きな松茸を三、四本元締の前に差出した。それを受取りながら私に向かって、先生（彼は私を小学校の先生と判断したのだ）は字が書けるかと聞く、字位は書けるよと答える、それなら帳面の上書きを頼むと言われて、今更断る訳にも行かず、金銭出納帳、物品貸付帳、仕切帳、何帳、何帳と、先方のいうがままに十五六冊書いてやった。いつの間にか人夫が五、六人寄って来て私を取り巻いている、元締は一冊を書き終る毎に、先生だけあって本字を知っている、うまいうまいとお世辞をいい、ほらお礼とさっきの松茸を渡し、晩に炙いて貰って一杯やりなさいと言いながら、帳面を抱えて立ち去った。その松茸をお婆さんが濡れ紙に包んで、灰の中で蒸し焼にしてくれた。生粋の松茸を味わうには、こうするのが一番好い方法だそうである。まだ走りだから二円五十銭には売れると主人が話した、それを惜気もなくぽんと投げ出した元締も、さすがに太腹なところがあると感心した。

　明くる朝つとめて駒ヶ岳へと出で立つ。あるじが教にまかせ、河原伝ひに辿り行くに、岩ばしる渓流白泡をたゝせて、飛沫衣に濺（そそ）ぎ、暁嵐峰より吹き下して、山気いとゞ冷やかなり。斯くて上ると二里許にして、赤河原といへる処に到れば、勾配は漸く急となり、赭色の岩盤より成れる磊砢（らいら）たる河床は、層々相連りて乙字を重ねたる如く、迅流岩を嚙み、水脈分れて五となり三となり、縦横に石壁を奔盪(ほんとう)して、彼処には淵を湛へ、此処には瀑布を懸け、忽ち雪を飛ばし藍を沈め、漰涛として流れ行くさまの凄まじきに、両山愈迫り来りて巌益高く、老檜天を刺し、古松互に枝を交へ、谷深くして日光を洩らさねば、松蘿(さるのおがせ)長く垂れ懸り、水烟模糊として、露の零(お)つること滋く、巌華深く閉ざして、攀づるに道もなし。衣を搴(から)げて流を渉り、崖樹の自ら僵(たお)れて略彴(りやくしやく)となれるが上を渡りつゝも、行くこと十余町にして、渓流左右に分れ、右なるは花崗岩壁を摩して下り、石滑かに水駛(はや)し。左なるは相去ること六七町にして、谷の窮る処一条の素練(それん)を懸く、高さ五六丈許、その一瀉して下るさまいと壮快なり。乃(すなわ)ち右を取り進めば、七八町にして両岸削るが如く、懸崖眉を掠めて立ち、峭壁頭上を圧して、左顧右眄(さこうべん)すれども、遂に路の覓(もと)む可きなし。返りて左渓に入り、右岸の岩壁を攀ぢ、辛うじて瀑の上に出づ。仰ぎ見れば其上流に当りて、更に一大瀑の懸るあり、密蔽せる樹枝に遮られて、僅に全豹(ぜんぴよう)の半を露せるに過ぎざるが如くなるも、目測するに十四五丈を下らず、赭壁鑿(のみ)もてうがてるに似たれば、翼なくして超ゆ可からざる也、是に至りて始めて路の誤れることを知りぬ。

このあたり栂檜の老樹茂りあひて、古松其間に枝を交へ、苔むす巌は露に霑(うるお)ひ、嵐気霏々(ひひ)として袂に寒き山おろしに、松釵(しようさい)雨よりもしげくわが肩の上にこぼれ懸るなど、初秋のあはれ一しほ深くや。

明くる十八日は、朝は快晴、昼頃から大嵐という、どちらの意味からも素晴らしい天気であった。顔を洗いに河へ行くと、昨日の雨に水量は著しく増しているが、少しの濁りも帯びていない。伊那方面で前岳と呼んでいる仙丈岳の頂は見えないけれども、河の正面の奥の方に、山と山とが重なり合っている間から、雪が降ったのではないかと思われる真白な八合目あたりから上を崇厳に現わしているのは、このあたりでは白崩と称している甲斐駒であった。絶頂はしかし雲にかくれていた、稍強い南風が吹いているらしく、雲は北に靡いてちぎれ飛んでは、冴えた蒼空に消えてしまうが、しっかりと額に捲き付いている雲の嵩はいつも変らなかった。日の出が近づいたか、その雲は真紅に燃えて、河の水を冷たく色どった。

大きな握飯を十二、これは屏風岩の小屋に人の居なかった場合を考えて、三食分を用意したのだった。庭に生えている木からもぎ取った林檎が十五、これは山には水がないからと心配したお婆さんの親切からであった。これで支度が整うと、登路の略図を描いた一枚の半紙をしっかと懐に入れて、この今も忘れ難いなつかしい家を後にした。縁先まで見送りに出たお婆さんは、無事に下山したら必ず端書を出すようにと繰り返していった。屹度出しますと答えたが、遂に此約束を果さなかったのは、実に済まない事をしたものだと今でも後悔している。尤も翌日頂上で測量小屋の人夫に、もし戸台へ下る人があったら立ち寄って貰うようにと、お婆さんへの伝言を頼んでは置いたが、戸台へ下る登山者などがあろう筈もないから、それが実行されたものとは思われない。戸台へ二度目に行った時には生憎くお婆さんは居なかったので、確める由もなかった。

黒川（戸台川）を右に左に五六回も徒渉して、藪沢と赤河原との合流点で一休みした。昨日は雨の為に路傍の鷹岩や、対岸の傘石など知らずに通り過ぎ、今日は白岩も三ツ石も見たのか見なかったのか記憶がない。白山の記行には「白岩至三石、数百歩間、河水入地」とあって明かに全川伏流を為していたが、私の時には伏流どころか奔流が波を揚げていた。此処までは北沢峠を踰えて、野呂川の谷へ岩魚釣りが入るので、はっきりした蹈跡がついていた。赤河原から路は全く荒廃して、地盤の変化が起りそうもない岸の上などに、ところどころ昔の路が残っているのみであった。それで河の中をじゃぶじゃぶ進んだ。一度などは瀑の下の淵が通れないので、其上に横たわっている倒木を渡ったところ、朽ちていた皮がつるりと剝がれた拍子に足場を失ってざんぶと淵に陥り、ずぶ濡れになって這い上ったりした。もう此頃から空はすっかり曇って、時折り霧が捲いて来るようになった。

左の谷に在る瀑は、青葉越しに既に遠方から見えていた、其印象は鮮かに残っている。

五万分一の図に拠れば、しかし入口からでなければ見えない筈である。何時の間にか左の谷に入り込んだのを知らずに真直に歩いていたものと思っていた為に、右の谷は横から来り合したもののように今でも考えられるのであろう。岩が赭い色をしている本流へ、白い花崗岩から成る河床を水が滑かにすべり落ちて来る光景は、まざまざと目に浮んで来るが、如何も此辺の全体の記憶は曖昧で、真すぐに進んで瀑の左側を登った様に信じていたのが、この古い記行を読むと先ず右の谷へ入っているのである。此谷をつめれば俗称六方石のあたりへ登り着くわけである。けれども半ばより上の岩のへつりが手に負えなかったか、引返してまた左の谷に入り、瀑に逢って進退谷まってしまった。但し上の瀑は或は本流のものではなく、前日の雨で平素涸沢であるものが瀑をかけたのだったかも知れない。松は恐らく落葉松か姫子松であったろう。姫子松なら五葉であるから松釵はちと不適当だ、これもその二字を棄てかねた執着の致す所である。

岩頭に踞してしばし疲れたる足を休む。空いつしか曇り来りて、今にも降り出でむさまなりしが、南の方前岳の頂を超えて、徐々と湧き出でたる一団の叢雲は、見る〳〵左右に広まりて一層は一層よりも黒み渡り、いとおもしろく其形を変へつゝ、やがて大空の半にもや達しけむ頃、吹き下す天風に逆らひたるにや、雲行忽ち乱れて驀然として北の方にたなびき、始はたゆたふが如くなりしも、後には秋洪の千里を浸すが如く、浩滔(こうとう)として進み来り、しかも其中に嵐を孕み霹靂を載せて、滃渤(おうぼつ)自ら禁ずる能はざらんとし、稍灰色を帯び来りたる下層の雲まづ雨となりて、空中に一大水晶簾を懸くるや、暗黒の色を湛へたる上層の雲は、俄に洶湧滾闘(きようゆうこんとう)して、或は前駆し或は却走し、盤旋しばらくも止まらず、漸くにして白味の加はると共に其端低く垂れて、終に森然たる雨柱となり了る。吾は長立して凝睇すること多時、覚えず傘を揮(ふる)つて天を劃し、快哉を絶叫すること幾度、余響未だ収まらざるに、風颯とおとし来りて、冷気習々、倏(たちまち)にして雨車軸を流し、滂沱(ぼうだ)たる雨声を乱して、時に殷々たる迅雷の響き渡れるさへあるに、坤軸(こんじく)をも震はしつべき暴風は、轟々として谷中より起り、陰霧を駆り暗雲を走らせ、四近の老木を捲いてさかしまに吹き上ぐれば、枝は凄まじく鳴り渡りて、木の葉ちぎれ飛ぶこと百千の蝗の如く、何処ともなく木魅の嘯くに似たるを聞く。雨又益加はり、濃霧峡中に充満して、晦冥咫尺(かいめいしせき)をもわくべからず、纔(わずか)に身を岩蔭に托して、閃々たる紫電の光に見上れば、右の方十仞(じん)の峭壁削立して、崖上に孤聳せる一大樹の矗々(ちくちく)天を突けるが、今しも黒雲の間より其姿を顕はして巨人の如く立てるを見るのみ、峰巒や重嶂や遂に其の処を知らず。吾は今更ながら自然の力のいとも大なるを感じ、瞑目して耳辺に風雨の荒れすさぶ音を聞きつゝ、魔王波旬(はじゅん)のあらゆる障礙にも動かさるゝことなく、菩提樹下に金剛座をしめて、想を寂光の彼岸に馳せ、涅槃微妙の道に到達して仏となりたまひけむ世尊の昔を偲び、身はいつしか一切苦悩を脱離して、魂は靉靆たる紫雲の裡に包まれ、兜率の外院に常世の春を迎え得たらむ心地もかくや、恍惚としてしばしは吾あるを忘れたりしが、凡体終に天上の仙と同じからで、霊は肉に克つよしもなく、覚め来れば五欲尚ほ累をなし、身は依然として六塵の巷に在り、無上正覚の地とこしなへに望む可からざるか、よしさらば飄として雲表の峻岳を攀ぢ、しばらく吾が神を王にせん哉。

此日の颱風は、大正十三年十二月中央気象台刊行の『本邦気候表』に拠ると、瀬戸内海に突出した児島半島の西南部に在る味野では秒速三二・七米、其北北東二十五粁に在る岡山では三六・九米で、両地とも大正十三年迄の最大風速を記録しているから、颱風としても弱い方ではない。中心の通路は、日向灘から四国の松山附近を掠め、岡山の西方を北微東に日本海に出ている。中心に遠い甲信地方は其余波を受けたものに過ぎまい、けれども山の上だけに風は相当強く、東京でさえも南南東風が一五・二米に達した。雷は所謂颱風性のものであったかも知れないが、発達の形式は通常の雷雨と余程よく似ていた。子供の頃から日光赤城の大雷雨に慣れて、雷には興味を持っていたので、さして驚きはしなかった。

私は自分が果して異状体質者であるか否か、其道の人に診断して貰ったことがないので知らないが、特異な癖があって、体を適当若しくは少し過度に動かしながら、苦痛にならない程度で而も肉体により多く影響を及ぼす自然現象から絶えず強い刺戟を受けている際、或人の曽て大いに自分を感動せしめた或行為に就て考を集中していると、次第に全身に血潮が漲り溢れるように感じ、それに平行して漸次に快い気持になり、同時に体がふわりと軽くなるように覚えて、血も肉も骨もそのこころよさの中に溶け込み、はては全身が軽い透明な気体と化し去って、残るのは唯恍惚たるこころよさのみという経験をしばしば繰返している。其際考の対象となる行為の主人公は宗教家、自然現象の中では大雨か大雪、体を動かすには歩くこと、即ち大雨又は大雪を衝いて、宗教家の信念に充ちた言行に就て考えながら歩くことが、この陶酔境に到達する最良の条件なのである。然し必ずしも条件が全部揃う必要はない、例えば座敷に端坐して上半身を左右に動かしているだけで充分なこともある。時間は二、三十分間に過ぎないこともあれば、又二時間以上に亘ることもあった。是に就て更に冗長な筆を進めることは、読者諸君に迷惑を及ぼす虞(おそれ)があるから止めにしよう、唯この記事が事実であったことを知って戴けば足りるから。此時は仏本行経と所行讃経の美しい文をふと思い出したのが原因であったように記憶している。

登山ではこの自己陶酔に中分のない好条件がひとりでに備わることが多い。従って遭難の危険がある訳だ、で努めて避けるようにしているが、一人の場合はともすると虜にされることがある。でも路の曲る可き所は曲り、橋の渡る可きものは渡る、それだけは意識しているが、さて曲れば何処へ行くかに就ては、最早意識の外である。

快哉に就て思い出すのは、対校レースでボートの練習をしていた時、文章では誰もよく快哉を叫んだと書くが実際は如何であったか。吾々は今後壮快であった場合には、必ず文字通り「カイサイ」を三唱しようというので、夫を実行していたことだ。其習慣が此処でも実行されたらしい。絶叫！ は少し疑わしいが。

斯くて待つこと幾時なりけむ、風雨やゝ衰へければ、再び両渓の合流する処に下る、と見れば傍に巨巌の峙つありて、其形少しく蟾蜍に似たり、今朝しも主が教へたるヒキ岩といへるはこれならんと、就て其周囲を探れば、果して綫の如き小径あり、唯榛莽（しんぼう）深く之を蔽ひ、枯葉厚く堆積して、容易くそれと弁じ難きのみ。これより羊腸たる細径を辿りて、輪菌たる老樹の間を覚束なくも登り行けば、陰森の気肌を犯していと物凄く、天飇（てんぴょう）怒号して万木皆鳴り、雲霧溟朦たり。吾を見ておどろき走る花金鼠（しまりす）に幾度か驚かされつゝ、登ること一里余りにして、喬木（きょうぼく）は灌木となり、灌木も亦いつしか偃松とかはり行きて、純骨を露はせる花崗岩の大塊縦横に紛錯し、嶙峋岩崿、景象自ら雄大を極め、秀霊の気身に逼るを覚ゆれども、雲深く雨滋くして、巍然たる山容は遂に望むべくもあらず。登山の最大快事は、目ざす高岳の絶巓に立ちて、八荒を睥睨するの際にあるは、もとより言ふ迄もなけれど、昼尚ほ暗きばかりに枝条密聚せる森林帯を離れて、意気はじめて豪なると共に、天風雲の帷を披きて、かの尋常の遊人には、惜みて容易に其神容を示さゞる霊岳の、孱顔うるはしく吾が前に立てるを、やをら仰ぎ見たる時の心地は、玄圃閬苑の花蔭に天つ乙女の嫣然としてわれを邀へたらむも斯くやと覚えて、嬉しくもまた懐しくも、目こそ見ね耳こそ聞かね、手もて招き声ありて呼ばふが如くなるに、神馳せ魂飛び、満身の血潮は自ら高まりて、景仰の念思慕の情、油然として胸中に溢るゝを禁じ得ざる習なるは、一たび高山に登りたる人の忘れんと欲して能はざる所なる可し。曽て和田峠の巓より遥に東南の天を望み、駒ケ岳の雲際に岧嶢たるを見て、神往に堪へず、心窃に他日の登躋を期せしもの、坤霊応あり、今や身親しく其土を蹈み、其嶮を攀づるに及びて、暴風雨の為に的皪る山貌を咫尺の間に目睹する能はざりしわが遺憾は、嵯峨野の奥の情人をたづねてえ逢はざりし横笛が恨にも較ぶべくや。

瀑を下るのは、岩が濡れたので登る時よりも困難であった。懐中の略図を取り出して見ると、ヒキ岩は合流点の附近に描いてあるので、注意して探し乍ら行くとすぐ見付かった。合流点よりも瀑の方に近かったように思っている、赭色の大きな岩で、川に面して屹立した概形がつくばったヒキに似ているので其名を得たものであろう、ガマ岩とも呼ぶそうである。主人からよく気を付けて見落さぬようにと言われていたが、下ばかり見て歩くので知らずに通り過ぎたらしい。

右側の藪を押し分け、じめじめした落葉を蹈んで二、三十間も登れば、岩の多い細径が曲折して続いている。もう擬う方なき登路である事が判明した。五、六町にして少し左の方へ廻ったかと思うと、突当りに五丈瀑と刻まれた二尺許の石の柱が建ち、其近く下に瀑が瞰(のぞ)まれた、多分私が其横を登った瀑であろうと思う。そこから路は右を指して急な登りとなり、蟠屈(ばんくつ)せる樹根を蹈んで、巨巌の欹(そばだ)てる間を右に左に辿り行くさまは、木曽駒の登りに能く似ていた。此林中にも亦縞栗鼠が多く、風雨にも拘らず、人の近付く気配に、岩の下から走り出したり、木の洞から駆け下りたりして、側目も振らず一心に登っている私を幾度駭(おどろ)かしたことであったか。偃松帯に出ても楽しみにしていた、遠見場から木曽駒の頂上を仰いだ時のような景観が見られなかったのは如何にも残念であった。

この登路には古生層の岩が花崗岩と接触して地表に露出している所がある。駒津岳の北の肩もそうであるが、ここは鋸岳と同じように凄い色をした赭岩が突然真白な岩に変っているので特に目を惹き易い、それを此時は風雨の為に少しも気付かずに通り過ぎ、偃松帯に出て初めて岩の色が変っていることを知ったのであった。秩父の股ノ沢の最高峰から三宝山に行く途中にも同様の場所がある。

少憩してまた登る。路右折して東南に向ひ、峯勢漸く蹙（せば）まりて、左右は削るが如き峭壁となり、壁面には白砂堆積して雪の如く、之を蹈めば砂は人と共に下り、愕いて石に身を托するも石また脱けて、急転直下、䃔然（こうぜん）として壑中（がくちゅう）に落ち去る。加ふるに樹木の遮ぎるものなければ、風の勢一きは激しく、ともすれば吾が双脚を払ひて、千仞の谷底に捲き落さんとし、次で豪雨の之に伴ふあり、万斛（ばんこく）の潜水斜に注ぎ下して、空中に白羽箭（びゃくうぜん）を飛ばし、譬（たと）へば四大天王の雲に駕して、山妖木魅を駆るに似たり。中にも連山の巓を掠めて、遠く南溟の天より吹き来る一陣の烈風は、頗る腥熅の気を帯ぶるもの也、颼颫（しゅうふつ）として襲ひ来り、山稜に撞撃（とうげき）して其巓を払ひ去るや、渓風之を邀（むか）へて、飈然として谷底より起り、雲之と闘ひて盤旋淜渤（はんせんほうぼつ）、さながら大海の荒れ狂ふが如く、乍（たちまち）にして紛絮滃渤（ふんじょおうぼつ）、怒濤砕け散り、乍（たちまち）にして淼漫（びょうまん）滉瀁（こうよう）、藕糸（ぐうし）乱れ布き、或は馳逐し或は狂奔し、上なる雲は次第に拡まりてうすれ行けど、下なる雲は更に勢を増して、むら〳〵と渦き上り、奮摶摩盪（ふんはくまとう）して吾が立てる山稜の頂を超ゆるに至れば、列風また横さまに之を払ひ、雲塊半より頽（くず）れて谷中に弥漫し、風の稍静まると共に脚下に沛然たる雨声の恰も懸崖を直下する瀑布に似たるを聞く。既にして風雨少しく衰へ、頭上に鵬翼を張れるが如き断雲のちぎれちぎれに飛ぶを見たりしが、遥雷かすかに轟き、湿雲俄に開けて、南方里余のあたりに濃藍色をなせる怪雲の鬱然として天を蔽ふを望む。白峯山脈の最高峰北岳は最早雲中に包まれ、前岳またまさに隠れんとして、勁風の起れるなるべし、巓のあたり雲荐りに騒ぎて、景色只ならず。折しも一群の雨燕あり、相和鳴して高く中天に翔り、風に従って倏ち行く所を知らず。頃刻にして雲復大に湧き、寒冷の気面を搏って肌に粟を生じ、怪物の陸梁するかと覚しき一種のさゞめきは四方に満ちて、一刻は一刻よりも暗く、満目唯陰霾として、風雨またまさに来り襲はんとす、其光景もとよりわが拙き筆の能く及ぶところにあらず。森厳なる自然の威力に対して、眇たる人間誰かは懼然として懾れざるものあるべき。さはれ自然は竟に慈母たり、限りある人生を哀しみ、限りなき永遠を慕ふ心は、久しからずして之と相融合せんなり。斯く思ひつゝ吾は怡然として歩を喬岳の巓に運びぬ。

　刀利権現に着いたら、右へ尾根伝いに行きさえすれば、間違なく頂上へ出られると主人から聞いていたので、痩せた岩尾根が右へ曲る頃から注意して四辺に眼を配ったが、霧で何も見えない。然しもう刀利権現へ来たことは確であると安心したせいか、急に空腹を感じたので、稍(やや)平な場所にある大岩の蔭に風雨を避けつつ握飯を取り出した。今日は実によく腹のへる日だ、途中歩きながらも食べた、見るともう握飯は四つ林檎は五つしか残っていない、明日のことを思えば気には懸るが当面の空腹には克てず、また握飯一つ林檎二つを平げてしまった。恐らくこの旺盛な食慾と豊富な食糧とのお蔭で、気力が衰えずに風雨を凌ぎ得たものであろうと考える。

刀利権現からの登りはつらかった。殊に木も無い砂ばかりのざらざらした急峻な痩尾根の真中に、巨大な岩が幾つも突立っているのには困った。うっかり横を搦(から)むと路を失う虞(おそれ)があり、また前途の見透しが利かぬから、行先にどんな危険が待ち構えているかも知れないので、一つ一つ岩をのり踰えて行った。其(その)岩の表面が又ボロボロに風化していることが多く、手を懸る度に脆く崩れてそれと共に体が滑り落ち、幾度肝を冷したか知れなかった。

南風であった為か、瀑壺に落ちてずぶ濡れになって以来、衣物は絶えず生乾きであったにも拘らず、シャツに単衣(ひとえ)一枚で左程寒くは感じなかった。林の中ではどうにか傘もさせたが、尾根に出てからは傘どころか、茣蓙(ござ)を体に巻き付けて、帯代りに細引をしめても、風を孕んで吹き上げられそうになる、それで傘は茣蓙にくるんで腰にさし、いつでも両手を使えるようにしていた。

雨を伴って断続する風のあいまに、まるっきり別のものかと想われるような一陣の烈風が吹いた。この風は生温い上に磯臭い香いがあって、温泉の湯気にむせるような感じがした。其風が唸りを生じて山稜の頂を薙ぎ払うと、風下の谷から濃厚な雲霧が噴泉の如く湧き上って、そこに風と雲との争闘が始まり、風の渦まきに連れて、虚空に奇怪な形をした雲が物の化のように現れては消え、消えては現われ、それが横なぐりの風にけし飛んで、晴れた日の朝に見る雲海のようになったかと思うと、もう其底から新しい雲が湧き上って来る。そして風の勢が少し衰えると凄まじい雨の音が谷底から聞えて来た。此間は動くと危険であるから、両手に岩を抱いて俯伏しているより外に途はなかった。それよりも恐ろしかったのは、濃霧が一度さっと開けた次の瞬間に、また忽ち雷雲の密（みっ）聚（しゅう）部隊のような黒雲に襲われた時で、冷く鋭い風に吹き捲くられ、氷のような雨に叩きすくめられて、手はかじかみ耳の附根は痛くなり、地面にしがみついたまま、如何なる事かと心は不安に駆られていた。恐らくこれは早手ともいう可きもので、長いように思ったが、時間は三、四十分に過ぎなかったであろう。雨燕も真物であったか否か不明である、唯雨中に出現したのでそう書いたものに過ぎない。

　卯の花の散りこぼれたるにや似たらむ白砂を蹈みつゝ勾配の急なる山脊に沿うて攀ぢ登ること二十余町、屢々巨巌の面を衝いて起るに遇ひ、手捫し足板して、風化せる花崗岩の上を躋り行くに、岩角忽ち崩れて跨躡するもの数次、漸くにして之を踰ゆれば、途一頓して稍平かに、偃松生ひ続きて、其間時に異草奇卉の風雨に委して狼藉たるものあるを認む。なほ進むこと二町許にして急坂を登れば、終に三角測量櫓の下に達す、傍に円錐形をなせる一大花崗岩の屹立せるあり、即ち駒ケ岳の絶巓にして、海抜殆ど一万尺、白峰山脈の一万余尺なるものを外にしては、全峡中また之と比肩す可き高峰あるなし、況んや吾震電雷動の日烈風暴雨を衝いて其巓を極め、幸に恙なし、此の如きの壮遊之を再びすべからず、憶うて是に至れば意気自ら千秋。

この紀行は未完成の儘にこれで終っている、前の「駒ケ岳の記」に続けて雑誌に載せる積りで書き始めたものを、何かの都合で中止したものらしい、推敲を要する個所が少なくないのは当然である。

頂上に着いたのは四時頃であった。普通刀利権現から二時間の登りであるが、殆ど倍近く要している。測量の櫓は四本の柱がばらばらになって風に揺れながら霧の中に立っていた。左に廻ると小屋らしいものが目に入る、訝りながら近寄ると果して小屋であった、四尺程の高さに石を積み重ねて三方を囲い、東の一方が出入口で、勿論戸は閉まっていた。戸台では何の話もなかったが、測量の人達が泊っているに相違あるまい。野宿

を覚悟していた私は、急に懐しくなって軽く戸を敲き、

「どなたかおいでになりますか、済みませんが今夜泊めて頂けないでしょうか、食べ物は持っているんですが」

と声をかけた、すると稍せき込んだ調子で、

「いかんいかん、ここは人を泊める所じゃない、一里半下れば小屋がある、さっきも一人下って行った、急げば間に合うから小屋に行きなさい」

少し怒ったような声である。私は山に登れば頂上に一泊して翌朝の大観を恣にすることに決めていたので、「そうですか、どうも……」と曖昧な返辞をして、それなら此小屋の蔭で、夜を明かそうと考えているうちに、中から蓑を着た男が水桶を背負って出て来た。そして私の風体を見てから、

「旦那はああ言ったが、わしが頼んで泊めてあげるから水を汲んで帰るまで待ってな」

と言い捨てて霧の中に歩み去った。何処まで水汲みに行くのか知らない。が、兎も角も待つことにして入口に立っていた。山の上とはいえ霧が深いので、日が暮れたように四辺が暗い。動かずにいる体が少し寒さを感じて来た頃、心あてに昵と見詰めていた方向から、水桶を重そうに背負った男の姿がにじみ出した。目で迎えた私に微笑を以て答え、小屋に入って暫く経つと首だけ出して「お入り」といわれた時には矢張り嬉しかった。

小屋の中は六畳敷程の広さで、入口に続く一畳足らずの土間の外は、床板を張って蓆を敷き、左手の炊事場に炉が切ってあった。其の近くに坐を占めて濡れた衣物を着換え、改めて奥の方の火鉢にあたっている「旦那」に礼を述べる。

「ホウ、ちゃんと用意がしてあるんだね」

初めてむずかしい顔がほころびて、重い口から語られた所に拠ると、一昨日櫓に落雷して二人の測量手が感電し、一人は即死一人は瀕死の重傷を負うたのを、昨日漸く麓へ運び下ろした、一人では予定の通り仕事が捗るまいと案じられる。ここで観測を開始したのは六年前であるが、今年蓼科山に一等三角点の覘標が建てられたので、回光信号を交換する必要から復登山したのだということであった。

「天気が好ければ明日もやるから見ておいでなさい」と無愛想だが優しい人なのだ。心配事の最中に邪魔をして、相手が不機嫌だったからとて、之を咎める理由は少しもない筈である、私は後悔した。夕食は抜きにしようと思っていたが、熱い味噌汁を振舞われて見れば、食物の用意はあると言った手前、食べぬ訳に行かず、貴重な握飯の一つがまた減った。食後お礼心に残りの林檎を差し出して大に喜ばれた。

夜が明けても風は止まない、高い雲から雨もポツポツ落ちていた。それが日の出る頃になって、雨は歇み霧もはれたので、前岳、北岳、地蔵、鳳凰、国師、金峰、八ケ岳、蓼科の諸山は、頂を乱雲の上に顕し、鳳凰山塊を踏まえて立つ幽な富士の姿は、幻のように美しかった。

しかし私をのけぞる程駭かしたものは、雲の厚襖を突き破って兀立した北岳の巓であった。北から西からのしかかるように盛り上った頂線は、力余って東の方に倒れんとしている。夫を六十度余りも傾きながらガッシリと受け止めた線の膨らみ、まるで青竹を撓めたようである。真黒な岩壁、濃緑の偃松、青いのは草原か、其中に象眼された数点の白いものは残雪であろう。私は眼の前に突き出された巨大の拳固のように、勁い力の籠った山の姿を瞳に烙きつけながら「よし、来年はあれに登ろう」と独語して、偃松の露に浸した手拭で顔を洗った。

午前五時に独り朝食を済して支度を整え、人夫に山の名など聞きながら、空模様を窺っていた、雲は容易に霽れそうもない。そのうち主人公も起きて小屋の外へ出たが、この天気では信号も駄目だといわれたので、思い切って七時に下山の途に就いた。二十分も下るともう雲の中である。高山植物に心を惹かれるでもなく、小鳥の鳴く音に耳を楽しませるでもない単純な登山者が眺望を奪われては、残る期待された興味は、一筋の路が如何に変化して行くかにかけられていた。巨岩と白砂と、急峻な岩稜と、一歩一歩この期待は裏切られなかった。これで「何かうまい食べ物があって、そろそろ空いて来た腹がふさげれば、今日は満足だ」。屏風岩を鎖や梯子で下って小屋を眼前に視た時、そう思った。

しかし小屋は留守だった。中に入って探し廻っても、食べ物は何一つ見当らない、囲炉裏の自在に懸った鉄瓶の湯は冷え切っていた。止むなくそれを飲んで五銭の湯代を置き、暗い森林の中を暗い気持で急ぎ下った。笹ノ平まで来ると半ば朽ちた小屋があって、大きな荷物を傍に人が休んでいる。それが屏風小屋の主人であった。「この荷は米と乾うどんで、外に食物は持っていない、昼食は今すました。小屋の蒲団の間に菓子箱を入れて置いた筈だよ」といわれて、「どうもそこまでは気が付かなかった」と苦笑して別れた。もうあたりの景色などは目をくれるのみで、心にとめる余裕もなく、一刻も早く人里に出て枵腹（きょうふく）を充たしたいという考に占められていた。下るに連れて嵐のあとのむし暑さが身にこたえて、路の導くままに歩を運ぶ脚がふらふらする。漸く瀑の音が近付いて尾白川に出た、一本の丸木橋が架けられてある、水面からかなり高い、これは馬乗になって渡った。川に沿うて下ると間もなく駒ケ岳神社の里宮に着いたが、失望したことには社殿は改築中で、それも農繁期の為か工事は中止されて、留守居の老人がいるに過ぎない。

神前には紅白の落雁が四つ供えてある、三十銭を奉納してこの供物をいただき、弁当の残りだというみずやき（うどん粉を溶いた中に菜漬を入れて焼いたもの）を一つ老人から貰い受け、少し気力を恢復して、一里の暑い野原路を台ケ原までまっしぐらに急いだ。

思えば食慾と空腹とに始終したような甲斐駒の山旅、幾十年をへだてて今この文を草していると、其時の苦しさがまざまざと記憶に蘇って来るのを感ずる。

（明治廿九年十月稿、昭和十一年十月補）

「木曽駒」「登山とはいきんぐ」昭和十（一九三五）年十一月号

「甲斐駒」「山と溪谷」昭和十二（一九三七）年一月号

〔『山の憶ひ出』上巻　昭和十三（一九三八）年・龍星閣〕

北より見たる摩利支天峰と北岳及間ノ岳

金峯山

［明治二十九（一八九六）年八月］

秩父山塊の金峯山は、私の古い山旅の朧げな記憶の中では、比較的はっきりしている方である。此山の名を知ったのは小学校の何級であったか忘れたが、何でも暗射地図で甲州の北境に栗の毬殻に似た大きな山の符号があって、それが金峯山だと教えられたのが最初である。お寺を小学校に代用していた田舎のことではあるし、まだ「いろは」も碌に知らないうちから「小学生徒心得」という漢文直訳体の本を読ませたり、今でいえば尋常二年には既に十八史略が教科書に用いられた程、読む事に重きを置いた昔の寺子屋風が残っていた時代のことであるから、地理の教授などは極めて簡単で、大抵この暗射地図で山川都邑の名を暗記せていたのであった。勿論金峯山がどんな山であるか、夫に就て少しも知る所の無い先生は、単に蔵王権現の祭ってある高い山だと教えたのみに過ぎない。その蔵王権現も神か仏か、うるさく質問する生徒達に一喝を浴せたのみで更に説明はして呉れなかった。

四五年の後に東京に留学するようになって、或日上野の博物館を見物した。古代仏像の陳列室を丹念に品目だけ読んで行くと、ふと蔵王権現というのが目に付いた。高さ一尺二三寸の銅像で、左の足で蓮花を踏み、右の足を高く上げ、左の手は腰にあて、三鈷を持った右の手を頭上に振りかざし、稍忿怒の相を帯びた半裸体のものである。之を見ると金峯山のことが想い出されて、次の機会には是非之に登りたいものだと決心した。私の金峯登山は謂わば蔵王権現の導きであるから、帰命宝蓮花を三唱して仏恩に感謝しなければなるまい。秩父の山の中で、金峯山に深い執着を感ずるのは、この為であるかも知れない。

　明治二十六年の八月上旬、妙義山を振り出しに浅間、蓼科の二山に登って諏訪に出で、塩尻峠を超えて木曽路に入り、御岳を上下し、引き返して甲府へ出た、これは武田信玄の旧蹟を訪いたかったからである。この頃の私は歴史上の好きな人物に甚しく興味を感じていたので、其古蹟には山と同じように心を惹かれたのであった。此時も八ケ岳に登って南佐久に下り修身節約という小学校の読本で知った有名な孝子亀松が狼を退治した内山峠を踰えて、下仁田へ出ようかとも考えたのであるが、日頃崇拝していた信玄熱が高かったので、とうとう甲府へ来てしまった。其代りかねて宿望の金峯山に登って八ケ岳の埋合せにしようと思っていた。然し甲府へ来て勘定して見ると、金峯山に登れば、帰郷するのに如何しても二日は余分にかかることになる、これは財布が許さない。それで止むなく昇仙峡から御岳の里宮に参詣したのみで、あとは脚に馬力をかけて、一日に十五六里宛飛ばして、三日半で帰宅した。財布をはたくと八円貰った旅費が二銭銅貨一枚しか残っていなかった。

明くる二十七年の十月には、志賀重昂先生の日本風景論が出版されたことを新聞で知った。私が漸(ようや)く之を手に入れたのは翌二十八年の三月で、既に第三版であった。この本が当時の登山者仲間に甚大の影響を及ぼしたことは、日本山岳会の設立される迄知らずにいたが、兎(と)に角(かく)有頂天になって読み耽っていた私がこの本から受けた刺激は頗る強いものであったらしく、二十九年の夏には破天荒な山旅の計画を発表して全く家人を驚かした。即ち針木(はりのき)峠を踰えて立山に登り、引返して槍ケ岳から乗鞍、御岳、木曽駒、甲斐駒及び金峯山と順次に登攀し、十文字峠を経て秩父盆地に入り、最後に武甲山に登って熊谷に出ようというのである。有り難いことには、登山の危険というような事を少しも知らない家人は、笑いながら私の請を許して、財布の中へ二十円入れて呉れた。一泊十七銭から二十五銭、中食五銭から十銭、草鞋(わらじ)二銭、雑費五銭、合せて三十銭乃至四十銭で旅の一日が過せる、二十円あれば優に四十日は歩けるので大威張だ。

私の山旅は、槍ケ岳を除いて予定通り順調に進んだ。甲斐駒を下る時には、屏風岩の小屋の主人が食糧の買入れに下山したので、朝食に握飯一つを食べたきりで、ヒョロヒョロになって台ケ原に辿り着いた。翌日は昨日の疲れと、韮崎から睦沢へ出る道を誤って大迂廻した為とで、御岳へ着いたのは午後二時頃であった。もう御室まで日のある中には行けないと聞いたので、まだ早いが大黒屋に草鞋を脱いだ。

明くれば八月二十一日、十人余りの講中と同行するのが嫌さに、夜の白むのを待ちかねて出発する。楢峠の長い登りを終えて、唐松峠の薄暗い森林にさしかかると、一しきり驟雨が襲って来た。暢気に蝙蝠傘をさして御室に着いたのは九時頃であったろう、小屋の主人は、蝙蝠傘をさして来た人はこれで二度目だと言って珍しがっていた。

正午までには楽に頂上に着けると小屋の主人がいうので、雨の霽れたのを幸に、安心して岩の梯子を上るような急な登りにかかった。喬木帯を抜けて大きな岩の上に立つと、行手の空に突兀と五丈石が見上げられた。其南下に蔵王権現の奥院は鎮座していたが、絶頂にはまだ測量の櫓は無く、五丈石には粗末な梯子が架けてあった。私はいきなり五丈石に攀じ登って、暫く四方の眺望を恣にし、そして岩を下りると、茵のようにやわらかいふっくりした青い岩高蘭や苔桃の中に身を埋めて、仰向けに寝ころんだまま、経文を誦する人声が耳に入るまで、長い間空を見詰めて考えに耽っていた。そして此時初めてしみじみと山を味うことを体得したのであった。

［「日本山岳会会報」昭和七（一九三二）年七月／『山の憶ひ出』下巻］

信甲旅行日記

［明治二十九（一八九六）年八月］

明治二十九年八月九日出立

同勢九人

伊勢崎九時三十分出ず。前夜大雨ありし様子、安中にてはる、日蝕二時二十分頃見しのみ。

碓氷峠絶景、トンネル二十六あり。六号と二十六号最も長し、其間雨降る。田中にて下る。大屋に泊る。軽井沢より立科、浅間を見る。御代田を経て千曲川に沿う。

十日五時大屋亀屋方を出発したり晴天九時半過和田駅に達し中食す。米屋鉄大郎と称す途中長久保町にて休む両方皆山にて蒼翠湿潤眼目を新にせり晴天なりき。

（伊勢崎町より高崎まで汽車十六銭田中まで六十銭、九日夜二円入る）

和田峠を越えて下諏訪に宿りたり今日行程十三里許泊屋中川と云う（小遣三銭西餅屋にて餅を食う）午後五時半頃着す。

十一日四時半に出立して塩尻峠の頂上に日出を見る雲烟飛動して四山の風景見る可か

らざるも雲半ば低れて湖心を掩う処五色の彩雲を見頃刻にして湖周の人家白壁皆赤き処反て妙之を記する時も（頂上にて）雲飛び来りて袂袖皆霑う西方又雲低れて大山彙の諸嶺を見るに由なし、夫れより塩尻に下り中川方に小休し洗馬を経て桜沢に中食中武内織三郎氏外一名追いつく皆大に喜ぶ洗馬の前にて乗鞍岳を仰ぐ山容双耳の如し諸山は雲にかくれて見えず其処より一人衆に先ちて鳥居峠を登り「ひやそうめん」を頂上にて食う愛すべし頂上の景は塩尻峠に及ばず二峠共に旧道を通れり新道は一里許の損なりと聞けばなり鳥居峠の頂上の小屋に狂句あり「お鳥居のように両足ふんばって山をにらんで祈るつらつき」と誰人のにや面白し待つこと一時間に近くして一行来る急峻塩尻峠と頡頏すべし今日も晴天なりそうめん三銭（二杯）（桜沢にて中喰前にも前駅にてあんころもち三銭二りん）峠はいずれも河に沿う時々妙景の処あり洗馬辺は稍平闊にして五穀繁茂す先月（七月二十三日頃）の洪水にて道路の破壊せし処少なからず田に砂石を押し込まれたる多し茶代二銭鳥居峠の上には御岳遥拝所あり群岳の上に遥に其頂上を望むべし下ること二十町にして五時半藪原に達す鳥居峠にて二銭賽銭一銭ローソク代今日行程十一里夜大雨ありしも吾は知らず。

　十二日五時半頃藪原を立ち出ず夜来の雲未だ全く晴れず低く垂れて左右の山を掩い山容認め難し、之より木曽山道に入り木曽川に沿うて万山重畳の間を行く宮腰辺より南は東の山脈は花崗岩よりなり水清冷砂清き処妙景福島より一里許にして御岳川の橋渡に至る佳景なり之より葛代峠上下四里を登降し三時王滝に着く峠の中央にて雨降る王滝は二百戸許の人家なり御岳川は絶景なり此辺檜多し（藪原辺にお六櫛というあり謂(いわれ)を知らず）此日行程九里なり橋渡にて中食す。

十三日前日午後五時頃より雨、八時頃止みしも雲ふさがりて見えず翌日六時出立十時田ノ原小屋に着す其間老樅檜枝を交え加之(しかのみ)ならず熊篠(くまざさ)多く道は皆割木を敷けり登る三里（五十町一里）にして田ノ原なり三笠山より八丁下に当る清滝は王滝より二十五町右折してあり高さ八丈巾三間なり一浴して体巳(すで)に冷なり田ノ原より正しく登ること三里（五十町一里）にして若権現なり其間火山岩の大塊磊落(らいらく)として道険怪甚(はなはだ)し翠松（五葉松）堰塞(えんけん)せり九合目よりは草木なく赭岩突兀(しゃがんとっこつ)道危険にして諸所に絶壁あり一見して目眩(めまい)し足戦(おのの)く大権現には観測所あり今夜一人二ノ池の側の小屋に宿る雪あり日中又雨時々降る。

十四日早起戸を排せば水蒸気大いに湧き茫々咫尺(しせき)を見ず忽(たちまち)にして雲去り甲信の諸山信越の諸岳白山に至るまで突兀として峙(そばだ)ち長空一碧太陽爛々として登り宛(あたか)も雲海の如し依て二の池賽の河原三の池四の池継子岳高天の原継母岳五の池あり支天山より二の池に出で更に三十六童子地獄を見北星山を望み劔ケ峰に出で帰る九時半なり三の池に下る処峻急摩利支天山も急なりまま子岳之に次ぐ地獄谷一見恐るべし帰途黒沢口に出で福島に

来り三里寝覚に宿る山頂の周り五里行程凡て十八里なり。

十五日朝寝覚の床を見駒ケ岳に登る一川に沿うて上ること二里余金懸の小屋あり中食す（此処にて尾張にて日本の諸名山を跋渉せる行者と逢う羨むべし）其間一滴の水なくして大いに困難細径漸く弁ずべし小屋の上には金懸の岩と称する大花崗岩塊あり又登ること二里余漸くにして樅林を去れば前岳宝剣岳の諸山嵯峨天に冲し翠然たる偃松（はいまつ）其間に匍匐し花崗岩石雪の如く急峻比（たぐい）なし絶壁を奔流する谷川は諸所に小瀑布をなせり岩上には土壌あり草木之に生じ根拗曲（ようきょく）岩を挑み岩を載せ豪健砆宕（てっとう）驚く可（べ）し匍（は）うて登る所多し前獄には日本武尊（やまとたけるのみこと）を祭り頂上には保食大神（うけもちのおおかみ）を祭る伊那の前岳にも何か神あり宝剣岳には手力雄（たぢからお）の命を祭れり此の山最も奇抜雄渾なり上松の神官と共に比夜頂上より九町下なる玉の久保の小屋に泊り翌朝早起又日の出を見る。

十六日前夜七日の月を花崗岩上二千五百五十七米突の処に見る雲は低く山麓に纏い絶景なり朝水蒸気大に湧き東風蓬々たりしも日出の頃漸く凪ぎて四山の風景御岳の時と同じ唯乗鞍槍の二岳のみ雲に掩われて見えず立山は其青螺（せいら）を顕わし浅間山は噴烟を以て知り立科山円錐的頂上を示し八ツガ岳駒ガ岳地蔵鳳凰赤石山の諸山全景を見るべく富峰は其連山の上に一屋を置けるが如し山形の奇峭広襞の大多く其比を見ず、妙義の如くは未だ勝を専（もつぱら）にする能わず頂下に一湖あり雷鳥熊多し午後二時宮田に下る七里にして遠し急峻御岳に譲らず五時伊那郡に達し柳屋に宿る行程凡て十一里日中頗る暑し天竜川は河原多く（此辺にては）大に想像に異れり街道は善し寝覚にては蚊帳を用いざるも伊那郡には蚊多山勢の高下を見るべし駒ケ岳頂上にては寒暑計五十度なり小屋の泊費二十五銭とす（御岳にては二十九銭強力四十五銭）石楠木は高山皆在り中には大さ五寸余もあり湯薬（とうやく）（「せんぶり」ならん）御肉（おにく）（切傷によし）あり御岳にはオコマ草（諸病によし薬草の王となし）大人参等あり。

十七日伊那郡を出立天竜川を渡り三峰（みぶ）川に沿うて高遠に来り之より黒河まで絶えず河に沿えり高遠より雨ふる黒河内を経て黒河を遡り戸台村の小松伝弥と称する人の家に泊る三峰の沿岸は絶景の処あり東高遠には城跡あり終日雨ふる。

十八日起て戸を排せば快晴無比なり結束して駒ケ岳を攀ず戸台より黒河を右左に渡りて登ること二里半河左右に行くに之を左に行けば又河左右に分れたり其間の細径を行けば曲折甚敷（はなはだしく）左に五丈滝を見る高さ其名に叶う其上に又滝あり高さ十丈花崗岩壁を摩して落下し水玲瓏白沫素涓（そけん）を洩くが如し又登ること二里半雨漸く滋く風之に加わり雲霧眇茫（びょうぼう）として咫尺を見ず渓間大熊を見る試みに声を放てば忽ち佇立凝視久うして灌木の中に入る其間巌骨稜々樹木之を爪み険恢信の駒ケ岳に優る馬鬣（ばりょう）上を行くが如き所あり二里許にして偃松のみ樹木の遮ぎるなければ風威頗る猛烈風来る毎に身を岩間に潜め

て之を避く少しく注意を怠らば身は澗底（かんてい）の鬼とならん頂上は風殊に甚敷雲気壁底に充満して五里霧中を彷徨するに似たり頂上に三角測量点ありて一人其下なる洞中に宿る終夜天風蓬々雨時々至る夜半寒くして火を焚きしに烟室中に充満して気息すべからず加うるに呼吸迫急蚤あり「ダニ」あり遂に安眠するを得ず転々天明に至り少しくまどろみしと思う間もなく天明け渡り風尚お未だ全く止まず身の股栗するを覚えたり既にして金烏東天より上れば雲も漸く晴れて前岳北岳地蔵八ツ岳金峰山国師岳鳳凰立科の諸山皆眼中に入る只信飛の諸山は雲にかくれて見えず六時出立して台ケ原に下る前路に比すれば更に険峻鉄鎖を植うるもの六ケ所横に鎖を置く四ケ所途中小屋一ケ所あるのみ台ケ原まで七里と称す台ケ原にて中食釜無川の右岸を下ること二里武里にて左岸に移る中流橋なく徒歩して二里半六時韮崎に達す釜無川の左岸は絶壁にして火山岩なり河は急流なり右岸の諸山より出ずる川皆十五分の一勾配位にして河原多く水は僅に其中央を曲折して流るるのみ道路は善し両山の間は二十町に過ぎず稲は発育善しされど畦は高値なり行程凡そ十一里余。

二十日七時韮崎を出発し亀沢に至らんとして道を誤り逶迤（いい）たる山中を彷徨すること二時間余漸く睦沢に達し一渓流に逆行する事三里余にして金桜神社に詣ず社宇頗る壮麗なり石階を下りて中食を調え三時茲（ここ）を発し道を荒川の左岸に取りて下る事二十余町火山岩

此処に尽きて花崗石之に代る道窮りて墜道あり之を下れば鞺鞳（とうとう）たる音を聞く左顧すれば一瀑あり花崗岩壁を迸り深潭に投ず之を仙峨の瀑と称す、雄壮人意を快にす少しく下り橋あり昇仙橋と称す左右皆花崗岩矗々（ちくちく）として高さ五十余丈壁面直截堂々として砆宕を極む道は其下にあり岩面裂痕正々青松之に生じ翠は白に沫し白は翠に映じ更に水の清冷白泡をたたすありて景物豪壮辞の呈すべきを知らず一転すれば峯勢改まり向背観を異にす一峡を出ずれば一峡あり道絶えて又通ず此の如きもの二里に近し其間奔流の白皚々（がいがい）たる花崗岩上を飛走して深く潭（ふち）をなし怒噴湍をなすあり絶景筆舌の能く尽す所にあらざるなり此所に佇み比所に顧み多時割愛帰途に就きしも遂に甲府に達する能わず府の北一里湯村に宿る温泉あり愛すべき所なり此夜月色清（十二日）南に富峯を望む白雪山脚を繞（めぐ）りて羽裳に似たり松虫鈴虫蟋蟀柳影風涼しき所になき尤も愛すべき旅行なりき湯村は人家五十戸許湯は透明にして体に適し浴客常に絶ゆることなしという。

二十一日七時湯村を出発し甲府に着す城跡は今猶依然として存せり小城なり城濠には蓮花今を盛りにて純白艶を競い麗を闘わせり西に接して監獄署あり南に近く県庁あり市街壮宏なり百貨輻湊賑富前橋と頡頏すべし況（いわ）んや将（まさ）に甲武鉄道の成らんとするあり後来必ず商工業の中心とならん。

甲州の地勢たる四方繞らすに高山を以てし東に笹子峠の険あり南に富士を限って三坂

峠あり東北に大菩薩柳沢の険坂あり北より西に至りては即ち万山重畳絶て通路なし之れ武を用ゆるの好適地にあらず常に守勢を取れば国を失う事なく攻勢を取れば国力必ず支えず信玄不世出の英雄を以てして兵を四方に出しても遂に一の成すあるなかりき勝頼継で若干もなく武田氏の滅亡を見るに至りしは一は庸君の致す所と雖も而も攻勢を取りしに依らずんばあらず新羅三郎より十三代武田氏の祀を絶たざりしは実に守勢を取りしの致す所となす信玄兵を出すや必ず信濃及遠近となす之れ西北諏訪に至る道及富士川沿岸のみ較大兵を動かすに足ればなり聞く信玄は生涯居城を築かざりしとかや其居る所は僅かに館と称する程のみ甲府の地勢たる前に曰う所の如くなれば恰も釜底にあるが如く京都と略似て攻むるに易く守るに難き所軍略上必要の地にあらず蓋し信玄の居城を築かざりし所以ならん信玄豈に比等の利害を知らざらんや知って之を成さざりしものは胸中に鬱勃たる覇気ありて之を洩らすの道なかりしのみ（以上愚考）

　九時甲府より我楽多馬車を駆って勝沼に至る四里なり（賃金十六銭五りん）夫より笹子峠を踰ゆ塩尻峠位なり其の途中「ホーロク」横手と俗称する所は少の風もなく暑さ炙らるるが如きを以てなり此の日快晴暑威甚しきを以て一層其の感を強くせり途中に薬師如来の堂あり可なりよしそを去る数丁絶巌の上に観音堂あり翁の句を路傍の松の下に立つ「観音のいらか見やりつ花の雲」と峠を上りて下る事七里笹子川に沿うて猿橋に達す

有名なる猿橋は此処にありて火山溶流岩の水に浸蝕されしものなり水面より橋上まで一百二十余尺となす両方には火山岩よりなれる山突兀たるも昇仙峡に及ばざる事遠し比の夜盆の十三日にて市中迎火を焼き大いに賑わし行程十三里甲州にあること三日にして遂に当面の富士及附近の諸岳の山容を充分に見る能わざりしは頗る遺憾となす（湯村に来る道で僅かに頂上の半及八合目以下を見しのみ）

二十二日七時猿橋を出発し笹子川に沿うて鳥沢吉野を経て小仏峠に達す其道両山の間にありて風景よし笹子川は流岩を穿ちて流るるもの故に火山岩磊々として所々に奔潭をなせり吉野に至りて河幅漸く大となり舟筏（しゅうばつ）の便あり此の辺は郡内と称し甲斐絹の本場なる故に至る処に梭声（ひせい）を聞く小仏峠は新道となりて高尾山の東に通じ（旧道は西なり）極めて平夷小仏の名に負（そむ）かず高尾山に参詣して急ぎ八王子に出で七時十分汽車に乗りて河越に来り此処に宿る行程十三里。

二十三日河越を七時に発して歩して松山熊谷妻沼太田を経て八時家に帰る行程十四里。

［「霧の旅」第十九年第五十四号・昭和十九（一九四四）年十月］

白峰北岳

［明治三十（一八九七）年、三十一年］

日は忘れたが明治二十六年の八月であった、初めて木曽の御岳に登った時、兼てこの山は高さ一万七百尺、日本第二の高山であると地理書で教えられ、又近所の御岳講の講中で登山したことのある人の話にも、頂上からは富士山が高く見えるだけで、外に目に立つ山は無いと聞かされていたので、そうと許(ばか)り信じていた私は、意外な展望にすっかり驚いてしまった。成程南には目ぼしい山もなく、西には遠く白山が桔梗(ききょう)色にふわりと横たわっている丈であったが、北はどうだろう、つい鼻の先に、鞍の輪のように或は猫の耳のように、双峰を対峙(たいじ)させた、頂上の小さい割に恐ろしく根張りの大きな山が立ちはだかっている。何だか自分より高いような気がする。頂上より一段低い南側の斜面に真白く残っている雪の量も、ここの二ノ池の西側に積っている雪などよりはずっと多い。御岳講の人がこんな素晴らしい山に気が付かないとは不思議なことだ。何山だろうと考える。すぐ乗鞍岳の名が頭に浮んだ。絶頂の形が如何にも鞍に似ているからである。地図を見ると果して乗鞍岳の名が大きく記入されているので、同じ大さの文字で記入されている立山と共に、附近に匹敵するものなき高峰たることを表わしているのであろうと思った。当時携帯していた地図は、例の輯製二十万分の一の図で、登山には全く役に立たないことが多い許りか、時には大に迷惑することがあったにも拘らず、他に良地図がないから止むなく用いていたのである。其頃農商務省地質局から兎に角実際に測量した地形図の発行されていることなどは少しも知らなかった。

乗鞍岳の後には、三峰駢立して、恰も穂先が三つに分れた槍のように、鋭く天を刺している山がある。山骨稜々たる岩山であることは、遠目にも判然と認められた。山肌に喰い込んだ雪がきらきらと光っている。これは槍ケ岳に相違あるまいと断定したが、三峯の中の左が槍で中央が奥穂高、右が前穂高であることは知る由もなく、一座の槍ケ岳が峯頭三岐したものと考えていた。これが後になって穂高登山の機会を逸せしめた一の原因となったのは是非ないことである。槍ケ岳の右にも亦左にも、肩から上を抜き出している高い山の幾つかが見られたが、どれも名を知らない山ばかりである。

転じて東を眺めると、長大な連嶺が横一文字にすうと眉を圧して聳えている。高さはここより低いようであるが、これは又何と長いことか、掻き退けたいような胸苦しい圧迫を感ずる。この山は駒ケ岳であることは疑う余地がない。更に驚いたのは、この高い駒ケ岳の連嶺の上に、十指を屈して尚お余りある大岳がずらりと並んでいることであった。私の貧弱な山の知識にこれが驚異でなくて何であろう。暫くは体が硬張って息もつけぬ程だったが、漸（ようや）く身も心も落付いてからよく見れば、それらの山の一つ一つが皆違った形を持っている。富士山も勿論其中にあった。私の眼は富士の左の方に一際高く挺立（ていりつ）しているかと想われる稍（や）や円錐形の山に惹き付けられた。北の槍ケ岳のように怪奇ではないけれども、凛々しく引き締った威厳のある山だ。それに高さも高い。二ノ池の小屋の主人に山名を尋ねて見たが知らない。幸に泊り合せた駒草採りの男が居て、「あれは甲州の山で白峯というのだ」と教えて呉れた。私は此時初めて遠く御岳の頂上から白峯に長揖（ちょうゆう）したのである。

矧川志賀先生の「日本風景論」が出版されて、東都の紙価を高からしめたのは、翌明治二十七年の十月であった。私は其時仙台に居たので、初版も再版も手に入らず、漸（ようや）く第三版を購うことを得て、再読三読した。それで二十九年の夏には、風景論に記載された花崗岩の高峰を片端から登る積りで、立山からの帰途、先ず槍ケ岳へと志して島々に行ったが、一人で登るのは熊が多いから危険であるといわれて終に断念したのは、今考えると実に遺憾で、せめて上河内から穂高へ登る可（べ）きであった。このことは島々で勧められたのであるが、それ程の山なら御岳から見えぬ筈もなかろうし、且（かつ）又風景論にも記載が欠けていたのでさして気にも止めなかったのは、何と笑われても致方ない失策であった。

槍ケ岳の登山が阻まれたので、大野川から乗鞍岳に登り、再び御岳を攀じ、寝覚から駒ケ岳に登って、玉窪の小屋に一泊し、宮田に下り、三峰川に沿うて高遠に至り、更に黒川を遡りて、忘れもせぬ八月十八日、暴風雨を突いて戸台から甲斐駒に登った。頂上に着いたのは午後四時頃であったろう。北寄りの大きな岩蔭に測量部員の滞在している小屋があって、其処に泊めて貰えたのは有り難かった。

夜が明けても風は収まらず、曇った空からは未だ雨が落ちていた。然し雲は高いので割合に眺望は広い。地蔵岳の上にはっきりと富士の姿も眺められる。南方は間近い山の巓に屯した一団の乱雲に遠望を遮られていたが、其雲が次第に消え去ると、水浅黄に澄んだ晴空が顕れて、其処に雄渾極りなき一座の山の姿が劃然と描き出された。思い切り左右に張った肩の弾力ある線のうねり、まるでピンと張った弦のようにはち切れそうな力が籠っている。それからグイとのし上った峯頭は稍東に傾いてはいるが、均斉の美を欠く程ではない。巓は小さく根張りの大きいことは、御岳から眺めた乗鞍岳と同様である。唯全体に少し痩せて峻峭の感が遥に深い。九合目あたりの冴えた緑は若草の色かと想像した、けれどもそれは雨に洗われた偃松であったろう。何にしても男らしい山だ。私は思わず飛び上ってあれは何山だろうと叫んだ。其声に小屋から首を出した水汲みの人夫は、笑いながら「あれは白峯だ」と答える。白峯、白峯、私の記憶は甦った、そうだ、白峯だ。曽て御岳の頂上から長揖したあの白峯の北岳だ。

私は遠からず此山に登ろうと固く決心した。

明くる三十年の夏、三たび御岳に登っての帰るさ、権兵衛峠を踰えて伊那に出で、再び戸台を訪れて、また小松方に一泊した。小黒川の伐木事業は既に完了したものか、谷間はもとの静寂に返って、往来の人影も稀である。主人に昨年の礼を述べ、白峯登山の目的を話して相談すると、白峯に登るには野呂川の広河原の小屋まで行かなければならない。わしは登ったことはないので、いいかわるいか知らないが路は通じているそうである。早朝出発すれば一日で往復されるというし、途中のお池の側にも小屋があると聞いている、遅くなれば其処へ泊るもよかろう。野呂川の谷には伐採の人夫が入り込んで小屋掛している。明日はお盆の十三日に当るから、人夫衆は里に帰ったろうが、小屋に番人は居る筈である。ここから広河原まで一日でも行かれるが、慣れぬ人が無理をするでもないから、明日はゆっくり立って北沢の小屋に泊り、次の日広河原に行きなさるがいい、そうすれば足も疲れないから、一日でお山をかけるにも都合がよかろうとの話だったので、すっかり安心して明くる朝遅くまでぐっすり寝てしまい、宿を出たのは午前九時頃であった。八月の十一日である。

涼しい筈の朝の谷間も、日が高いので河原の石は焼けはじめていた。写真も撮さなければ記録も取らない、至って暢気な山旅ではあり、支度といえば単物に脚袢草鞋、荷物といっても着換の単物二三枚にシャツ一二枚、それに寒さの用意として真綿入りの筒袖襦袢二枚、それを油紙に包んで振分けにして肩に掛けた身軽さの為か、ゆっくり歩く積りでもいつか急ぎ足になってしまう。駒ケ岳への道と岐れ、暫く沢に沿うて遡るとやがて道は繁った林の中に入り、一時間も登るともう峠の頂上で、間もなく北沢の小屋に着く。大きな小屋はひっそりとして人の気配もない。ここに泊れと勧められていたが、未だ正午にもならないし、この調子なら広河原まで行かれぬこともあるまいと用意の昼飯を済して、河に沿うた道を急ぎ下った。危険な所には針金が張ってあり、路も修繕が行き届いているので、二ケ所ばかり浅い徒渉をした外には記憶に残る程の出来事もなく、夕方広河原の小屋に着いてしまった。途中二三の小屋もあり又四五人の岩魚釣りも見掛けた、これは或は小屋の番人達の慰であったかも知れない。

広河原の小屋には老人が二人残っていた。明日芦安に帰るという老人の一人は、二度北岳に登っているそうで、今一日早く来れば、わしが案内して上げたに、惜しいことをしたというので、もう一日帰りを延して明日案内して貰えまいかと持ち掛けて見る。今日帰る筈の所を一日延したので、明日はどうでも帰らなければならぬという。止むなく路筋の模様を詳しく聞いた上、半紙に略図を描いて貰った。

翌朝は漸く足元の明るくなった頃に小屋を立って、教えられた沢を遡った。老人は沢の入口まで送って来て、別れ際に、お池からの上りが分りにくいと思うから気を付けるようにと注意する。そして薄曇りの空模様を眺めながら、独り言のように昼から雨にならねばよいがと呟く。沢はさして水量は多くないが岩は大きい。其上をあちこち跳びながら伝って行く面白さに、側目（わきめ）もふらず登って行く。沢が急に狭くなって左右に崖が現われる。オヤと思って立ち止まった、どうもお池への上り口は何時の間にか通り過ぎてしまったらしい。後を顧ると、黒木の繁った駒ケ岳続きの連嶺が沢の口を塞ぎ、その五合目あたりと向い合っている。行手には谷の奥に北岳の肩から胸のあたりが間近く望まれ、赤黒くむき出しになった谷の筋が幾本も山肌に刻まれている。所々漆喰を塗り固めたように白く残っているのは雪だ。それを見るともう引返す気にはなれない。よしあれを何処までも登り詰めよう、針ノ木峠よりひどいことはよもあるまいと、其儘（そのまま）前進を続けた。

老人が懸念したように空は次第に雲行きが怪しくなる。狭くなった沢はまた広まって、河原には小石交りの砂地が現われ、勾配も緩やかで、あたりは流木が狼藉していた。ここで沢が三つに分れる、左のものは残雪が最も多いので、之を登りたいと思ったけれども、頂上からは余り東に寄り過ぎた肩のはずれへ登り着くらしいので止めにする。中央のものは細く急で絶壁が多く、容易(たやす)く取り付けそうもない。それで右のものを登ることにした。初めは傾斜もゆるく楽に登れたが、沢が二岐している左を取ってからは、俄然急峻の度を増し、小瀑布が連続して現われる。藪を押分けて高い崖の上を迂廻したり、瀑(たき)のしぶきを浴びながら横をへずったりして、三時間余りも悪戦苦闘を続けた後、未だ尾根に出られないで一休みしている中、終に雨が降って来た。こうなると早いもので、瞬く暇に濃霧はあたりを罩(こ)め、帰りの程さえ覚束なくなった。急いで元の道を引返したが、へとへとに疲れて小屋に帰ったのは、カンテラの光が雨の中にぼうと滲み出す黄昏時であった。

翌三十一年の八月中旬、お盆といえばここ数年の間いつも旅で過すようになっていたので、盆前に帰宅せよと注意されていたが、今年は三月に閏(うるう)があって、旧盆は八月の二十九日が十三日に当っていた。これに安心して、鳳凰山に登った序(ついで)に南御室から再び広河原に至り、去年と同じ沢筋から今年こそ白峯の絶頂を極めんものと、人夫の一人と同伴して、今度は三岐した左の沢を登り、カンジキを持たない為に雪渓では苦しめられたが、さして長くはないので四十分とは懸らなかった。雪が尽きると谷は俄に蹙(せば)まり、竪(たて)

樋（どい）のように急峻となったので、左側の尾根に移り、丈の高い偃松に交って岳樺や七竈（ななかまど）、深山榛（みやまはんのき）などが灌木状に密生している中を押し分け掻き分け攀じ上った。崖になっている岩巣も三四個所あって、これには悩まされた。それでも午前十時頃には南の肩に続く東山稜の上に登ることを得た。あたりは偃松が稍深い。行手を望むと頂上からグイと引きおろした、あの峻直な斜面の下まで辿り着くには、なお二、三の隆起を踰えなければならない。その頂上は既に湧き上る幾重の雲に包まれ、無数の雨燕が雲の中から舞い落ちる木の葉のように群れ飛んでいた。夕立が来そうだから降られない中にと、直に頂上を指して出発したが、未だ斜面の下までも行かぬうちにとうとう大雷雨に襲われて了った。斯（か）くてまたも絶頂を窮めずして下山するの止むなきに至ったことは、帰路に遭遇した困難と共に容易に忘れ難い恨であった。

　私が北岳の頂に立つことを得たのは、それから十数年の後である。

［「北岳と朝日岳」として「改造」昭和四（一九二九）年六月号／『山の憶ひ出』下巻］

秩父のおもいで

［明治四十二（一九〇九）年］

秩父の数多い山の中で、高さに於ても姿に於ても、金峯(きんぷ)山は一際すぐれて群を抜いている。御室(おむろ)から登る五十町の峻坂は、岩といい樹といい、如何にも山らしい感じを与えるので、決して飽きることのない路である。絶頂の五丈石は、よしや下から眺めて期待した程のものでないにしても、三角点を中心として縦横に重なり合っている大きな岩塊は、高山の生れたままの荒っぽい一面を偲ばせるものがあると共に、一方には又あの緑の毛氈(もうせん)を敷いたような岩高蘭(がんこうらん)と苔桃の軟い茵に、慈母の優しいふところを思わせる親しさがある。未だ若い山登りの初心者として、はじめて金峯山の頂上に立った私は、抑え難い衝動から、いきなり五丈石に攀じ登って、誇らかに昂ぶる心を満足させたのであった。そして岩を下りると、小さい灌木の青い茵(しとね)にふっくりと身を埋めて、ごろりと寝ころんだまま長い間空を見詰めていた。其時(そのとき)私はふと今まで気が付かなかった不思議な問題にぶつかったのである。立山の絶頂では、室堂をすぐ脚の下に眺めながら、なぜあのように淋しい頼りない思いに堪え兼ねて惶(あわただ)しくかけ下りたのか。乗鞍岳の絶頂では、一夜を立ち明していながら、朝になってなぜ物に怯えたようにして、一歩は一歩と人里に近づくのを喜んだのか。木曽の御岳でも駒ケ岳でも、絶えずささやかな、それでいて直ぐ心の平衡の破れるような、不安に襲われていたことを覚えている。それであるのに金峯山の頂上では、岩に登ったり草に寝ころんだりして、ゆったりした気持で、ぼんやり空を眺めている自分を見出したのである。これは又何たる相違であろう。斯くて始めて私は山の威圧というものをしみじみと感得した。山が大きければ大きい程威圧も強いのであろう。そして金峯山こそはその当時の私にとって最もふさわしい山であったに違いなかった。山を味うことを教えて呉れた山、懐かしい金峯山、これが秩父の山から最初に受けた私の忘れ難い印象である。

しかしまだ私は後になって秩父の誇るべき特色の一であると信ずるに至った深林に対して、何等の知る所がなかった。それは深林を見なかったことを意味するのではない。見ない所か、金峯山の椈や米栂の美林、今ではもう昔の面影をしのぶたよりさえない川端下や梓山の戦場ケ原の唐松林、十文字峠途上の昼尚お暗い針葉闊葉の見事な林、皆其中を歩いた許りでなく、白妙岩の上からは、赤沢のもくもくと盛り上った闊葉樹林の緑の波を脚下に俯瞰したのであった。が、伯楽でなければ千里の駿足を冀北の野から拾い出せない。凡眼には名家の手に成る絶大の大作も反古紙と同様である。私の盲いた目には、秩父の森林美も、あわれ名物狼餅ほどにも感じなかったのである。全く森林の美しさをはっきり知るようになったのは、渓に入ることを覚えてからであった。

想えば私の登山慾は、明治三十八、九年をさかいとして稍間歇的になった。それが二、三年の後田部君と識るようになって、復ぶり返した形である。同君は初め海の讃美者であった。夏休みが終ると、よく愉快だった海の旅の話を齎して私の下宿を訪れた。其の時の私の山の話も同君の感興を唆ったことは、幾程もなく同君が熱心な山岳宗徒になったことに徴して、疑う余地がないようである。其後二人は一年許り同じ下宿屋に居ったので、日曜日には必ず草鞋ばきで握飯を携え、早朝から近郊を歩き廻ることにしていたが、終には東京附近の目星しい場所は行き尽してしまった。かくて秩父の山地に二人の足が向うようになったのは必然的の運命であったのである。

明治四十二年の五月下旬、二人は雲取山に登る目的で小仏峠から武相の国境山脈を歩き出した。私の山登りはいつもきまった一人旅であったから、其点からもこれは私に取って記念すべき旅であったと云える。途中栗坂峠の附近で野営し、翌日三頭山の登りにかかった頃から雨に降られて、鶴川の畔の原村に下った。杉木立に囲まれて鎮守の社がある。雲を吐く老杉の梢では四十雀が頻に囀り、清い谷川の水が其側をゆたかに流れ、朱色の躑躅の花が燃え上る炎のように木の下闇を照していた。昼食を炊いて貰おうとして、蚕で忙しい村人の素気ない挨拶に、暗い顔をしていた二人の心もこれで明るくなった。

雨でぬかる大羽根峠を越えて長作に出で、鶴川に沿うて溯ると、到る所の水崖に藤は紫の房を垂れ、卯の花は雪をこぼしている。鶴峠を上って白沢に下りる道の傍に新しい小学校があって、庭の八重桜は未だ花をつけていた。白沢のとある人家の高い杉の木を縫うて、白い藤の花が梢近くまで咲き続いていた美しさには、思わず足を止めて見恍(みほ)れた。道はいつしか小菅川に沿うて水と共に下るようになる。両岸の山は春雨とまがう糸のように細い雨に煙って、墨絵のようにぼうと滲み出す、祠(ほこら)などがあると二、三株の松が墨痕鮮に描き出される。若い女の歌う声が何処かで聞えたと思う間もなく、思いも寄らぬ岨路(そばみち)から、手拭を冠った桑摘乙女の姿が現れて来る。時鳥(ほととぎす)が鳴く、鶯が囀る、旅の興は汲めども尽くる所を知らないという有様であった。

明くる日は日本晴れの上天気で、前日の雨に少し水の増した多摩川の流れは、稍(やや)瀬の音が高い。川野の宿を立って小袖川の落口まで来ると、二人は云い合わしたようにそこに架けられた橋の欄干にもたれて、見るともなく其辺を見廻した。橋には境橋と書いてある。之を渡れば武州を離れて甲州の地に入るのだと想うと、長い道中を続けて来た旅人のような気がして、淡い旅愁というような感じに浸るのが嬉しかった。田部君も同じ様なことを思っていたらしい。橋の上手には一本の丸太の端に水舟と杵とを持った水力応用の米春小屋があって、水舟に水が溜ると舟は下って杵が上る、とたんに水がざあとこぼれて杵が米や麦を搗く、それが長閑にぎいばたんと音を立てている。朝風に散る山吹の花が二片三片水に落ちて、白い泡と共に流れて行く。二人とも口をきかない、唯黙っていつまでもいつまでも川に見入っていた。二人の心は昨日から著しく感傷的になっていたに相違ない。ここで誰か一言ものを云えば、二人の目からは涙が流れたであろう、恐らく。

　この時程私は渓川から強い刺戟を受けたことはない。この時程私は渓川に対して限りなき愛着の念を抱いたことはない。

　ふと私の思いは二十年の昔に遡って、郡内から小仏峠を踰えた時の光景がまざまざと眼底に浮んで来た。やはり五月のよく晴れた日であった。桐の花が真盛りで、樹の下には落ちた花を拾って、同じ木の大きな葉に盛りながら、ままごと遊びに余念のない少女の群もあった。畑の中の一本の大きな花桐には、測量の為であろう紅白の旗が竿の先に翻っていた。路並の茅葺屋根には、棟に鳶尾か菁莪らしいものが青々と茂って花が咲いていた。其蔭で猫が昼寝していることなどもあった。人通りの少い路の上を、低く燕がすういと飛んで来てはひらりと返して行く。賑やかな梭の音に交って、歌や笑い声が洩れて来る。

　これから秩父の旅が続けられるようになった。それはいつも五月で、渓を遡るか又は帰り路を渓に取った。其の間に秋の秩父を探り、冬の秩父を眺めたこともない訳ではなかったけれども、私の主たる目的ではなかった。そして私はゆかしい苔の匂いと木の香とに満ちた奥深い森林を、山肌を飾る万年雪の輝きや草原を彩る美しいお花畑が日本アルプスの特色であるように、唯一の秩父の特色であると信ずるに至ったのである。森林あるが為めに渓は愈々（いよいよ）美しく、渓に由りて森林は益々其奥深さを増して行く。若（も）し秩父の山に、日本で見られる最大限の高山相を要求する人があるならば、其人は失望するであろう。新緑もゆる陽春五月、渓川に沿うた森林のさまよい歩き、それが情緒的であり、女性的である秩父の特色を知るには、最もよい方法であるといわなければならぬ。

〔「霧藻」昭和三（一九二八）年十二月／『山の憶ひ出』下巻〕

思い出す儘に

陸地測量部で輯製二十万分一の地図を発行するようになったのは、陸地測量部沿革誌に拠れば明治十七年からで、これは伊能図を基礎とし、各府県調製の地図を参酌校訂して、全国の地図を作り、一般の便に供するのが目的であったという。私が此図のあることを知ったのは、明治二十三年に上野で開かれた内国博覧会であったと思う。それが大きく一枚に張り合されて出品してあったのを見て、斯くも詳細を極めた地図があるものかとすっかり感心し、欲しくて堪らず、漸く之を手に入れて、以後旅行の度毎に此図を携帯することを忘れなかった。

然るに詳細であると信じていた地図も、平地は兎に角一歩山に入ると一向役に立たぬのみか、迂闊に之を信用すると反てひどい目に遭うので非常に驚いた。針木峠がそうであった、阿房峠がそうであった。乗鞍はまだしも、御岳のように登山者の多い山にも登路が記入してない。或は無い方が寧ろ人を誤る虞がなくてよかったかも知れない。戸台から東駒へ登った際にも、途中で尾根を一つ踰えなければならぬと思っていたのが、尾根を登り詰めるとそこが頂上だったので、嬉しくもあり又狐にでも誑されたような感がないでもなかった。これは実測図でも期し難い地形の正確さを輯製図に求める不合理を平気で敢(あえ)てした使用者に罪があると言われれば一言もないのである。

初めて金峯(きんぷ)山へ登って川端下(かわはげ)へ下る折にも同じ憂目を見たのであった。御室(おむろ)では頂上から北に下ればよいのだと教えられたが、地図を見ると川端下は金峰から北に延びた長い尾根の東に在る。それで頂上の東寄りの岩の原が尽きた辺から、矮(ひく)い偃松(はいまつ)の中を下り始めたが路らしいものはない。偃松の丈は次第に高く、枝が張り出して動きがとれなくなる。引き返して五丈石の下から北に続く細径を辿って見たが、これもいつか心細いものとなって、一つの崩れを横切ると灌木の叢中に見失ってしまった。詮方なく川端下へ出ることは断念し、三度頂上に戻って、谷伝いに何処へでも下りられる処へ下りようと、左手の谷を目懸けて藪(やぶ)を潜り抜け、急峻ではあるが水のない広々した沢の上部に出た。赤土を帯びている岩の表面は、滑り気味で危険に思ったが少し下ると水が湧き出し、岩が大きくなって歩きよくなった、安心して下って行くと右から同じ位の大きさの沢が合している処で左岸に道の通じていることを発見して、それを辿って行く。道は漸(ようや)く川を離れて大きな落葉松が純林をなしている原に出た。間もなく十五六戸の人家があったので、聞いて見るとそれが川端下であったのには全く驚いた。原は即ち戦場ケ原で、落葉松の多いことは遥に梓山の戦場ケ原に優っていた。其後十四年を過ぎた明治四十二年の秋に南日君と再び此原を通った時には、この落葉松林も大方は伐採されて、二三の大木が諸所に散在しているに過ぎなかったが、それすら今は見られなくなってしまった。此時も金峰の登り口が発見出来ないで、私の下った沢を上ったのであった。

森林に対して無頓着というよりは、其美しさを解しなかった私は、後年嘆賞して措かない梓山の戦場ケ原も、唯落葉松の大木と白樺（しらはりの木と教えられた）とが立ち並んでいる間に、子を連れた五六頭の馬が放牧されていたことを覚えているに過ぎない。原から望まれる三宝山の如きも、立山から乗鞍、御岳、東西の両駒ケ岳、最後に金峰山と、三十日近くも山旅を続けて、帰りを急ぐ私の心を捉えるには、余りに黒木が茂り過ぎていたらしい。昼も薄暗い十文字峠の陰鬱な黒木立は、さっさと通り抜けて、白妙岩の存在さえも気が附かなかったのは、何たる迂闊さであったろう。最初の印象は最も感銘の深いものであるに拘わらず、此時は金峰山を除いて、秩父の山から何等の印象を受けなかったものと思われる。田舎の家からは、朝な夕なに甲武信三山を始め、破風雁坂から雲取に至る長大なる連嶺を眺めて、絶えず心を惹かれていたのに。殊に破風の北側で大荒川の水源と思われるあたりに、いつも扇形に積る雪は子供の頃から妙に惹き付けられていた。山が春霞の中にぽうと融け込んで、其雪だけがほのかに白く空に浮び出ている時など、不思議な空想が止度なく湧いて来た。一度はそれを探って見たいと思いながらまだ果されずにいる。

秩父の山々に真に目覚めて、其後の十年余りを登り続けるようになったのは、明治四十二年の五月に南日君と雲取山に登って、残雪斑々たる連嶺が次第に高まりながら、遠く西方に蛇行している姿を眼の前に眺めた時からである。其年の秋には甲武信岳と三宝山とに登った。続いて雁坂峠から甲武信岳まで縦走し、唐松尾に登り、将監峠から雲取山までの縦走を行い、大体の地勢が明にされたので、大正二年の五月に中村南日の二君と倶に、西は金峰山から東は雲取山に至る大縦走を決行することにした。然るに途中で意外に時間を要した為に、此行も雁坂以東を放棄して栃本に下るの止むなきに至ったが、両門岩の上から、稍や開けた平坦らしい河原に、並木のように立ち並んでいる浅緑の色鮮な落葉松の木立を、東沢の深い谷間に瞰下ろして、まだ探らなければならない境地の秘められているのを知って喜んだのであった。

国師甲武信間の縦走に就ては全く苦心した。日本アルプスの縦走は、邪魔な木立がないので意外に容易であったが、此処は鬱蒼たる黒木の森林であり、少しも様子が知れなかったので、内心躊躇したのであるが、思い切って決行して見ると、果して予想した通りの困難であった。倒木が多いのと白檜の若木が密生しているのとで、余程注意して歩いても谷へ追いやられ勝ちである。国師から甲武信へ続く尾根への下り口を探し当てるのに一時間近くを要した。両門岩から東は倒木が次第に多くなり、峰頭は孰（いず）れも真白にされた立枯の白檜が縦横に入り乱れて、通過を妨げているので、之を潜り抜け跨（また）ぎ踰（こ）えるのが容易でない。水止（みずし）の頂上は最も甚しかった。それらを避けて横を廻ろうとすると外へ紛れ込むので、いやでも其中を通らなければならない。倒木の少い処は白檜の若木が密生して行手を塞いでいる、霧でも懸れば途方に暮れてしまう。二度目に霧の深い日、倒木を避けて富士見の南の峰を少し左へ廻り気味に搦（から）んだ為に、いつしか三角点近くまで辿り着き、ふと霧の絶間から三宝山を真東に望み見て慌てて引返した。水止ではこれも倒木を避けて右に捲いたので、まんまと両門ノ瀑へ下る尾根に引込まれたりした。それが昭和六年の夏に久振りで金峰甲武信間を通って見ると、道は改造され、指導標は立てられ、国師の頂上などは周囲の木がすっかり伐り払われて、居ながらにして四方の眺望が得られる。あの倒れかかった一等三角点の大きな櫓に上ってさえ、甲武信方面への尾根の続き工合がよく見られなかったことを思えば、全く隔世の感にたえない。其処には方向を指示する盤面が置かれてあるから、盲でない限り迷う者はあるまい。殆ど十時間を要した道程が四五時間に短縮されたのは尤（もっとも）である。

然し十文字峠から股ノ沢の岩峰を踰えて、三宝山に至る縦走を試みたのは、この山旅のもうけものであった。甲武信の側師(がわし)の小屋に泊って、雨に降り込められた翌日の午後、降りしきる雨を衝いて、大きな油紙を頭から被り、荒縄を帯にして山から下った三人の異様な姿には、流石に村の人も驚いていた。其夜は白木屋に泊って明日の晴れを心に祈ってはいたものの、降りが強いので歇(や)みそうには想えなかった。それが午前四時に眼が覚めると一点の雲もない快晴である。前の川で顔を洗って来ても二人はまだ寝ている。「オイ、山へ行かないのか」と大声で呼んだので、二人とも驚いてはね起きた。直に甲武信から旅を続けることになったが、幾度も通った同じ道を辿るのは面白くないと、代りに選ばれたのがこの尾根であった。尾根は瘠(や)せていて迷う憂はないけれども相当な藪である上に、登降が激しいので、三宝山の頂上まで約五時間を要した。

　尾根には六つか七つの隆起がある、其中の三つは岩峰で、第三のものは最も高く、五万の地図に岩壁の記号と二二九〇の標高が記入してあるものがそれである。筍のように聳立(しょうりつ)した狭い頂上からは、入川谷の全貌を一眸の中に収め、秩父連峰は勿論、八ケ岳から奥上州方面の山々まで望まれるので、十文字峠途上の白妙岩と伯仲する好展望台であるのは嬉しかった。今年この尾根に林道を開鑿したとの事であるが、それは恐らく頂上を通過するものではなく、甲武信小屋と十文字小屋とを連絡する中腹の道ではあるまいかと想像する。

梓山の戦場ケ原の落葉松が売物となって、間もなく伐られるであろうということを村人から聞かされたのは其頃であった。落葉松が伐られては、戦場ケ原の美しさも半以上を失うであろう。昼も兎の子が遊び戯れ、郭公は咽び、雉子や山鳩が鳴き、栗鼠は木から木へと跳びはねている夢のような戦場ケ原の面影は、見るも哀に変り果てることであろう、惜しいものだ、何とかして保存の方法はないものかと皆胸を痛めた。村の人は三千円あれば伐らずに済むという。それで高頭君を煩わして之を買占めることに相談を決めたのであるが、さて其後の保存方法や村有である土地のことなどを考えると、土地をも併せて買い取らなくては、安全でないということになって、話はそれきりになってしまった。斯くて落葉松は次第に失われて、白樺のみ残されている。しかし幾年か経てば、芽生えの落葉松も成長して、昔と変らぬ戦場ケ原の面影が見られるようになるのでもあろうか。すべては気長に時の来るのを待つことである。

破風山は、甲武信以東に在りて最も高山相を呈している山である。殊に頂上の西南から西北の斜面にかけて、米栂、黒檜、白檜などが多少の偃松も交って、石楠、岳樺などの闊葉樹と共に、矮い灌木状をなして巨岩の上に密生しているさまは、磊砢たる嶄巌を錯峙させている南側よりも寧ろ私は好きである。斯く豪宕なる景観は、金峰山にも見られぬ程である、或は霧の間からのみ眺めた私の贔屓目かも知れぬとは思うが。

この斜面を霧の罩めた日に始めて下った折には実際困難した。何処を覗いて見ても、同じような斜面が霧の間から隠見するのみで、足の踏み出しようがない。二時間も探し廻った末に漸く倒れ朽ちた国境の標木を見出して、辛くも木賊山との鞍部に辿り着くことを得たのであった。この標木は一と握りあるかなしの細い木を三尺程に切って、側面に査何号と書し、頭に三寸許りの釘を打った杭で、凡そ三十間に一本位の割合に建ててあった。切明けの不明な処では、この標木が唯一の頼りであるから、見失わぬように注意しても、余程前に建てたものと覚しく、完全に保存されているものは少ない。中には立木を伐って代用したものもあった、それでよく間違えて釘のないのに失望したこともある。特に破風のような斜面では一本として立っているものはなく、皆風に吹き倒されるか雪に押し伏せられるかして、岩の間に朽ち残ったり、木叢の中にけし飛んだりしている、夫を探し出すのが容易でなかった。この下りで偃松の生えていることを発見したのも忘られない喜びであった。

　今年の六月私は十七年振りで東沢に入り、金山沢まで伐採の手が延びているのに驚いたが、谷が荒れて明るくなり、鉄砲がかけられ、河床には木の根や木片が堆く漂積しているのを見て、嘆声を洩らさずにはいられなかった。これは或は意想外に美事であった石楠とつつじの花盛りに眩惑されたせいであったかも知れぬ。近く西沢の檜を伐り出す為の立派なトロ道も造られつつある。釜沢も一昨年の十一月下旬の大雪に夥しく木が倒れて、新に崖崩れを生じ、両門の瀑壺は三分の二も埋もれ、其上流にあったヒョングリの滝は影も形も見えなくなっていた。これは人の力で如何ともし難いことであるにしても、私の胸に秘められた懐しい秩父の面影に次第に暗い蔭がさして行くのは是非もない。破風の登りなども、木は伐られ岩は掘りかえされて、生々しい路が美しい緑の斜面と余りにも不調和な人工の跡を止めている。またしても霧に捲かれたのが運が悪かったのか、それとも伐られてしまったのか、楽しみにしていた偃松の姿は終に目に入らなかった。これ程までに路を作らずともあるべきものを。

しかし心配するのは無用か、やがては自然がすべてを調和する時が来るであろう。

［「山と溪谷」昭和九（一九三四）年九月号／『山の憶ひ出』下巻］

真ノ沢と甲武信三山

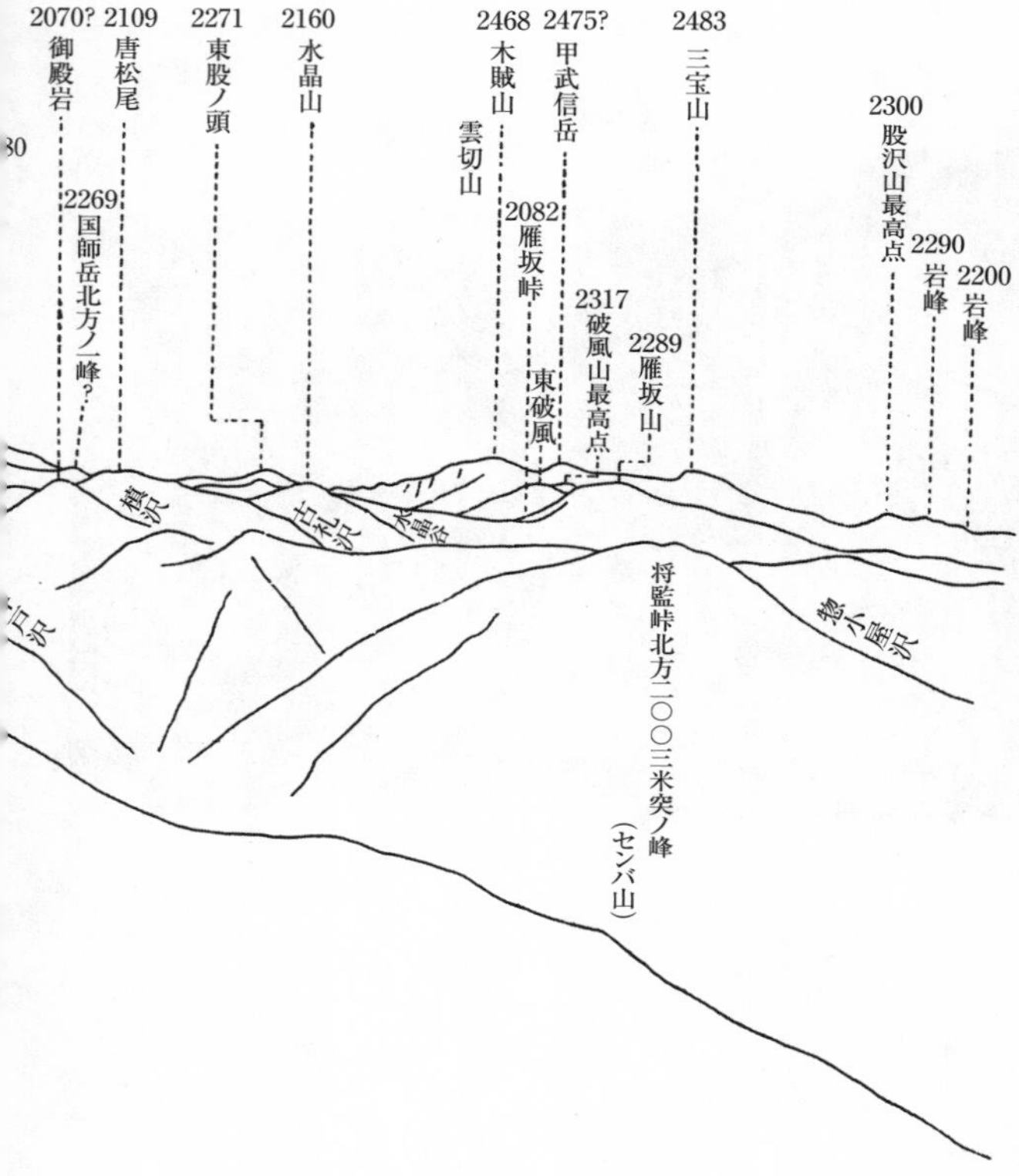
2070? 御殿岩
2109 唐松尾
2271 東股ノ頭
2160 水晶山
2468 木賊山
雲切山
2475? 甲武信岳
2483 三宝山
2300 股沢山最高点
2290 岩峰
2200 岩峰
2269 国師岳北方ノ一峰？
2082 雁坂峠
東破風
2317 破風山最高点
2289 雁坂山
榎沢
古礼沢
水晶谷
将監峠北方二〇〇三米突ノ峰（センバ山）
惣小屋沢

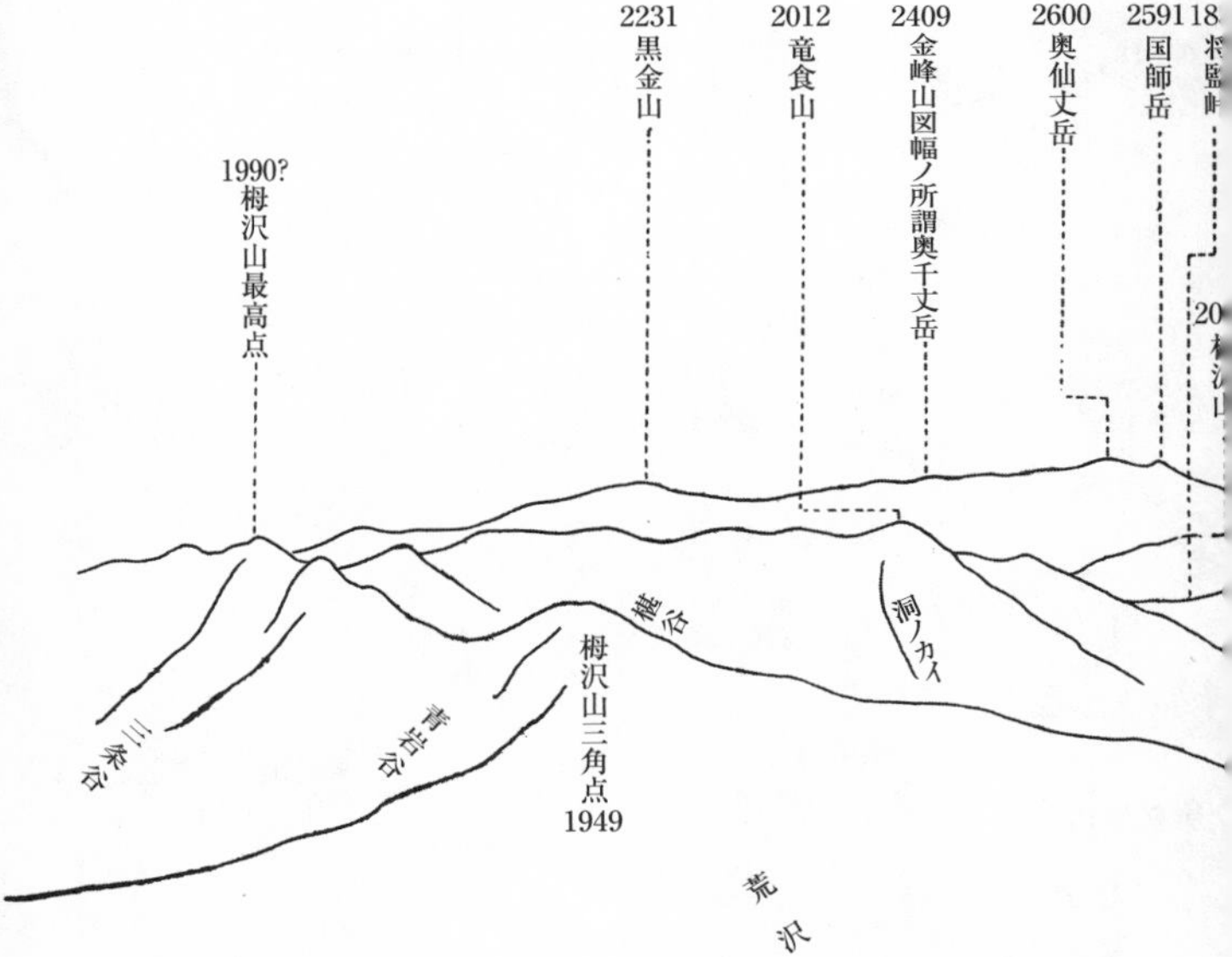
2231
黒金山
2012
竜食山
2409
金峰山図幅ノ所謂奥千丈岳
2600
奥仙丈岳
2591
国師岳
1990?
栂沢山最高点
槌谷
洞ノカイ
三条谷
青岩谷
栂沢山三角点
1949
荒沢

雲取山頂ヨリ西望

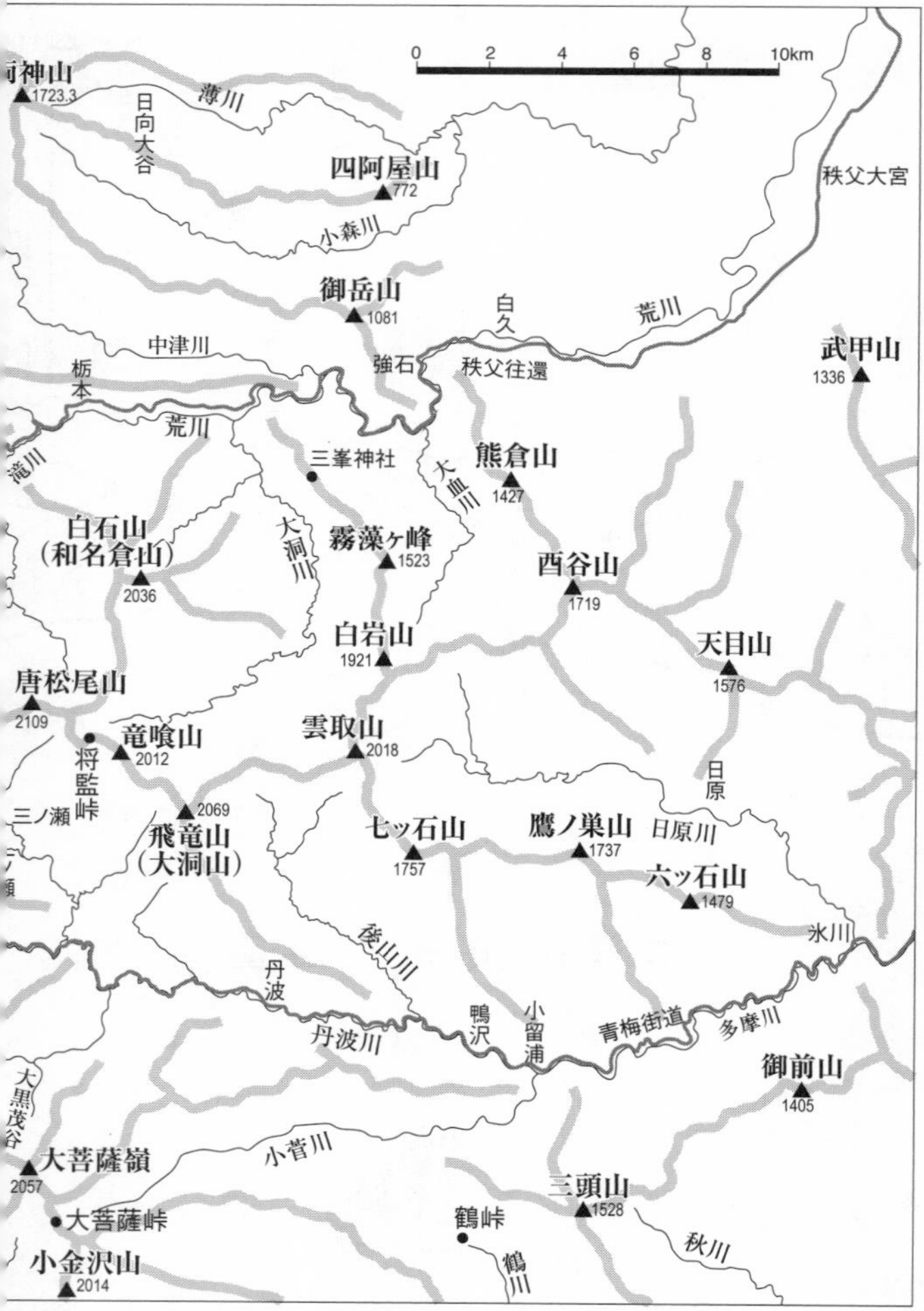

0 2 4 6 8 10km
神山
1723.3
薄川
日向大谷
四阿屋山
772
小森川
秩父大宮
御岳山
1081
白久
荒川
中津川
強石
秩父往還
武甲山
1336
栃本
荒川
滝川
三峯神社
大血川
熊倉山
1427
大洞川
白石山
(和名倉山)
2036
霧藻ヶ峰
1523
西谷山
1719
白岩山
1921
天目山
1576
唐松尾山
2109
竜喰山
2012
雲取山
2018
将監峠
日原
三ノ瀬
2069
飛竜山
(大洞山)
七ッ石山
1757
鷹ノ巣山
1737
日原川
六ッ石山
1479
後山川
氷川
丹波
鴨沢
小留浦
青梅街道
多摩川
丹波川
御前山
1405
大黒茂谷
小菅川
大菩薩嶺
2057
三頭山
1528
大菩薩峠
鶴峠
鶴川
秋川
小金沢山
2014

奥秩父周辺図

昭和初期発行の陸地測量部五万分一地形図を元に作成。
標高は小数点以下を四捨五入した。

初めて秩父に入った頃

当初、山を愛好する一部の人々の間にのみ行われていた登山が、一般世間からは物ずきの骨頂と蔑視されながらも、勇敢に口や筆で夫等（それら）の人々が宣伝につとめた努力は報いられて、次第に同好者を獲得することに成功し、後年の隆盛を想わせる曙光にも似た明るい前途を約束し得るに至ったことは、誠に愉快なことであった。

其頃の登山は言う迄もなく夏季に限られていた。何せ交通不便という一大障碍（しょうがい）があったので、目的とする山の麓迄辿り付くのが一仕事であった。たとえば北アルプスに登るには、最も交通の便が開けていた大町あたりへ行くにしても、東京からは信越線の篠ノ井で松本行に乗換え明科で下車して歩くか、人力車又は馬車を利用したものである。それも明治三十六年以後のことで、以前は信越線の小諸か上田あたりで下車し、和田峠なり保福寺（ほふくじ）なりを越えて、松本平へ出る外に方法がなかった。中央線が松本へ直通したのは三十九年六月で、直江津富山間はずっと遅れた大正二年であった。この容易に山に近づくことを得なかったことは、冬季登山が行われなかった最大の原因の一つであったろうと思う。

一年を夏季と限られ、更に夏季を幾日と限られた短期の間に、登らなければならない山が何と多かったことか。誰もが今年の山旅から帰れば、すぐに翌年の計画を立て、「来年は何山に登るぞ」と仲間に吹聴して、先占権を主張したものだ、仲間も笑って之（これ）を容認し、抜け駆けの功名を争うようなことはしなかった。優良な案内人夫は何処でも得られるという訳のものではないので、前年から約束して置いた、素朴な山人達は他から利を以て誘われても、無断で約束に背くことなどは殆どなかったし、誘うような人も亦（また）少なかった。

しかし張り切った心に待つ一年が如何に楽しいものであったとしても、ああ何とまた長いものであったろう。この辛抱のお蔭で登山の快は倍加した訳でもあるが、出来ることなら季節を選ばず山へ行きたい、そして絶え間なき心の渇を少しずつでも癒やしたい。こういう願望が抵抗し難い勢でむくむくと擡頭（たいとう）したのは私一人ではなかった、よし行こう。夫（それ）には比較的交通が便利で、割合に近い処であることが必要だ、しかも高度は少くとも二千米以上で、処女の地域が広ければ広い程よい。そこで地図を物色する、丹沢、道志、御坂山脈の諸山は、惜しい哉（かな）高度が低い、奥上州の山は交通の不便からてんで問題にならなかった、残るは秩父山地のみである。

陸地測量部の輯製二十万分一図が世にも頼み甲斐なきものであることは、苦い経験を嘗めたことのある人は誰も知っている。されど之に代る一般向きの良地図がないので止むを得ず使用していた。今其甲府図幅が手許にないのでうろ覚えではあるが、金峯山は二千五百何米と記入してあった。其他の山は多く標高を欠き、唯雁坂峠や大洞山（飛竜山）及雲取山などは、孰れも二千米以上であったように思う。それで行くならば秩父がよかろうということになった、私などは小童の頃から朝夕遠く南方の天に望んでいた桔梗色の長大な秩父山脈、それをこれから存分に歩き廻るのかと思うと身内がぞくぞくした。斯くして私どもの秩父登山が始められたのであった。

　秩父も今は昔と比較にならぬ程便利になっている、けれども其頃の秩父鉄道は波久礼が終点だったので、午後九時から徹夜で栃本まで歩いたことがあった。それが大正元年頃に国神まで通じ、同三年に大宮に達した。それでも一日で栃本へ行くには可なり強行しなければならない、幸に中央線が甲府まで延長されていたので、奥秩父へ入るには今と同じ様に塩山か甲府からするのが便利であった。勿論馬でも雇わなければ乗物などはある筈がなかった。

　私どもの秩父行は、明治四十二年五月の雲取山、十月の甲武信岳登山から始まったと称してよい。尤も私は二十九年に金峰山に登って川端下に下り、十文字峠を踰えて栃本に出たことがあり、又故荻野音松君は三十九年に川浦から国師岳に登り、金峯山迄縦走して黒平（くろべら）に下っている、恐らく之が登山者として奥秩父山脈縦走の最初であったろう。此時荻野君は国師岳を前人未蹈（みとう）の深山であろうと信じていたところ、古くから開かれていた山であったので、意外に感じて失望したと其紀行に書いてある。飛竜山や雲取山も亦（また）信仰的登山者のあることを登山の際に初めて知ったが、其他の山殊に谷筋は、人跡極めて稀であり、山行の度毎に未知の山や谷を発見して、新しい収穫の多いのを喜んだのであった。

此等の山旅は甲武信岳に登った時の外は、案内者も人夫も連れなかったので、少なからず不安に襲われたが、また大なる経験ともなった。中にも国師甲武信間の縦走、東沢の遡上などは、其時の困難と苦心とが今も強い印象となって残っている。しかし決して無謀の挙に出なかったことが、遭難を免がれしめたものであると信ずる。西は金峯山から東は雲取山に至る連脈を四つか五つに区切って、先ず其間に於ける主要なる二三の峯に登り、次で各区間の縦走に移り、大体の地勢に通じた後、金峯から雁坂に至る長い縦走や沢歩きを決行した、それでも方向に迷ったことが幾度あったことか、げに少しも油断のならないのは山登りである。

山上の小屋としては、甲武信岳を少し下ったミズシに側師（がわし）の空小屋があって、二度ばかり之を利用したのみである。天幕は重くて邪魔になるので携帯せず、代りに大油紙を用意し、雨さえ降らなければいつも毛布に包まって地上にごろ寝した。物凄かったのは東沢の法螺(ほら)ノ貝と、木賊(とくさ)谷上流の深林とに露営した時で、寒かったのは五月の国師岳の頂上附近及び十一月下旬に井戸沢（将監(しょうげん)峠）の水源地に一夜を過した折であった。

其後二十年を経過した。今日の秩父は若い登山者達によりて、殆ど文字通り残る隈もなく探り尽されているらしい、それに較べると私どもの足跡はいうに足らぬものである。唯顧みて過去の山旅を憶うとき、そぞろに足を蹈(ふ)み入れた秩父の山々が、深い渓谷と、色彩豊かな闊葉樹林と、黒い森厳な針葉樹林とが織り成す秩父の特色ともいう可き滋味を充分に味うことを得せしめて、私どもを心ゆくまで満足させて呉れたことを感謝せずにはいられないのである。

［「旅」昭和十二（一九三七）年十月号／『山の憶ひ出』下巻］

梓山の戦場ケ原と蟻ケ峠

奥秩父の山旅日記

［明治四十五（一九一二）年七月、大正元（一九一二）年八月、十一月］

私が始めて秩父の山々から受けた最も強い印象は、其色彩の美しいこと及び其連嶺の長大なることであった。水蒸気の代りに絹針でも包んだような上州名物の涸風が、木の葉色づく十月の半過ぎから雪の白い越後界の山脈を超えて、収穫に忙しい人々の肌を刺すように吹きすさむ日が続くと、冬枯の色は早くも樹々の梢に上って、日陰には霜柱が白く、咽ぶような幽韻な音を間遠に送る大和スズの声を名残として、大地は漸く静寂の眠に就こうとする。此頃からして秩父の群山は其翠緑の衣を脱ぎ捨てて、最も目覚ましい絢爛の粧を凝らすのである。「秩父山が見えて来た」里人の口から出る此の無造作の一言の中に、どれだけの深い意味が含まれているかは、斯ういう人達の日常の言葉を注意して味わっている人には、容易に洞察することが出来ようと思う。

実に秩父の山々は、私の生れ故郷東上州から眺めては、初冬から一月下旬にかけて素晴らしく豊富な色彩を現わす。そして其色には深い深い神秘が包まれている。美しいと共に崇高である。然しそれは北アルプスの雪の山が、山それ自身が高大である為の崇高ではない。或は杉並木の奥からほの見ゆる丹塗りの御社の「神」を予想した為の崇高でもない。全く山の色の深さのみから生ずる崇高である。山に雪が深くなるに連れて此の豊富な色彩は次第に其量を減じて来る。二月から三月にかけて白雪山谷を埋めた頃が、最も色彩の乏しい時であるのは云う迄もない。

十月は麦蒔の畑打ちに忙しい。男も女も皆仕事に出る。頬冠りの男の中に交って赤い襷の女も一緒に礫を打っている。振り上げる鍬の刃先がキラリキラリと光る向うには、秩父の山々が美しく聳えている。昼に弁当とお茶を持って其処に行くと、皆が畔に腰を掛けて食事を始める。立てて置いた鍬の柄に赤蜻蛉が止って、その尻っぽの先が高い山の巓とすれすれになっている。何か羽虫を見付るとすういと飛んで行く、そしてスミスの飛行よりももっと巧妙に一つくるりと宙返りを打って復たすういと戻って来る。秩父山は依然としてこの小さな活動の舞台に美しい背景を与えて、夫が日毎に繰り返される間に、山の色の深い秘密というようなものが、子供心の何処かの隅に朧げながらも印象の痕を残し止めて、何かの機会を捉えては急激に鮮明の度を増して行くらしい。

十二月に入ると薪取りや木の葉掻きが始まる。寒い赤城颪に吹かれ冷い朝霜を踏んで凍えた体を、焚火に暖めてからゆっくり仕事に取懸る。私は家の男達に連れられて林に行くのが楽しみであった。人並に研ぎすました大鎌を腰にさして兎や雉子を追い出しては遊んでいる。小松林の上や楢林の木の間に濃い鮮な秩父山の姿が浮き出したり織り込まれたりするのを見ると、大きな木の上に登って邪魔な枝を叩き切りなどして訳もなく喜んでいる。私の目と高い山とを維ぐ糸の上を渡り鳥の群れが往ったり来たりする。時には一羽の鷹が不図私の魂をのせて紫紺色の透明な肌を持った山の方へ矢のように飛んで行くことなどもあった。昼餉の時には茜さしたさるとりいばらの滑かな茎で箸を造る慣わしであるが、何処か山の色に似た懐しい色合を持っているのが気に入った。七つ下りになると人より先に帰って来る。此頃の晴れた日の夕暮に途々望まれる秩父山の色ほど美しい色は、どの山にも見られない。鬼が棲んでいるという浅間山、天狗が出るという赤城山、袈裟丸、奥白根、男体山、さては岩菅から上越国境の山々、皆鮮かに望まれるが一として秩父山に似た色彩を持っている山は無かった。殊に日が落ちてから三十分間許の間が最も美しい。入日の名残の光が山々からふっつり消えると、秩父山は輪廓のはっきりした透明な紫紺色の雲のようになる。そして奥の方からは後からも後からも異った色の雲が湧き出して、それが一つに溶け合って、深みのある美しい崇高な姿を、冴えた華やかな夕暮の空に静に横たえている。

　この眺めは門の前に立っていても二階に座っていても見られた。然し草鞋をはいて遠い林に行き、焚火で煮たお茶で昼飯をすまし、一日遊び暮して家に帰る途すがら眺めるのに比べて、どちらが感興が深く印象が強いかは云うに及ばないことである。

此時頃私の脳底に烙(や)き付けられた秩父山の美しい色彩の印象は、年と共に鮮かさを加えて、其後冬休みに帰省する毎に鎌を腰にさして林の中を一日ほづき歩いては帰りに山を見るのが楽しみの一となった。其当時名も知らなかった山の大部分は既に踏破し、その山々に包まれた渓谷の秘密も少しは窺い得た今日となっても、そのかみ謎の山から受けた強い色彩の印象は少しも衰えないのみか、今尚お昨の如く懐しさに変りはない。

夏になるとこれも上州名物の一つである大夕立が、七日も続いて迅雷豪雨を飛ばすのは珍らしくもない。特に私の地方では俗に「御荷鉾(みかぼ)の三束雨(さんぞくあめ)」と唱えて、恐ろしく雨足の早い大夕立の起ることが年に四、五回はある。雲が起って雷鳴を聞いてから、刈り取った麦を三把(わ)束ねないうちに雨が落ちて来るというので、古くから斯う言いなされていた。この夕立が北に向わずして、まっしぐらに東の方へ驀進して行く光景を眺めていると秩父山脈の長大なることが今更のように強く印象されるのである。

霧の深い朝は午後に夕立の起ることが多い。其霧が西北の風に吹かれて、日光が洩れて来るようになると時として白い虹の立つことがある。そんな時には屹度(きっと)大夕立の起る前兆だといわれている。日が高くなるに連れて空は名残なく晴れ渡るが、積雲の塊は早くも山の端に屯(たむろ)している。午後になると夫(それ)がそろそろ動き出す。遠雷の響に昼寝の夢から覚めて、門の前に立って四方を見渡すと、日光、赤城、榛名、御荷鉾の各方面に夕立が始まっている。中にも御荷鉾山のあたりのものは殊に勢が激しいと見えて、銅色をした雲の峰がむくむく湧き上る後ろでは、電光が頻りに閃いて、遠雷の音が空気よりも大地を伝って響いて来る。さては来るなと思って見ている中に、長大なる巻層雲の先駆は真綿を繰り出すようにどんどん東の方へ延びて行く。嵐を孕み霹靂を載せた真黒な撥墨の雲が蓬勃として自ら止まるにも止まれないといった勢で、噴泉の如く下から湧き上っては横に崩れる。それが次第に白味を帯びて来ると、初めて電光の火柱が地上に向って頻りに突立つ。ドス黒い色をした低い雲が四方から何時ともなく湧き出して其方へ駆けて行く。忽ち水晶簾を捲き下ろしたような雨脚が、此時まで頭の上で騒乱している雲の運動を余所に湛然と控えていた秩父山の濃藍色の肌に白く立ったと見る間に、谷を埋め峯を越えて、連嶺の半にさし懸った頃には、後の方は早くも碧空を顕わして、奇峭な両神山の姿がちぎれちぎれの断雲の間から望まれる様になる。この大夕立が秩父山を通り過ぎて、東の地平線上に銀の縁りを着けたような一塊の雲となって、東京の空あたりに余勢を逞しうするのは、三時間も経った後である。私は夕立が秩父山を通り過ぎるのを見る毎に、其山の長大なることを嘆賞せずにはいられなかった。

　東上州は東京湾の中等潮位から僅に五十米の高さを有するに過ぎない平野ではあるが、

試に路傍に立って南方武蔵野の平原に眼を放つと、低い地平線上には遥として展望を遮ぎる何物もない。其視界の尽くる所に軽い一抹の雲烟のようなものがふわりと浮んでいる。此の夢のような夫とも分らない薄い藍色の山は、恐らく秩父入間（いるま）の郡境に亘る飯盛（いいもり）峠の附近であろうと思う。遠い夢の国から浮き上った微妙な線は淡い幻の国に引き返して、少しの間現に顕れて来ないが、やがて水面に浮ぶ大魚の背の如くに再びゆらりと姿を顕わすと、根に籠る若草の力が茎となり葉となって伸びて行くように、若しくは又苔の下に咽んでいた清水の滴りが岩間に走り出て、忽ち潺湲（せんかん）の響を立てながら一道の迅流となって駆け下りて行くように、後から後からと次第に力が加わって大空の一点を指して或る高さまで達すると、茲（ここ）に始めて長短曲直各種の線が離合集散の妙を尽して、一連の大山脈即ち東は雲取山から西は三宝山に至る長大なる連嶺を天半に聳立（しょうりつ）せしむるのである。そして終には彼の両神山の奇峭を掉尾（ちょうび）に振い起して、この大山脈を竜頭蛇尾に終らしめない所に、自然の用意の周到なることが窺われる。秩父山は実に上州方面より望む可く造られたものであって、其色彩の美、其連嶺の長大は、他の如何なる地点より眺めても、到底此方面に於けるが如き充分なる印象を享受することは不可能であろう。

私は早くから日夕其姿に接して、強く脳底に焼き付けられた此等の印象を齎（もた）らして、秩父の山や谷に分け入ったのである。そして実地を蹈（ふ）んで見て、此等の印象を裏切りされなかった許りでなく、長大に加うるに更に深奥という、遠く望んだだけでは得られなかった新らしい一つの印象を脳底に焼き付けたことを喜んでいる。

曽て「秩父の奥山」なる記事を書いた時、私は今日の秩父山が、渓流の澄徹と、森林の蓊鬱と景趣の幽邃とに於て、其権威の絶頂にあるものであると曰うた。連脈の長大と深奥とは、自然の結果として此三者となりて現れ、此三者は相俟って色彩の美を煥発する要素であることは、別に多言するまでもない。

更に地質の上からいうと、秩父の奥山の主脈は大略之を四つに分つことが出来よう。第一は西の小川山から甲武信岳の附近に至る金峯、奥仙丈山塊を含むもの。第二は甲武信岳附近から雁坂峠に至る甲武信山塊、破風、雁坂山を含むもの。第三は雁坂峠から将監峠に至る古礼山、唐松尾の連脈を含むもの。第四は将監峠以東白岩山附近に至る竜バミ、大洞、雲取の諸山を含むものである。第一は全部花崗岩、第二は花崗岩と古生層と相半し、第三は山腹以下花崗岩（石英閃緑岩）にして其以上に古生層を戴けるもの、第四は全部古生層から成っている。此等を源頭とせる各渓谷の特長、相互の比較等、挙げ来れば面白い幾多の問題が存しているが、今一々之を論じている訳にゆかぬ。若し秩父山を旅行したいと思われる人達が、私が分けたように四つに区切りして、一つ宛山や谷を探られたならば、必ず面白い結果が得られるに相違ないと信ずる。

二、三年このかた、新聞などにも折々秩父の紀行文が見られるようになった。そして見出しには必ず奥秩父なる文字を用いているが、其文を読むと、大抵三峯あたりより奥へは行っていない。栃本や中津川迄蹈み込んだ人さえ甚だ稀であるようだ。尤も山登りが主眼でない所為もあろうが、雁坂越え、十文字越え、或は中津川を遡って三国越えを試むるか、又は少くとも奥秩父と云うからには、三峯から雲取山さもなくば将監峠を経て、多摩川の上流に達する位の旅行をして貰いたいと思うのである。

然しこれは只奥秩父を旅行せんとする人に対しての希望であるに止っていることは言う迄もない。奥秩父の登山を目的とする人は、武甲山や三峯に登った位では、決して秩父の山を大観したとはいえない。是非とも西は小川山、金峯山から東は雲取、白岩の附近に至る間の、甲信武甲の国境山脈に聳立している山々に登られんことを希望する。都を離るること三十里に足らず、四、五日の手軽な旅行で、可なり深い山の旅らしい感興を齎し帰ることの出来る誂向きの所というては、先ず秩父を第一に推すことは、誰も異存の無い所であろうと思う。晩近登山の気風の勃興と共に、都の若い人達が奥秩父の山々に登られるようになったのは、大に意を強うするに足るものがある。南北アルプスの諸山を縦走する場合のような大袈裟な登山では、人夫の雇用其他の準備で多くの費用を要するが、秩父では殆んど人夫などの必要は無いというても好い位である。其上四月下旬から十二月迄の間なら、何時何処へでも自由に登山することが出来る。そして山の高さから言えば、二千米から二千六百米に及んでいる。雪の多い時が望みなら、四月中旬以後五月上旬迄に甲武信、金峯の連脈に登れば、十町や二十町の間四五尺の雪を蹈むのは普通である。唐松や白樺の若葉が見たいと思えば、五月の梓山、川端下（かわはげ）の戦場ケ原がよい。紅葉は十月の梓山、川端下、黒平（くろべら）、金山。石楠花（しゃくなげ）は殊に秩父奥山の名物である。瀑布は入川谷の支流荒川の権太瀑、真（しん）ノ沢に木賊（とくさ）瀑が懸っている。花崗岩の侵蝕谷には笛吹川の上流東沢、西沢の奇峡がある。花崗岩と古生層との侵蝕谷には入川谷、滝川谷がある。入川谷の幽邃と険怪、東沢、西沢の壮大と瑰美、共に秩父の沢の中では第一に位するものである。どう考えても奥秩父の山や谷は、都の山岳宗徒にとっては、殆ど天与とも言う可き巡礼の聖壇であり、活躍の舞台である。之に詣で之に上ることをせずして、空しく遠方から眺めているだけでは誠に勿体ない。私の此文が若し幸にして何等かの参考ともなれば本懐の至りである。

〔註〕茲（ここ）に附記して置きたいことは、私等は初めて甲武信岳に登る時案内者を同伴しただけで、其他は単独若しくは二、三人で案内も人夫も雇わずに遂行して、幸に無事に済んでいるが、最近秩父の山や谷を探る度数が重なるに連れて、益（ますます）其奥深いのに驚嘆している。好晴の日は言わずもがな、若し運悪く途中で霧か雲にでも捲かれると、思いの外の大困難に遭遇しないとも限らな

い。若し案内無しで登られるような場合には、天候は勿論、其辺の用意は尤も肝要である。

夏の秩父奥山

明治四十五年七月二十三日より二十七日まで。

飯田町――塩山――川浦――雁坂山――破風山――木賊山（雲切山）――甲武信岳――梓山――三国峠――中津川――両神山――小鹿野。

明治四十二年の十月、南日君と二人で秩父の栃本から十文字峠を踰え、梓山に下って其処から初めて甲武信岳へ登った時のことである、金峯山と国師岳との間は縦走されているにも拘らず、国師岳と甲武信岳との間は誰もまだ縦走を試みた人は無いようである。ことによると人跡未到の地かも知れぬ、よし夫なら私達が真先に蹈み込んでやろうという考が心の中に閃めいた。然し様子が知れないので愚図愚図している間に三年は過ぎて仕舞った。折角手を付け始めた秩父奥山の跋渉を他人に先鞭を着けられてしまうのも残念であるというので、今年南日君が上高地へ行くというのを幸に、連れ立って先ず雁坂峠から甲武信岳まで縦走し、天候其他に差支がなかったならば、更に金峯山まで縦走しようと相談が決って、七月二十二日夜九時飯田町発の汽車で東京を出懸けた。

今年の三月下旬に南日君は中村君と同道して、丹波山村から大菩薩岳に登り、尾根伝いに柳沢峠へ出ようとして、誤って大黒茂谷に迷い込み、一夜を雪の洞窟内に過したが、防寒具と食糧との用意を欠いた為に、危い目に遭った苦い経験から、用心深いこと夥しい。が、お蔭で荷が重くなったのには大に閉口した。

二十三日。午前四時過ぎに塩山に着いて、荷物を直すとすぐ出懸る。町の真中頃で柳沢峠への道と別れ、向岳寺の前を通って井尻村にさし懸った頃には、停車場を離れる時からポツポツ落ちていた雨が大分降り出して来た。名高い恵林寺は知らずに通り過ぎ、藤木村最終の一軒家を後に見なすと道は清冷な流を湛えた用水堀に沿うて、笛吹川を左下に見ながら、沢胡桃、栗などが並木のように列んでいる間を通って行く。雨は小降りとなったが雲が低く垂れて、近い前山の頂きさえ其処とも判らない。荷が重いのでよく休む。南日君の背嚢は蛙の腹のように膨れ返って、何かはみ出しているものさえある。聞いて見ると上高地で勉強する為に舶来の本を五、六冊詰めて来たのだそうだ。今迄一緒に旅行して遂に汗らしい汗を流したことのない南日君も、今日は洋服の上着を透して滲み出している。此時初めて南日君も汗をかく人だということを知った。

下萩原で橋を渡って笛吹川の右岸に移った。川の景色は悪くない。三、四町歩いて道端の飲食店で朝飯を炊かして食事を済す。一時間休んで九時に出発した。雨は歇(や)んだが道は濘(ぬか)るので足が重い。十一時天科(あましな)に着いて水を入れる用意に一升入れの石油缶を買ったなどは、奇想天外から来たと自慢する価値はあろう。広瀬に行く途中雲が切れて雁坂山と破風山を望むことが出来た。長く伸びた山の鼻を廻って少し登ると、原のような平に如何にも見窄(みすぼ)らしい人家が十五、六軒あるのに気が付く。峠下の村であるから秩父の栃本位の処かと想像して、其処で昼食にする積りのあてはすっかり外れたので、振り返りもせずサッササと通り過ぎる。然し今は峠ノ沢の製板業が盛になったので宿屋なども出来て、聊(いささ)か面目を一新した形である。すべる赤土道を登って午後一時赤志に着く。此の赤土道の通っている山の鼻が赤ッパ尾根というのであろう。二軒しかない上手の方の家に寄り込んで米を出して昼食を炊いて貰った。笛吹川は此下で分れて西の方へ折れ曲っている。ドス黒い雲が重く垂れている渓の入口に素張らしい岩山が右から突き出しているのが目を惹く。爺さんに聞くと鶏冠(とさか)山だと教えて呉れる。恐ろしい山だと思った。

　二時二十分に此処を立って、少し行くと道は急に細くなり、登りも稍(や)や激しくなる。唐松尾根というのは此辺であろう。針葉樹や闊葉樹の入り交った林の中を辿るので、漸く山の旅らしい感じが起る。燕オモトが多い。同じような道を二時間許り登ると、少しの間渓流に下って河身を辿るようになる。立派な小屋が河の中の岩の上に建ててあった。

御用品中継所の看板がある所から推して、御料局で建てたものだろうと思う。

渓を横切ってから草原を七、八町も登ると左から谷川が落ちて来る。栂の大木や槭(かえで)などが茂り合って、稍(や)深山の趣がある。谷を渡って又登りに懸ったが、考えると恐らくこれから上には水があるまいとの懸念から、引き返して川のほとりの廃屋の跡へ野宿する仕度の最中に下から二人上って来た。そして峠のすぐ下に一杯水という冷たい泉のあることや、小屋の骨組のあることを話して、もう幾町も離れていないから其処へ行って泊る方がよかろうと付け加える。早速其言葉に従って一緒に登り初める。疲れている上に急なので骨の折れること甚しい。南日君はとうとう一緒に登って行ったが、私は後に残されて仕舞った。少し登ると木立が途切れて左手に美しい青草の斜面が現れる。落葉松の大木が三々五々、矗々(ちくちく)天を突いて雲の中にぽうっと滲み込んでいる。夢のような景色だ。好いなと目が云う。ほんとに好いなと直ぐ足が賛成して立ち停る。五町程登ると右に折れて道が少し平になる。其処に針葉樹の一叢茂った中から清冷な水が湧き出している。二十間ばかり東に離れて山腹を切り取った一坪位の平に均された所に、栂の枝で造った至て無造作な猟師の鳥屋(トヤ)のようなものが立っていた。一緒に来た二人は今から栃本迄下るのだというて、私達が夕食の仕度をしている間に清水の傍で弁当をつかって、御大事にといいながら別れて行く。もう六時を過ぎている。あの人達は四里の峠路を而(しか)

も夜になるのを承知で、隣村へでも行くように気が軽いのは羨しい、などと話しながら温い食事を始める。今度は頭の上でガヤガヤ騒ぐ声がして、峠の方から七、八人下りて来た。私達を見て怪しむように足を留める。川浦の人達で山の境界の争いからごたごたが起って、栃本へ行って話をしたが一向埒が明かない、といったようなことを話して、一服してぞろぞろ下りて仕舞った跡は急に淋しさが増したように感じた。

　油紙を一枚屋根に掛けて雨の降った時の用意に備え、茣蓙を敷いて其上に寝転びながら、銘々の持って行った蝙蝠傘を拡げて入口を囲い、風の当らないようにして眠に就いた。南日君は昼の疲れですぐ鼾をかいて睡ってしまったが、私にはどうも旨く寝つかれない、枕元の叢の中でコトコト茶たて虫のような音を立てるのが耳障りで仕方がない。棒切れで無茶苦茶に引掻き廻してやるが、暫くすると復たコトコトはじめる。此音は一晩中止まないで一方ならず私を苦しめた。

　宵には淡い月影が前面の木立を洩れて雲間に姿を見せる。星の光が海底の真珠のように三つ四つ二つ燦めいていたので、やれ安心と思う間もなく密雲忽ち天を閉じて、幽霊のような白い霧が時々すうと小屋の中まで這入って来る。パラパラと雨が落ちては又止む。斯うなれば火がないと妙に心細い。起きて焚火をする音に南日君も目を覚して、二言、三言話したかと思うと又ごろり横になって、大袈裟にいえば鼾声小屋を揺がさんばかりであった。

二十四日。四時頃から仕度にかかって六時に朝飯がすんだ。西から南の方の雲が切れて、国師岳や富士山の頂上などが碧空に現われる。此時一人の行者が下って来た。峠の向う側で蕎麦粉を舐めて一夜を明かしたのだという。水を飲んで人家までの里数を聞いた後、復（また）よたよた下りて行った。昼飯の分も炊いて飯盒（はんごう）に入れたまま背嚢に押し込もうとしたが、到底余地がないので南日君が腰の周りに縛り付ける。私は水を入れた石油缶をぶら下げて、七時二十分に峠に向って草原を右に左に登り始めた。直径にすれば二町位なものであるが、斜面が急である為に五、六町は登らなければならない。峠の上で道が二に分れる。右すれば新道の方へ、左して少し上った後に右に山腹を搦（から）めば旧道の方へ行かれる。私達は左に山稜を辿って、雁坂山の頂上を指して急いだ。雲が又湧いて眺望は皆無である。昼も暗い針葉樹の林に這入ると、木の間に霧が鼠色の網を張って犇々（ひしひし）と捲き寄せて来る。此儘（このまま）何処かの谷底へでもさらわれて、体が溶けて水になるのではないかというような気がする。三尺許りの杭に査何号と書いて頭に釘を打った標木を唯一の頼りとして、切明けの跡を失わぬように登って行く。一の小高い所を越えて八時二十分雁坂の山頂に達した。櫓は切り倒されて三等三角点の標石だけが埋めてある。十分間程休んで破風方面の雲の晴れるを待って見たが、少し明るくなったと喜ぶ甲斐もなく、すぐ又暗くなるので磁石と切明けを力に思い切って西に下り始める。梭葉草が非常に多い。風揉めの為に立ち枯れた木が時々骸骨のように白くされて途に倒れているのもあるが、下生えの若木が無いので甚しく邪魔にもならない。下り終って登りに懸ると切明けの跡が覚束ないものになって、灌木が茂り出す。秩父方面を搦みながら暫く横を辿った。然し山稜の最高所を余所にして歩いては、他に紛れ込んでも気が付かずにいる恐れが多いので、密生した石楠を押分けて再び山稜の上に出た。何という大きな岩だろう。嶄巌磊砢とはこんな光景を指していうのであろう。そして其岩が皆花崗岩であるのには更に驚かざるを得なかった。岩間には岩鏡、一葯草其外名も知らぬ紅や白や桃色の花が咲きこぼれ、特に一面に叢生している石楠の大木は、殆んど白に近いほど極めて薄い桃色のさした花を枝も撓む許りにつけて、今や真盛りに咲き誇っている。快い香りが鼻から入って腸の奥まで沁み込む。岩頭に立って甲州側を瞰下ろすと、足早に駆け下りて行く霧の絶間から大きな岩が幾つか顕れたり消えたりして、米栂などの灌木状の針葉樹が岩の肌にべっとりと緑をなすり付けているのが、霧の中で溶けたり固まったりしている。二人の神経はこの高山的な景象に刺激されて頻りに興奮するので、石楠の花の中に顔を埋めるようにして其香を味いなどした。

此処が或は破風山の頂上であるかも知れぬ。兎に角三角点の有無を確めて置く必要がある。そこで南日君は後戻りをして横に搦んだ山の頂上を見にいった。暫くして無いよと言いながら帰って来た。其処が東破風の頂上であろうと推測し得たので、安心して此処を出懸けた。

雁坂山の頂上から破風山までは一里位のものであろう。途々数えて来た国境の小標木は七十八本であった。約三十間に一本の割合位に立ててあるようだから、三十五、六町という見当に大した相違はあるまい。

岩から岩を伝わって、或時は美しい米躑躅（こめつつじ）の花を蹈みしだいたり、或時は密生した石楠の枝に引き留められ、其花の香に酔わされたりなどして、険しい山稜を西に辿る。手に提げた水入れの石油缶が邪魔で仕方がない。其癖今朝からまだ一滴も口に入れないのだ。寒い位涼しいので水など少しも欲しくない。忌々しいので岩の上をガランガラン引摺ったりなどしても、不思議に滾（こぼ）れもしなければ又壊れもしない。東破風に着いたのが十時四十分で、十分許り休んで十一時十分西破風の三等三角点に達した。小さな櫓（やぐら）が残っている。其側にドッカと荷物を卸してゆっくり昼飯にする。展望がないので却て気が落ち着いて好いなぞと負惜みを言っていたのは誰であったか忘れてしまった。

頂上は広くはない。東寄りに少し木立があるが西から南は開けている。脚の下の青苔の間から顕れている岩は、研(みが)きをかけたように白く滑かで、黒雲母が散点しているのが誠に美しい。野営でもしたものか、秩父側に寄った木の繁みの下に、燼(もえ)さしの木が散らばっている。見る通りの岩山なので、植木屋が真柏を採りによく登るということを後に聞いた。しかし最早採り尽されたそうである。此焚火の跡は察する所其人達の仕業ではあるまいか。

曽て「山岳」九年三号の雑録欄に、東京市中からは此山は雁坂山に隠れて見えないというように書いた。其後極めて好晴の日に凌雲閣へ登って、此山が雁坂山の左木賊(とくさ)山の右下に姿を顕わしていることを発見した。尤も東破風だけで西破風は終に見分が付かなかったが、雲取山から写した辻本君の写真から推して、西破風も見えるに相違ないという断定だけは付けられる。

正十二時に頂上を辞して西に向って下り始める。一歩蹈み出すと足は釘付けにされて、驚異に瞠(みは)った眼のみが空しく其辺をさ迷うに過ぎない。巨大な岩塊の堆積した同じ様な斜面は、灌木状の針葉樹を同じ様に粧うて、傾斜が同じ様に急である。蓬勃(ほうぼつ)たる霧の海は汐のさし引きするように音もなく押し寄せては音もなく退いている。強くはないが冷い西北の風が山頂より吹き下ろして、霧が薄らぐと二三百米もあろうと思われる緑の斜面が遥かの下まで続いて、末は何処にどういう風に連なっているか其処までは目が届かない。右の方に尾根らしいものがちょいちょい姿を見せる。しかし是は松葉沢の源頭に当るものらしい。二人で左右に別れて切明けの跡を探した。盆栽でよく見かける恰好のいい黒檜の一尺ほどのものが、棕梠縄（しゅろなわ）で枝を撓（たわ）められたまま岩間に生えている。植木屋の仕業に相違あるまい。やがて掘り取られる運命を持っているのかと思うと可哀想になって人には気の毒であるが、目に付いたものは悉（ことごと）く解放してやった。辛くも切明けの杭を探し出して、其方へ下りて行くと次第に人の通った跡らしい形跡が目に入る。三町程も下った頃茂りに茂った米栂の上を渡る拍子に、足を蹈み外して一二間横に抛（ほう）り出された。手に当る枝を力に起き上ると、生々しい松脂の香がぷーんと鼻を襲うて来る。怪んでよく見ると紛う方なき偃松（はいまつ）の枝である。私は小躍りして喜んだ。秩父の山でこの懐しい植物に遭おうとは夢にも思っていなかったのである。南日君の来るのを待って、あった、あったと落物を探し出しでもしたように見せびらかす。南日君も喜んだ。珍らしくもない発見であるが、兎に角嬉しかった。東京に帰って話をすると屹度（きっと）口の悪るい連中のことだから、五葉の松を見て来たのだろうなどと冷かすに決っている。其時に痛いほど鼻先に突き付けてやろうというので、枝先を折ってカバンに入れた。しかし案じた程もなく真面目に話を聞かれたので、松葉攻めの計略は画餅（がべい）に帰してしまった。何という運の好い人達であろう。

下り著いた鞍部は入川谷の木賊沢と子酉川のヌク沢との分水点に当っている。唐檜や白檜の密生した梭葉草の多い小山を二つ踰えて、三つ目の山に懸った。この登りが飽きる程長い。切明けはあるが若木が足に絡まって大に困難した。午後一時半に岩が露出して甲州方面に赭い砂の滝を頽れ落している処に着いて一休みする。砂の上には生新らしい熊や羚羊の足跡が縦横に印している。余り好い気持ではない。風が汗ばんだ体にひやりと冷いので、十分許り休んで出懸けた。又針葉樹の密生した薄暗い林の中を切明けを辿って真直ぐに登る。二時、一の峰頭に着いた。正面に恐ろしく幅の広い切明けがある。測量当時に切り倒したものらしい針葉樹の大木が縦横に狼藉して、足の入れようがない。左の方にも亦切明けがあって、狭いが楽々と通れる。此処は木賊山の東の肩に当る隆起で、左の切明けは子酉川の東沢に合流する鶏冠谷に沿うて登る道であることは後に知ったが、其当時は孰れを取たものか随分迷わされたものである。

これだけ大仕掛に木を切り倒した点から推すと、近くに三角点があるに相違ないから、其処へ登るのが安心であると相談を決めて、広い切明けの方へ足を運ぶ。三尺程の高さに入り乱れて倒れた木の間を通行する面倒臭さは、一度経験した人でなければ想像にも及ばない。木の上を渡ると枝が邪魔になる。下を潜れば荷物が支える。僅の距離を登るのに一時間を費した。果して測量の櫓が現れて来る。頻りに踠いている南日君を待ち合せて、三時に櫓の下で休みながら昼飯の残りとビスケットを平げた。当時は此山の名を知らなかったので、多分四十二年の十月甲武信岳に登った時、其処から東南に眺めたあの山であろうと想像的断定を下し得たに過ない。

三時十分、西北の斜面に沿うて下り始める。少し行くと左にガレがあって、其縁によく蹈まれた道らしいものが通じている。南日君は夫に跟っいて下ろうと主張したが、どうも少し方向がまずいので、南日君もとうとう我を折って右の林莽中に幽かに残った切明けの跡らしいものを目当に下った。今考えると南日君の主張した道らしいものは、実際道であったかも知れない。一概に獣の路とはいわれないような事情がある。然し其時若し此道を下れば、あの恐ろしい釜沢に迷い込んで、今の半分程もあの附近の地勢を知らぬ二人は、よしや食糧が豊富であるにしても、第二の大黒茂谷の悲劇を演出したかも分らない。釜沢、釜沢、奥秩父に数多い沢の中でも、青葉に埋められた美しいこの沢は、同時に又最も恐ろしい沢の一である。

間もなく鞍部に下り着いて又登りにかかる。相変らず薄暗い林の中を杭を見付けては夫に導かれて行く。暫くして岩の露出した斜面に出た。林ばかり見慣れていた目には、多少なりとも高山相を帯びたこの登りが頗る気に入った。破風山を除いては今迄に此山が一番高山的であるなぞと話し合いながら、岩を登り切って石楠の茂っている狭い山稜の黒木の間を辿って行くと、忽ち前面が開けて、三尺ほどの高さに石を真四角に積み重ねてある山巓（さんてん）に達した。四時である。どうも見たような処なのでよく考えると三年前に登った甲武信岳の頂上であるらしい。何だ甲武信じゃないかと大笑いをしたものの、あの時は秋の末で今は夏の盛りである。山谷の模様が一変している上に雲で遠見がきかない。近いと思った三宝山が雲の為に遠く見えたり、真直ぐであると思った尾根が著しく曲っていたりするので、疑って見れば甲武信らしくないようでもある。さあ心配になって来た。其処（そこ）らをほつき歩いて特長のありそうな木や岩を仔細に吟味して、古い記憶を呼び覚そうとするが駄目だ。然しこの四角に積み重ねた石の壇が何よりの証拠である。他に斯様（かよう）のものがあろうとは想われない。甲武信に相違あるまいということになった。其中に北の方の雲が一度綺麗に剝げて、三宝山が全容を曝露すると南に面して屹立（きつりつ）した巨岩の塊が目に入ったので、心が漸く落ち着いて来た。

　此処から更に国師金峯と縦走する予定であったが、天候も思わしくないし、切明けの有無すら探ってない未知の地に蹈み入るの危険を慮（おもんぱか）って、今回は雁坂、甲武信間の縦走を仕遂げたので満足することとし、梓山に下山することに決めて、碌々飲みもせずに提げて来た石油缶の水を尽（ことごと）く彼の積み上げた石に灑（そそ）いで甲武信岳の霊に手向け、四時頂上を辞して下山の途に就いた。

此道は既に南日君に記載されているから、私達は七時に十文字峠の追分に達し、八時に梓山の白木屋に草鞋を脱いだことを書いて置けば充分であろう。いや一つ忘れていた、あの途々眺めて来た美しい石楠の花は是非紹介して置かなければなるまい。

私は石楠といえば、黄花石楠、姫石楠の外は、五月淡紅色の花を開く普通の石楠を知っていただけである。然し破風山の頂上や甲武信岳の中腹以下に生えているものは、七月下旬が花盛りで、色は黄味を帯びたような白に心もち紅味がさしているかと思われる位である。淡紅色の花が褪せかかった時に少し黄味を加えたものと思えば大抵想像がつく。幹も葉も新らしいものは黄の勝った緑である。八町ケ原から甲武信岳に向って一里程も行く間は、針葉樹主に栂の大木で、其下に目立って美しく感じられる花は、此石楠と車百合である。私は余りの美しさに堪らなくなって、殊に見事な枝を二、三本折り取って担いで来た。段々疲れるに従って一本棄て二本棄て、梓山まで持ち込んだのは、僅に一本の小さな枝に過ぎなかった。

明日は別れだというので其夜は酒を汲みながら、安十郎や測量当時測量部の人夫となっていたという男を呼んで貰って、いろいろ山や沢の話を聞いた。安十郎に拠れば甲武信岳の東南の山は雲切山と呼ばれ、鶏冠山は其山から南に派出されていること、十文字峠から出る沢は股ノ沢、三宝山から出る沢は真の沢、甲武信と雲切とから出る沢は木賊沢と呼ばれ、東に流れて秩父の荒川となること、真ノ沢と股ノ沢との間の尾根をナカミネ尾根と称すること、甲武信から国師、金峯、小川山に至る迄国境の切明けあることなどが判然した。もう一人の男は甲武信の西の山をミズシということや、甲武信附近の山を総称して三方山と呼んでいたことなどを教えて呉れた。尚お安十郎は奥仙丈岳の絶巓は甲州に属していることを話したが、当時朝日岳を奥仙丈と信じていたので、余り気にとめて聞かなかったのは残念であった。

二十五日。午前七時半白木屋の前で南日君と左右に別れた。南日君は八ケ岳に登って上高地に行き、私は中津川から両神山に登って帰京しようというのである。別れる際に南日君から呉々も血気の勇に逸って冒険してはいけないと誡められたので、すっかり子供に返って何だか悲しいような気がした。村はずれで十文字峠への道と分れ、左を取って三国峠に向う。白樺の木立に沿うたり稲田の畔りを歩いたりして、十五六町行くと河原に出て千曲川を渡った。河原撫子、女郎花、鵯花、何やら升麻、車百合などの花が露重たげに頸垂れている。左手の草の斜面は高天原で、昔、盤古の神と建御名方神と戦場ケ原で戦った時、諏訪明神の軍が屯していた所だと伝えられている。細い渓流について四五度夫を横切りながら登って行くと草原に出て、間もなく大きな岩が現われる。出がけに白木屋の主人に書いて貰った略図の通り、此岩を左に見て右下に谷川の音を聞きながら少し登ると、緩い傾斜の原の中を道が通じている。右の谷間の平地に鮮黄色の花が一面に咲いている。信濃金梅（しなのきんばい）のようであったが、側まで行って確める程の勇気はなかった。道は急に爪先上りとなって、椈（ぶな）や楢の大木が茂った中を九十九折（つづらおり）に上っている。楽な登りで木立にかかってから十町許りではや頂上に着いて仕舞った。村では好いお天気であったが、此処まで来ると東の強風が頻りに雲を送って、すっかり眺望を遮ぎる。真後ろの小川山だけが黒木を鎧（よろ）うた尨大な山容を紺碧の空に悠然と横たえているのが、振返える毎に目を楽しませたが、夫も押し寄せる雲の波を幾度か切り抜けた後、終に姿を没してしまった。

当時私は此処を三国山とは知らずにいた。名は三国峠であるが、山は西の方半里許に聳立している千九百七十八米の蟻ケ峠をそれと信じていたので、其頂上を窮めないのも残念であるから、切明けを辿って暫く山稜を西に伝わった。二つ許り峰頭を越えて三つ目の登りにかかった時、パラパラ雨が落ちて来た。之を登り切れば頂であろうと信じてはいたものの、雲が深いので少し心細くなった所へ、今朝の南日君の言葉が胸に浮んで来た。それで「やめよう」と独言して峠に引返した時は十時である。往復一時間を損した訳だ。

峠の頂上から山の北側を辿って二、三町下り気味に東へ行くと道が二つに分れる。左は山道で主に下駄を運び出すのだそうだ。三里半も行くと上州の人家のある所へ出られるそうだが、一里許行くと殆んど道の形はなくなると白木屋の主人が話した。右に入って尾根の南側を稍や急に下ると又一つの尾根に出る。栂に交って唐檜、椈、白樺なども少しはあるが、十文字峠の幽邃（ゆうすい）なるには及ばざること遠しの感がある。馬酔木（あせび）の大木が多いのには驚嘆した。登降の少ない極めて緩傾斜の尾根の上を二十町も下ると尾根の分岐点に出た。道は左の方に通じている。五六町と思うほど下った所に初めて岩の露出しているのを見た。石の崩れなども二ケ所ほどあって、道の形は次第に怪しくなるが、他に紛れ込むような恐れは無い。又三町も下ったろう。すると突然雲の領を脱して、前面に中津川の谷が見渡された。右には十文字峠の連嶺が雲の厚衾（あつぶすま）をすっぽりと被って、重苦しい暗緑に包まれた肌からは、霧のような雲がもくもくと湧いては上の方へ拡がって行く。水音が下から幽かに聞えて来る。もう河も遠くはないなと思ったので、岩崩れのした側崖を横切ると荷を卸してゆっくり一休みした。

五六町行くと道は急に下りとなって、而（しか）も尾根の鼻を真竪に下るので膝がガクガクして閉口した。約二十町も下ったろうと思う頃、右と左から沢が流れて来て落ち合っている所へ道も落ち合って爪の字になっている。左の沢は小さいが奔湍（ほんたん）をなして、青葉の奥から白い布をさらしたようだ。右は即ち中津川の本流で、少し上手に七尺許の瀑が奔下している。下に大きな瀑壺がある。左手の崖に登って瞰下ろすと、青い淵の中には岩魚が幾十となく群をなして、チラリチラリと白い腹をかえしている。小なるは五、六寸、大なるは尺余もある。惜しいものだと思った。時は十二時に近い。

此処から一里半許りの間、道は主に河原伝いである。河原は割合に広く、両岸に木立が少ないので、山奥の沢という感じに乏しい。栃本の入川谷なぞとはとても比較にならない。岩魚釣りの架けた丸木橋が要所々々にあったので足を濡すにも及ばなかったが、徒渉するにしても膝より上を越す気遣いのない所許りだ。中津川の奇景は上流よりも寧ろ中津川村の下流、中双里附近から塩沢村に至る二里の間にあるといわれているが、新篇武蔵風土記稿に書かれたような絶勝の地でないことは略ぼ想像が出来る。

昼食は飯を炊くのが面倒だから、持合せの麦粉を頬張って水を飲んで済した。両岸に時々絶壁が現われて来たので、もう岸に登っても好い頃と注意しながら河原を辿って行く。果して左岸に道があった。斯うなれば心配はないのでぶらぶら遊びながら行く。竹藪が現れる、畑が出て来る。二十町も来た頃には中津川村の人家の前に出てしまった。三時少し前である。梓山から五里と称せられているが、半里位懸値があるらしい。

十五六戸の人家が些かの平地に寂しく散らばっている所は、何処の山村も同じであるが、此処は何となく潤いのない、丁度雁坂峠の下の広瀬といったような村で、私が勝手に想像していた美しい山村の面影は、何処を探しても見られなかった。然し私は自然の賜物が初めから此山村の人達にのみ薄かったとはどうしても思われぬ。彼等の祖先が何時の世にか争闘と迫害との絶えざる平原を後にして、此山奥に最後の隠家を見出した時、其処には生存競争場裡（じょうり）の敗者に向って、平和と安楽とを与うるに充分なる自然の同情があったに相違ない。不肖なる彼等の子孫は此同情に裏切りして空しく逸楽に耽った。彼等が桃源の夢から覚めた頃には、自然が既に彼等を見棄てた時であった。鳥が舞い鹿が遊んでいた鬱蒼たる森林は、見る影もない平蕪（へいぶ）と化してしまった。驚いた彼等は肉を炙（あぶ）って脂を絞るように、手近の山に火を放って地膚から滲み出した貴い脂を稗（ひえ）や粟（あわ）に変えて、荒んだ淋しい生活を送らなければならなくなった。斯くて山は禿げ地は痩せて、人は益々自然から遠ざかって行く。私が中津川の山村から受けた最初の感じは余り快いものではなかった。

　路傍の家に寄り込んで両神山へ登る路の様子を聞く。よぼよぼした爺さんが出て何か口の中でもぐもぐ言うていたが薩張（さっぱり）分らない。此奥の小神流川の上流に金鉱が開けてから、若い者は皆其処へ稼ぎに出て村には女子供や老人の外は残っていないらしい。幸嶋（さちしま）とかいう家は此処の草分で十五人や二十人泊れるとは聞いていたが、私は嫌気がさして来た時なので、中双里から山越しに白井差へ出て其処から両神山に登ることに決め、振り棄てるように此村を離れた。山百合が非常に多い。中には一茎にして三十余花を著けているものもあった。後で聞くと栽培しているのだそうだ。小神流川を渡って山の鼻に懸ると、道が二つに分れて、「左両神村、右落合。幸嶋」と書いた標木が立っている。左の方の焼畑の中に小屋が一軒あって、蕎麦を蒔いていた男が手を止めて私を見送った。道が急に下って川を渡ると又登りになる。このあたりの景色はそう捨てたものではない。河に下りては山の鼻に登って、二、三度同じような事を繰り返すと、道は河の中に通じた儘(まま)両岸をいくら物色しても更に見当らない。中津川から標木のあった山の鼻まで十五町、其処から二十町は来たろう。河の中を一町も下って見たが、両岸は四五丈の絶壁で、水の深さも股まである。これが急流ならば危険であるが流は緩かである。再び引き返して右岸の道を登って行くと、これは切畑への路であった。時は五時に間もないので思い切って先き(さつ)見た小屋に泊り、明日大峠を越えて白井差に行こうと思案して、元の路を引き返して小屋に着いたのは六時少し過ぎであった。河の中を今一町も下ると路に出るのだったと主人が話した。「百両もかけりゃ山へ路がつけられるのだが、村が貧乏だから如何もならねえ」。全く其通りかも知れぬ。

主人の名は山中房吉、二三年はまだ此処で畑を作っていると話した。村では馬鈴薯が常食だそうで、今夜も煮たもの、焼いたもの、胡麻あえ、串にさして焼いて味噌をつけたもの、という風にくさぐさ御馳走になった。串刺しの味噌焼だけは馬鈴薯嫌いの私にも旨く食べられた。逆巻ノ瀑も序(ついで)に探りたいと思って其話をすると、瀑はすぐ近くにあるが小さなもので、一昨日金山の工夫が来て爆裂弾を瀑壺に抛り込んで、魚を皆捕って行ったという。空模様が少しよくなって夕焼がした。夜になると夜鷹が近くで喧(やかま)しい程鳴き立てる。時鳥(ほととぎす)と同じ鳴声であるが、調子が高くって鋭い。今迄私が時鳥だと思って聞いていた中には、大分此鳥の声が交っていたことが想い出される。作物を荒す悪い鳥で、傍へ来たら打って呉れると主人が旧式の鉄砲を取り上げてひねくり廻す。明日の山案内をして貰うことを頼んで、蓆(むしろ)の上に横になった。

二十六日。西の空は晴れているが東は一面に曇っている。小屋を立ったのは七時だ。主人は鉄砲を担いで先に立つ。余り扮(いでた)ちが仰々しいので可笑しくなった。これで頂上まで僅に一里半しかない山に登るのだから誠に呆気ない。焦茶色の耳の立った小さな犬が二疋(ひき)、後から蹤(つ)いて来る。畑を横切って細い道を山の鼻にかかると、いつか向う側に踰えて脚の下に小渓が瞰下ろされた。車前草などの繁った日当りのよさそうな平に出ると、斯ういう所には蝮蛇(まむし)が甲良を干しているものだといいながら、犬を嗾(けしか)けたり杖で草を叩いたりする。私はまた可笑しさを堪えなければならなかった。五六町も来たろうと思う頃左から来る渓を渡って少し登ると亦渓に出た。此辺は蔓草が繁っているので、夫を切り払いながら進むのは可なり厄介であった。右側に白井差へ踰える大峠の路が落葉に埋れて幽かに見分けられる。私達は沢について何処までも登るのである。肥後田（ヒゴノタワの略称）という所で、元は切畑があったそうだが、今では雑木が可なり大きく育っている。十町も登ったろう、渓に岩が多くなった。或所では水が一枚の石灰岩の渓底を深く抉って一町近く続いていた。幅は僅に一間位であるが深さは二三丈から四五丈もある。名は石船沢。此処へ落ちると出られないと案内者が話した。全く出られそうもない。武蔵風土記稿にも両神山の名所の中に石船沢の名が載っている。

水の無くなった渓は浅くなり広く開いて幾つかに分れ始める。椈の大木が繁った枝を指し交わしている行手の方が少し明るくなって来た。朽葉の化けた土の香の清い山腹をひた登りに登って、尾根の上に着いたのは九時であった。この案内者は足も達者という方ではないらしく、兎角遅れ勝ちなので、割合に時間がかかったようだ。

私達の登った尾根は肥後田尾根といわれているそうだ。万場図幅の両神山から南へ延びた尾根がそれであって、私達は白井差へ越える大峠の路と両神山との間に聳えている千五百米の圏を有する峰の直ぐ北のたるみへ上り着いたのである。小屋から一里、両神山頂まで半里だという、眺望はないが木が茂っているのは嬉しかった。両神山も此辺の高さになると一帯の大森林で、流石に秩父の山たる資格を備えている。

小笹を分けて傾斜の緩い尾根を北に五六町も登ると、岩が現れて間もなく頂上に達した。左へ尾根伝いに行けば狩倉と称する壁立の岩峰に達せられるという。谷を隔てて西に見ゆる赭色の懸崖は所謂赤岩で百米近く屹立している。其下に路があって上州の野栗へ出られる。即ち赤岩峠である。うすのろい雲が今日ものろのろ其辺を匐(は)い廻っていた。行く手に大きな岩が出て来る。岳ノ岩というのだ。攀じ上って之を踰えると、今度は小屋場ノ沢ノ大岩というのが息も継がせず突立つ。其下を左に三十間許り下ると七八人は泊れる洞窟があるそうだ。岩の名はこの泊り場所を指示する為のものらしい。同じような大岩を更に一つ越すと路が二つに岐れる。左の方を登って行くと峰頭が鋸の歯を刻んで、路は歯と歯の間を右に左に搦(から)むのであるが、危険だと思うような所は一つもなかった。其実の如く名も鋸岳と呼ばれている。絶巓はつまりこの鋸の歯の一つが高く大きくなったものに過ぎない。二等三角点の標石と何かの石像が二つ許立っている。二坪たらずの広さだ。五、六間北に離れて一段低い岩の上に御岳神社が祭ってある。此処から山稜を尚おも北に伝って行くと竜頭山(りゅうかみ)に出て八町峠へ下れるそうであるが、筍(たけのこ)のような峰頭を三つ四つ越さなければならないから、楽ではないそうである。

此山は標高僅に千七百二十三米の低い山ではあるが、秩父奥山の主脈を離れて独立高聳しているので割合に眺望は開けている。西北から東北にかけては上野州の平原を隔てて浅間山から日光火山群に至る幾十の峯巒（ほうらん）を指点し得る筈であるが、今日は雲が多いので何一つ見えない。唯秩父奥山だけは三宝、甲武信から唐松尾、和名倉山まで、断続せる雲の間から望むことが出来た。南日君も今頃は八ケ岳に登っている筈なので、遠く其方面に眼を放ったが、八ケ岳は勿論北アルプスの大嶺は、霙々（えいえい）たる雲海の下に沈んで、終に一度も孱顔（さんがん）を顕わさないのは残念であった。

十時前に絶頂に着いて留まること三十分、昼寝をしていた案内者を呼び起して、下山の途に就いた。分岐点まで戻って東へ四町近く下ると、水のある所へ行く道だというのが左に分れている。三町も行けば其処へ達するそうだ。少し上りになって尾根をつたうこと一町、又下る一町ばかりの所に石仏が立ててある。尚も下ると小森村で建てた両神神社の祠の前に出た。其処から少し左に離れて薄（すすき）村で建てた祠がある。両祠とも各其村の方に向けて建てるのだそうだ。祭神は伊弉諾（いざなぎ）、伊弉冉尊（いざなみのみこと）。此事実から推して此山に八日見（ようかみ）山、竜頭山等の異名はあるが、畢竟（ひっきょう）両神山から転訛したものであることが分る。案内の房吉は絶巓の北の方に竜頭山なる峰があって、之をリュウカミ山と唱えることは、前に記した通りであるから、中津川方面では今は両神、竜頭を区別している者と見える。

薄村の祠の前を右に一町も下ると東覗きと称する懸崖の上に出る。十文字峠途上の白妙岩と能く似ているがあれ程眺望はない。然し絶壁の高さは百米以上もあろう。先年親子連れの岩茸採りが此崖から墜ちて死んだが今に屍は見当らないそうだ。西覗きは案内者も位置を知らないので、二人で探して見たが遂に分らなかった。少し戻って右に下る路の側の木の根に腰を掛けて昼飯をすまし、此処で案内人を返した。

此山の頂上附近は、一面に霧藻の垂れ下った五葉松や、ひねっこびた栂が多い。房吉の話によると年の暮には東京から植木屋が来て、松の枝や梢を切り取って、荷造りして運び出すそうだ。「東京の人ってええ気なもんだ、根もない枝を鉢に植えてさ、それで買手があるちうからうまい商売が出来るなア」。植木屋に戯談でも聞かされたらしい。正月の生花に使うのだと話してやったら漸く納得した。

二つの石像を左に見て一町も下ると又石像が立っている。察するに登山の盛んであった頃には、一町毎に立ててあったものらしい。中には何町目なぞと記してあるものがあった。此処から四町ばかりの間が最も路の急な所で、岩壁の横を搦むことも一二度あった。頂上附近は石灰岩らしかったが、この岩壁は硅岩ではないかと思った。

間もなく一の鞍部に達した。路が左右に分れる。右は白井差に下るものであろう。左に折れて岩壁に沿いながら、うねりうねって七八町も下ると初めて少し水のある沢に出た。地図には不動滝と記してあるが、岩の上に不動の像がある許りで一向滝らしくもない。此辺までは大木が茂って下草は余り生えていなかったが、此処から頭の上が透いて薊（あざみ）や木苺が所嫌わず生えているので、手足がチクチク刺される。四、五町下ると石像の側に虚空蔵童子と書いた碑があって二十八町目と記してあった。もう二十八町下れば麓へ出られるのだ、急げ急げと独言して、薊、車前草、木苺などの繁った道を、沢について右に左に五六回水を渉りながら、飛ぶように駆け下りた。余り調子に乗り過ぎて本道に出る二三町手前で路を失ってしまったが、構わず林や草原の中を突き抜けて、十二時十分漸く広い道に出て一休みした。夫からゆるゆると五六町も行った左手の高みに人家が見える。暫くして路は河近く下りて、向う岸へ登って行く路がある。後で聞くと其処が日向大谷で、両神神社の祠官の家の在る村だとのことであった。地図には私の通った道は記入してないが、集人（あつばと）から河の右岸に沿うて広い道の在ることは慥（たしか）だ。恐らく之は近く造られた林道であろう。私はつまり地図に小さなガレの記入してある少し上手で河を左に渡らずに、其儘沢に沿うて下ったものらしい。

　其日は更に六里歩いて吉田町に泊ったが、馬糞に蝶の群がる大道よりは、細い山路の方が矢張り懐しかった。

三ノ瀬より栃本へ

大正元年八月廿六日より廿八日まで。
飯田町――塩山――柳沢峠――三ノ瀬――唐松尾――雁峠――古礼山――水晶山――雁坂峠――栃本。

ふと目が覚めた。山に憧憬（あこが）れながらもうつらうつらとして、遠く身辺を離れ得なかった魂は夜の寂寥を破って山々に反響する鋭い汽笛の音に、吃驚（びっくり）してわれに還ったものらしい。午後九時飯田町発名古屋行の列車に乗って塩山に向う途中である。外を覗くと行手の高い所に見覚えのある猿橋発電所の電灯が赤く光っている。心配であった空模様もどうやら持ち直したらしく、暗い層積雲の大きな塊は、例えば伊太利の空にあこがるる北欧の詩人の如くに、南へ南へと動いて、見る見る大空の何処へか吸い込まれてしまった。山の端近く残っていた十三夜の月は、薄絹に包まれた蘭灯のような光を投げて、平凡な桂川の谷を一幅の画に仕上げた。初秋風が晴れた空からそよそよと吹き下して来るらしい。連日の旱（ひでり）に弱り切った草木が懶（ものう）い眠から醒めて、来る可き凋落の悲しみの先駆である此風の前に、快げにそよいで居るのが見える。

丁度此歳の春三月、南日、中村の二君は丹波山村に行かれ、其処から大洞山（飛竜山）に登られて、此方面に於ける暗黒なる奥秩父の山脈に一道の光明を与えられた。就中（なかんずく）竜バミ山、牛王院（ごおういん）山、唐松尾などという名を聞くのさえ初めてである二千米以上の山々が、一ノ瀬部落の奥に聳立していることを確めて帰られたことは、よしや両君は大黒茂谷に於て不慮に遭難された為に登山を果されなかったにしても、後の登山者の為に開路の手引となった績は、彼の七絶山を横断した西遊記の猪八戒にも劣らぬことと思う。天の配剤妙なる哉で、両君と因縁浅からぬ私が最も其恩恵を蒙ろうとは、恐らく両君も思いかけぬことであったろう。私は今その唐松尾に登ろうとして、汽車が塩山に着くまで一人旅のつれづれなる儘に余計な無駄口を叩くのである。

二十六日。午前四時十五分塩山着。改札口を出て先ず仰ぐ南方の天には、羅馬（ローマ）の滅亡を予知して色を変じたといわれている天狼星の閃光が、叢の奥から覗いている狼の目玉のように凄い。其上にはオリオン星座が燦として輝いている。鴿（はと）になって夫から星になったといわれる七人娘のプレヤディース、金牛角上のアルデバラン、五星井に聚（あつま）って漢の高祖が天下を取って以来縁起の好い双子座のカストルとポラックスは勿論、ヘラクレスに吸われて驚いてもぎ放した拍子にジュノーの乳房から乳が迸り流れて出来たという天の河、星という星は針の頭程の小さなものまで能く見える上天気なので、安心して青梅街道に向って歩き出す。

此道は萩原村の附近で南アルプスの殆んど全部を展望し得る壮観を除いては、誠に平凡で面白くもない道の一だ。桑畑で草雲雀（くさひばり）が小さな銀鈴を鳴らすような涼しい声を振り立てる。伊吹スズが時々テヤテヤテヤテヤテヤリリーと浮かれ調子で混っ返している。柳沢峠の中途まで登って振り向くと、襟を重ね合せたような裾山の上に富士の頂が見えた。其富士が次第に迫り上って、峠の入口正面に前山を跨いで白い雲の上に全容を顕わした時には、峠の頂上に着いていた。八時である。峠を少し北に下った所から破風山、雁坂山、古礼山、袴腰山、次で其東に黒木の繁った幾多の峯巒（ほうらん）が見えた。其中の一つが目指す唐松尾であるに相違ないがどれが夫であるかは知ろう筈がない。九時落合着。十時出発して高橋川に沿うて暫く遡ると高橋村に出た。手近い家に声を懸けて唐松尾への道を聞くと、黒暗天女のような顔をした四十許の女が出て来て「わしは知らねえだよ、一ノ瀬へ行って聞いたらようがんしょう」といわれて、早々に逃げ出す。好い工合に向うからお爺さんが来たので一ノ瀬へ行く道を聞いて、犬切峠というのへかかった。風がないのと草いきれがひどいのとで暑いこと甚しい。其処を蝙蝠傘（こうもりがさ）をさしてすたすた登って行く。「高野聖」の越中の薬売のことを思い出して可笑しくなった。病犬を切り殺したので、犬切峠と呼ぶようになったのだという。峠の頂から先きに眺めた黒木の繁った山が正面に直って、いかめしい連嶂を押し立てている。中央の一段高い臼のような形をした峰が唐松尾であろうと思う。其東の尖峰の後から雲が湧き上っては鋭い鋒先(ほこさき)に劈(さ)かれている。随分高く見える。ザラザラに霉爛(ばいらん)した白砂の上をすべりながら急な道を下り切ると一ノ瀬の人家の前に出た。十一時である。右に折れて二ノ瀬を過ぎ七八町も行くと三ノ瀬だ、十一時四十分。

　村は養蚕の真最中である。名は忘れたが蚕室の設備があるから泊ることも出来ようと教えられた家へ寄って、昼飯を炊いて貰いながら、山の話を聞いた。午後一時出発、家の後を通って一町も行くと道が左右に分れる。右は将監峠へ行く道だ。川に沿うて左を進み、草山の尾根を登って、水の多い渓川を更に遡ると沢の二分する所に来た。村から三十分の距離である。此二つの沢に挟まれた尾根が唐松尾の登路で、始めは路もさして悪くはなかったが、中頃から篶竹(すずたけ)が蔓(はびこ)り出し、熊笹が繁り、終には岩が顕われて、栂の林に抱き込まれた。登りが恐ろしく急になる。二十たび以上も立ち停って休みながら、三時漸く絶頂に達した。雲が湧き出して少しも眺望がない。測量の櫓は既に伐り倒されて、古生層の岩片狼藉たる中に花崗岩の標石が取り残されている。三時十五分西をさして山稜を下り始めた。石楠の多い岩蔭を三町も下ったと思う頃、左の谷から登って来る立派な道に出た、どうも様子が少し変なので再び頂上へ戻って仔細に吟味すると、国境の切明けの跡は三角点より三十間も離れた所にあって、今下ったのとは殆んど反対の方向に走っている。夫に跟いて岩の露出した狭い山稜を下って一つの鞍部に着いた。此辺に野宿する積りで両側の渓を探して水を覓めたが、更に見当らない。見当ったのは羚羊の足跡と其糞位のものだ。霧は大粒になって今にも雨が落ちそうに重くたゆたっている。止むなく連嶺の縦走を思い切って三度頂上に引き上げた時には丁度五時で、空しく一時間半を費した訳である。六時三ノ瀬に著いて例の家に泊めて貰った。

二十七日。昨夜は十二時頃に雨が少し降った様子であったが、朝見ると好い按配に晴れていた。七時に出発して一ノ瀬まで昨日の道を戻り、其処から右に折れて、二三の人家を通り過ぎ、谷川に出て三四度夫を渡りながら遡って行く。蕎麦畑、麦畑などが有る。八時谷間の少し開けた処へ出た。じめじめした草原で、チゴザサ、アブラススキ、ヤマイ、ミズガヤツリなどが一面に叢生している。此処で路が二つに岐れる。右は何処までも川に沿うて行くらしい。これは篶竹取りの道だと兼て教えられていたので、左に登り初めると「右すす山道、左かんこうじぎょうしょ」（官行事業所ならん）と書いた札が立ててあった。若木の生い茂った尾根を半時間も登ったろう、小高い草山の頂上に立って来し方を顧みた。南正面に頗る立派な金字形をした大菩薩岳が雲の間から半身を現わしている外は、山らしい山は雲に掩われている。中にも奥仙丈方面に屯している積雲の大塊は、銀白の頭をもくもくと碧空に擡(もた)げて、絶えず擾乱を捲き起している風情、恰(あたか)も百門の大砲を備えた一個軍団の兵が惨として驕(おご)らざる勢を示している。あれが若し押し寄せて来たら大変だという心配が起る。

　此処から木立は全く尽きて短い笹の生えた鍋を伏せたような山が幾つか駢(なら)んで、道は其間に縦横に通じている。右には昨日登った唐松尾の連脈が草原の斜面を見せて、雲の中から穏かな線を引き下ろしている。左には同じ草原の細い山稜が直ぐ黒木を粧うて、縦に見る所為か奥深く霧の裡にぼうっと溶け込んでいる。其間の鞍部へ志すらしい道を選んで辿って行く。九時国境の標木が立ててある処へ達して、左に人丈けよりも高い篶竹の中を潜り下ること十分で、最低の鞍部に出た。このたるみは秩父では雁(がん)峠と呼び、雁坂新道から岐れた途が葡萄(ぶどう)沢を登って来て此処に通じている。左の広河原沢（小佐野君に拠る、地図の広川谷）へも下る道があるから、地図に記してある尾根の道を伝わずとも、谷を下って直接広瀬へ出られるのであろう。一ノ瀬では燕(ツバクロ)ダルミ又は笠取峠と呼んでいる。峠を十四、五間広瀬方面に下ると教えられた如く草間を水が流れている。雁坂峠までは最早水がないので、早昼飯を遣(つか)った。

九時半正面の草原を登り始め、十五分で頂上に着く、甲州側は岩壁が屹立しているので、重に秩父側の栂の林の中を道が通っている。梭葉草を初めて見たのは此峰であった。一ノ瀬の所謂燕山である。同じ位の高さの凸起を五つ六つ上下すると、山稜の向きが少し西に振れて、唐松のまばらに生えた、爪先上りの茅原が続く。何処かの原へでも出たようで、山の上を歩いているという感じが起らない。然し一歩秩父側に下ると栂の密林である。時に十時半。絶頂は西北の端に在って測量の櫓も未だ残っていた。真北に向って少し下ると右手に深い古礼沢が覗かれる。すぐ長い水晶山の登りが始まる。恐ろしく栂の茂った山で、好い切明けはあるが、まるで薄暗いトンネルの中を辿るようだ。十一時頂上に着く。国有林の境界の標木が小高い塚の上に建ててある。眺望は言うまでもなく皆無だ。こんな薄気味のわるい処に長居は無用とサッサと下った。此下りがまた馬鹿に長い。三十分も歩いて漸く木立を抜け、笹原を二、三町登ると、一と月前に通ってまだ記憶に新らしい雁坂峠の頂上に腰を落ち付けることが出来た。

奥仙丈山塊に陣取っていた雷雲の密集部隊は、左右に鵬翼（ほうよく）を張って徐々と押し寄せて来る。甲武信岳のあたりは既に濃藍色の幾重の雲に包まれ、破風山も亦まさに隠れんとして勁（つよ）い風でも起っているらしく、其あたりの雲が頻りに騒いでいる。幸に北の方面は穏かであった。十二時峠を辞して新道を栃本に向って下り始める。少し行くと一小鞍部に達して尾根の南側に移った。脚の下は深い水晶谷である。岩壁の横を通る時には針金で釣った桟(かけはし)を渡ることも少なくなかった。尾根の上は岩の起伏が甚しいので、道がつけられないのであろう。石楠や横に拡がった栂が多い。一時半尾根の向きが北に変って、下りが急にえらくなる。二時頃「右雁坂甲州道、左雁峠一ノ瀬部落マデ三里半」と書いた標木のある処で一休みした。丁度道普請の人夫が二人居たので、山や沢の名を聞いて見たが余り知っていなかった。此処から峠の上まで二里半であるという。二時半豆焼沢に着いて、お茶を煮ながら昼餉の残りを平げる。道がまた登りになって尾根を踰えると小さな沢を渡った。夫から滝川谷に沿うて十町も下ると旧道と合する。栃本に着いたのは四時五十分、可なり急いでも五時間近く費している。此道は黒岩尾根を遠く東に迂廻しているので、旧道とは弓と弦ほどの相違がある。一里余り遠いというから五里以上五里半は慥(たしか)にあろうと思う。夕立雨はとうとう降らなかった。

廿八日。今日は将監峠を踰えて、再び三ノ瀬に下り、丹波山に出で、翌日大菩薩峠を登って、塩山から汽車に乗る積りであったが、雨が降り出したので、順路大宮を経て、午後九時五十分帰京した。

霜柱と柿

大正元年十一月十六日より十八日まで。
飯田町——塩山——三ノ瀬——唐松尾——御殿岩——将監峠——竜バミ山——大洞山——雲取山——大血川——強石。

塩山から青梅街道を柳沢峠に向って行く途中、石切場附近のとある人家の前の石垣に腰を掛けて、針で刺すように冷い朝風に吹き曝されながら、ほのぼのと明け行く雪の山を眺めていた三人連れの草鞋（わらじ）履きの男があった。身長の高い一人は洋服を着て背嚢を背負った上から二重廻しを引掛けている。一人は綿入れを着て同じく背嚢を背負って懐手をしている。もう一人は背嚢代りにカバンを下げた三人中の小男で、黒のマントに包まれて鬚（ひげ）だらけの顔を出している様子は、どう見ても悟りのひらけない達磨の出来損いである。手には払子（ほっす）の代りに蝙蝠傘を持っている。

「ヤア壮（さか）んだな、オイ悪沢悪沢、聖（ひじり）、上河内、アリャ笊（ざる）さ、ワッハッハッハッ」

洋服の人が両手を拡げて躍り出す。

薄靄の罩（こ）めた甲府平原には、まだ夜の色が低くさ迷うているが、雪に降り埋められた西山一帯の高い峰は、北は駒ケ岳から南は聖、上河内、笊ケ岳に至るまで、早くも曙の色に染まって、叩けば響くような大気の中に薔薇色の肌が宝玉の光を放っている。三人は夫を見て騒いでいたのだ。其騒ぎが余り大きいので、とうに起きて火を焚いていたらしい家の中からどてらを着た男が出て来て、

「何です？　其処は寒いから、家へ寄っておあたりなさい」

と頭の上から親切な言葉を懸ける。

「ヤー、有難う、ナニ山を見ているんです」

三人は其処を立って間もなく柳沢峠を登り始めた。二人は足が疾い。鬚男は後から苦しそうに跟いて行くが、兎角遅れ勝だ。峠を下ると下から馬に乗った男が登って来た。

「オイ、酔払いらしいぜ、わるいな、地図を借りっ放しにして」

洋服の人が綿入れの人に話しかける。何でも二人は此春旅行して小河内の温泉に泊ったとき、山の話をしていると、隣座敷から酔払いが出て来て、登山にはさして役に立たない丹波山附近の地図を借して呉れたのを、其儘未だに返すことを忘れていたのだ。尤も地図は既に二人の手を離れて今は鬚男の許にある。

「構やしないさ、向うじゃとうに忘れているよ」

鬚男がいう。果して赤い顔の酔払先生は、摺れ違っても知らずに通り過ぎてしまった。三人は落合から高橋、それから犬切峠を踰えて十時半に一ノ瀬に着いた。

小春日和の長閑(のどか)な日影は、見るから平和そうな此山ふところの村に相応しい光を投げて、霜溶けの路からも枯草の上からも淡い陽炎が立っている。犬切峠の頂上から瞰下(みお)ろして、穏かな懐かしい村だと思ったのが、近づいて更に懐しさを加えた。

杉や檜のこんもり茂った鎮守の森の前を通って、路はだらだらと畑の間を登って行く。右にも左にも遠く近く落葉松の木立ちがちらほらと目に入る。昼近い日光は散り残った鮮かな黄や萌黄色の葉を照して、そのあたりの美しい空気は明るく輝いている。一体に明るい景色だ。鶏の鳴声までがこの明るい景色を代表したもののように華やかで明るい。

「オイまだか、遠いな、なぜそんな奥の方の家をよって泊ったんだろう」

これという程の朝食を取らなかった洋服の人は、頻りに空腹を感じて、昼飯を炊かせる筈の家が遠い遠いと言いながら、かこち顔に鬚男を責め立てる。

「もう直ぐだよ、あすこに見える二階作りの家がそうだ」

家の人達は此夏泊ったことのある鬚男の顔を見知っていた。三人は草鞋(わらじ)ばきの儘土間に這入(はい)って、座敷の上り框(かまち)に出して呉れた布団を敷いて腰掛けながら、米を出して炊いて貰う。大きな炉の自在鍵に吊された鍋が沸々音を立てるのを、横目にちょいちょい睨んでは、主人とぽつぽつ山の話を取り交わすのは洋服の人だ。みどりという女の子がいる。これも都会よりは山奥にふさわしい名前かも知れぬ。

三人は昼食を済すと唐松尾に登った。頂上は流石に風が寒い。日脚は西に傾いて、もう落ちるに間もあるまい。空は薄紫の烟のようにぽうっと霞んで、遠い雪の山は其奥に溶け込んでしまった。

頂上から東に向って栂の林の中を一筋の切明が通っている。夫を辿って四つ許り小さな峰を越すと、最後に一段高く岩峯が聳えている。それが御殿岩である。三人は此山の上で一休みした。一体に黒木の茂った唐松尾の連脈中で、頂上の露出した稍や高山的な地貌を有している山は此山の外にはない。

「明るい中に行けるだろうか、暗くなると困るぜ」

「行けるさ、もうすぐだろう、それに下りだもの」

将監峠の小屋に泊る筈になっている三人は、西の空を眺めて、不安らしく首を捻った。岩峯を下って二つ程峯を踰えると、左に大きな尾根が出て、和名倉山(地図には白石山)に連っている。此辺から笹が茂り始めて、下るに随って丈が伸び、終には人よりも高くなる。そして其中には大きな倒木が横たわっているので、調子に乗って滑り下りると向う脛が逆に曲る程痛い目に遭う。

栂の梢にたゆたっていた淡い夕日の影は、木の間を透して高く望まれる真綿のような雲に移って、其処に名残の光が樺色に燃えている。ももやもやした空の色も次第に青く澄んで、水で洗ったように透明になると、暖かい空気の中に溶けていた寒さが急に凝って、目に見えぬ霜の針が厚い衣服の上からチクチク肌を刺す。

笹の中を下り切ると好い平に出る。将監峠の道は三ノ瀬から此処へ登って、更に和名倉山の方へ通じている。毎年道普請をするという程あって、少しも荒れていない。道に蹤いて南に行き、三ノ瀬へ下る処から東に折れて、下り気味に三町も行くと、平な稍や広い笹原の鞍部が竜バミ谷に向って、豁然と開けている。下の方に落葉松の林なども見える。其処から左に急な道を三十間も下れば、昼も暗い程に茂った栂の林の奥に、井戸沢の清い水晶のような水が、綺麗な花崗岩の間から滾々と音を立てて湧いている。其側に屋根や背後を熊笹で囲った大きな小屋が谷に向けて建ててある。何という好い野営地であろう。三人は荷を卸して四辺を見廻しながら荐りに喜んでいた。

綿入れの人は飯盒を提げて米を研ぎに行く。鬚男は小さな手斧を振り廻しながら、原へ駆け上って燃料を集める。洋服の人は鬚男と一緒に出懸けたが、其処らを迂路付き廻った末、原中に突立ってスケッチに余念がない。夕暮の濃いつめたい空気を透して、遠くから其姿を眺めると、とても暖かい血の循っている人間とは想えない。まるで銅像か何ぞのように堅くこちこちしている。寧ろ寒さ其物が結晶して権りに人間らしい姿をして、不図此原に迷い出したのではなかろうか。其胴体から放散する凜冽の気は、触るる所の何物をも凍らせずには置かないような気がする。太い丸太ン棒のような物で背をガンと打ちのめしたなら、破れ鐘のような音をして前の竜バミ谷へけし飛んで行くに相違あるまい。

谷間からも木蔭からもそろそろと匍い出した闇は、この打ち開けた原を取り巻いて、最初は地の上を匍うているに過ぎなかったが、次第に上の方にのし上って、何時の間にかつと抱き合うと、大きな翼の下に原を押覆せてしまった。満天の星は美しい光を投げて、静かな心地よい夜が来た。時々霜の飛ぶのがチラと眼を射る。

焚火を前にして三人は温かい晩飯を終った。火が明るくなったり暗くなったりする度に、ぽうっと映し出された森の木の間で、闇が大きな吐息をついている。其奥の方で井戸沢の清い流れが或時は銀の糸のように細く幽かに、或時は瑠璃盤上を走る玉のように滑かに快よく、節面白い自然の音楽を奏でている。サラッ、サラサラと風なきに散る木の葉の音が、満山の寂寞を破って、思わず耳を欹（そばだ）てながら暗を透して其方を覗き込ませる。実に静かな夜だ、沈黙そのものだ。恐らく夏の高山に野宿した経験のある人でも、斯（かか）る静けさを体得しえなかったであろう。

十六日。午前四時二十分塩山出発、十一時三ノ瀬。午後十二時二十分出発、二時三十分唐松尾頂上。三時出発、四時御殿岩頂上、四時五十分将監峠野営地着。

明（あく）る朝まだ暗い中に三人とも起きた。綿入れの人は例の如く飯盒を提げて米を研ぎに行く、洋服の人が蠟燭（ろうそく）を点して周りを紙で囲いながら後に跟いてお伴する。鬚男は小屋に留って消えかかった火を焚き付ける。可なり集められた燃料も昨夜の寒さに大方焚き尽されて、辛くも炊事にことを欠かぬ程しか残っていなかった。

爽かな然し冷い朝の空気は、体を透き通して一切の不純物を浄化して行くように思われる。頭の中がはっきりして清々と好い心持ちだ。奥深い栂の密林にも曙の色が華やかに泌（し）み込んで、高く仰ぐ落葉松の梢を旭の光があかあかと照す頃、懐しい小屋に別を告げて三人は昨日の原へ出た。

原は霜で真白である。広い熊笹の葉と葉とが重なり合ったり抱き合ったりしたまま凍み付いている。蹈（ふ）み分けて行くと霜の結晶がサラサラと散りこぼれて、足の指先が銀の針で刺されるように痛い。

霜柱の立った細い赤土道を辿って、山腹を斜に登って行くと一つの峯頭に達する。其処から南アルプスの雪の山が枯草色の幾重の山の奥に、紺青の空を横さまに波打った壮大な姿をちらっと覗かせる。三人は更に東南の絶巓を指して山稜を急ぎ登った。竜バミ山の最高点二千十二米の三角測量標石の上に、櫓の板の散らばっているのを一つ拾って載せて、ドッカと腰を下ろしさま手早くスケッチを始めたのは洋服の人である。綿入れの人と鬚男とはかたみ代りに双眼鏡を覗いて、目に入る山々の姿を眺めて楽しんでいた。

　西には近く尨大な奥仙丈山塊が蒼黒く聳えて、南の方へ長い尾根を派出している。其尾根の上に真先に雪の姿を見せているのは、南アルプス最北の雄峰駒ケ岳である。駒ケ岳の南には朝与岳、其上には小島君の所謂西奥仙丈岳が臥蚕(がさん)の如く横たわっている。鳳凰山、地蔵岳。地蔵岳の上には白峰山脈の帝王北岳、続いて間ノ岳、農鳥山と、或は尖った或は穏かな雪の金字塔が高く天半に押し立てられている。広河内、白河内。二山を連ねた平な山稜は、荒川岳（塩見岳）の尖頂に圧されて重そうにたるんでいる。蝙蝠岳が低く白峰山脈と重なり合って、糸のように細くなった雪の線は、急に悪沢の大岳を崛起(くつき)し、更に赤石山、聖岳となって、三千米以上の天空に大地の波頭を白く蹴上げ、余れる力に上河内岳をグイと引き起して、再び白峰山脈の後に没している。上河内岳の下には生木割、少し離れて白峰山脈南半の盟主笊ケ岳、千挺木、七面山。南には遠く不二の高根、近く大菩薩の連山。

　奥仙丈と木賊(とくさ)山との間から、八ケ岳の赤岳と横岳とが覗いている。西北から東北にかけては奥上州の山々が、遥かの高原を踰えて平野に下り行く白馬の群の如くに、遠く北方の雪を見せている。

一わたり見渡すともう余所の眺望に長く眼を呉れているそらはないのであろう、二人は申し合せたように復た西南の方、白峰赤石一帯の山々に見入って、雪の山が放射する磨き澄した光輝を一分間でも一秒間でもより多く瞳の奥に焼き付けようと思っているらしい。

竜バミ山から山稜は不格好なS字形を画いて、行手のドン詰りに尨大な大洞山（飛竜山）が高く聳えている。日は斜にこの巨体を照らして、黒い針葉樹の茂った北の面には、深い紫の影が漂うている。まだ可なりの距離があるらしい。

「随分あるな、昼までに行けるかしらん」

「行けるだろう、遠いようでも歩るいて見ると案外近いものだ」

「遠くって近きは山の中か」

「馬鹿」

一喝して洋服の人がウハッハッハッハーと笑い出す。

邪魔な木立を避けて成るべく切明を離れぬように山稜を辿るのであるが、低い枝が横に乗り出して動(やや)ともすると谷に追い落されそうだ。木立が薄らぐと、暖かい光がさっと流れて、笹の叢立(むらだ)ちが深くなる。倒木が多い。鬚男は昨日から左の膝の関節を痛めて、曲げる度に油の切れた機関のようにギイギイ音がする。それを庇う様に跛ひきながら歩くので、笹に埋れた倒木に行き当ると乗り越すに手間が取れる。二人はドンドン先へ行って、気が付くと立ち留っては待っている。ホラノカイや椹谷の源頭に当る秩父側は、針葉闊葉の混淆樹林が谷を埋め尽して、何処を水が流れているのか音も聞えない。恐ろしく丈の高い笹原を下り切ると椹（さわら）谷と大常木谷との鞍部へ出る。谷から谷を路らしいものがつないでいたが、果して人の通った跡か夫とも獣の路であったか、其処までは確められなかった。

同じように長い笹を押し分けて、間もなく栂の繁った山腹を登り始める。暖かい日の光は緑の深い樹蔭に吸い込まれて、途中で消え失せてしまう。樹の根方には僅かながらも雪などが残っていた。ふっくりした青苔も堅く凍み付いて夏のような足触りに乏しい。其処に安心して根を下ろした梭葉草までが、春待ち顔の角芽立ちを厚い葉柄で固く捲き込めている。

眼先の森林が破れて草原に出た。頂上。二人は一度登ったことのあるのを幸に、三角標石の側に腰を掛けながら、

「此処よりも向うの方が高いよ、絶頂を窮（きわ）めないという法はない」

二十間許り西に離れた木立を顋（あご）でしゃくって、跛の鬚男を追立てる。

怪しかる人達だ。それでも素直な鬚男は別に不平らしい顔もせず、言われた通り其処まで行って戻って来た。

洋服の人がポッケットから飴を出して皆に配る。それをしゃぶりながら眼下の多摩川の谷、大菩薩の連嶺、南アルプスの群山、不二、三頭、雲取、大洞谷、上越界の山々、夫から夫へと目を走らせて、飴の絶間に話をしては、又新らしく頬張りながら目を走らせる。この気持は無論好いに極まっていよう。

草原は長く続かなかった。雑木の繁った岩山が鈍い筍形の峰を三つ程擡げた上を切明けが匍い上っては匍い下りている。三ツ山（地図の三ツ岩）というのだそうだ。栂沢山の細い岩だらけな山稜は、石楠が寒そうに葉を縮め、馬酔木がうら淋しい花を綴っている。丹波山あたりからでも来たらしい二人連れの男が荐（しき）りに石楠（しゃくなげ）を掘っていたが、三人を山廻りのお役人様とでも思ったのかいやに丁寧な挨拶をした。最高点に見通しが切り開かれていたが、三角点は其処にはなく、北寄りの少し離れた低い峰に建てられてあった。昼飯にする。今朝から一滴の水も飲まないので、口の中がバサ付いて困った。今度は綿入れの人が袂から正宗の四合壜を取り出して皆に飲ませる。まるで手品師のような人達だ。渇した上に酒を呑んでは後が心配なので、鬚男は二、三杯で止めにしたが、二人は好い機嫌になって満（まん）を引いては「馬鹿だな」を連発する。

三条だるみの笹原を暑い暑いと言いながら、下ったり登ったりして、終に雲取山の西の斜面にガッカリした体を横たえたのは、洋服の人と鬚男である。暑いのはあながち横日にカンカン照り付けられた為ばかりではなかったらしい。鬚男は足が痛いので自由に動けぬ。洋服の人は水分の欠乏から快速を誇る膝栗毛も、宝の持ち腐れという形だ。綿入れの人は余り度々二人が休むので面倒臭いといった風にサッサと登って、いつか南の頂上の向うに隠れてしまった。

　頂上に着くと三人文殊の智慧を絞って相談を始めた。水は欲しいが誰も七石山まで行って汲んで来ようという程の篤志家ではない。止むなくんば七石に泊るのが上策であるが、洋服の人は兎に角二人は明日中に帰京しなければならない。それで予定通り三峰に下ることになった。

　頂上から真北にすぐ栂の深森を下ると、道は山稜の北側を搦んで、急な空渓の上端を幾つか横切りつつ、魚の小骨のような尾根を越えて、余り激しい登降もなく、北へ北へと三人を引張って行く。赤土が多くなると一寸もある霜柱が凍てた道の上にすくすくと立ち列（なら）んで、蹈む草鞋の下でサクサク骨に泌みるような音をたてる。喉の渇き切った二人は、この霜柱を見るとそっと取り上げて、土を払い落して貪り食ったと、さも大手柄のように後で鬚男に話した。何かの拍子で先へ行った鬚男はそうとは少しも知らずにいたのである。

　谷の空が薔薇色に燃え始めた。葉の落ちた闊葉樹の梢を伝って明るい光が薄暗い林の中まで拡がる。谷間の秋を此一本に残し留めたらしい槭（かえで）の若木が其光を真紅に照り返している。桂であろう、黄色い落葉が灰色の岩の上に鮮かな斑紋を染め出す。

終に総てが闇に包まれる時が来た。急傾斜な谷を余程下りなければ水を得られる的（あて）もなかった三人は、寂しい夜道を辿って一つの小山の登りに懸った。飢渇に疲れた体には夫を越すのが容易でない。鬚男がビスケットを出して洋服の人に渡した。いくら噛んでも飲み込めないというので、今度は梅干を渡してやる。それで漸く喉を通ったという仕末である。

片破月（かたわれづき）が時々木の間を洩れて、覚束ない光を投げるが少しも頼りにはならない。不知案内の暗の山路を足探りに探って登ったことも下ったことも三人は未だ経験していなかった。足で分らない時は手で探って蹈み固めた路らしい処を覓（もと）めて足を運ぶのが牛の歩みよりも遅い。余程下ったろうと思う頃遠くに一点の火光が現われた時には、稍元気付いた。

「オイ三峰だろうか、夫にしちゃ方角が変だな」

「三峰じゃないらしいな、大血川（おおち）の方だろうよ」

翌日になって之は大日向の太陽寺の灯火であることが分った。

間もなく二人は右の谷間に火影を認めたと言って、鬚男に声を懸けた。然し鬚男の眼には映らなかった。

「何処に、僕は何にも見なかったが」

「確に見えたよ、ねえ君」

「ン見えた、然しおかしいな、何だったろう」

何だったろう、何だったろうで、此話は其儘消えてしまった。

少許すると行手の方向に一つ、続いて又一つ現れた。夫が焚火の光であることが分るだけに近い。愈々(いよいよ)人の住む山に近付いたなと思うと妙に心強くなる。

突然三人は暗闇からぽうっと薄明りの映した山稜に抛り出された。木立がなくなったのである。淡い月明りに前面を透すと、青白い夜の気の漂うている中に、墨絵のような山の影が幽かに浮き出している。両側に木がないので路は反て(かえつ)探し憎くなった。右に左に幾度か紛れ込みながら一、二町も下ったろう、すると新しい火の光がすぐ脚の下に見えだした。三人は声を揃えて「オーイ」と怒鳴る。戸が開いて一人の男が半身を火に照されながら「オーイ」と返事する。「水があるか」と馬鹿気た質問を発する。水は無いと聞いてガッカリしたが兎(と)も角(かく)も其処へ行くことに決めて、真すぐ下っても危なくないという確答を得た後、一直線に斜面を下って、とうとう小屋の中に転がり込んだ。

小屋には主夫婦の外に一人の男が火を囲んで話をしていたが、用談が済むと帰って行った。少し許りの水は忽ち飲み尽して仕舞ったので、主は二斗樽を背負って汲みに出懸けた。七、八町の距離があるという、帰りを待つ間の長さ。

温かい雑炊を空腹に充たして、炉縁に寝そべりながら様々の話を聞く。此春から大血川の谷へ大勢の炭焼が入り込んで、沢山の小屋が出来たのだそうだ。これも其一である。此奥の谷にも二、三の小屋があるという。夫では先き立ち消えになった火の正体のぬしは、其中の一つであったかも知れぬ。

寝る時主夫婦は寒かろうというので、「気味がわるいかも知れないが」と言いながら自分達の布団まで掛けて呉れた。

十七日。午前七時十分井戸沢の野営地出発、七時四十八分竜バミ山頂上。八時三十分出発、十時三十分大洞山頂上。十時五十分出発、午後十二時十分栂沢山三角点、昼食。一時出発、三時雲取山頂上。三時十分出発、四時二十分白岩山腹、八時小屋着。

昨夜はぐっすり寝込んで夜の明けたのも知らなかった。小屋を出て見ると此処は思の外広い平な土地で畑なども作られてある。瑞々しい青葉に霜の置かれた菜畑を蹈み躙った草鞋の跡は、三人が残したものに相違あるまい。

夫には及ばないと否む主夫婦に心許りのお礼を強いて取らせて、朝遅く小屋を出懸けた。路には霜柱が白く、枯草の根方には有平糖(あるへいとう)を笹結びにしたような形をした面白い氷の塊がある。

「好い霜柱があるな、こりゃ何だい、まるで有平糖見たいじゃないか」

「これが昨日なら大に助かったんだが」

「今日だっていいさ、一つ食わないか、始有って終無きは男子に非ずだ」

「馬鹿」

元気が付くと仕末にいけなくなる。

稍や南に向って下り気味に七、八町も行くと水のある渓に出た。昨夜小屋の主は此処まで水を汲みに来たのかと思うと、其親切が忘れられない。

渓に沿うて下って行く。左側に幾つか小屋が並んで板屋根から薄青い烟が立ち、見上ぐる谷の奥の山腹からは、炭焼竈(すみやきがま)の烟が薄紫に立ち昇っている。湿り気のある重い山の朝らしい空気が、静かに顔を撫でて、歌の一つも唸り出したいような情調になる。

本流(大血川の西谷)に出て、顔を洗いながら暫く休む。側の岩にさまざまな楽書きがしてある。俳句などもあった。

「夕涼みあぶなき岩にのぼりけりか、こりゃ好いや」

ウハッハッハーと洋服の人が真先に笑い出す。跡の二人も声を合せて笑った。

炭焼らしい二人の男が後から来て追い着く。お早うの挨拶が済むと、鬚男が蝙蝠傘をマントに包んで両端を真田紐で括(くく)りながら肩から下げているのを見て、鉄砲とでも思ったのか、

「何が獲れました」

と聞かれたのは可笑しかった。左手の小高い山腹に大きな建物が見える。太陽寺だ。程なく大日向に着いて二人の男に別れた。何か食べられるものはないかと、多くもない道端の家を軒別に覗き込む。有るぞ有るぞ、古生層、黒雲母花崗岩、絹雲母片岩、角蛮岩(かくばんがん)。皆仲間同志で勝手に付けた駄菓子の名前である。

橋を渡って大血川の右岸に移る。炭運びの人達が女も男も入り交って、群をなしてぞろぞろと降って行く。此辺の谷間はまだ紅葉が盛りであったが、三人の目を惹き付けたものは其紅葉ではなかった。此処には「五月の若葉のような深い目をもった栃本乙女」はもとより居ない。「藍靛(らんてん)の大空を横さまに尖波を打ち合って鋭い白冷の光を放射する雪の山」、夫も此処からは見られない。然し三人の目を惹き付けたものが一つある。柿！　あの見るからに素朴な、飾り気といっては微塵もない、粗朶(そだ)のように剛(こわ)ばった枝を綴って点々と赤い柿、それだ。

朴訥(ぼくとつ)なる山村の秋を飾るに最もふさわしい柿、其柿が秩父には殊に多い。

大血川の村を通り抜けると果して其柿を売っていた。枝からもぎ取った許りの霜に飽いた柿の味はまた一段である。道端に腰を落ち着けて、十五六は忽ち平げて了ったがまだ物足りない。鬚男が引き返して更に十五六買って来て、これも瞬く隙に平げてやっと満足した。

強石（こわいし）から膝栗毛をガタ馬車に乗り替えて、砥（といし）の如き大道を金崎に着いた。汽車を待つ間の時間が長いので宝登山（ほどさん）まで歩くことにする。長瀞（ながとろ）を見物して帰ってもまだ時間が余っている。停車場前の宝登山亭という宿屋に休んで汁粉を命じた。これがまた野趣横溢たるものがあって、三人を喜ばせた。如何したはずみか長瀞で見た茶屋の女に話が飛んで、折から出て来た亭主に「アリャ怪しいんでしょう」と綿入れの人が無頓着だけに、つい鼻の先に其怪しいのが居るにも関わらず、無遠慮な質問を向ける。亭主は笑いながら、

「怪しいんです」

と答える。綿入れの人

「そいつは危険だな」

「別に危険な事はないでしょう」

三人は腹を抱えて笑った。

［「山岳」第十一年第一号・大正五（一九一六）年／『山の憶ひ出』上巻］

栃本まで

［大正二（一九一三）年三月］

「栃本へ画を描きに行くから一緒に来ないか」と中村君に誘われたのを幸に、連れ立って王子駅から汽車に乗った。中村君の家は田端駅の直ぐ側にあったのだが、其汽車は恐らく同駅に停車しなかったので、王子駅まで歩いたものらしい。大正二年の三月十五日であった。

其頃一日で栃本まで行くのは余り楽でもなかった。秩父鉄道の前身である上武鉄道が熊谷から寄居まで開通したのは明治三十四年の十月で、三十六年の四月に波久礼まで延長したが、大宮迄通ずるようになったのは大正三年の十月であったから、私が明治二十九年に初めて十文字峠を踰えて秩父盆地に出た時には、午前五時に梓山を立って其日は大宮に泊り、翌日は武甲山で遊び暮し、明くれば寄居から深谷に出て、夕暮に田舎の家に辿り着いた。つまり二日に三十二三里を歩いたことになる。大宮からは馬車も人力車もあったが、凸凹道をそんなものに揺られるより、歩く方が気楽であったし、人力車よりは寧ろ早い位であった。

其後明治四十二年に田部君と甲武信(こぶし)登山を企てた折には、汽車は波久礼まで通じていたから、早朝に波久礼を出立すれば其日の中に栃本迄行けるが、中央線の夜汽車のように都合のいい汽車は、この片田舎の鉄道にはなかった。それで終列車で波久礼に行き、其処(そこ)から徹夜して歩くことにした。九時半頃に駅を立って、小野原の手前に在る荒川橋で夜が明け、午前十一時三峯神社。昼食後大洞川の合流点に下り午後二時半栃本に着いたのであった。

今度の旅行では国神駅まで汽車を利用することが出来た。国神というても実は金崎である。其処から親鼻橋を渡り、大宮を経て強石(こわいし)までは道も改修され、馬車が通うようになっていた。それでも四時間は懸ったろう。それが大正三年には大宮まで汽車が通じ、同十年頃から馬車が廃されて自動車となり、時間にして三時間は短縮された。これは強石から上流の荒川沿岸に水電の工事が始まったからで、荒川の左岸に沿うて新道が開鑿(かいさく)され、間もなく汽車は白久(しろく)まで、自動車は落合まで通ずるようになって、歩く所といえば僅に二里半に過ぎなくなった。四十年に余る歳月に較べては遅々たる有様であるにしても、栃本にとりては驚く可(べ)き交通の発達である。しかしこれには秩父の山と谷とがかなり高い代価を払わせられていることを自然の愛好者は忘れてはなるまい。

＊

この二三日天候が安定して、今日は北西風が少し強いが山には一点の雲もない快晴である。二人は窓外に送り迎える山の話で夢中だ。八時半熊谷で上武線に乗換える。石原では両神山（りょうかみ）の右に八ケ岳の赤岳と横岳とがちらと望まれた。金崎に近い親鼻橋の附近に来ると、前面が俄（にわ）かに開けて甲武信三山、破風（はふ）、雁坂（かりさか）、和名倉、竜バミ、飛竜、雲取、白岩と、奥秩父東半の雄峯がずらりと立ちはだかった。一瞬体がぐっと引締まる。黒い程に針葉樹の茂った山肌も、春といえば翠（みどり）がこまやかで、それへ積っている斑雪の色にも紫の影が仄（ほの）かに滲んでいる。今では目慣れた秩父の奥山も、当時はまだ珍しく、そのくっきりと研ぎ出されたような姿を、こんなに間近く仰いだのは更に珍しいことであった。二人はあたり構わず「おい、どうだい」「やあ、素敵だな」を連発しながら、汽車が国神駅に着いたのも知らずに見恍（ほ）れていた。

汽車を下りるとすぐ待っている馬車に乗って大宮に向った。途中からも両神山や甲武信三山などが破れた幌の間から望まれて嬉しかった。十一時半に大宮に著（つ）いて強石行の馬車に乗換えた。三十分ばかり時間があったので、大急ぎで町の見物を済ました。常設の芝居小屋に秩父座と書いてあったのも面白く、野獣肉と書いた看板を下げた肉屋のあったことも、流石（さすが）に秩父の町だなと二人を喜ばせた。しかし店先には何の肉もつるしてない。聞いて見ると獲物があった時には町へ触れ歩くのだそうである。主として猪であるが、むささび、熊などもとれるという。「おい、熊の肉の味はどんなだろう、たべて見たいな」と目を輝かして、声をはずませながら中村君が言った。

十二時に大宮を出発した。強石まで行く客は私達二人丈である。仙元峠続きの山には可なり雪があるらしかったが、武甲山には少なかった。上影森のあたりでは真白な武尊(ほたか)山の全容が望まれた。荒川橋を渡り小野原を過ぎて、行手に猪狩山を仰ぐようになると贄川(にえがわ)はもう近い。すると突然馬が立ち止って、鞭を当てても容易に動く気配がない。「どうしたんだい」と御者に声を懸ける。「なに、餅が食いたいんでさ」と言いながら懐に手をやる。見ると路傍に一軒の小店があって大福餅を売っている、障子に「狼餅」と書いてある。「狼餅か、こりゃいいやワッハッハ」と中村君が例の大笑いして喜ぶ。早速買って十許り御者に渡すと、「それ、お客さんの御馳走だぞ」と言いながら馬の口に入れてやる。五か六もたべたと思うと馬は独りで駈け出した。「現金な奴だ。一度たべさせたら癖になって、いつでも此処で止るんですよ」という御者の説明を聞いて、成程そうであったのかと感心した。沿道には馬が交通や運輸の主体である丈に、馬頭観音の石碑が多い。それが新しいものになると馬頭尊と書いてある。しかも贄川の先で絹雲母片岩らしい石に、馬力尊と刻して建ててあるには全く驚いた。

馬車は午後二時牛に強石の立場(たてば)に若いた。傍の飲食店で熱いうどんをたべて冷えた体を温め、三時に栃本に向って出発した。此処からは道幅も狭くなり、山の鼻を廻りながら、爪先上りに登って行く。両神山から南走した支脈が梵天山で急に東南に転向し、中ごろ東に、更に又東北に延びて、小森川と荒川との間に馬蹄形をなして蟠（わだかま）っている連脈の一支が此処でぐいと荒川に突き出して、水際から直立百米に余る石灰岩の懸崖を押立てているのだ。「新篇武蔵風土記稿」に次のような記事がある。

　不動岩　大達原組の内字茶屋尾根にあり、荒川の北岸にそひて、高さ二十余丈幅一町許、岩上に十余株の松ありて、いと景地なり。

坂の頂上には長さ四十間許（ばかり）のトンネルがある。其口もとはいつも吹き抜けの風が吹いていて涼しいので、登りに滲み出した汗もすぐ引込んでしまう。側に茶屋もあるが立ち寄ったことはない。このトンネルの造られる前は其上を道が通じていた。トンネルの手前六七町の処にも右側に高い岩壁がある。地図に顛石の符号があるのがそれで、石斛（せっこく）が幾株も生えている。其中の一株は殊に大きく、五月には薄紅の花が満咲して実に美事であった。いつか中村、田部の二君と夫（それ）を眺めながら立ち止っていると、通り懸った二人の馬子が「ありゃいい花さ、誰も目をつけるよ、こちとら二十年も見ているが、取ろうたって取れやしないさ」「そうよなあ、危いからな」などと聞えよがしに喋って行くのを聞いて大笑いしたことがあった。昔はこのあたりには何処にも石斛が多かったそうであるが、次第に採り尽されて、危険な場所の外は最早残っていないという。今はこの不動岩の根もとを開鑿して新道が作られてある。

隧道を出た所は大達原の部落で、三峯へ行く路が左に岐っている。それに沿うて下れば、大輪を経て登竜橋で荒川を渡るのである。此橋から上流五六町の間は、厳美渓を偲ばせる岩のたたずまいであるが、もとは面倒でも危険を冒して水際まで降りなければそれが見られなかった。落合には御岳山の王滝口を開いた普寛行者の墓があると聞いたので、いつか一度は訪ねて見たいと思いながら未だ果さずにいる。然し武州に普寛講の多いのは其為だなと判明した。

落合橋で中津川を渡り、十文字峠から長々と東に延びて来た山の鼻の北側を緩やかに上って行くと、初めて白樺が出て来た。僅に五六本ではあるが野生のものに相違ない。高い山に登って偃松を見るのと、山に来て白樺を見るのとは、高低の差はあっても「ああ、これで安心した」というような感じが似ていると思うのは私ばかりではあるまい。この小さな峠を南側に踰えると、どっしりと根を張った尨大な和名倉山の全容が顕れる。ここから絶頂は見られない。目に入るのは千八百米以下の闊葉樹の大森林で、木の間には雪が深そうに積っていた。

大洞川の合流点を左下に見ながら山の鼻を廻った。今度は西の方が開けて、夕焼けした黄金色の空に、股ノ沢の岩峯から三宝、甲武信（こぶし）、木賊（とくさ）の三山がくっきりと描き出された。夫を見ると中村君はいきなり帽子を脱いでそこへ坐って礼拝した。私は又夫を見て目頭が熱くなった。其の後私は中村君と幾度か山旅を倶（とも）にしたが、同君の山に対する態度に少しも変りはなかった、今も変りはないであろう。其時ふと私は、路の上の畑で麦作を切っていたらしい男が、鍬の柄に凭（もた）れながら怪訝そうに私共をながめているのに気が付いた。寺井では黄々菜や薺菜（なずな）の花が咲いていた。

斯（か）くて私共は六時半に栃本に著（つ）いて、懐しい大村方に草鞋（わらじ）の紐を解いた。そして夫から三日間を楽しく暮したのであった。

［「山と溪谷」昭和十四（一九三九）年九月号］

金山より金峰山を望む

大井川奥山の話

［大正三（一九一四）年七月］

赤石山系の二大山脈即ち白峯山脈と赤石山脈とは、其北端に位する鳳凰山塊と共に、日本南アルプスと呼ばれている。此等の山脈は北アルプスと呼ばれている飛驒山脈よりは、概して高さに於て優っているに拘らず、登山者の数は反て甚だ少ないのである。殊に赤石山脈の南半に至っては友人中村君の話によると、其地方に住んで三十年も鉄砲打をしていた唯一の案内者でさえ、尾根の上迄は登ったことがないので、始めて山の頂上に立って四方を見渡した時に、「岳というものは下で見たのとはおっかなく違うもんだ」と驚いた位であるそうだから、況して登山を目的として此附近に足を踏み入れた者は、今迄に僅か十四、五人あるのみである。それなら山が低い為かというと決してそうではない。試に陸地測量部発行の五万分一地形図「赤石岳」図幅を見ても分る通り、赤石岳から南の方駿信遠三国の界に在る光岳まで直径にすれば三里半有るか無しの距離の間に、二千五百米乃至二千八百米以上の山が十座近くも聳えている。中にも聖岳の如きは三千十一米の高さで、一万尺に達せざること僅に六十四尺である。此山一つだけでも登山の価値は充分にあるのだが、それにも拘らず此山脈に登山者の少ないのは、交通の不便であることが最大の原因であって、北アルプスの多くの山のように、汽車から降りると一日か遅くも二日目には、もう目的の山に達せられるのとは違って、どの方面から登るにしても困難が多い為に流行から取残されたものであろう。山に取っては夫が反て勿怪の幸といわねばならぬ。

私が大井川奥山（大井川最奥の部落である田代の人々は、上流の山々を奥山と総称している）の縦走を試みたのは、大正三年の夏であって、私より二年前の明治四十五年七月に、友人中村清太郎君が最初の縦走を為してから、まだ漸く二人目であったのは、一般登山者の目を附けない山を狙う人の多かった時分としては、寧ろ意外にも思われたのである。

私の計画は大井川の支流信濃俣を遡って駿信の国境山脈に登り、夫から尾根伝いに北方小河内岳を踰えて三伏峠に至り、釜沢に下って大河原に出るのが目的であったから、田代を出発点とするのが便利であった。田代へは静岡から大日峠を踰えて行くのが最も近道であるが、私は序に白峯山脈の南の端にある青薙山に登って、東河内の谷から田代へ下ろうと慾張った為に、鰍沢から舟で富士川を下り、飯富に上陸して早川の支流雨畑川に沿い、雨畑村に行き、青薙山の案内者を探したが適当な人が無い、それで止むなく断念して、山伏峠というのを踰えて田代へ来た。
準備の為に田代で一日逗留して、案内者の望月雄吉と人夫の滝波国一の二人に、十日分の食糧を背負せ、奥山に向って出発したのは、七月三十一日の午前六時頃であった。連日の旱（ひでり）に道芝の露さえおかず、山奥の草木もしおれ勝であった程好晴が続いていたので、小河内（こんごうち）道を取って大井川の左岸を上ることにした。此道の方が朝は日蔭が多いからである。

小無間山（しょうむげん）の尖峰を絶えず左手に仰いで、脚の下に大井川を眺めながら、九時頃桑ノ木嶋に着いた。再び釣橋を渡って右岸に移ると、左から明神谷が落ち合っている。ハネンゾウリ、ノタハギ段、下（しもん）ゾウリなどいう所を過ぎて、間もなく下ノ島に来た。此処で大井川に別れ、山の鼻を登り気味に廻って、信濃俣の谷に入り込むのである。信州に抜ける間道がこの奥のガッチ河内に沿うて通じている。これは其道であるが大分荒廃して途切れ勝である。河原に下ると雄吉はすぐ岩魚釣りを初めたが、昨日九人も釣り荒した後なので、二、三尾しか釣れなかった。此辺の闊葉樹の森林は実に立派なもので、濃い翠（みどり）の色が谷間の空に漂うている。いよいよ山に来たなという感じが強く起る。其日は岩魚釣りの掛けた河原の小屋に泊った。夜中に対岸を獣でも通ったものか、がらがらと岩を踏み崩す音が二三度聞えた。

翌日は魚釣りがてら悠々と河を遡って、ガッチ河内と中俣との合流点に達したのは、午前八時頃である。此処で一時間許り遊んで四、五十尾の岩魚を釣った。まだ釣ればいくらでも獲れたのであるが、際限がないから夢中になって釣っている雄吉を促して出発の用意をする。是からは道を離れ沢を離れて、山の神尾根の登りに懸るのである、少し登るとシシ崩れと称する大きなガレ（山側の崩壊したる所をいう）があるので、猟師は之（これ）をシシ崩れの道と呼んでいる。

　この登りが急で又長い、其日はとうとう登り切れずに、途中で一時間も横に下って水のある処に野営し、八月二日の午前十時二十分に駿信国境のイザルケ岳の頂上に達することを得た。頂上は平で偃松（はいまつ）がなく、敷きならしたような一面の小石である。中央に一段高く石を積み重ね、其の上に標石が建ててあった。高さは二千五百三十四米で、直ぐ南にある光岳より五十七米低い。生憎（あいにく）今日は雲が多かったので、期待した眺望は得られなかったが、何しろ久恋の山の頂上に立ったことであるから、喜びの余りに大声を揚げて叫んだ。すると西南に開けた高原状の草地に生えている天狗樺（田代方面の称呼）や偃松の茂みから、忽ち（たちま）大砲弾でも破裂したように、褐色の一団がドッと飛び出した、熟視すると八九頭の鹿の群である。天外の楽園にまどかな昼寝の夢を破られた彼等は、不意に闖入（ちんにゅう）して来た人間の声や姿に、どれ程驚かされたことであったろう。あとから登って来た雄吉は「鉄砲がありゃなあ」と独言をいいながら、残惜しそうに其跡をながめていた。

北に向って偃松の中を下って行くと、間もなく薄暗い黒木の中に取り込められて、幾度か路に迷わされた。やっと国境の大尾根を探り当てて、下り切ると易老岳までは登り一方である。信州に踰える間道は此山の南を通じている。もうそろそろ野営地を探さなければならない時刻なので、易老岳を北に下った泥田の様な所から、東に窪を下りてガッチ河内の上流大春木沢の畔に野営した。二年前に中村君が泊った跡である。頭の上は烟も抜き切れない程に枝と枝とが組み合った白檜の密林である。宵に外を覗くと、月の面を掠めてドス黒い雲が頻りに東の方へ飛んで行く、心配な天気になって来た。それでも夜明までは星も見えていたが、朝飯を済して出懸る頃に、谷の空が硝子に息を吹き懸けたように曇り始めたかと思うと、忽ち濛々とした霧の中に閉じ込められて、間もなく冷たい雫がパラパラと落ちて来る中に、目細の淋しく囀る声のみが耳に入るのであった。

大粒の霧を横なぐりに叩き付ける強い西風に吹かれながら、丈の高い偃松を押分けて、大尾根から南にはずれているガッチ河内の岳（地図の仁田岳）に往復する。三十分とは懸らなかったが寒さに顫えてしまった。尾根の西側には舟底に似た草原の窪地が続いて、目のさめるような鮮黄色の信濃金梅や珍車の花などが咲いている。二、三の隆起を一上一下しながら通り過ぎ、嶄岩の兀立した急斜面を登ると、霧の中から岩の尖塔が高く現れた。仁田河内ノ岳（地図の茶臼岳）である。岩塔の下には小さい鉄の劒が幾つも奉納してあった。皆赤錆びた古い物ばかりである。頂上の岩にしがみ付いて霧の霽間を待っていたが、更に薄れ行く模様もないので、風下の岩蔭に休んでいた案内者人夫を励まして、心あての方向を指して下りに向った。切り明けの跡を失ったので尾根の続きが判らぬ、それを探している中に案内者とも人夫とも離れ離れになってしまった。ふと好い路に出る、おかしいぞと思いながらも、易きに就きたがるのが人情で、尾根を左に捲くようにして暫くそれを降って行く、余り下りが激しいので田代方面では少しも知らないという頂上に奉納してある劒と思い合せて、これは信州側から此山に登る道であると気付いて引返した時には、全く方向に迷って岳の頂上へも戻れず、空しく霧の中を一時間余りもうろつき廻った。声をかけると二人ともそう遠く離れてはいないらしいので安心する。一ト所、山の斜面の土を平に掻き均し、其上に草や小枝を敷いた三、四尺の段が幾つかあった。それが段も新しく敷物も青々と新しいものもあれば、段も敷物も共に古いものも交っている。試に数えて見ると二十以上もある。始は人が作ったものかと思ったが、それにしてはこの高い山上で何の為にしたものか見当がつかない。後で雄吉に聞くと、「ナニ鹿の寝床でさ」という。成程そういわれて見れば最前から小鳥とも獣とも判断されない鳴声が四方から聞えていた。ピュー、ピュー、ピューンと細いが能く透る、それは鹿の鳴声であったのだ。私達には何処にいるか深い霧で少しも分らないが、向うでは怪しい彷徨者の姿を見付けて、頻に咎めていたのであろう。

霧の晴れた場合を慮って、それに少し不気味でもあったので、木に登って待っていると、遠く近く、彼方からも此方からも、ピューン、ピューンと澄んだ細い声が地の底から湧くように聞えてくる。兎角している中に一度霧がサッと破れて、右手に国境の大尾根が現れる。誰へともなく大声で「オーイ」と呼ぶと、つい十五、六間先の木の上で案内者が「オー」と答えたので、おかしい位に拍子抜けがしてしまった。

偃松の間を抜けてガラガラに石を敷き詰めたような広い高原ともいう可き峰頭に出る、後から「旦那、鷲だ鷲だ」と人夫が叫ぶ。振り仰ぐと七八尺もあろうと思われる大鷲の影が霧の中に黒くにじみ出して、頭上三四尺の高さまでおろして来たかと思うと、急に翼を反して凄まじい羽音と共に復た霧の中に消えてしまう。「鷲の畜生、何と思ったずら」と人夫が罵る。昨日イザルケ岳に登る途中、眺望の開けた大岩の上に腰かけて昼食をしたためていると、天空遥に一点の黒影が現れて、矢のようにおとして来るのを案内者に注意されて見ていると、近くなって夫が大鷲であることを知った。私達を兎か小鹿とでも思ったのであろう。今日のは夫にもまして大きなものであった。

高原が尽きて、岩の多い窪地に風を避けながら一休みする。小さい山桜が咲いている、案内者はゴート桜だと教えて呉れた。稍（やや）深い偃松を掻き分けて草地に出ると、十五、六頭の鹿の群が飛び出して、上河内の谷に向って草の斜面を一散に駆け下りて行った。また偃松の間に潜り込む。行手に一つの窪地があらわれた。大さは霧の為に不明であるが可なり広いらしい。草も木も生えていないので私は始め池かと思った。そこに珍らしい光景が展開していた。二十頭あまりの鹿が余念なく戯れているのである。それが霧の去来に連れて影絵のように濃くなったり淡くなったりする。風上に居るので私達の近付いたのを少しも知らずにいる。三人声を揃えて突喊（とっかん）すると、愕（おどろ）いた一群は小石を蹴って跳び上りさま、これも上河内の方面に逃げ去った。小馬ほどもある一頭の牡鹿が大きな角を背に伏せるようにして疾駆するさまは、寧ろ凄いといいたい位であった。小石交りの窪地は泥田のようにこね返されて、縦横に蹄の跡が印されている、中には牛の足跡にまがう大きなものもあった。牡鹿のものであろう。鹿はこうした所をこね返すのが好きだそうである。猟師はこんな所をノタと呼んでいる。

ノタの縁に沿うて東から北に廻り一の隆起を踰えて、また美しい草原に天狗樺の散生した窪地を上って行くと、とうとう雨がポツポツ落ちて来た。水の流れていそうな溝を探している中に大降りとなったので、側にあった矮い白檜の下に逃げ込んで雨を避けた。降りが強いので頼む木蔭から雨が漏って来る、仕方なしに天幕を枝に吊して其中に潜り込み、ほんの一時凌ぎの積りであったが、容易に雨が歇みそうにもないので、天幕を張り直したり火を焚いたり、一しきり野営の準備に忙しかった。此時田代方面に起った雷鳴は、夕方になっても鳴り止まずにいたので、雨も小降りになったかと思うと又強く降り出したりした。附近には鹿の足跡が非常に多く、勁い西風の枝を鳴らす音に交って、例のピューンピューンという細い声が絶えず聞えていた。

此野営で最も困ったのは水である。近くで得られるあてもないから、大きな油紙を拡げて雨水を溜めたり、其他鍋、飯盒、弁当箱、空缶等、何でも水の溜る物は、用が済むと交る交る外に出して雨受けにした。米も研がずに炊いて糠臭いボロボロ飯で我慢した。それも遊んでいるのだから二食と極める。これから赤石岳を踰えて三伏峠まで山上の旅を続けるには、逗留中の食料は出来るだけ節約する必要があった。

明くる四日は昼少し前になって雨は止んだが、西風が強く霧が深いので立つ気になれない。此処は偃松の茂った山稜の高みから三十間許り下った東側なので、うまく西風から保護されている、若し風が南に変ったら一溜りもあるまいと心配になる。

昼すぎ霧が少し薄れたので近所を散歩して見た。或所では松虫草の群落が露にうなだれて、花からは紫色の玉がこぼれていた。又或所では夕菅(ゆうすげ)か日光黄菅らしい樺色の花が草原に咲き乱れて、パッと日がさしたように明るい。珍車の実が露にぬれた長いほうけた毛を風に梳(くしけず)らしている。梅鉢草、白山一華(はくさんいちげ)、白馬千鳥なども皆花をつけていた。岳ビル（行者ニンニク）はもう軟くもないが汁の実に入れると、虫の巣になった大根の切干よりは遥にうまい。空が大に明るくなって田代方面に雷鳴が起った。人夫は水を探しに右の谷へ下りて行ったが、二時間許りして失望しながら帰って来た。遠雷の響が絶えず空気をどよもしている。雨がまた降り出した、雷鳴も漸く激しくなって、二、三度頭上ですさまじく鳴りはためくと、次第に大井川方面に移って行く。霽れる兆かと喜んだが、これは糠喜びに終って、空は益々暗くなり、一陣の風と共に大粒の雨がほの白くあたりをたち罩(こ)めてしまった。此雨は終夜止まなかったらしく、夜半に目を覚すと、勁風(けいふう)の吹きすさぶ中に天幕を打つ雨の音が豆を叩きつけるようであった。

五日の朝となっても西風は依然として烈しく、咫尺(しせき)を弁ぜぬ濃霧なので、どうにも方法がないからまた滞在と極める。九時頃雨が止んだが晴れそうな様子はない。小鳥が偃松や白檜の間でチュイーチュイーと鳴いているのが聞える、岳雀であるという。退屈の余り十時半頃、此処から遠くはあるまいと想われる上河内岳へ登る積りで、一人霧を突いて出懸けた。左の少し草原の斜面を登ると、もう天幕の所在は分らなくなる。偃松のすき間を縫って尾根の高みに出た。岩の斜面が上へ上へと霧の中を導いて行く。二、三間毎に岩を引起して道しるべとしながら進んだ。それが案外手間取って、一時間を費してもまだ上河内岳に達しない。遺憾ではあったが霧が深いので引返すことにした。この時引起した岩の下から長さ五寸余りの箱根山椒魚がにょろにょろと這い出たのには驚いた。全体が淡い肉色を呈している。雨畑から小河内へ踰える日に、雨畑川の上流捻切沢で驟雨に襲われ、暫く木陰に雨宿りをしていると、渓水が少しく増して急に水の中がざわつき出した。不審に思ってよく視るとそれは箱根山椒魚だったのである。何十疋となくもつれ合っていたから、蕃殖期であったかも知れない。土地の人の称呼は山カジカ。薬になるので大人も小供も焼いて食うという。普通千米以上の高所に多いそうであるが、二千七百米に近い高さは、恐らく箱根山椒魚の登った最高記録ではあるまいか。これから考えると農鳥の池や悪沢の池などを探ったならば、或は更に最高記録の保持者として、ヒノビウス・ニグレセンスなどが発見されるかも知れないと思う。

　夕方になると東の方の雲が俄に切れて、大海の底から浮み上ったように青薙山や富士山の姿が現れた。しかし夫も十分許りで白い幕で閉じられてしまった。食べたくもない晩飯を済して黙りこくっていると、東の谷間からトットッと軽い足音が聞えて、間もなく一頭の牝鹿が天幕のすぐ側を通り過ぎた。七、八間行って振り向いた拍子に私達を見付けて、驚いたように足を停めたまま此方を見ている、可愛い大きな目だ。雄吉が手捕にしてやると言いながら、そっと天幕の後から脱け出して、草叢（くさむら）を匍（は）う蛇の如く忍び足で覗い寄りさま、巧に八九尺の距離まで近付くと、スワとばかり大手を拡げて猟犬のように跳り懸った瞬間、鹿は一躍して偃松の茂みの中に没してしまったので、空しく虚空を攫（つか）んだ雄吉は、筋斗（もんどり）打ってドウと倒れた。苦虫を嚙み潰した時のようにむずかしい顔をしていた私も、この時ばかりは腹を抱えて笑った。この夜の九時頃から空が明るくなって、十一時頃には片雲も止めぬ快晴となり、皎々（こうこう）たる満月に照されて、近き上河内岳の巨体は、深沈な大気の中にすき透るような蛍光を放っているかのように想われた。それで六日の朝は午前五時に出発し、五時半には上河内岳の頂上に著（つ）いていた。

海抜二千八百三米の山巓（さんてん）に立ちて、かくまでに冴え渡った展望観を恣（ほしいまま）にすることは、登山の最大快事であるというてよい。行手北の方には、象皮色をした聖岳が尨大な全容を曝露して、中腹に懸る二条三条の瀑（たき）から落ちる水の動揺までが見分けられる程に近い。其左には大沢丸岳や兎岳が或いは鋭い或は穏な金字塔を押し立てている。更に其左に銀の短冊でも懸け連ねたように雪を鏤（ちりば）めた、大海のはての蒼波かと怪まれる山の空線は、遠い北アルプスの連嶺である。西には、木曽駒ケ岳の山脈が天半に紫紺の幔幕（まんまく）を張り渡して、峰頭は流石に鋸歯を刻んでいる。御岳と白山とが其上から紫地に銀糸を縫い込めた裾をゆたかに曳いて、美しい姿を覗かせる。恵那山は独り西南に離れて、つるりと円頂顱を撫でている観がある。南方は仁田河内岳からガッチ河内岳、光岳と続いて、一段遠く大無間山、黒法師岳の連脈が、寄せては返す幾重の大波のうねりを偲ばせる。

聖岳の右の肩には、ガッシリと根を張った古塔の如き赤石山がのし懸るように聳えて、所々偃松の古苔が赤茶化た石の瓦に蒼黒く蒸している。続いて赤石山脈の帝王悪沢岳（東岳）の尖頂から東に延べた太い線が白峯山脈と錯綜するあたり、白く棚引く横雲の上に鳳凰山塊の地蔵岳や、更に遠く秩父の群山が大地震の震波のような線を描いている。東方の天は俄に低く落ち込んでいるが、其処には桔梗(ききょう)色の富士が威儀儼然(いぎげんぜん)と端座している。斜に照す旭の光は新たなる生命を与えるもののように、山という山の肌にほの温く匂って、老いたる血が蘇ったように見える。夫が自然と私の体にも伝わって、私はいつか幸福其物のようになっている自分を見出したのであった。

上河内岳を下りて少し登ると、尾根がずたずたに崩れて、両方に恐ろしいガレを懸け連ねた所が二ケ所ある。夫を通り越して偃松の斜面を下った所は白檜の森林で、足ざわりの柔らかい苔の上を歩くのがよい気持である。こんな林の中を一上一下して、午前八時に聖岳の南の稍平な窪地に着いた。此所は聖沢の上流で聖平の名があり、少し右に行くと盗伐の為に建てたらしい小屋があって、水は其の傍を滾々(こんこん)と流れている。今朝から食事を取らなかった私達は、此所で朝飯を済すことにした。水に不自由がないので、久振りに顔を洗ったり体を拭いたり、洗濯物までしたのは贅沢な仕業であった。十時頃出発して国境を迂回せずに真直に登って行く。天狗樺や丈の高い偃松に困（くる）しめられ、二時間を費して漸く聖岳の直下に達することを得た。途中二三間しか離れていない岩の上に羚羊（かもしか）がのそりと立っているのを見付けて雄吉が杖で叩き倒そうとしたが、僅に腰のあたりをかすったのみで羚羊はヒュッヒュッと妙な声を立てながら逸走してしまった。直ぐ其後について雄吉は何ということなしに一町近くも追いかけて行ったのは猟師の本能からであろう。

　三十分許り休んで愈々（いよいよ）聖岳の斜面を登りに懸った。左は恐ろしい大きなガレであって、岩の裂目から地下水が迸（ほとばし）っている。仰ぐと巨象の頭に似た聖岳の頂上から、右に長く尾根を曳いて、夫が如何にも象が鼻を伸しているように見える。勾配の急な山肌は一面に破片岩の堆積であって、偃松も碌（ろく）に生えていない。気に伴わない足が動（やや）もすれば滑って、夫と共に幾つかの石が落ちる。危険であるから雁行（がんこう）して登ることにした。夫でも身軽の私は四十分足らずで頂上に着いた。北の眺望が開けて荒川岳、小河内岳、仙丈岳、鋸岳などが目に入る、人夫の来るのを待って昼食をすまし、午後二時半に西北を指して下り始める。赤石沢に面した北側には、血紅色をしたラディオラリヤ板岩の大塊が生々しく横たわっている。此岩が多い為に赤石沢の名があり、其沢からして赤石なる山名が導かれたものであろう。左手は見るも恐ろしいガレが続いて、其処には高山植物が干からびたような岩間に妍（けん）を競うて咲き乱れていた。下り切って兎岳の登りに懸かる頃から、さしもよく晴れていた空にも雲が湧き出して、漸く高い山の頂上を包むようになって来た。赤石沢の上流まで行かなければ、水を得られる当もないので、雲の中をひたすら前進するより外に仕方がなかった。兎岳の頂上には雲間草が非常に多く、湯薬竜胆（とうやくりんどう）、岩梨、黄花石楠なども咲いていた。測量の櫓が西の方の低い一角に立っていたので、それにおびき寄せられて、上村と木沢村との境をなす尾根の踏み跡を北又へ下ろうとした人夫は、私に呼び戻されて近道をしようとした為に深い偃松に手痛く悩まされた。兎岳から北に続く余り高低のない二の隆起を踰え、大沢丸岳の梯子をたてたように急峻な破片岩の斜面を一息に上って、狭い頂上で休んでいると、不意に霧の中から不思議な顔が現れる。鼻と鼻とが擦れ合う程に近い、よく見ると羚羊である。驚いた私よりも更に驚いたらしい羚羊はぐるり踵（きびす）を返して、元来た方に駈けて行く。下ってまた上り、一小隆起を踰えて、兀々（ごつごつ）した嶄岩の上に攀じ上ると、そこが大沢岳の頂上であった。信州側は絶崖が続いているらしいが、覗いて見ても西から吹き寄せる霧の渦巻に遮られて、先までは目がとどかない。右手の谷底から赤石沢の水音が聞えて来る。もう六時を過ぎているので、休みを除いても今朝から十一時間は歩いている。漸く疲れを感じて楽しい野営地を想像している身には、それは眠りを誘う子守謡のように懐しく響いた。

又一峰の上りに懸って足早に辿って行くと、上から羚羊が下りて来た、五、六間の距離で立ち止って私と向い合ったまま暫く躊躇していたが、断念したように身を反して、おりた路を上って行った。私一人は其跡に跟いて進みながら、人夫は此処から赤石沢の水源池である百間洞に直行させて、暗くならない中に野営の用意をさせることにした。更に一峰を踰えて暫く行くと、右手に無数の偃松の枯骨が白くされている斜面に出た。踏むとポキポキ音がする。赤石岳の一角が入日を受けてパッと金茶色に燃え立った。夫も間もなく消えて、夕闇の罩めた谷間に焚火の光が見え出すと、木を伐る音が丁々と聞えて来る。急に火が恋しくなって急いで其方に下って行った。

この野営地は聖平のように絶好の場所ではないが、水も燃料も極めて豊富である。聖岳のシルエットが南に開けた谷の空に大きく立ちはだかって、中腹のあたり二条三条の雪がほの白く暮れ残っていた。もう遅くはあったし、それに霧もあがって宝石を蒔き散したような星空となったので、天幕は張らず草の上に拡げた儘、三人とも其中に潜り込んで寝た。朝起きて見ると夜露と人いきれで、天幕の外も内も水を打ったように濡れていた。

其翌日私は赤石岳に登って大聖寺平に下り、西河内岳に登る途中、大雷雨に遇い、奥西河内を少し下った水のある所で野営し、八日の早天に悪沢岳の頂上に立って、沼津辺を走る汽車や東京湾に浮ぶ汽船を眺め、房総半島から伊豆半島は勿論、遠く知多半島を超えて伊勢の海を望むなど無比の眺望を恣にし、更に小河内岳まで北進を続ける筈であったが、味噌も塩も尽きたので、止むなく井戸沢から小渋の谷に下りて大河原に出た。然し私の目的は大井川奥山の聖岳以南を紹介することを主として此稿を草したのであるから、比較的記文に乏しくない赤石岳以北は略することにしてしまった。他日機会があったら此附近を主題として書いて見たいと思っている。

［「新家庭」大正九（一九二〇）年七月／『山の憶ひ出』下巻］

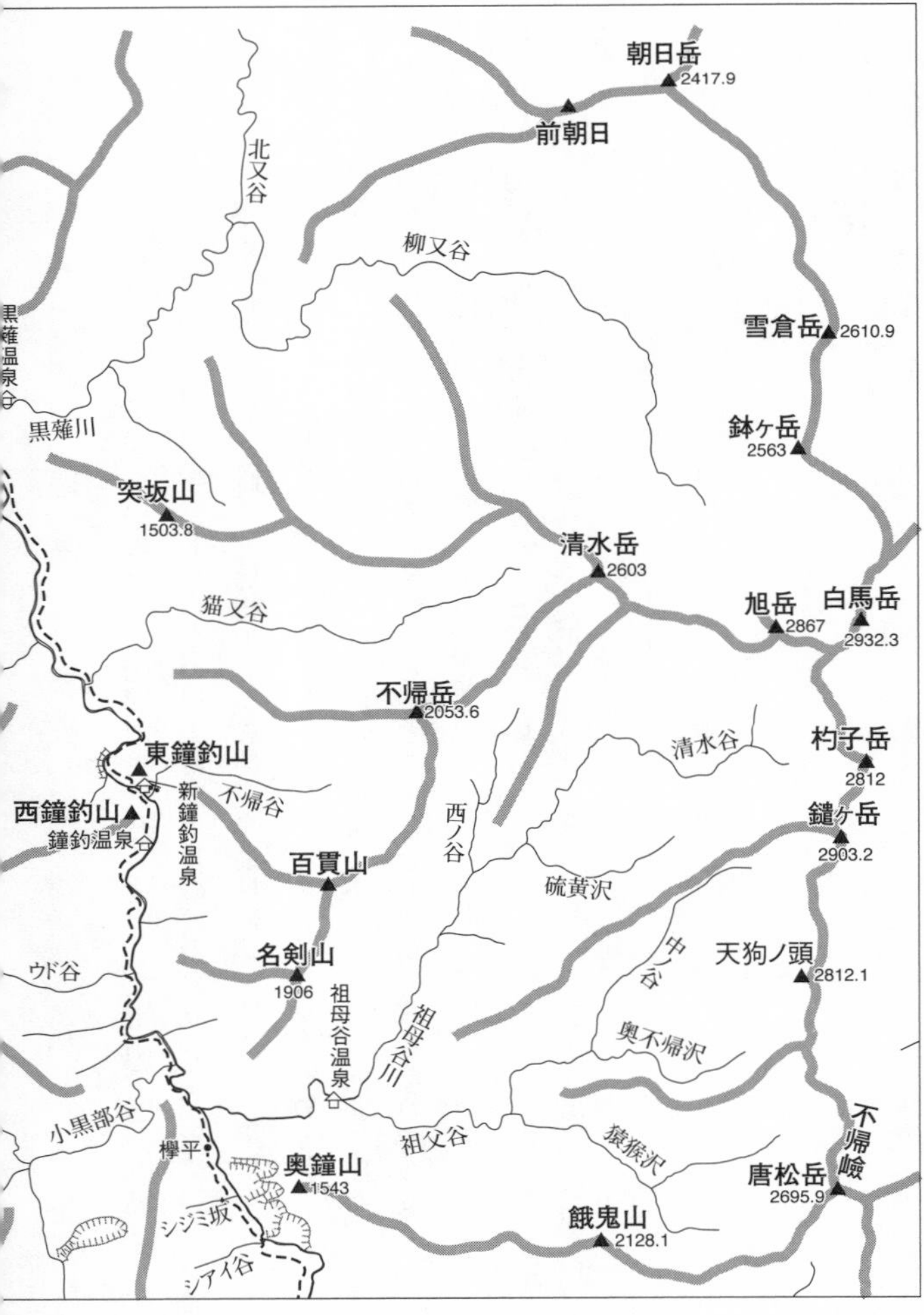
朝日岳
2417.9
前朝日
北又谷
柳又谷
雪倉岳
2610.9
黒薙温泉
黒薙川
鉢ヶ岳
2563
突坂山
1503.8
清水岳
2603
猫又谷
旭岳
2867
白馬岳
2932.3
不帰岳
2053.6
杓子岳
2812
清水谷
東鐘釣山
新鐘釣温泉
不帰谷
西鐘釣山
鐘釣温泉
西ノ谷
鑓ヶ岳
2903.2
百貫山
硫黄沢
中ノ谷
天狗ノ頭
2812.1
名剣山
1906
ウド谷
祖母谷温泉
祖母谷川
奥不帰沢
不帰嶮
小黒部谷
祖父谷
猿猴沢
欅平
奥鐘山
1543
唐松岳
2695.9
シジミ坂
餓鬼山
2128.1
シアイ谷

黒部川周辺図①
愛本温泉～欅平

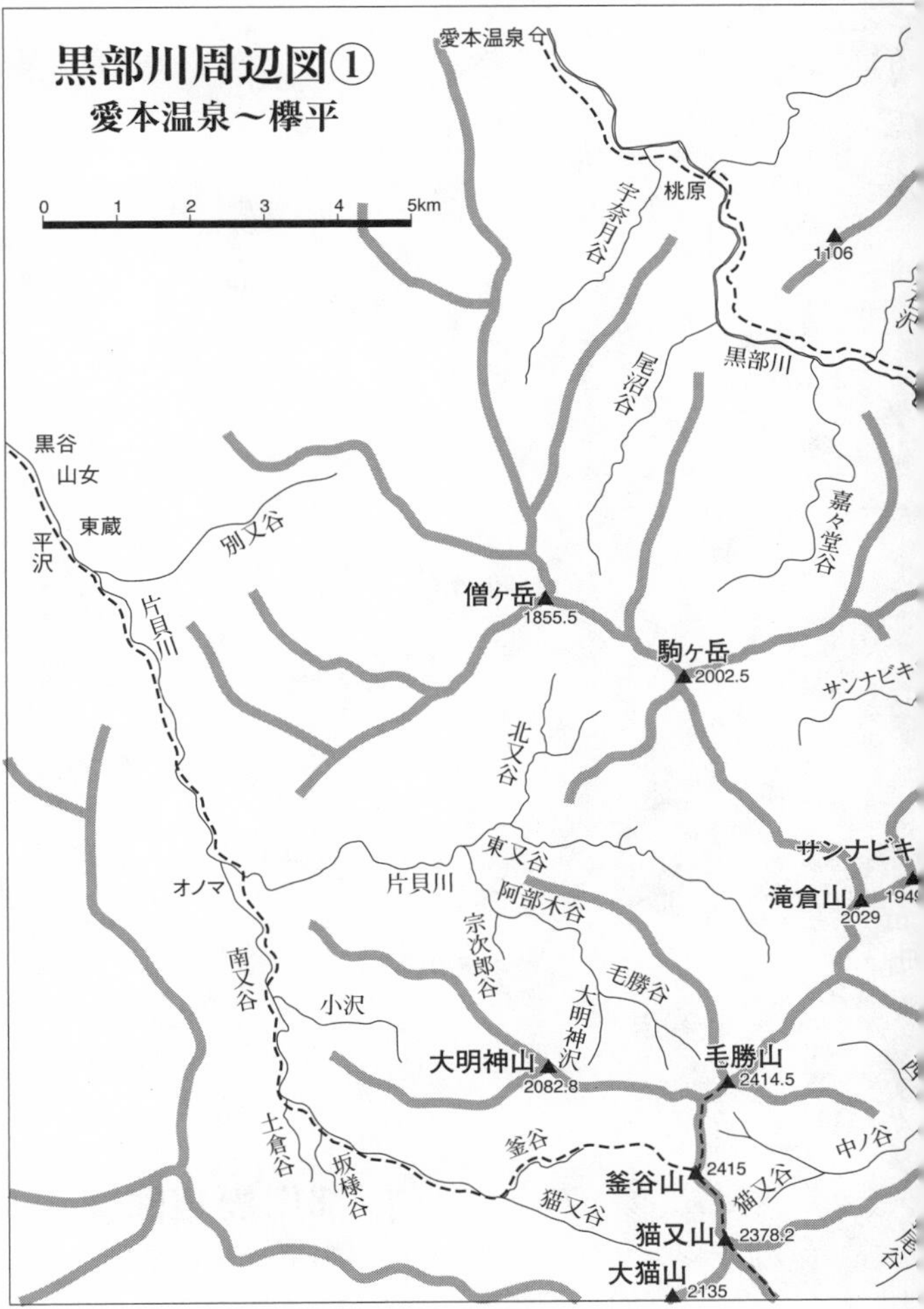
0 1 2 3 4 5km
愛本温泉
桃原
宇奈月谷
1106
黒部川
尾沼谷
嘉々堂谷
黒谷
山女
東蔵
平沢
別又谷
片貝川
僧ヶ岳
1855.5
駒ヶ岳
2002.5
北又谷
東又谷
サンナビキ
滝倉山
2029
オノマ
片貝川
阿部木谷
宗次郎谷
南又谷
毛勝谷
小沢
大明神沢
大明神山
2082.8
毛勝山
2414.5
土倉谷
坂様谷
釜谷
中ノ谷
釜谷山
2415
猫又谷
猫又谷
猫又山
2378.2
大猫山
2135

黒部川周辺図②
欅平～御山谷
欅平
奥鐘山
1543
祖父谷
猿猴沢
不帰嶮
八方尾根
唐松岳
2695.9
餓鬼山
2128.1
アイ谷
オリオ谷
大黒岳
2393
餓鬼谷
東谷山
白岳
2541
五竜岳
2814.3
阿曽原谷
阿曽原
遠見尾根
仙人谷
雲切谷
仙人湯
東谷
S字峡
ガンドウ尾根
八峰キレット
剣大滝
十字峡
鹿島槍ヶ岳
北峰
2842
牛首山
南峰
2889.2
北峰
2284.5
神潭
棒小屋沢
布引山
2683
2353
黒部別山沢
北股本谷
白竜峡
下ノタル沢
持小屋沢
大冷沢
南峰
2300.4
冷池
西沢
西沢小沢
新越沢
爺ヶ岳
2631
2669.9
小冷沢
内蔵助谷
大タテガビン
種池
鳴沢
鳴沢小沢
岩小屋沢岳
2630.4
赤沢
鳴沢岳
2641
白沢天狗山
2036.0
扇沢
赤沢岳
2678.0
白沢
大スバリ沢
籠川
籠川谷
大沢
小スバリ沢
スバリ岳
2752
針ノ木岳
2820.7

土倉谷
坂様谷
釜谷
猫又谷
釜谷山
2415
猫又谷
中ノ谷
小黒部谷
折尾谷
猫又山
2378.2
大猫山
2135
細蔵山
1551
東芦見谷
ブナグラ谷
赤谷山
小黒部谷
白萩山
赤谷尾根
赤ハゲ
早月川
白萩川
白ハゲ
大窓
仙人山
2211
西仙人谷
池ノ平山
2555
小窓尾根
早月尾根
池ノ谷
小窓
池ノ平
小窓雪渓
立山川
三ノ窓
北股
毛勝谷
剱岳
2999
三ノ窓雪渓
八ツ峰
長次郎谷
二股
小又川
源次郎尾根
東大谷
前剱
2813
平蔵谷
南股
剱沢
別山沢
真砂沢
剱御前
2776.8
大日岳
2501
奥大日岳
2606.1
室堂乗越
別山
2880
別山乗越
真砂岳
2861
称名川
称名滝
天狗平
室堂谷
富士ノ折立
2999
大汝山
3015
一ノ越
御前谷
天狗山
2521
国見岳
2620.9
浄土山
2831
雄山
3003
弥陀ヶ原
追分
龍王岳
2872
鬼岳
2750
タンボ沢
松尾峠
東一ノ越
獅子岳
2714
湯川谷
立山温泉
鷲岳
2617
ザラ峠
御山沢乗越
(イタヤ峠)
中ノ谷
0
1
2
3
4
5km

黒部川周辺図③
御山谷～三俣蓮華岳
スバリ岳
2752
小スバリ沢
籠川谷
大沢
黒部川
元ザクボ川
針ノ木岳
2820.7
針ノ木峠
蓮華岳
2798.7
平ノ小屋
針ノ木谷
北葛岳
2551
北葛沢
船窪岳
七倉岳
2509
南沢
七倉沢
不動岳
2601
葛温泉
南沢岳
2625.5
不動沢
ニノ沢
烏帽子岳
2628
濁沢
高瀬川
唐沢岳
2632.5
三ッ岳
東沢
餓鬼岳
2647.3
高瀬川
野口五郎岳
2924.5
東沢岳
2497
真砂岳
2713
湯俣岳
2378.8
コジ沢
燕岳
2763.0
湯俣川
水俣川
0
1
2
3
4
5km

湯川谷
立山温泉
鷲岳
2617
ザラ峠
御山沢乗越
(イタヤ峠)
中ノ谷
鳶山
2616
ヌクイ谷
スゴウ谷
真川
口元木挽
越中沢岳
2591.6
木挽山
2301.2
熊ノ沢
スゴウの頭
2431
岩井谷
スゴ乗越
廊下沢
黒ビンカ
スゴウ沢
間山
2585.4
鳶谷
中ノタル沢
口元ノタル沢
上のビンガ
北薬師岳
2900
岩井谷
金作谷
薬師岳
2926.0
赤牛岳
2864.4
赤牛沢
薬師峠
立石
薬師平
ナカゴヤ沢
太郎山
2373.0
太郎兵衛平
(岩苔谷)
オクノタル沢
薬師沢
水晶岳
(黒岳)
2986
真砂
北ノ俣岳
2662
雲ノ平
赤木沢
祖父岳
2825
祖父谷
ワリモ岳
2888
鷲羽岳
2924.3
五郎沢
鷲羽乗越
黒部五郎岳
2839.7
三俣蓮華岳
2841.4
中俣谷

黒部川奥の山旅

［大正四（一九一五）年七月］

片貝谷まで

大正四年七月廿四日午後七時三十分、汽車にて上野発。翌朝九時二十分、魚津着。少許の準備と昼食の後十一時三十分、出立。暑さ甚し。途中屢々休憩して、午後二時三十分、前平沢。此処にて人夫一人を雇い且つ米を購わんとして空しく二時間半を費やし、五時、漸く出発。奥平沢を過ぎて、六時片貝川の沿岸砂地に野営。

日本晴れのした朝の日本海は、山へ急ぐ私達の身にも快よかった。

昨夜は汽車の中で、同行の南日君と赤羽から一緒に乗り込んだ越後女の一隊が、終夜声自慢の謡を歌うやら笑うやら巫山戯るやら、一方ならぬ騒々しさで、夜風の涼しいにも拘らず、少しも眠ることが出来なかった。

宵に上野を立った時は、十三夜の月が薄靄の罩めた野面を隈なく照らして、様ざまの声をした虫の音が、明け放した窓からはやてのように耳を掠めて過ぎ去るのを現ともなく聞きながら、ゆったりした気持ちで窓に倚(よ)り掛っていたのであるが、高崎あたりまで来ると、いつの間にかすっかり曇って、見覚えのある丘の頂さえ何処と指せぬ程に、低い雲が立ち迷うている。明日の天気がすぐ気に懸るという程でもないが、多少の不安が無いでもない。軽井沢では、冷たい霧が幽霊の如くすうと窓から這入り込んで、ひやりと顔を撫でた。しかし雨は降らなかったらしい。牟礼(むれ)柏原の間で夜が明け初める。上州方面の山々は、淡い樺色に染まった高い巻雲層の下に、動くともなく屯(たむろ)している幾重の乱雲に包まれて、唯(た)だ四阿山(あずまや)であったろう、長い頂上を顛覆(てんぷく)した大船のように雲の波上にちらと見せたが、すぐ復(ま)た沈んでしまった。左手は間近い飯縄(いいづな)の原の瑞々しい緑が、引汐時の干潟のように刻々に展開して、花野の露にあこがれる大きな蝶のような白い雲の塊が、軽い南東の風に吹かれて、草の葉末とすれすれにふわりと原の上を飛んで行く。この白い雲の塊は飯縄山から戸隠山の方面へかけて、押し重なってぴったりと山の膚へ吸い付いたまま少しも先へ動かない。まるで何か知らん目には見えないが、其処に恐ろしい或者が立ちはだかっていて、雲は其(その)前に慴伏(しょうふく)して、進むことも退くことも出来ないもののようである。飯縄山のすぐ北に駢んでいる黒姫山の蒼翠は、この畏れ入った雲の群集を他所にして、空の色と共に目もさむるばかり鮮かであった。

表日本の空を支配する太平洋の勢力は、此処(ここ)らあたりを境として、最早日本海の勢力範囲に侵入することは、絶対に不可能なのであろう。少なくとも今日はそうでなければならない。斯(こ)うして関東平原から私達を追跡して来た雲の脚は、此処で挫けた。私は例えば引かれぬ意地で人を斬って家中を立ち退いた士が、危く他領へ逃げ込んでホット一息しつつ、恐ろしい追手の姿を見送るにも似た心もちで、東の空を眺めていた目を晴れた北の空に向けた。

冬の間日本海は、殊に多量の雪を日本北アルプスに与えて、自ら象嵌(ぞうがん)し、蝕鏤し、彫刻する材料たらしめる。私達は夏が来るまで親しく其装飾された山谷の模様を睹る可き自由を欠いているが、山は其間にこの豊富な材料の幾割かを費消して、象嵌す可きは象嵌し、はたそれぞれ蝕鏤し彫刻して、期待された使命を果たすばかりに止まらないで、更にまた幽壑(ゆうがく)には飛橋を渡し、絶崖には長梯を架して、驚異し嘆美し、そして自己を満足させようとする山岳宗徒に、惜しいことではあるが日本南アルプスでは容易に見ることの出来ない雪の宝殿を公開するのである。

抵抗し難い北侵の力——私はそれを呪いながらも、一面に於てその御蔭を蒙(こうむ)っていることを否む訳にはいかない——から絶えず圧迫を受けながらも、猶(な)お能う限りの保護と愛惜とを加えて居るこの雪の宝殿が、今や其夏が来て巡礼の途に上りつつある私達の目の前で、南方の侵入者に勝手に引掻き廻わされることは、よしやそれが柔かな白い雲の手であるにしろ、わが日本海の堪え能わざる所であるに相違あるまい。私は北の空を眺めて、高田平野の果てを限る松並木越しに、漂渺たる日本海が晴れた穏かな暁の色を浮べているのを見て、斯う思った。

振り反えると、妙高続き火打焼山に至る連嶺には、早や旭の光が薔薇色に燃えて、赭色の山膚に鏤められた雪に宝玉の匂が加わった。かなかな蟬の涼しい声が遠くで聞える。

「ねえ君、大分白いね。あんなに雪の残っていることはそうあるまい」

岡田式静坐法の姿勢を崩さないで、哲学者然と構え込んでいた南日君も、堪らなくなったと見えて、鹿爪らしい顔を窓の外へ出しながら、斯う言って仔細らしく首を捻った。

汽車が高田の町に近付いて、後ろに遠ざかり行く此等の山の姿が、梭の如く飛び交う端山の裾に織り込まれてしまう迄、私達は幾度か窓の外を眺めて、幾度か同じような言葉を繰り返した。

夏とはいいながら、朝凪ぎの日本海は誠に穏かである。波打際に波も立たない程であるから、白い波頭などは何処にも見られない。私達の山に囚われた心も暫く解放されて、広々した海面をあてもなく見渡しながら、黒人らしい人の指さす魚の群だという波のさざめきを眺めて、其講釈を聞きなどした。それでも好い頃合には、頭の上にのし懸っている左手の崖が、不意に鰐（わに）の口のようにカッと開いて、白い雪の山が吐き出される。何処であったか忘れたが、白馬も見えた。ずっと南の唐松五竜あたりであろう、尖った峰も二つ許り見えた。泊に来ると、左手の屏風が急に畳まれて、僧ケ岳や駒ケ岳の重なり合って大きく蟠（わだか）まっている後ろから、劔（つるぎ）ケ岳の一部が大鋸の歯で空を引割っている。明日は中村君が此処から鐘釣温泉へ向う筈である。南日君は南日君で、暢気な男だから長次郎が旨く来ていて呉れればいいがと、自分の暢気は荷物と一緒に棚に上げて、頻りにそれを心配している。私達は今度の旅行の困難を慮って、なまじ案内者などは雇わず、前以て大山村の宇治長次郎に、気の合った者を一人連れて、二十五日の朝九時迄に間違なく魚津の停車場に来ていてくれと、折り返して頼んで置いた。承知したという返事も二度来て居るが、南日君の心配するのも尤（もっと）もな訳がある。しかし汽車が魚津に着いて、荷物を下ろしながら外を見た時、真先に眼に入ったものは、今迄噂していた長次郎のニコニコした顔であった。同行の南日実君も既に来ていた。停車場を出ると、脊（せ）の高い男がのそりと来て挨拶する。それが長次郎の義兄だという宮本金作であった。長次郎は今度の山登りが楽しみで、二十五日の来るのを待っていたと、如何（いか）にも嬉しそうである。これで南日君の心配も尤もでなくなってしまった。

今日は片貝谷を上って、東又南又の合流点附近で野宿する予定であるから、少し早いが此処で昼食を済し、僅ばかりの買物をして町を離れた。

ごろた石の敷かれた真すぐな道が、何処までも私達を引張って行く。木蔭が少ない上に風が無いので堪らなく暑い。道坂まで行くと素的に冷い水が湧いているというので、南日君は長い脛(すね)を飛ばして、サッサと先へ行ってしまう。町を出た時は右に見えていた毛勝(けかつ)山が、いつか道の正面に立ち直って、Y字形をした大雪渓が、絶頂から僧ケ岳の右に曳いた尾根の上まで続く。その左の雪渓の半頃へ直ぐ上の尾根から押し出した凄まじい赭岩(しゃがん)の大崩落が、山の心臓から搾り出された黒血のように雪渓の中央を流れている。阿部木(あぶき)谷の源であろう。白い雲の塊が後ろから肩をすべって此方の谷を覗きに来るが、嘘のように何処へか吸い込まれてしまう、尾根続きの大明神だという尖った山から、なだらかな線が右の方へ長く延びて、儼(いかめ)しい劔岳がドッカと腰を据えている。大日岳の連嶺にはいつもながら雪が多い。劔と大日との間から別山が、不思議の世界でも覗くように脊伸びして、魚津の海を瞰(み)下ろしている。早乙女岳から右は、午下(ひるさがり)の太陽に照された幾重の雲の峰が一様に平かな底を見せて、果てもなく続く。目立って蒼黒い鍬崎山は、雲の水平線より下に沈んで、大きな暗礁のようだ。遠い雲間に白山の雪が、江戸の将軍に献上したという百万石の殿様の豪奢を想わせた。

道坂に着くと橋の袂（たもと）で実君が休んでいる。南日君はと見れば、炎天の大道端に莫蓙（ござ）を敷いてすまし込んでいた。湧いている筈の清水が無いというのでガッカリしたが、仕方がないと諦めて河の水で間に合せた。下村で麦湯を馳走になりながら、後れた長次郎と金作の来るのを待って、米を買い入れる相談をすると、長次郎が「まだ先にいくらもあるっちゃ」というので、買わずに出懸る。谷が急に迫って日影が多くなった、行手からは涼しい風が時折吹いて来るので、大きに凌（しの）ぎよい。右手に水力発電所がある。奥平沢から片貝川の水を引き入れて、此処で落差百尺の水力を利用するのだそうな。前平沢の人家が朴（ほお）の木や橡（とち）の木の間にまばらに見える。田なども少しはあるが、如何にも寒村である。此処で是非とも米や味噌を買わなければならぬし、人夫も一人雇わなければならないので、性の失せた木札に物品販売所の文字も怪しい路傍の家に寄り込んで相談を始めた。味噌は丁度この家にあった。人夫も折よく居合せた沢崎源次郎という若い者が行くことになった。これで味噌と源次郎は極った訳だが、一斗五升の米が無いのに閉口した。長次郎と金作が直ぐ裏の路を上って、慥（たしか）に有るという家を尋ね合せたが、間もなく悄気（しょげ）て帰って来た。今度は仕度して来た源次郎が一緒になって、対岸の東蔵（とうぞう）や山女（あけび）まで探したが、矢張り駄目だ。南日君の渡した五円札は、手に握ったまま同じ路を幾度往ったり来たりしても、天勝の手品と違って米にならない。

私は局外者の位置に立って其処らをあるき廻っていた。この仕末がどう付くかと不安のようでもあり、多少の興味もあった。一軒の家に一斗五升なくても、三軒で五升宛買えばいいという南日君の声が聞える。遠くで一しきり鳴き渡っていた日ぐらしが近い木で鳴き初めた。後の山から引いてある筧の水が小さい瀑になって落ちている下で、素裸の子供が二人で水遊びをしている。蟹の子が石の間からちょろちょろ出て来てまた引込む。青紫蘇の繁った庭の隅に、ポンポンダリヤの赤い花が、一きわ珍らしく目に映った。日は容赦なくどんどん落ちて行く。河狩りの人達が長い柄の付いた銛や網などを担いで向うからやって来た。鱒が獲れるのだそうだ。今日汽車で渡った片貝川の本流は、白い石の河原のみで一滴の水も無かったのに、不思議なことだと聞いて見れば、五月雪しろ水の出た時に海から上り込むのだという。鋭い鴃の鳴声が晴れた空に快く響く。

　南日君まで出懸けて行って相談に加わった。長いこと橋向うで立話しをして、四人一緒に帰って来た。私達の手許には幸に実君が持って来た五升の米がある、今夜の野宿に差支はない、それで今から一斗五升の米を舂かして、明日早朝に源次郎が夫を背負って追い付く手筈に事は決ったのだ。二時間余りを費した大詰の幕としては、余り見栄えもしないが、これまでに漕ぎ付けた役者の骨折は、傍で見ている程暢気なものでは無かったに相違ない。

五、六戸の家が淋しげにかたまっている奥平沢の村を通り抜けて、十町足らず行くと、田が尽きて畑ともつかない砂地の所どころに、小豆や粟などが蒔き散してある草原に出た。元は河原であったものが、河が東に移った為に島のような形になって、島尻に十坪程細かい砂を平に敷き均した所がある、其処に天幕を張って泊ることにした。金作が河原から流れ木を集めてうんと背負って来る、火が燃え始めると、体に着いた一切の邪魔物をかなぐり捨てて、いきなり河に飛び込む、水は思ったより冷くない。首まで浸って凝(じっ)としていると、体の表面からぎらぎらした油汗の固りが、蝶の鱗粉のように浮いて流れて行く。谷の日は静に暮れて、水烟の薄く罩(こ)めた河上の遠い連嶺の上に、奥大日の絶頂だけが入日に照されて、一きわ鮮やかに雪の姿を見せていた。人声がしたと思ったら、やがて夕暗の中からどやどやと五六人の影が現れた、鱒狩りの連中で、獲物も二三尾あったらしい。煙草の火を点けながら、飯を炊いていた長次郎と話をして別れて行った。七八町の河上にいい小屋があると教えられたけれども、今更どうなるものでもなかった。里近いだけに蚋(ぶよ)の多いのには困ったが、あたりの草を薙ぎ倒して風上から火を放ったので、少し落ち着いて食事が済せた。しかし俗に塩辛とかいう小さな糠蚊(ぬかか)は、手といわず足といわず、髪の毛の中までもぐり込んで、ちくちく刺すので一晩中弱らされた。

　十四日の円い月影が天幕にさす頃は、片貝谷は一面に光の薄絹に包まれて、現と夢とを維ぐ美しい世界と化してしまった。

南又を遡る

七月二十六日。午前六時二十分、片貝谷の野営地出発。七時十分、オノマ（東又南又合流点）。南又に入る。八時二十分、岩屋の大小屋。初めて残雪を見る。九時十分、坂様谷。之より四五町にして路尽き、河床を辿る。十一時、左岸に少許の平地を見る。昼食。午後十二時十分出発。十二時四十五分、右岸に頗る多量の残雪あり。一時、猫又谷釜谷追分。釜谷に入る。二時五分、雪渓に達す。二時三十分、雪渓尽きて三段の瀑布となる。左岸の崖頭を横に搦みて一時間の後之を通過し、三時三十分、再び雪渓。四時五十分、雪尽きて渓二分す。左を登りしも水なきを以て、更に右渓を探りて水を得。偃松現わる。五時三十分、山の中腹急峻なる草原の斜面に露営。

暁近く河瀬の音に目が覚めた。仄白い朝の光が天幕の中に吊してある小田原提灯をぼんやり映し出す。昨夜は暑かったので、掛けていた毛布もいつの間にか足もとに丸められてあった。外へ出て其処らを見廻しながら立っていると、まだ夜の気の彷徨うている谷の向う河岸や此方の林の中で、青蜩が透き徹るような声で鳴き初めた。夕暮にこの蟬が鳴くと、妙に寂しい落ち着かない気分に誘い込まれるが、明方であると軽快な調子が驟か雨の瀉ぐように賑かだ。しっとりした朝の空気までが共鳴せずにはいられないように一斉にざわめく気配がする。爽かな風が河上から撫でるように吹いて来て、懶い眼から草木を醒して行く。頬白が鳴き出した。消え残りの火に薪を添えて顔を洗っていると、金作が米を入れた鍋を持って河原に下りながら、茜色に染った東の空を仰いで、「旦那、今日もいいお天気だぞ」と声を懸ける。さっぱりした気持になって立ち上ると、鋭い銀色の光りがぎらりと目を射た、言う迄もなくそれは此谷唯一の白いもの——奥大日の額を飾る尊い雪の光であった。

　朝飯の最中に源次郎が米を背負ってやって来た。こんな時には極って散ざん人を焦らした揚句どうも遅くなって……位のことで胡魔化すのが普通である、今朝も誰か迎えを遣ることになるのではないかと懸念していた。それが案外だったので、暫くは不思議なことのように思われた。また蚋が寄って困った。手早く荷を纏めて此処を出懸る。阿部木谷を登ろうか、それとも南又に入ろうかとは、東京を立つ時から問題になっていた。阿部木谷は先年南日君の登った路である。平沢で聞くと南又も可なり奥まで炭焼が這入っていることだけは分ったが、それから先の様子が知れないので今朝になっても、どの路を取るか未だはっきりと決った訳ではなかった。それでいて誰もそんなことは気にも懸けないといった風にサッサと歩き出す。唯だ山へ山へ。それが今の私達を支配する強い力であった。

島の中の砂路は三、四町続いた。河が右に岐れる所から二、三十歩西へ退って、茅葺(かやぶき)の低い小さな家が四、五軒マッチ箱を並べたように立っている。緑の葉を拡げた中から目立って強い黄色の花を抽き上げた南瓜(かぼちゃ)棚の端に赤い布なども干してあった。島を離れると一段高い木地屋だ。細い路が植林した杉の若木の間を蛇の如くうねって行く。原はそう広くはないが長さは五、六町ある。元は此処に人家があって、塗物の木地を造っていたのだそうだ。自然を虐待して自然から虐待された山人の生活の頼りなさが想われる。杉は未だ枝を交す程に伸びていない。下草の薄や萱が思う存分に繁り合って、無遠慮に蔽い被さって来る。大きな岩の鼻を廻ると其蔭に、五、六人の若い娘達が草を刈っていた。私達の近付く跫音(あしおと)を村の衆位に思っていたのであろう、何気なくこっちを見ておどろいたように鎌の手を休める。路はだらだらと下りて河原に出た。藤蔓でからげた丸木橋が岩から岩へ渡してある。鴨緑(おうりょく)を溶かした水が其下を泡立って流れて行く。両岸が露わな為に、上流に見るような凄味に乏しいのは物足らないが瀬の音は高かった。河原を上って今度はドスマという所にかかる。同じ様な山裾の平地で、檜の苗が植えてある。上の方の高みに荒れ果てた焼畑の跡らしい四角な段も幾つか見えた。対岸は此処よりも広い杉の植林地で、もう立派な林になっている。時鳥(ほととぎす)が僧ケ岳続きの尾根から谷の空を横切って頻りに鳴く。

東又南又の合流点は、河床が一段低いので知らずに通り過ぎ、丸木橋で東又を渡ってオノマに出た。此処は毛勝続きの大明神から西北に延びた山の鼻が叩き潰されたようにガックリ平たくなって、大きな花崗片麻岩がここ其処に突立っている細長い原だ。檜の苗が蕨(わらび)や薇(ぜんまい)の繁った中に無造作に植えてある。橋の上から水上の方を覗いて見たが、狭い谷は左から出た山の裾に大きく遮ぎられて奥は目に入らない。朝日の光が堰き止められていた水のように尾根の低い処を越してサッと流れて来た。夫を避けるようにして岩の上に腰を下ろす。翠の濃い渓の空気が山の影を宿して、其処に面白い明暗の対照があった。

今迄辿って来た足もとの細い路は、五、六歩の先で二に岐れている、其処に紫の花を持った松虫草が道しるべのように立っていた。左は東又から阿部木谷に通ずるもので、原を横さまに直ぐ夏草の茂みへするすると隠れてしまう。昔鐘釣温泉へ通ったという路は此の東又を上り切って、小黒部の北の谷に下り込んだものか、或は尾根を搦(から)んで直接に温泉附近へ出たものか、判然しない。しかし古い地図を見ると直接に温泉へ出るように道が記してある。此谷と黒部方面とを連絡することは大した困難でもなさ相だ。右は左よりも人通りの多い所為か、よく蹈(ふ)まれた路が歯をむき出した岩の間を縫って、糸のように南へ走っている。右手の中新川を限る山脈からは、小さな支脈が幾つか章魚(たこ)の足のように伸びて、突きあたりの緑の地に黒い針葉樹の裾模様を着た山を抱えるように其脊へ廻っている。其あたりから谷間の翠は一段と濃さを増して、南又の奥は深い湖の底を覗くように思われた。

私達の心は知らぬ間にそっちの方へ引き込まれていた。

鱗雲が滲み出したように青い空に浮ぶ、之が始まりで今日は色々の鱗雲が現れた。最初は浅瀬を上る若鮎の群が揃って腹をかえしたように、輪廓のはっきりした色の白い、夫も絹光沢を帯びたものが多かった、夫れが昼頃には蚕が作り並べた綿ぼうしのように縁のぼやけたものと変って、終には大きな鰐の背皮を見るような灰色やドス黒い色をしたのが次第に増して来る積雲の間から望まれるようになった、其頃からして空模様が大分怪しくなり初めたのである。

話が雲へ移って思わず飛び過ぎてしまった、私達も調子に乗ってドンドン南又に入って行った。原が尽きると又丸木橋で川を渡って、右から押し出した水の無い石の河原を横切る。突き当りの危く切り立った山の鼻の下で路が消えている、立て掛けた丸太を足懸りにして木の根に攫(つかま)りながら攀(よ)じ上ると、崖の上に出た。脚の下の深い谷底では、真青な瀞(とろ)が幾筋かの太い水脈を縒(よ)り合せ縒り戻して、渦を巻きながら押し黙って流れている。岩頭から横にのり出した木の枝には魚狗(かわせみ)が一羽、凝(じっ)と斜に構えて動きそうにもなかったが、突然弦を離れた翡翠の矢のように、水を掠めて一文字に飛んで行った。
暫く雑木の繁った岨路が続いて、零れ懸る露にしとど霑れながら又川を渡ると、左手から小沢が落ち合って少し許の平地に、茅を束ねた一方口の小さな小屋が古代の穴居人の跡のように十五、六かたまっている。炭の中継場であろう。源次郎に聞くとシャンゴロだと教えた、何の事やら薩張り分らない、南日君が三五郎だと説明して呉れる。草間を押し分けて河原に下ると、大虎杖の叢が一斉に闊い葉を拡げて、強烈な日光を浴びながら懶そうに首垂れている。葉の裏からは鮮かな緑が黄金色に溶けて、私達の体にも真白な砂地にも音もなく泌み込む。この大虎杖の叢は北アルプス北部の渓間に特有の景象で、南アルプスの渓を埋むる深い森林とは、また異った快感を私達に与えるものである。

また平に出た、南又の流が置き残した段階の一である。大きな作畑小屋が河に臨んで立っている、岩屋の大小屋というのだそうだ。前へ廻ると、二三挺の鍬が入口の柱に立掛けてあって、戸は開いているが中を覗いても人気はない。左にだらだら坂を上ると段々畑が現れて、鍬の柄に凭れながらこっちを見ている人達の姿が目に入る、これは其処へ通う路であった。源次郎に呼び戻されて小屋の前を右に下ると、二間とはない河床に乱れ立つ岩の間を筋張った水が奔下している、橋は落ちて跡もない。私達三人が臆病な鷺（さぎ）のように片足水に入れては引込めてうろうろしている間に、長次郎は足場をはかってサッサと渉（わた）ってしまった、皆其後に続く。私の目は不図（ふと）右手の崖下に堆（うずたか）く盛り上った異様の塊に惹き付けられた、白茶化た枯枝などが一面に掩うては居るが、疑う可くもないそれは此谷初めての雪——宝殿の甍（いらか）をすべり落ちた貴い珠玉の一片であった。

直ぐ羊歯（しだ）などの生えた下から水を噴いて濘（ぬか）り易い山腹にかかる、それも少し、また河原へ下りて虎杖の中に隠れる。斯ういう所には屹度（きっと）、恐ろしい大きな岩が掩（おお）い被さる様に平地を抱えて、四、五人は楽に泊れる好い野陣場（のじんば）があるものだ。二町許で河原が尽きて、私達は明るい崖の上に導かれた。暑い日がカンカン照りつけるので、止度なく汗が流れる、私は先に立ってグングン急いだ。川が大きく左に曲って、行手に立ち塞る小山が左右に遠退くと、正面に幅の広い大雪渓が驚くほど近く顕われる。上の方は蒸し返えす積雲に掩われて、何処まで続いているか分らないが、正しく猫又谷に相違ない。私は背負っていた荷物を其処へ抛り出して、路の上に立ちはだかりながら思う存分に手足を伸して、雪渓から脈を打って流れて来る谷間の空気を貪り吸った。時鳥の声が聞える、後れた人達はまだ追付かない。

崖の上の路は間もなく下りになって狭い沢に引き込まれる、仄かな水が何か呟きながら岩間を潜り抜けて行く、土倉谷だった。此辺までは鱒が上るそうである。少し爪先が仰いで山の鼻づらを川なりに辿ると、坂様谷の落ち口に来た、草や灌木の生えている稍(や)や平な砂地で、伊折へ踰(こ)えられるという路の跡が草間に取り残されて却て淋しい。沢は中新川堺の雑木山から乏しい水を搾り集めて細い流を貢いでいる。落ち口の大きな岩の上に腰を下して、後れた人達を待ち合した、一むらの虎杖が背後からてんでに翠蓋(すいがい)を翳(かざ)して、涼しい蔭を作って呉れる。

　茲(ここ)から四五町の間は川沿いの細かい砂地を行くので、伸び放題に蔓を伸して絡み合い縺(もつ)れ合いながら、太い綱を張り渡した木通(あけび)や海老蔓や野葡萄などが、鋭い鎌の刃先に懸けられて、気持よく左右に薙ぎ倒されている、中にも往生際の悪い奴は、玉紫陽花(たまあじさい)などに巻き添いを喰したのもあった。花が萎れていないのは、刈られてまだ間もないのであろう。虎杖やアカソも算を乱して倒れていた。藪がひどくなると河原に下りて向う側に渡る、急斜面の小高い所を均した猫の額程の平に、生々しい木の枝を組み合せた粗末な小屋が二つ、執念深い人間の生存慾を具体化したもののように立っている、シャンゴロで懲りたから何という所か聞きもしなかった。切り明けがあるので夫を頼りに崖の上を横に搦みながら二町程行くと、太い根曲り竹の藪の中に放り込まれて、後へも先へも出られなくなる、まるで八幡(やわた)知らずへ入ったようだ。人の分けた跡らしいのがズッと上の方に見えるので、幾度か筋斗(もんどり)うって落ち込みながら、構わず登って行く、実君も同じ様にして後に続いたが、これは路でないと知って引返した時には、南日君が下から呼んでいた、向う河岸に人の通った跡のあるのが長次郎に判ったのである。又前のように砂地を行く、夫も長くはない、獣でなければ通れないような藪が直ぐ両側から水際まで押し寄せて来た、私達は自ずと河に下りて水の来る方をちょいちょい仰ぎながら、目の前の岩から岩、浅瀬から浅瀬を覓(もと)めて渉らなければならなくなった。

谷は流石に荒蕩たる有様を呈して、岩を見ても水を見ても大分上流に来たなと首肯(うなず)かせる。岩の色は一様ではないが皆花崗片麻岩だ。見る限り褐色や渋色をなすりつけた黒白斑の大岩塊が、縦に欹(そばだ)ち横に伏して、頭上二、三尺の高さに不恰好な階段を築き上げている、私達は取りつき端もない階段の下に立って、未練らしく手足を掛けて見たりなどした、夫でも水の鉋(かんな)に削られた岩の屑が堆く積って、易々と乗り越せる所もあった。谷水は谷水で、青い淵からむくむくと起ち上ると、いきなり岩に衝きあたって力任せに抉(えぐ)り抜け躍り踰え、果ては脚もとの小石までもさらってドッと駆け下りさま空を切って復た淵の中に潜まる。力の籠った吐息が無数の気泡となって、大地の底から沸き上って来る。重く淀んだ谷の空気は、岩を叩き岩に叩かれる水の音に震動して、話声などはもうとうに聞えなくなった。この恣(ほしいまま)な自然の中に小さく点綴(てんてい)された私達の姿は、惨めなものであったに相違ない。

岩が大きくなると水は其下を深く抉って、うっかり足を入れると掬(すく)われる恐がある。こんな時に重い荷を背負って岩から岩に飛び移る長次郎の早業は驚嘆に値する。遅れ勝な私達は自然獣の足跡を慕う猟夫のように、水を噴いた草鞋(わらじ)の痕に跟(つ)いて、脇目もふらず辿って行く、早月川の谷を下りた時のことが不図(ふと)思い出された。

水を渡ったり崖に喰い付いたり、同じ様なことを幾度となく繰り返して、踝の痛くなった頃、右から落ち合った可なり水量のある沢を越すと、右手に少しの平地が現れた、平地というても唯山裾の傾斜が緩くなったというだけで、大小の岩塊が錯列して灌莽(かんもう)が叢生している。雪崩の押した跡らしい、上の方に赭い崩れが見える。其処の水際の木蔭に荷を卸して昼飯にした。金作が大虎杖を切って釣竿を作ると、源次郎が蚯蚓(みみず)を掘って餌にする。私は可笑しくなった、そんなことで鯇(やまめ)や岩魚が釣れるなら世話はないと思った。岳の方から薄ら冷い風が吹いて、汗にふやけた五体に鳥肌が立つ、妖しげなヒトデの形をした雲が高い鱗雲の下をのろのろ匐いまわるのが不気味だ、急いで出懸る。其時まで執念深く竿を握っていた金作を、皆して大声に呼んで見たが元より聞える筈はない。南日君が迎えに行く、啣(くわ)え煙管(ぎせる)で帰って来た金作は「此処の魚は喰い付くことを知らんぞ」と言って皆を笑せた。

釜谷の奥

午後になってから益々雲が多くなった、岳に近づいた所為もあろうがどうも空模様が面白くない。唯だ割合に雲が高いので心丈夫だ。渓はそろそろ浅くなって、至る処に雪の働いた跡が見られる、其処には山を出て未だ土気の失せない矻々した岩が、押し重って危く谷を覗いている、水に洗われ磨かれて肌理がこまかくなった旧い仲間を羨むように。雪に近づいたなと瞬間に意識する。山は創だらけになって露出した岩壁が痛々しい。谷が大きくくの字に曲ると、突き当りの山の肌が赤剝けにずり落ちて其下に屋根形の大残雪が懸っていた、檐下を抜足で通り抜ける、縁からも天井からも雪解の雫が破ら屋を洩る雨のように滋く落ちて、縮めた首筋から脊中へかけてびっしょり濡れる。ゴトゴト軋む破片岩の長い階段を越えて河原に立つと、正面に眉を圧して猫又谷の大雪渓が、奔騰する雲の中から私達を誘き寄せるように姿を顕した。狭い河原までが其方に開けて、幾筋かに分れた細い水が赤錆びた小砂の間を蜘蛛手に流れる、こんもり繁った闊葉樹が五、六本、河原を斜に翠蓋を拡げて、其間から雪渓の続きが白くチラチラ光る、体までがそっちの方へすっと持って行かれそうだ。私は先に立って浅い水をじゃぶじゃぶ渉りながら、さりげなく左の釜谷に移ったが、何だか暗い気分になった。

猫又谷に較べると釜谷の荒らかさ、谷は引括(ひっくく)られたように急に狭くなって、逆落しに水が落ちて来る。右は階段状を呈した緩い傾斜地であるが、厚く堆積した岩屑から成っていることが深く抉られた壁面に現われている幾多の層から判断される。左は恐ろしい迄に急峻な大明神山が、花崗片麻岩の大屏風を水際から押し立てて裾廻しにしている。どっちも歩けないので瀬と淵と滝と連続した川の中を登って行く、太い蛇の死骸が飛石を据えたような岩の間に流れ寄っていた、青大将に似ていたが誰も判然した名を知らない。蛇嫌な南日君は股まで浸って上手の瀬を渉った。一と所左手の屏風がへし折れて山裾からぼろぼろになった石の綿がはみ出していた。足が自ずと其方に向いて乱石の階段にかかる、登り詰ると上滑りのする黒土の斜面に出た、つい昨日あたりまで此斜面には雪が残っていたらしい、汚い泡のようなものがこびり付いている古株から、草の芽立ちがほの紅く角(つの)ぐんでいる。獣の路を逐うて前の木立に潜り込む、人ひとりの重さ位にはビクともしない頑強な枝が意地悪るく邪魔をする、押し倒そうにも刎(は)ね除けようにも手に合ったものではない。始めから川を離れなかった荷物の連中は下から見上げて笑っている。また河に下りた、そして朽葉の積った陰湿な崖腹に白根葵(しらねあおい)の大きな花を見出した時には、爪先に引懸った小枝と共に満腔の不平をさらりと水に流して仕舞った。

白根葵の咲いた崖腹を一町許行くとまた屏風が始まる、一曲して鋭く右に折れた河の中では、花崗片麻岩の大塊が脊較べをして、水は其上を勢込んで駆け上り駆け下りている。南日君と実君は長次郎と源次郎の跡に蹤いて、直ぐ岩の蔭に見えなくなる。私は右側の階段状の斜面に路らしいものを見付けたので、ぼろぼろした岩層の壁面を手足でガリガリ引掻きながら、攀じ登って階段の上に立った、金作も続いて来た。見上ぐる大明神山の頂には、古綿の如き積雲が屯している、所どころ小さなガレに消え残った雪が、舞い落ちた銀杏の枯葉に霜が凍ったようだ。下で見た時には左程にも思わなかった草丈が人の脊よりも高い。俯向きながら無暗に掻き分けて行くと、礑と岩に撞き当って頭がズシンと響く。見ると幾塊かの大岩が黒ずんだ膚に青苔を蒸して眼前に立ちふさがっていた。木立までが深くなって、幽鬱な木の下暗に物の朽ちた臭がそこら一面に漂うている。金作を先へ立たして其後につくことにした。「こりゃ何でも前に人が通ったに相違ない」と言って指さすのを見ると、錆び朽ちて正体もない刃物の欠らであった。岩崩れがして凄じくのり出した岨の下をソッと通り抜けて明るみに出る、這いつくばった蟾蜍のような岩が二つ三つ重り合って、狭い谷の口を遮っている。其根方に荷を卸して長次郎が休んでいた、如何だったと聞くと、ひどいひどいと云う。時計を見ると二時を五分過ぎていた。釜谷の入口から此処迄五六町の間を一時間費した訳だ。私は行手の様子が気に懸るので、岩の上に登ってひょいと首を出すと、茫っとした白いものが眼に入った、雪渓！　脚の下から――何処まで続いているか分らない。表面からは濛々と立ち昇る烟のような霧が、吹き下ろす風に捲かれて、雪渓の真中を渦を巻きながら押し寄せて来る、凝（じ）っと見ていると霧に足が生えているようだ、あの中を魔が通っているのではないかと想った。体が総毛立って冷りとする。明るみに出た時、急に寒くなったと思ったのはこの所為であったのだ。少し後れて南日君までが汗を流して河の中を登って来た、そして代る代る岩の上から首を出して雪渓を眺めた、誰の顔にももう占めたものだという文句がありありと読めた、三十分の後に恐ろしい舞台が私達の登場を待ち構えていたとも知らずに。

風が寒いので冬仕度をして雪渓を上り始める。曇った空が所どころ虫に喰われた木の葉のように孔があいて、霧の中からぽうっと薄日が映して来た。生温るい水蒸気が脚もとから舞い騰（あが）るので、大きな風呂場に這入（はい）ったような感じがする。左手は前と同じ屏風の続きであるが、岩が見えないのは雪の深い為であろう。右は雑木の繁った緩い斜面で、雪解の跡には草の緑が若々しい。雪渓の勾配はさして急ではなかった。両側の山で駒鳥が盛に鳴く、沈静な谷の空気が諧調の音波を無限に拡げる。それには耳も借さない風情で雪に慣れた南日君は、得意の鼻をいや高くして長い脛を飛ばす。後から見ていると青草を干したような洋服の地色が妙に霧に溶け合って、黒い脚袢が二本、雪の上をすうすうと歩いているようで、何だか通り魔に憑(つか)れたような気がした。雪渓は初めてだという実君は頻りに鳶口の苛責を雪に加えている。五六町登ると谷が左に折れて、突然豪宕(ごうとう)極りなき舞台が行く手に開けた。人より先に登って来た南日君と私とは、杖に凭(もた)れて雪の上に立ち停った。息を継ぐ間もあらせず「君、壮(さかん)だな」と南日君がいう、「壮だな」と鸚鵡(おうむ)返しに答える。南日君はそれでもまだ物足りないか、登って来る実君にまで声を懸けて「壮だな」をいわせたがる、全く壮であるに相違なかった。脚もとの雪渓は六七十間の先で右から突き出した長方形の大磐石に衝き当って、左の半分は其下の深い谷底に落ち込み、右の半分はヨロヨロと山の斜面に噛り付いている。大磐石というても決して孤立した大きな岩という意味ではない、右側の山の胴骨が雪と水と更に恐らくは流石とに皮肉を削り取られて、全部を露出した其一部なのだ。岩の頂上は緩く谷の方に傾いて、五層許りの段を為している、それから下は谷底まで七八丈の絶壁である。壁面の上部には纔(わず)かの罅隙(かげき)を覓(もと)めて根を托した禾本(かほん)科らしい植物の葉が、女の髪の毛を梳(す)いたように房さりと垂れて、葉末からは雫でも落ちているらしく、手で扱(しご)いたように細くなっている。左は大明神山の急斜面が水際から例の屏風を押し立てているのであるが、此処では二百米突もあろうと思う程の高さに切り立って、それこそ峻嶒(りょうそう)の大屏風だ。表面は縦横に襞(ひだ)を畳んで、絶えず崩落しているのであろう、今にも抜けて落ちそうな大小の岩塊が危く均衡を保っている、木も無ければ草も無い、まるで新に爆裂した後の火口壁を見るようである。此峭壁と右側の大磐石とが出遇った処に三丈許りの瀑が左斜に懸っている、私達の立っている位置よりは少し低い。其上に第二瀑が右斜に懸って、四丈許りの絶壁を奔下する。其奥の方正面に懸っているのが第一瀑だ、此処からは大磐石の蔭になって、全長の三分の二以下は見るよしもないが、瀑壺に近づくことは到底不可能である、それでも高さは十余丈はあるらしく思える。満谿を傾け尽して狭い落ち口から一度に切って放たれた水が、ドット迸り出でさま虚空を跳って末広がりに滾々(こんこん)と落ちて来る。夫から上は右側の山の胴骨がずっと近く寄って、狭く急な河床が四五十間続くと、俄然谷が右に曲って一段高い岩の蔭から、真白な霧の一団がパッパッと息を切って横さまに噴き出している。雪渓が続くか、左もなければ大きな瀑があるに相違ないと思った。岩燕が群をなして谷風に舞い颺(あが)る木の葉のように飛んでいる。全く壮だなというより外に言葉がない。私達はマジマジと瞻上(みあ)げたまま暫く物も言わずにいた。旨く越えられるだろうかという心配が起る。右側の大磐石は此処から眺めた所では、雪渓が匐(は)い上っている斜面から横に段を伝って登れそうに想える、それから先は――登って見ての様子だ。私は頭の中で目の前の岩を相手にして、荐(しき)りに手懸りや足懸りを探しながら岩登りの稽古をしていた。いつか中村君や南日君と初めて劒岳へ登った時、前の日に別山の頂上から双眼鏡で眺めて、「あの偃松の側を登ってから如何するんだろう、彼処までは登れるがなあ」などと話し合っていたことを思い出す、南日君も同じようなことを考えていたと見えて、「ねえ君、中村がいると面白いんだがなあ」と言い出した。話が枝から枝へと花が咲いて、梅沢君、高野君、辻村君、辻本君、小島君——などの噂が始まる。そこへ荷持の連中が登って来た、「オーイ、瀑があるぞ」と怒鳴る、雪の上に立ち直って三人とも荷をゆり上げながら一斉にこっちを見上げて、笑い出した。それで私達も安心した。身勝手なようではあるが此場合彼等にムズカシイ顔は見せて貰いたくなかったのだ。

　愈々(いよいよ)恐ろしい舞台の方へ足を向ける。雪はもう薄くなって二、三尺の厚さしかない、知らずに中央を歩いていた私は片足を股まで蹈み抜いて、危く落ち込みそうになった体を杖を横に倒して支えた。雪が尽ると白根葵の咲いている黒土の斜面を少し登って大岩の根方に取り付く。目で練習した岩登りは足でやる段になると、畳の上の水練よりも役に立たない、目測では二、三尺にしか見えなかった階段の高さも五、六尺はあるようだ。覚束ないとは思ったが私は先に立って草の根を頼りに横を搦(から)んで見た、二間許り進むと三尺程跨いで向うの岩角に足を懸けたまま果して動けなくなる。はずみを付けて右の足を引けば左の手だけは上の階段に懸けられそうに想える、併し外れたら事だ。仕方がないから大の字になって岩に獅噛(しが)み付いたなり「駄目だ」と怒鳴る。横の斜面を登って大磐石が山の胴骨と続いている所を藪に潜り込んで乗り越すより外に路はない。

引き返して斜面を登る、白根葵が薄紫の大きな花を挿して、オオバセンキュウや猩々袴（しょうじょうばかま）の生えた中に笑み傾けている。登り詰めると頭の上にのし懸った崖の下を横に搦んで、馬の脊に似た岩の腹に突き当る。深山榛（みやまはんのき）や根曲り竹が一面に叢生して、どう蹈み込んだものか勝手が知れない。長次郎が先に立って乗り越すと向う側に姿を隠す。これ迄の例に依ると長次郎は一旦見込みをつけて足を向けた以上は、決して引き返したことのない男だ。直ぐ後から続こうとは思ったが、様子が分らないので暫く躊躇していた。音沙汰がないので「如何だ、行けるか」と大声に聞いて見る、「行ける行ける、好い所だ」と幽かな返事が来た。木の根を摑んだり岩角に縋（すが）り付いたりして、馬の脊を逆落しに降りた所は根曲り竹の密生した岩壁の窪に過ぎなかった、急直に下ろして来た岩壁はこの窪を作る為に円味を帯びて抉れ込んでいる。見ると二、三間上の方に長次郎の荷がヒョロヒョロした深山榛の幹に凭せ掛けて置いてある、今にも頭の上へ落ち重って来そうなので心配だ。根曲り竹に足を托して其処まで攀じ登ろうとしたが、滑り落ちる許りで登れそうにもない。金作が見兼ねて「俺（わ）しが先へ登ろう」といきなり守宮（やもり）の如く壁面に吸い付いて、体をうねらせながら登った。人間にもあんな真似が出来るものかと呆れている眼先へ細引が下げられたので、夫に縋りながら皆引き上げて貰う。立っているのも危いような急斜面だ、これでも好い所かと可笑しくなった。何処かでヒタキが「ヒ、カタカタ」と暢気らしく鳴いている。

岩壁は果てもなく続いているらしい、根曲り竹が夫へ緑の縁をつけたように生えている、そこが私達の唯一の通路なのだ。匍うようにして行くと岩壁の突端に出た、そして恐ろしさに身をすくめずにはいられなかった。私達の登った大磐石の後の絶壁と第一瀑の懸っている絶壁とが平行してこの突端まで来ると、双方から円く抉れて半円を画きながら、絶大な漏斗を真二つに截ち割ったような奇怪な形をして、幾丈とも知れぬ脚下に不可測の深淵を抱いている、それが花崗片麻岩の全石であるから驚く、天魔の加えた大(おお)丸鑿(まるのみ)の一撃に山の胴骨がけし飛んだ痕であろう。此処から瞰下(みおろ)すと左斜に十五六間離れて第一瀑が全身を露わしている。十余丈と測られた大瀑布も、空恐ろしき迄に荒らかな周囲の物象に威嚇されて極度に緊張した視神経を刺激するには、余りに繊細であった。動揺する瀑の水よりも、其下に湛えた藍色の水に恐る可き秘密の力が籠っている。私達は底光りのする青黒い淵を覗いて今更のように怖れ戦(おのの)いた。

漏斗の縁は六尺許りの懸崖に取り巻かれているが、磨き立てたように滑らかな壁面には、根を下すことが不可能なのであろう、小さな虫の宿となるべき一本の草とても無い、私達がおずおず縁を廻り始めた頃には、長次郎も源次郎も既に向う側へ廻って、崖に取り付く足場を択(えら)んでいた。金作は私達の後から気を付けて呉れる。どうかすると上から小砂利が漏斗の内壁にザラザラと落ちて来て、其上を蹈むとするりと滑る、ハッと胸騒ぎがする、蟻地獄の縁を匐い廻る小虫の惨めさを思い出す。全身の力を十指に籠めて軽く足を内壁にあてがいながら辛く廻り終ると、崖が急にのり出して私達を突き飛そうとする。また細引が横に張られた、夫に縋って深山榛の繁った崖の上に出た時には、皆吻(ほっ)と息した。これから先も同じ崖続きであるが、木が多いので骨の折れる代りに少しも危くない。下から遥に見上げた大岩の下を向うに廻ると、谷が右に折れて目八分の高さに雪渓の端が顕れた、其処には全石を底とした六尺許りの滝があって、雪渓の下から走り出た冷い水が、練絹(ねりぎぬ)を垂れかけたようにするすると岩壁を駆け下りている。右側は上れないので、滝の下を徒渉して、左側の大きな岩の上に皆疲れた体を休めた。

十日の後大町の対山館に泊って、久振りに酒の香を味いながら、今度の旅行で一番苦しかったのは何処だったろうという話の出た時、それは釜谷の上りだったということに誰も異議は無かった。直径にすれば三町にも足らぬ場所に一時間余を費したのであるから、余り楽な登りではなかったに間違ない。

疲労に伴う四肢の倦怠と懶い気分とが、容易に体を起そうともしないのを、無理に引立てるようにして此処を出懸けた。長い雪渓が始まる、勾配は可なり急ではあるがカンジキを穿(は)く程でもない。両側を限る山裾は刈り込んだように矮(ひく)い灌木が叢生している許りで、あれ程人を苦めた絶壁はもう影も形も見せなくなった。私達は時折立ち停っては二言三言いい交しながら、雪の表面に印した波紋のような凹凸を一歩一歩に蹈んで、知らぬ間にグングン登って行く、もう余程登ったろう、行手左よりに近く山の鞍部らしいものが見え出した、主脈にしては少し低過ぎるように感じたので、毛勝から大明神へ続く尾根の一部ではないかと思ったが、翌日になって矢張釜谷山と毛勝とを連続する主脈の鞍部であることが分った。

振り返えると、大明神山に屯(たむろ)していた積雲の集団はいつか溶け去って、海鼠(なまこ)のような怪しげな雲が山の肌をのろのろ匐っている。谷間の空気はドンヨリと薄く濁って、末は低く垂れた幽鬱な空の方に拡がって行く。其下に富山平原の一部が一様に灰色の幕に裹(つつ)まれて、死滅した世界のように静に横たわっている。

雪が尽きて急な岩の梯子を二十間許り登ると、渓が左右に分れて、片麻岩の大塊が鋸の歯のような鋭い圭角(けいかく)をいら立たせて押重っている下に、小砂利を敷き詰めた平があって、泡の浮いた薄汚い水が溜っている。最う泊り場所を探さなければならない時刻になった。此処は水に不自由はないが位置が如何にも悪い。私達は荷持ちの連中を残して其処らを探し歩いた。南日君は左の谷を探りながら登って行った。私は左右の渓に挟まれた急な尾根を攀じ登って、其処に草原を取り巻いて垣根のように生えている偃松の姿を見た時には、何だか一年振りで自分の故郷へでも帰って来たような気がした。泊り場所は直ぐ此処と決った。草原というてもこの急峻な尾根の中腹である、天幕などは勿論張れそうにもない、右の谷へ少し下りて水を得られたのが仕合せな位だ。夕飯はその谷間で済した。濃い紅の花を持った大桜草やベニバナイチゴの群落が、晴れの饗宴を飾る卓上の花のように私達の石の食卓を飾って呉れる。偃松の枝を堆く積み重ねた上に莫蓙を敷いて、鹿の寝床のようなものが出来上った頃、海神の弄(もてあそ)ぶ紅玉のような落日の影が日本海の水平線上に顕れたが、間もなく沈んでしまうと暗の翼が拡がり始めた。南日君や長次郎達は鼠色に暮れ行く富山平原の中を頻りに物色して、何と何が見えるとか見えないとか、久しいこと話していた。

農商務省四十万分一予察地質図に拠ると、片貝川の上流地方はすべて片麻岩として記載してある。今までの所見では、岩の片状の構造が不明瞭なので、恰(あたか)も花崗岩のように見えた、それで花崗片麻岩なる文字を用いることにした。最も露営地付近のものは素人目にも明に劈開(へきかい)性(せい)が認められる。併し外見だけでは専門家でさえ誤り易い岩石の鑑定が、素養のない吾々に間違なく出来る筈はないのであるから、唯に感じたままを無責任に記して置く許りである。

小黒部谷の入り・上（毛勝山及び猫又山）

七月二十七日。午前六時四十五分、釜谷山腹の露営地出発。七時四十分、釜谷山頂上。八時、出発。山稜を北に伝い一峰を踰えて、九時、毛勝山頂上着。五十分休憩。十時五十分、再び釜谷山頂上。十一時出発、南に向って下る途中水を得て昼食。午後一時出発。一時五十分、猫又山頂上。二時二十五分、出発。三時三十分、猫又の池。五時、椈倉峠着。左に雪渓を下ること四十分にして、小黒部谷の支流中ノ谷の河原に野営。

毛勝山と猫又山との中間に位する尖峰は、標高不明なるも毛勝山（二四一四米）よりは少し高いようである。目測では二四二〇米を超えているように思われる。私達はこの尖峰を釜谷山と命名した。

夜明け迄に幾度か眼が覚めた。毛布を被って芋を転がしたように寝ている体と体とが犇と押し合って、偃松の床からずり落ちそうになる、其度毎にねちごち動くので誰もよくは睡れなかったらしい。三時半頃思い切って寝床を出た。草原は水を打ったように霑れている、夜半に雨が降ったのかも知れない、考えると何だかそのような気もする。それでも近間の山には雲の影もなく、空は水浅葱に澄んで、天狼星が水の落ちて来る左側の崖の上の雪田を掠めて幽かに光っている。宵に脚の方で焚いた火が燃えさしになって消え残っている上へ偃松の枯枝をくべて、火にあたっていると、麓の方から時鳥の声が聞えて来る、近くの木陰で目細がもの錆びた声を鳴き交わす、東が白んで天が明け始めた。長次郎を起して朝の支度にかかる。もくもく上る焚火の煙が谷へ靡(なび)いて、眼界も其方へ開ける。双眼鏡で一わたり見渡したが、日本海へ突堤の如く突き出した能登半島の山々の外には、目を惹く程の興味あるものは映らなかった。「好いお天気だぞ」という声に皆起きて来て、昨夜の寝苦しかったことを話し合って笑った。金作一人は煙草を吹かしながら「昨夜はよく寝られたぞ」ととぼける。よく戯談をいう男だ。何でも寝しなに南日君が「危ない所へ寝るなあ」というのも関わず、草原へコロリと横になって「コリャいい寝床だ」と其儘(そのまま)寝てしまったようであったが、今朝見ると、一度寝返りを打っても下の谷まで転げ落ちそうな所だった。

尾根は偃松の海が深いので、右の渓へ下りて水の無い急な岩の上を登り始める。大雨でも降ると大小幾つかの瀑の中に石の瀑も交って、さぞ躍り狂うことであろう。登るに連れて渓は浅くなり広く開いて、銀杏の葉形に山の額へ喰い込んでいる。円く盛り上った雪田の光りが偃松の前髪をすべり落ちた銀の櫛のようだ。そこからぼろぼろ岩屑は止めどもなく崩れ出して、ザザーッと薄気味の悪い声を揚げながら頭の上へ落ちて来る。左側の斜面へ移った。水気づいた小砂利や腐った枯葉の上を歩くのでよく滑るが、こっちの方が危なくない。むら消えの雪間に咲きこぼれた白山小桜の花が、若草の野に立って歌を謡っている少女の頬のように美しい。私は躊躇(ためら)いながら其一片を摘んでそっと口にあてた。

俯目になって登って行くと、不意に行手から獣が跳び出した。「ああ羚羊(かもしか)、羚羊」と叫ぶ中に姿は偃松の繁みに隠れる。あたりを見廻したが誰も居なかった。蹄の痕に跟(つ)いて崩れ易い側崖の縁を、偃松や岳樺の枝から枝へと手を伸して、引き上げるように足を運ぶ。やっと雪田の上の崩れへ出た。二、三間先に雷鳥が一羽、人懐しげにこっちを見て立っている、遠い祖先から伝った残忍性の血汐を燃え立たす程の余裕を持たない。崩れを横切って偃松の少ない右の尾根を一息に登る、登って山稜の一角に立った、そして力任せに杖を揮(ふる)って大声に叫び出さずにはいられなかった。次の瞬間には山という山が四方から放つ鋭い銀箭(ぎんせん)の光に射竦(いすく)められてしまった。其時私は一年の間心の隈々に暗い影を投げていた大なる欠陥が今既に半ば満たされたような気がした。

澄み切った朝の大空は、何か期待を絶した暗示でも受けたもののように激しく動揺して、穎敏(えいびん)な神経繊維——軽い一触にもピリリッと顫(ふる)える——そんなものが大気の分子という分子に満ち満ちているのではあるまいか、とように想われる。夫もそうであろう、日本北アルプス北半の山という山の膚から放射される特有の色の波が、電光の如く閃々(せんせん)と虚空に入り乱れて、無数の縦谷に鏤(ちりば)められた大雪渓は、極寒の水で洗い上げた銀の延べ板のように輝いている。大気の動揺はやがて私の心の動揺だった。緊張した神経繊維の末端はこの窮窟な肉体を衝き破って、仄に光る一波の閃(ひらめ)きにもピリピリ顫えている恣な大気の分子――神経繊維と抱き合おうとする、恐ろしい衝動の力。其処に痛い程の快感がある。凝(じ)っとしていると体までがこの儘何処へかけし飛んでしまいそうだ。私は再び杖を揮って大声に叫んだ。

正面南に剣岳が大肌脱ぎになって、恐ろしく肩幅の広い全容を曝露している。頂上は一段高く抜け上って、のし懸るように聳えているのが大鷲の嘴(くちばし)のように鋭い。左右の肩から胸のあたりへかけて、嶄岩(ざんがん)の列が凄まじい岩の大波を捲き起している。唯(た)だ頂上直下から早月川の谷へ引き下ろした一線が割合いになだらかだ。赭黒(あかぐろ)い骨だらけな山の肌には、波頭の砕けたような白いものがチラチラ目に入るが、南から望んだような大雪渓は見られない。別山、雄山、竜王、浄土と立山連峰が劔の右に端然と控えて、あたりの山を寄せ付けまいと威嚇している。立山と奥大日との間から黒岳が銀の筋金打った鉄兜の鉢を朝日に輝かして、黒部川の奥に覇を唱えている。蓮華岳の悠(ゆっ)たりした線が終ると、薬師の大岳が根張りの強い大日岳を礎(いしずえ)のように蹈まえて、穏かな金字塔を押し立てる。遠い空に白山が独り雲の褥(しとね)を幾枚か重ねて端然と坐っている。富山平原から日本海の方面へかけては、早や層雲の幕が秋の大水のように拡がってしまった。

劒の左の肩から東へ引き落した線はガックリ北に折れて、一段低く小窓の頭、大窓の頭と続いている。流石にこれは劒の後衛だけに鋭い圭角(けいかく)が大鋸の歯を刻んでいる。大窓の北は白兀(しらはげ)、赤兀の奇醜な円頂から、白萩、赤谷と緩く波を打った山稜が小黒部谷の西を限って、直ぐ前の猫又山の蔭に隠れる。黒部川対岸の崇嶺大岳(すうれいたいがく)は私の立っている山稜の峰頭に遮ぎられて、纔(わずか)に額を覗かせているに止まるが、儼乎(げんこ)たる特有の山貌は紛る可くもない。二羽の大鷲が劒岳の蒼空に悠々と輪を画いて舞っている。

いつの間にか長次郎が登って来て、私の立っている方へと足を向けたので、真直ぐに登る方が近いと教えても「マア景色を眺めにぁ」と言いながら、重い荷を背負って偃松を分け始めた。私はこの忠実な山人の心も知らないもののように思われて気恥しくなった。併し嬉しかった。山に憧れていたのは私達ばかりでは無かったのだ。続く人達も皆この山稜の一角に立って、始めて接した山々の姿に心のゆくまで眺め入った。黄揚羽が忙しそうに其処らを飛び廻って往ったり来たりしている。

人の蹈んだものらしい足跡を辿って十五六間登ると、岩が現われ偃松が矮くなって直ぐ絶頂に出た。三本の糸を指先で抓(つま)み上げたように尖った山だ。偃松が無ければ荷物を置くことさえ覚束ない。一本の糸は今登って来た山稜で、他の二本は南の猫又山と北の毛勝山に続く山稜に当っている。何と云う山か案内者を連れない私達には分らないが、釜谷山と呼ぶことにした。敢て此山許りではない、行く先々の名称不明の地点に対しても、便宜の為に縁のありそうな名前を勝手に付けたものが少くない。帰京後私の手の届く限り此辺の山に関する古い地図や地誌の類を漁ったのであるが、記録を有する山は一として見当らなかった。されば現に其地の猟師や山稼ぎの人などが用いる称呼に従わなければならぬ訳であるが、夫が出来なかったのは遺憾である。

夫よりも遺憾であったのは針木以南の連嶺が雲の為に見えなかった事だ。遠い南方の空は真夏らしい輝きを帯びた純白な積雲の塊が崩れては湧き崩れては湧いている間から、針木岳の尖頂だけが目ま苦しく出没する。扇沢から吹き颺げられた千切れ雲が気紛れに手を伸して、時々祖父岳の額を撫でに来るが、双尖を聳やかした鹿島槍ケ岳の威容に慴えて、慌てたように黒部の大谷に逃げ込む。五竜岳、唐松岳の空線が天半を截って、大地震の震波のような線を描く。其処から一段高く破風を抜き上げて、大伽藍の岩の屋根を見せているのが奥不帰岳の連嶂だ。雪の漆喰がボロボロに剝げ落ちて、赭茶化た石の瓦に偃松の古苔が蒼黝く蒸している。鑓ケ岳、杓子岳から力の籠った線が緊張の度を倍加して、朝日岳の肩越しに大蓮華山の尖鋭なる峰頂を一刀に刻み上げている。山稜の大波は更に北に走って、鉢ケ岳、雪倉岳の波頭が白く突立つ。遥に離れて尨大な朝日岳から蒼い穏かな線のうねりが遠く天際に揺曳して、無辺際に拡がり行く巨鐘の音波のような余韻を偲ばせている。

それのみではない。日本の屋根ともいう可き北アルプスの二大脊梁――東西に平行して南北に縦走する立山山脈と後立山山脈――の大棟を辷(すべ)り落ちる無量の雫を集めた絶大な雨樋は、黒部川の峡谷となって脚下に展開している。山の彫刻に曠世(こうせい)の技倆を揮った大自然の手は、此処にも企及(ききゅう)す可らざる布置按配の巧妙を示した一幅の大画を拡げて、渓間に漲充(ちょうじゅう)された軟熟な翠色の空気は、画面に一段の幽邃(ゆうすい)と落付きとを加えている。私達の眼は華やかにも沈痛を極めた色の中に漂うている許りである。私は南アルプスの大井川に匹敵する峡谷を北アルプスに覓(もと)めて、この黒部川を得た、そして満足した。此二者が好個の対照をなしていることは他に類を求められない。赤石山系の水が大井川に集って南の方太平洋に朝するが如く、立山後立山両山脈の水は黒部川に運ばれて北の方日本海に注いでいる。大井川は古生層より成れる山脈の間を穿鑿(せんさく)して流れ、従って河身の屈曲が甚しいが、黒部川は深造岩（主として）より成れる山脈の間を穿鑿し、従って水際に断崖絶壁多く、本流は殆ど急湍(きゅうたん)の連続である。彼に水成岩の美があれば、此に花崗岩片麻岩の美がある。常緑の針葉樹林が大井川峡谷の誇りであるならば、四時不断の雪渓は黒部川峡谷の誇りではあるまいか。此に多くの温泉が有って彼に少ないのは敢て意とするに足らぬ。私は大井川が好きだ、黒部川も好きだ。日本に此二大峡谷あるを少くとも私丈は幸福だと信じている。

毛勝の頂上を窮(きわ)めることは最初からの目的であるから、此処に荷物を残して北に続く山稜に足を向けた。少し下ると大雪田が始まる、白山小桜、珍車(ちんぐるま)、小岩鏡、岩銀杏(いわいちょう)などが目に入る。山稜の西側は偃松の波を蒼く湛えているが、小黒部谷に面した東側は、草原の斜面が雪の堤防を築いて、其雪は遥かの谷底まで続いている。雪田が尽きると毛勝の西峰に連なる鞍部に出た。昨日南日君の這入った谷を真直ぐに登れば、直接に此鞍部へ出られる。此処で私達が偃松に喰い止められている間に、身軽になった長次郎達はもう毛勝の斜面に隠れてしまった。西峰と毛勝との間には二十米に足らぬ小隆起がある、片麻岩の大塊が縦横に錯列して、其上に矮い偃松のカサカサした枝が針坊主に針を刺したように先の方へチョッピリと葉を着けてのた打廻っている。南日君の大嫌いな場所だ。黒部五郎岳を東から登る途中に此処を一層大きくしたような所があったと覚えている。南へ廻って偃松の途切れた草原を北に登り詰めると毛勝の頂上だ、見すぼらしい測量の櫓が北の端に立っている。頂上は鍋を伏せたように丸く盛り上って、中央の四坪許りの地が少許(すこしばかり)の岩片と白い砂利を敷き均してある外は、短く刈り込んだ芝生のような草原で、東は直ぐ一面の雪田に取り巻かれている。此雪田は小黒部の北の谷に続くもので、雪量の多いことは大窓の雪渓にも劣らないように思える。北から西へかけては破片岩の急斜面に偃松が脊伸びしている。東北に派出した山稜は、東又を中に脚の下から弧を描いて、三名引（さんなびき）山、滝倉岳（陸測五万、駒ケ岳）、僧ケ岳と、低いながらも強弩（きようど）の余勢は流石に筋張った処がある。殊に三名引山のあたりは峯頭が幾多の岩骨を剝き出して、尾根が柘榴（ざくろ）の如く壊裂している。猿飛附近であろう、一と所黒部川が穹（ふか）い底から白い眼で此方を睨み上げていた。祖父谷、祖母（ばば）谷の上流は五指を開いたように小谷が岐れて、悽愴な光を放つ赭色のガレが、酷（むご）たらしく山の肌に喰い込んでいる。硫黄沢の大抜けは其一つだ、磨きをかけた銅の薬研（やげん）を竪（た）てたような此沢は、痛い程に神経を刺激せずには置かない。

　此山に滝倉岳なる名称を与えたのは全く地質調査所の誤りであると信ずる。つまり奥仙丈岳を甲信両国界の朝日岳に、有峰の西に峙（そばだ）つ東笠西笠の別称である鯉鮒山を越中沢岳に擬したのと同一轍に陥ったもので、陸測五万黒部図幅の駒ケ岳即ち滝倉谷の上に聳えている二千二米の峯が滝倉岳であることは、越中の古図や古地誌乃至郡村誌（内閣文庫及大学図書館所蔵）の類を見れば、容易に推知されると共に、片貝谷村では現にそう唱えている。要するに滝倉岳なる名は毛勝山の別名とす可き性質のものではない、他に独立して存在している山の名称である。これも亦（また）古くから知られていた山名が見当違いの山に与えられた例とも見る可きものであろう。

毛勝は饑渇（きかつ）の宛字であるとすれば、饑渇をケカツと発音することは、独り越中地方にのみ限られた訛音ではなく、古くから行われた我国の発音の癖で、今もケカツと唱えている地方が少なくないから、是に対して別に異議はないが、ケカツ谷を饑渇谷と断定し、終歳雪の消えない此深谷に這入った者は、饑渇となって死ぬる為に名付けられたのだという説明は、それが離し難い熟字であるとはいうものの少し可笑しく思われる。食物は尽きたが雪を噛って生きていたというような伝説を耳にすることが多いから、生還した者が無いというような場合には、原因は実際饑渇の為であっても、俗には不帰谷とか悪（ワル）谷とか又は親不知子不知といった風の名で呼ぶのが、日本人には普通のようである。赤鬼、餓鬼、夜叉などは総て仏教から来た名前である上は、仏教信者が恐ろしげな山に此等の名を附けるのは敢て怪しむに足らない。饑渇なる漢語をこれと同一に律するのは余り面白くないように思われる。中村君の話に依ると、音沢村の猟師佐々木助七は、小黒部の北の谷の南即ち釜谷山の東直下に在る谷をケカツ谷だと教えたそうである。ケカツの由来に就ては南日君や吉沢君の説が曽て「山岳」誌上に発表された。私はそれらを熟読して唯だ自分の腑に落ちない所を茲（ここ）に書き連ねた丈である。自説を立てる程の材料は持っていない。

暢（の）んびりした気持になって櫓の周りに寝転びながら、皆して取止めもない浮世話に耽る。南日君は柱の一本に「八月二十日南日三人」と刻まれた文字を指して、先年の登山の確実なることを証明した。今日あたり若(も)しや中村君が鐘釣温泉から登って来るかも知れないと思って、頻りに怒鳴ったり雪渓の上を探して見たりしたが、人の来るらしい気配もないので、五月笛吹川の東沢で釜に苦しめられたことや昨日の苦しかったことを取り交ぜて、「今年は釜の当り年だ」というようなことを書いた紙片を標石の上に載せて置いた。そして明日にも中村君が之を見たなら、「ナーンだ、馬鹿だなあ」と言いながら、ヨロヨロの櫓を吹き飛ばさんず勢で、例の呵々(かか)大笑するに相違ないと想って、南日君と二人で腹の皮を撚(よじ)った。其後同君は天候の都合で登らなかったと聞いたから、櫓も未だに無事で残っているであろう。

日はぽかぽかと昫(あたたか)い、まるで春の野原にでも寝そべっているようだ。話をするのも懶くなって睡気がさして来る、長次郎などはとうに鼾(いびき)をかいて寝て了った。小一時間遊んでいる中に黒部の谷から雲が湧き上って、日が影ると薄ら寒くなる。帰りがけに兎の子を二疋追い出して一疋を捕えた、皆して猫の子を撫でるように面白がって撫で廻す。可愛い大きな目をしてオドオドしている。元の穴へ入れようとしたが手を放れると直ぐ偃松の中へ潜り込んでしまった。南を見ると雲の中から高い尖峰が眼の前に顕れる、不思議と能く視れば何の事釜谷山であった。今度は雪田の上で金作が雷鳥の子を二羽つかまえた、足を縛って囮（おとり）にして親鳥を捕るのだと旨い事を考え出したが、此雷鳥は親馬鹿でない唯一の例であったものか、遠くの方から見ているだけなので、折角の妙案も役に立たなかった。

釜谷山から南をさして偃松の中の切明けを少し下ると、窪地に残った雪の下から冷い水が流れ出している。其水を趁（お）って更に樺や偃松の枝につかまりながら下りた処は、広い雪田に埋もれた草の斜面である。白山小桜、栂桜、アオノツガザクラなどが雪解の跡につつましやかに咲いている。此処で足りないだけの飯を炊いて昼食を済した、小黒部方面の谷という谷は、視線の及ぶ限り一として上の雪田から下の谷底まで、雪を鏤（ちりば）めていないものは無い、毛勝の東南面に懸っているものは殊に壮大である。力の籠った谷風が一陣また一陣、蹈鞴（たたら）のように狭い峡間を吹き上げて来る、其度毎に烟のような雲がムーッと舞い颺（あが）る後から、日光がキラリと映した時には、最うそれは雪ではなかった、強烈な白熱の光を放つ金属のどろどろした溶液のようであった。

雪田はのろのろと何処までも私達を引張って行くようだ。白山小桜の紅い花があっちにもこっちにも雪に額を擦り付けて、何か囁き交わしている。薄ぼやけた雲が白い裾を曳いて狂女のように猫又谷に駈け下りて行く。雪田までが誘れ気味にヨロヨロと起ち上って、屋根ほどの大きな巌に凭（もた）れかかりさま向うを覗いている。恐ろしく脊の高い偃松の中を旨く切明けを見付けて通り抜ける、横に楔形（くさびがた）をして雪田の端が右手の山腹に天守台の石垣のような断崖を削り出す、厚い所は、三四丈もあろうと思われる。其下の縁に沿うて白山小桜の咲いている細い畝（うね）を少し登ると好い平に出た。この広いそして僅に南東に傾いた原のような平が猫又山の頂上だった。三角点は北寄りの小高い処に在って、櫓も未だ残っている。偃松に囲まれた小さな窪地が二ツ三ツ、狭い入口を原の方に向けて開いている。此処に泊りたいような気がしたが、時計を見ると情ない哉（かな）まだやっと二時を過ぎた許りである。

　鼠色の雲は時々むらを生じて、消えかかった提灯のように明るくなったり暗くなったりするが、この美しい山上の高原は彼等の住家ででもあるものか、執念（しつこ）く原を取り巻いて唯だ私達を焦（じ）らす許りだ。同じような斜面の何処を下りたらいいものか判断がつかない。こうなると地図も磁石もさして役に立たなくなる。果しがないからいい加減に見当を付けて降り始めたが、忽ち急な雪渓が私達の足を封じてしまった。どうも東へ寄り過ぎたようだ。雪渓を横切って暫く其縁を下る、斜面が峻（けわ）しくなって歩けなくなると、木立の中を右に衝き抜けて、前面を小さい尾根で堤防のように遮ぎられた緩い傾斜地に出る。ひどい笹だ。此時雲がうすれて西の方へ南を指して下るらしい尾根の一部が朧（おぼろ）げに現れた、針葉樹の立木が濡紙にぱたりぱたりと墨をにじましたような影をつくる。目指す山稜だなと直覚したものの行先が見透せない。兎も角も前の堤防へ登って一思案する気で、笹の中へ潜り込む。併し二十歩とは行かぬうちに私達は狭いが深い谷に陥ってしまった。少し踠(もが)いて見たが出られそうも無いから、構わず下ることにする。花崗岩ではないかと思われる岩の大塊が、右からも左からものり出して、脚元のみに気を取られている私達の頭へ「そら危ないぞ」と痛い注意を与えて呉れる。雪が多くなると少しは歩きよくなる。夫も束の間だった。不意に右側の崖がずたずたに壊裂して、底固い地肌の表面を小砂利が万斛簁(まんごくどおし)にかけられたようにザラザラ崩れ落ちている大薙の中途へ出た。雪渓の端が下にギザギザの口を開いて、獲物の落ちて来るのを待っている。匐うようにして辿り着いた処は、山稜の一角であったが、決して頼りになる味方では無かった。太い根曲り竹の藪が深山榛や樺の類を犇(ひし)と抱きすくめて、絡み合った小枝が網目よりも細かい。矢でも鉄砲でも来いとはこのこった。そこへ人間がぶつかったのだから堪らない。それでも金作や源次郎は何処をどう通り抜けたか、私達三人が運を足に任せて盲歩きに足掻き廻った揚句、やっと矮い草原へ放り出されて向うを見た時には、一町も先の小高い峰角に荷を卸して休んでいた。長次郎は下を廻って雪渓を搦んで来たと話したが、見た所では私達には真似られそうにもない。此峰の北側は些の平で二坪程の池がある。野営でもしたものか燼(もえさし)の木が散らばっている。黒部図幅の猫又山から南東へ派出された尾根が千九百六十米の地点で、圏が延びているのは此平を表わしたものであろうか。猫又の池と命名したが夫程凄い場所では無い。

此処で尾根が左右に岐れる。現在の位置が不確なので、地図通りに直ぐ左とも決められない。金作と二人で横にのり出した樺の木に攀じ上って下を覗いて見た。雲の海は汐の引くように下の瀬戸を音もなく西へ流れている許りだ。振り仰ぐと南方の天に、動く雲の間から凝って動かない藍靛（らんてん）の色が滲み出した。次の瞬間には朧ろの線が見る見る力の満ちた大きな岳の一部を現わした。劔が見えるぞと怒鳴る。急いで荷を背負って左の尾根を下った。唐檜の木立に這入ると切明けの跡が判然したので吻（ほっ）と安心する。又池があった、前のよりは少し大きい。是に至って私達は雲の領を脱したのであろう、眼の前がパッと開けて、脚の下に椈倉峠の頂上が草原らしい緑を展（ひろ）げる、雪田も間近に光っている。あの下から豊かな水がだぶだぶと音を立てて流れ出しているのではあるまいか。「好い泊り場所だ」、誰かそんなことを言った者がある。峠向うの尾根には切明けの跡が上へ上へと雲の中まで続く。「明日は楽だな、あれを登りゃ造作もない」、皆暢気な顔を見合して笑った。

山稜は益々急になって、又しても根曲り竹の密叢へ誘（ひ）き込まれる。切明けの跡はあってもそこは日当りのいい所為か、新らしい笹が勢よく伸びて、古い切株から生えた樺や槭の蘖が腕程の太さに育っている。何でもいい、もう驀らに下る許りだ。竹藪から木立へ、木立から竹藪へ、野獣の如く潜り込んで、一時間近くも歩くというよりはずり落ちた。小枝や笹の葉が汗ばんだ額や首筋を容赦なく引掻き廻すので、蚯蚓腫れのした痕がひりひり痛む。拗けくねった栂が出て来ると尾根も幾つかに岐れて、どれもこれも岩骨を剝き出している。米躑躅の類であろう、岩の襞に白い花を綴っているが、下を覗いただけで身顫いして引返した。東寄りの岩壁の間の急峻な空谷を草に攫りながら背向きにドッと辷り下りる。其処から右に切れて岩の多い草地に腰を落ち付けた。振り返って見上げると、どの尾根にも赤裸になった坊主頭の岩が凄い顔をして脅かしている。其方へくるりと尻を向けてサッサと下って行く、始めは足場がよかったが直ぐ又笹がのさばり出す。大きな鎌か何かで無茶苦茶に薙ぎ倒して遣り度くなった。舌打ちをしながら押し分けて進むと、いつか爪先が仰ぐようになる。此笹原が峠の頂上だったのだ。東の斜面を少し下った処に果して雪田が現われた。物々しい道具立こそないが、一目に夫と知られる程の荒れた寂しい所である。干からびて素気もない土は、雪解の水を何処へ吸い込んでしまうのであろう、木の芽もまだほぐれ兼ねている。温かい感じのする色などは一として目に入らないのだ。先っき上から眺めたあの草原もあのだぶだぶの水も、畢竟沙漠を旅するキャラバンの幻視に過ぎなかったのであろうか。私は腹立たしくなった。天幕を張れないのは我慢するとしても、此の低い谷間へ下りながら、雪を溶したあの薄汚い水をさも貴いもののようにして、馬鹿骨を折って炊いた糠臭い飯などは、この大事な空き腹にあてがい度はない。水、水。私は人には構わず先に立って中ノ谷をドンドン下った。三、四町も行くと広いが急な雪渓に下り立つ。長次郎が続いて来たので、連れ立って遥か下に見える河原をさして急いだ。途中左側に天幕を張れるほどの平を見かけたが、高い崖の近くだけに飛石が危ないと長次郎がいう。皆後から下りて来た。南日君は妙な足取りで雪渓ばかり下りて来るので、見ている人には危くって仕方がない。左側の斜面へ移るように下から怒鳴るが、聞えたのか聞えないのか、矢張り雪の上を辿って来る。後で聞くと足袋が小さいので爪先が痛いから、わざと雪を下りたのだと腫れ上った指を見せる。可なり水量のある大きな沢が左から雪渓に落ち合っている上手の河原へ荷を卸して、手の切れるような冷い水で顔を洗ったり体を拭いたりしている中に、河原が均され天幕が張られて、めらめらと勢よく燃え上る火の上で大鍋が沸々音を立てる時分には、冷え切った体にも温い血が循り始めた。

一しきり華やかであった夕栄の色がふっつり消えると、あたりが急に暗くなる。黒部の大谷では鉛色の雲が稍や暫くの間、生れ故郷を探しあぐねた放浪の子のようにのろのろ動き廻っていたが、やがて下へ下へと沈んで、山の精霊が浮み上ったように透明な肌を持った岳の額から、既望の月が冴えた光を送って来た。

吉沢君や中村君に拠ると、椈倉峠から小黒部に下る谷は、中ノ谷と呼ばれているとのことである。尚お中村君は、折尾谷は小黒部谷の支流ではなく、黒部川に直注する沢の名であることを話された。

小黒部谷の入り・中（赤谷山及赤兀白兀）

七月二十八日。午前六時三十分、中ノ谷の露営地出発。峠に出ずして直に南側の谷を登り、七時三十分、山稜に達す。片貝方面より小黒部谷及仙人湯に通いし古道あり。八時、餓鬼の田。八時三十分、出発。根曲り笹の密叢に分け入り、九時四十分、偃松帯に達して休憩。九時五十分、出発。切明けあり、岩石露出登攀反て困難ならず。十時四十五分、赤谷山頂上着。正面南に劒岳の豪壮なる山容を仰ぐ。昼食後、午後十二時五十分、出発。二時、白萩山と赤兀との鞍部。稍や大なる池あり。二時三十分、出発。山稜の南側を伝うて、密林の間を押し分け、強行三十分にして之を通過し、草多き斜面を登りて、四時十五分、赤兀頂上。直に出発。山稜険悪を極む。四時四十五分、白兀頂上二千三百八十七米の三角点に達す。五時二十五分、出発。峰二つ踰えて右に山腹を横切り、六時十五分、大窓着。峠を稍や西に下りて野営。

賑かな青蜩（ひぐらし）の声を聞いて、毛布を体に巻きつけながらそっと天幕から這い出した。見ると、星影のうすれた狭い谷間の空を一道の白気が黄道光(こうどうこう)の如く東から西へ流れている。雪渓の雪が先ず其光を吸って仄(ほのか)に輝き始める。何処かで角笛でも吹くような木兎(みみずく)の叫声が二度三度聞えると、夫が合図でもあるように鼠色の衣をすっぽりと被った「闇」は、木蔭から木蔭に身を潜めて、忍びやかに杳(はる)かの谷底――黒部の大谷をさしてぞろぞろと下りて行く気配がある。今度は時鳥が頻りに鳴き出した。大きな焚火を前にして煙草を吹かしていると、東の空が遠い火事でも始まったようにぽうっと赤く燻り出して、夫が見る見る紫がかった透明な薄桃色に変って行く。大蓮華山から唐松岳に至る連嶺が、紫紺の肌を水色の大気に洗わせて、目も覚むる許り鮮かになった。

　水に不自由がないので、楊子を使ったり復(ま)た体を拭いたりして、身拵(みごしらえ)が済むと朝飯になる。土地が低い所だけに昨夜は暖かだったし、割合に能く寝られたので今朝は皆元気だ。直ぐ側の水楊の林で鶯が囀ずる。其声に送られて茲(ここ)を出掛けた。昨日下りた雪渓をまた峠まで登って、あの厭な笹原を潜るのは少し馬鹿念が入り過ぎると思ったので、雪渓の途中から南側の山腹を穿(うが)った急な石滝を登り始める。峠からは二つ目の沢である。山桜の咲いているのが余り綺麗だったので、よせば好いのについ手を出して一枝折ったが、次の休み場所で挿木にしてしまった。

　急な登りが四、五町も続いたかと思う中に谷が浅くなって、山崩れのした跡の急斜面に突き当る。左に水の流れ落ちた痕らしいものはあるが、谷というよりは一つの窪に過ぎないもので、先の見透せない程に木立が茂っている。草に縋(すが)りながら斜面を横に搦(から)んで、右手の痩尾根を登って行くと間もなく山稜に出た。丁度立山図幅の千八百六十米の圏が北に延びた地点に当っている。立派な道が有るので驚いたが、二十年も前に仙人の湯を開いた時のものだと聞いて安心した。此処は山稜が平である為に、左程荒廃した様子も見せずに元の形を存しているのであろう。南日君の話に拠ると、此道は片貝から通じたものであるそうだが、猫又谷を遡って猫又谷の西を搦んで来たものか、或は坂様谷の落口から右に尾根を登って其儘中下新川界の山稜を伝って来たものか、判然したことは知れなかった。三、四十間行くと果して道は失せている。雑木や根曲り笹の茂った小高い所を越して、背の矮い笹原を蹂(ふみにじ)りながら狭い山稜を東に行くと、些かな窪地に水の溜っている草原に出た。所謂(いわゆる)餓鬼の田だ。水際には纔(わず)かではあるが雪も残っているのに蛙が鳴いている。跫音(あしおと)が近付くとひたと止んでしまう。どんな蛙か見たいものだと思って、暫らく探したがとうとう知れなかった。東の方を覗くと、脚の下から小黒部の谷へ延びている尾根の中ほどにも小さい池があって、真青な水を湛えている。蛙がまた鳴き出した。気の所為(せい)か何だか私を嘲っているようにも聞える。忌々しい奴だ。これでも喰らえと側にあった兎の糞を拾って、力任せに投げ付けてやる。

此処は低いが四方が開けているので可なり眺望が好い。野営地からは見えなかった五竜岳や鹿島槍岳が唐松岳の南に頭を擡(もた)げて来た。名高い八峰(はちみね)の断裂は、底が五竜岳の方に抉(えぐ)れ込んではいるものの、斯う離れて眺めては、天魔が巨箭(きょせん)を飛ばしてザクリと射抜いた鏃(やじり)の痕のように小さい。南方の天には劒岳が赤谷山から右に引き下ろした尾根の上に鋭い峯角を覗かせる。大日岳の長大な山稜がガックリ低くなると、雲の海が目も遥に続いて、白山が独り紺碧の空にふわりと横たわる。長次郎達は双眼鏡で頻りに大黒鉱山の附近を物色して、人が居たとか居ないとか言いながら、子供のように嬉しがっていた。

南に向って同じ草原の山稜を暫く行くとまた笹が始まる。背の低い黒部杉や栂などの生えている下を通る時には、切明けの跡が判然しているので、他に迷い込むような心配は無い。三四十米も登ったろうと思う頃、山勢が一曲して東に向くと笹が少し途切れて、草の生えた窪地に続く。此処も稍や広い高原状の湿地で、今は水は無いが、雪解の頃は浅い池であったろう。附近には毛氈苔(もうせんごけ)が敷物の模様のように其処此処に叢生して、小さな白い花を綴っている。山稜は更に東の方へ延びて、中ノ谷と棡倉谷とを分つ尾根となって、小黒部谷へ低下している。餓鬼の田から瞰下ろした池のあるのは此尾根だ。谷の行衛(ゆくえ)を趁(お)うて目を移すと、突き当りに小黒部の大抜けが、裂けた雪の繃帯から生々しい岩骨を曝露して、目が眩むようだ、何処かで郭公が頻りに物寂しい声を繰り返して鳴いている。

目指す赤谷山に続く山稜は、此の窪地の西のはずれの根曲り竹や雑木の密生した、夫とも分らないような斜面を可なり登ってからでなければ、尾根らしい形を成していないから、雨か霧にでも閉じ込められた日には、容易に足が出せまいと想われる。其上連日私達を苦しめていた藪は、少しも其勢を弛(ゆる)めない許りか、此処から百二三十米を登る間というものは、極度の蔓(はびこ)り方で、矢でも鉄砲でも来いといった位の生優しいものではない。昨日猫又山から下る途中「明日は楽だな」と喜んだ立派な切明けは、椈倉峠の草原やだぶだぶの水と同じく、何かに付けて楽をしたがるさもしい根性から、血迷った網膜が勝手に映して見せた幻影に過ぎなかった。尤(もっと)も切明けの跡は全然無い訳ではないが、高さ一丈にも余る根曲り竹の上を歩くことは、人間には出来そうにもない業だ。

又藪に潜り込む。秩父の奥山で散々苛め抜かれて、藪潜りにかけては魚が水を泳ぎ鼹(もぐら)が土を潜るようなものだと、大に得意になっていた鼻先を、青竹の笞(むち)でいやという程弾き飛ばされて、忽ちへし折られて仕舞った。右を見ても左を見ても篦(やがら)を束ねたように簇生した篁(たかむら)の中では、眼なんか無くとも一向差支はない、有れば近眼でも遠視眼でも持ち合せの者で沢山だ。唯だ手探りに踠(もが)き廻ってよろけた方へ足を運んで行く、誰が何処へ行ったか夫さえ分らない、体が頭から足の先まで汗でびっしょりになる。

漸く笹の中を左に切れて、木立の下の大きな岩に凭れ掛りさま一息する。皆何処へ行ったのか声を懸けても返事がない。足元に落ち重っている新しい笹の枯葉の上に青葉の繁みから日光が洩れて、豹紋のような斑点を染め出す、糸のように痩せた蔭草が青白い茎を抽き出して其上を匐（は）っている。小雀（こがら）らしい鳥がスイースイーと葦五位（よしごい）のような幽かな細い声で鳴き交わすのが、妙に寂しいので、何だかあたりが見廻されてならなかった。

笹の中よりは幾分か登りよさ相に思えたので、木立の中を辿って見る。それも十歩とは行かない中に復た笹の中に追い戻されたみじめさ。諦めてどうでもなれという気になって、其処らを足掻（あが）き廻っている中に、雑木が次第に殖（ふ）えて、恐ろしく背の高い偃松が姿を顕わしたと思ったら、うまく切明けに出た、長次郎が休んでいる、南日君と実君はずっと右寄りの藪の中から、笹葉を背負った蝟（はりねずみ）のような姿をして出て来た。絶頂も早や間近であろうと思ったので、直ぐ出懸る。傾斜は可なり急になったが藪を潜ぐる苦しさに比較すれば何でもない。二町許登ると偃松が途切れて、雑木の繁った窪地のような処を左に通り抜ける。半ば朽ちて土に化した倒木の横から、五、六本の黄色の菌（きのこ）が一塊りになって生えている。其中の一に妙な虫が附いていたので、手に取って見ると薄墨色をした蛞蝓（なめくじ）であった。形も普通の種類とは少し違っているようだ、長さは一寸位で、背の真中ごろに少し突出した爪のような物が付着している。珍らしいので其儘(そのまま)紙に包んで置いたが、翌日劒沢の岩屋に着いた時ふと気が付いて開けて見ると、干からびて生体も無かったので、残念ながら棄てて了った。

突然行手が開けて正面に赤谷山が姿を顕わした。近いようではあるが未だ二百米は登らなければなるまい。頂上から西の方へ延びた尾根と私達の居る山稜とに抱かれた谷は、山の名に背かない赭色の大崩れが、絶頂から半円形を成して剜(えぐ)り取られたように長く下まで続く。此尾根の上に押し建てられた一列の嶂屏と見えたのは、藍色の地に銀泥をなすり付けた大日岳の連嶺であった。谷の空は低く西に垂れて、富山平原の極(は)てに日本海が薄曇のした鏡のように光っている。先へ登って休んでいた二人と一緒になって、私達も暫く息を入れる。

西南の風を真ともに受けながら、大岩の露出した山腹を登り始めた時には、皆晴々した気持になった。切明けの跡が偃松の海に一路の波痕を印して緩くうねっている。岩間に根を下ろした米躑躅が旨く手掛りや足掛りを造って呉れるが、其度毎に枝間に咲きこぼれたつつましやかな白い花を捲(むし)り取ったり、薄桃色の花を蹈み躙(にじ)ったりするのは、如何にも残忍であるような気がした。私はいつか先に登って、脚の下から抉れ落ちた凄まじい赭岩の大崩壊の突端に立っていた。小さな測量の櫓が南を限る崖の上に姿を見せる。

偃松の枝に縋(すが)って下を覗き込むと、赭黒(あかぐろ)い岩の膚が強烈な日光を浴びて、火に炙(あぶ)られた肉塊のように陽炎が燃えている。蒸れたような熅気(うんき)が吹き上げる風に連れて時々顔を撫でに来る、汗ばんだ五体から今更のように汗が流れて止まなかった。

絶壁の縁を辿って頂上へ急ぐ、房(ふっ)さりした禾本科の植物が柔い葉を拡げて、崖の端から一尺許りの間に瑞々しい緑を敷き延べている。草が短くなって小石交りの斜面に当薬(とうやく)竜胆(りんどう)、ネバリ芒蘭(のぎらん)、岩爪草などがポツポツ見え出したと思ったら、直ぐ頂上に出た。振り返えると南日君が絶崖の縁に立って此方を見上げていた。

頂上は猫又山ほど広くはないが、稍や東南に向けて盆状の高原を開いている。雪が消えてまだ間もあるまいと思われる原は、岩銀杏が隙間もなく密生して、緑青をぶちまけたような平蕪(へいぶ)に、珍車、立山竜胆、四葉塩竈(よつばしおがま)などが鮮かな色彩を点じている。真中の窪い処は一面の雪田で、盛り上った雪は縁から溢れて、小黒部の椈倉谷へなだれ落ちている。西北の縁辺は堤のように小高くなって、いじけた偃松が矮い灌木や根曲り竹の茂った中に押し竦(すく)められて、骨ばかりの枝を突き出している。西と北に小さな測量の櫓がある。下から見えたのは北の端のもので、恐らく之が測量部で建てたものであろう。西の方が一米位高いかもとも思われた。

黒部の谷の空では、時折り砲丸でも破裂したように、真白な雲の塊がだしぬけに湧き出して、匐(は)うように広がり始めたかと思うと直ぐ消えてしまう。祖父岳から北に連なる後立山山脈の群峰は、真額から直射する烈日の光に照り映えて、著しく赤味のさした紫藍の肌には物の隈もない。近く眼の前に聳えている毛勝の連山は、雪に和らげられた濃い緑の色が穏かに溢れて、昨日のあの苦しさが早や半は夢のような懐しい味に変っている。西の方の低い谷間の空は、山の吐くらしい息が薄白く淀んで、其底には早月川の流が一条の銀蛇となって、北に走っているのが仄に見られる。大日岳の連嶂から遠い白山の方面へかけては、日本海から湧き上る雲の峰が今将(まさ)に幾多の大山岳を形造ろうとしている当年の地上のさまを想わせた。

この変幻極まりなき雲の峰を背にして、南正面に屹立した劒岳の豪壮なる山容を仰ぎ見た時の心地は、永く忘れることの出来ない印象の一つである。この旅を始めて以来日一日と其麓に近付くに連れて、山の高さは加わり嶮峻の度は増して、曽ては一度其巓(いただき)を窮めた身にも、自分は果してあの頂上に登ることが出来たのであろうかと疑わざるを得ない程、心の動揺するのを感じた。恐らくこれは此山の見慣れない方面に初めて接した私の神経が、例えば血管内に或物質を注射すると、血液は直に之と対抗す可き特殊の物質を生じて、自己を防衛するのと同じように、山の威圧に対して反抗的に起った神経細胞の動揺であったのであろう。而(しか)も希臘(ギリシア)彫刻の傑作に見るが如き貴き素朴と沈静なる偉大とを兼ね備えた山の前には、私の神経細胞の中に生じつつあった少量の醗酵素は、自己を危くするまでに毒素を分泌するに至らずして、旭に消ゆる霜の如くに溶け去るのを覚えた。此時私は山に登りたいと努力精進する人のみが——山岳宗徒のみが享受することの出来る或神来の力があって、強い心臓の鼓動と共に全身に漲り溢れるのを感じた。そして一瞬時の後には、それが渾身を傾けて山を懐しむ情と変って行く。私は若し自分が画家であったならば之を描きたい、詩人であったならば之を歌いたいと思った。然し画家でも詩人でもない私は、自己の能わざる所を他人が成し遂げて呉れた彼の尊い芸術に依りてのみ、此欲求を満足させるより外に代う可き者はないのであろうか、いや有る、唯一つ有る、絶えず山に登ることがそれだ。

荷物を草原に抛り出したまま、ぼんやりと其処らを見廻している中、真先に南日君の汗ばんだ顔が現れて、間もなく皆が登って来た。雪を溶してお茶を煮、昼飯を済まして、ウイスキーを飲みながら雑談に耽る。初日以来癖になって、昼食後の休みはいつも長い。日向は暑いし風の吹く処は寒いので、風の当らない木蔭を覓めて、鷹に追われた雉子のように偃松の繁みに潜り込む。こんな時に平気で何処へでも腰を据えて、人の騒ぐのを笑って見ているのは、南日君と長次郎だ。悪く言えば至極の不精者で、能く言えば人間界では余り幅の利かない仙人という者に近い人なのであろう。時には小面憎いほど羨ましいと思うこともあるが、時には如何(どう)かしてやりたい様な気のすることもある。今日などは無論引担いで偃松の中へ放下し込んでやったなら、どんなに好い気持であろうと思った。

　此山から尾根は南東に延びて、六七町の先に雑木の茂った雪の多い一峰を起している。此処よりは六七十米も高いらしい。何という山か名を知らないので、仮りに白萩山と命名することにした。其処から東に低下した尾根は急に肩を聳かして、右斜に三つ奇醜な円頂を擡(もた)げている。此処から眺めた所では南寄りの者が最も高く、中央の者が最も低い。この駢立(べんりつ)した三峰が早くから地図の上で其名を知られていた所謂赤兀白兀である。白兀の右には二千六百米に近いと想われる大窓の頭(ズゴ)が、朱泥をなすり付けたような凄い顔をして此方を向いて居る。赤裸の肌にも偃松の胸毛だけが蒼黝(あおぐろ)い。更に其右には小窓の谷底から躍り上ったような嶄岩の列が、執念の手を伸して追い縋ろうとする雪の前に、美しい緑草の斜面を展開したり、恐る可き崩岩の礫を投げ下したりして、威しつ賺(すか)しつ、後ろさまに身を退きながら、爪立ちになって一斉に覗き込んでいる。私達は之を小窓の頭と命名した。其上には劔岳の東の肩ともいう可き三窓続きの更にいかめしい幾多の岩峰が、脚元から千仭の谷底目掛けて頽(くず)れ落ちる崩石の群を冷やかに瞰下(みお)ろして、断崖の絶端から絶端へ天斧(てんぷ)の削痕尚お鮮かなる大尖柱を乱杭のように押し立てている。早月川の谷から力の籠った而(しか)も穏かな山稜の波が遥かの空際をうねって、この尖柱の森列せる断崖がなおも西へ延びた突端迄来ると、一躍之を越えて虚空に跳り上りさま、稍や円味を帯びた空線を描いて、更に東へ向けて掬(すく)うように雪崩れ込んでいるのがわが劔岳の絶巓である。天に近きこと約(およ)そ三千米、額には雪の宝冠が白金の如く輝いている。

二時間余り無駄に遊んで、悠々と此処を出懸る。尾根は雑木が茂っているので、雪の多い東側を搦みながら行くことにした。雪田が尽きると槭(かえで)や岳樺の薄暗い木立が待ち構えていたように私達を抱き込む。反り返った太い枝が足場のよくない山の斜面に沿うて、意地悪くのり出している。動(やや)ともすると、口惜紛(くやしまぎ)れに蹈みにじった枝が跳ね反える拍子に旨く足を浚(さら)われて、かすみに懸った小鳥のように宙に釣られたまま、踠(もが)けば踠く程手足が利かなくなって、果ては遊び飽きた子供の玩具のようにむざと放り出される。「オイ、如何した」、こんな言葉が聞き飽きる程繰り返された。

不意に頭の上が明るくなって、行手に白いものがチラチラ見え出したと思ったら、小黒部の椈倉谷に落ち込む雪渓の一つに突き当った。其縁に沿うて二、三十間登ってから、幅の狭そうな所を足掛りを刻んで一歩一歩に辿っていると、一行は長次郎を先に稍や下の方に姿を顕して、苦もなく渡って了った。南日君が下から見上げて「オイ、大丈夫かい」と案じ顔の捨台詞を残して行く。趾の先が痛くなったのを我慢して、漸く向う側に着くと急いで跡を追駆ける。同じような雪渓が続いた、夫を横切って雪に押し窘（すく）められた細い岳樺の疎（まばら）に生えている尾根を下り気味に通り抜けると、白萩山の直下から山稜の方向に極めて緩く傾斜した驚く可き大雪田が目の前に現れて、赤兀に連る鞍部を一面に掩うている。雪消の跡には岳蕨（だけわらび）が今しも永い冬の眠から眼をさまして伸びをしているように、其処にも此処にも毛むくじゃらの小さな拳を突き出している。中村君がいたなら屹度（きっと）「オイ、採ろうや採ろうや」と言い出すのにきまっているが、今の私達には採っている程の余裕は無かった。

この大雪田は、西側を堤防状の小高い畝（うね）に限られているが、東側は滝ノ沢の右股に懸る急な雪渓の上部に続いている。赤谷山の頂上に休んでいた時、一頭の羚羊が沢を登って来て暫く躊躇した後、雪田を横切って木立に隠れるのを見たが、雪に印した蹄の痕は可なり大きなものであった。此処で私達は羚羊と同じ様に雪の上に立ったまま思案に暮れた。腰が掛けられないからではない、行手を遮ぎる木立の繁り方が余りひどいので、どう蹈み込んだものかと六つの頭をかしげたのである。流石の長次郎も此藪ではとても尾根は歩かれないと顔をしかめる。三人は荷を置いて三方に別れながら通れそうな所を探しに行った。私達三人はつい四、五町の先に少し俯向き加減に聳えている赤兀の北峰を、漸く芽ぐんだ岳樺の梢越しに見上げて休んでいた。風が寒いのでじきに胴慄（どうぶる）いが始まる。間もなく三人一緒になって戻って来た。金作が「池がある」という。山の上の池といえば火口湖の外は大抵窪地に水が溜って出来たものである。今迄見たのは夫であった。所が此池は岩でこそないが周りを六、七尺の切り立った崖に取り巻かれているので、直ぐ側に有ったのを今迄夫とも気が注かずにいたのだ。広さは十坪位で一間位の深さはある。形は稍や勾玉（まがたま）に似ている。其の一端が雪田の方に開いて、其処から滲み出したちょろちょろ水は、岳樺の根を洗いながら雪の下に走り入りさま、些かな音を立てている。

此処から山稜を右斜に横切って一度谷に下り、更に夫を登って赤兀の南峰と北峰との鞍部に出ようという長次郎の言葉に従って、雪田から一歩踏み出した時には、兎に角少しは気が楽になった。岩の多い側崖を木に吊り下って足掛りを拵えては横に搦んで行く。どうかすると降りた所は立木の梢で、枝から枝を伝って足を運ばなければならなかった。そうかと思うと又蛇のようにのた打って岩の間を匐い抜けたりした。青葉に目隠しをされた私達は押し黙ってひたすら手足を働かすのみだ。毛布と身廻りの品を少し入れた背嚢までが、脊中で生きた物のように跳るのが邪魔で仕方がない。頭の中がカッと熱（ほて）って気もおのずと荒くなる。拳骨で木の枝を撲ったり足で岩を蹴ったりして、飛び上る程痛い目に遭った。然し重い荷を背負った山人達の厄介さはどんなであろうかと、跡に残された身が役にも立たぬ取越苦労をしたのは、滑稽じみて可笑しかった。やっと草の生えた急斜面の谷へ出て一休みする。

此谷の上部は赤兀山の頂上附近から大頽(くず)れに頽れて、曝露した岩骨の破片が急斜面に危く段を成して止まっているが、少し下ると山側が両方からひたと押し寄せて、船底を傾けたように落ち込んでいる。突き当りは白萩川の左岸所謂弁慶岩の岩壁で、皺襞(しゅうへき)の錯綜した直立の翠崖が小窓の頭に続いている。私達が藪から棒にひょいと飛び出した所は、丁度其段の上であったのだ。登りは案外楽であった。唯時々根なし岩とは知らずに大きな岩に手を懸けて、夫がぐらりと揺いで一行をひやひやさせるようなこともあるにはあったが。長次郎は先見の謬(あやま)らなかったことを口に出しては言わないが、温厚な彼の顔にも得意の色が漂うていた。

山稜は凸凹だらけになって、矮い偃松や灌木の密生した中に切明けが通っている。爪先上りに登って行くと直ぐのろのろした馬の背のような峰頭に立った。此処が赤兀の南峰であろう。時間が遅いので無駄口も叩かずサッサと下り始める、小黒部谷から舞い上った薄い霧が風に連れて音もなく過ぎ去ると、だしぬけに恐ろしい岩の痩尾根が現れた。右からも左からも熊手のような谷が鋭い爪を打ち込んで、山の皮肉を挘(むし)り取った跡には、血が滲んだように赤い色をした生々しい岩骨が剝き出しになっている。まるで石塔を打欠いで縦といわず横といわず、手当り次第に積み重ねた塀のようだ、夫が左の赤兀谷へ少し傾きながら危く倒れずにいる。其中の小さな岩ほどにも重さの無い人間が一人載っただけで、均衡が破れてガラガラと壊れて了いそうに思える。脚元に気を配りながら夢中になって渡った、其間にも誰かのアッという声が聞えやしないかと心配でならなかった。この木も草もない瘦尾根は、遠からず五、六尺は崩れるであろう、そうなれば今よりはずっと楽に越すことが出来るに相違ない。

　山勢が稍や穏になって、所々の草間に珍車、白山一華などの白い花がチラホラ目に入る。張り詰めた気が弛み懸ると今度は、登り降りの激しい駱駝(らくだ)の瘤の様な岩峰が続いた。何とはなしに一種の緊張した気分になって、足早に辿り着いた所は、岩の裂け目に喰い込んだ大雪渓の上端である。雪渓は急に額を掠めて、山の半面を横なぐりにそぎ落した崖腹にのし上っている。何でも今日は山が手を替え品を替えて、偶に入り込んだ人間の私達を翻弄しているのではないかと想った。崖にのり出した西側の偃松に攫(つか)まってグングン登って行く、見上げるような大巌が行手に高く現れたと思うと、夫は劔岳の頂上であった。次で間近く小窓の頭、大窓の頭が肩から胸、胸から腰と次第に迫り出して、青く淀んだ沈静な大気の中に、半面に夕日を受けて赭黒い逞しい筋骨が生きて動くかと思われた。私は四葉塩竈などの咲いている岩間の短い草原に突立って、大手を拡げて四十度の熱を患っている人のように喚き散らしている自分を見出した。此処が此年頃心に懸けて忘れることの出来なかったあの白兀の絶巓なのだ。三日間山の上の苦しい旅を重ねて、明日は愈二年越しの宿望であった「大窓から劒岳に登る」ことが出来るのであると思うと、標高僅に二千三百八十七米の低い山ではあるけれども、単に其頂上を窮めたということ以外に、或大きな仕事の準備を遺憾なく仕終せた時の強い意識と満足に伴う快感とを喚び起したのも無理はない。

　大窓の大雪渓を瞰みたいという希望は、東に続く前山の峰頭に遮ぎられて駄目であった。対岸の山腹には路らしいものがうねっている、能く見ると何か其上を動いているようだ。双眼鏡で覗くと果して人であった、而も洋服を着た者が二人迄交っている。この三四日人影を見なかった私達は、物珍らしさに帽を振ったり手拭を振ったりして、盛に呶鳴った。オーイと幽かな返事が来る。小黒部鉱山の発展に連れて、新道が開鑿されたものであろうと想う。寂莫無人の境を想像して、私達の胸に秘められた荒らかな、そして美しい大窓の別天地は、其の余りに人臭いのに少なからず興趣を殺がれざるを得なかった。突然地の底から大砲でも放ったような響が続けさまに二度、谷の空気を劈いて山から山に遠鳴りした。何だろう、雪崩れだろうかと話し合っている胸先に、不図厭な考えが浮んで来た、山体を破壊し併せて人間の性情を破壊する詛わしいダイナマイトの響。

櫓は切り倒されて、標石だけが草間に取り残された白兀の頂上を東南に向って下り始める。左手は絶えずガレが続いて、か細い山稜は偃松を頼みの綱にひびだらけの残骸を維（つな）ぎ留めている。小高い峰を二つ越えて、草の斜面を右に降りながら膨れ出した山腹を横に通り過ぎると大窓の底に下り立った。先に来た長次郎は其処に休んでいた三、四人の鉱山の人夫と話し合っていた。立ち聞きした様子では何でも番場島あたりに鉱山の派出所が新に建てられて、電話も其処まで通じているし、近く鉄索工事に取り掛る筈だという。其人達が足早に伊折方面を指して、谷の曲り角に見えなくなるまで後姿を見送っていた私達は、寒い風に吹かれたまま、寂しさを味うが如くに暫く立ち停って四辺を見廻していた。

この大窓は其底部の形がV字でもU字でもなく、全く絶大な凹字に類している。山と山との距離は六十間とはあるまい。西側は傾斜が緩やかで、漸く芽のほぐれた灌木の上に白檜などの疎らに立っている斜面が、いつか谷らしい形に移って行く。東側は急に傾いて、二三間下に厚さ三丈にも余る雪渓の平な上端が氷のように堅い表面を見せている。幾筋かの針金をより合せた太い綱索が大きな岩に確かと巻き付けて雪渓に垂れ下げてある。夫を手繰って下を覗き込むと、谷も狭しと拡がった大雪渓が涯（はて）もなく続いている。

遥か下の右側に山の肋骨が赭色の大懸崖を押し竪てているあたり、雪の上に五、六の人影が動いていたが、間もなく崖の後に隠れた。小黒部鉱山の新道は其辺から雪渓を離れて、横に山腹を辿るのであろう。

峠の道から四五間南に行って、西側へ下り込んだ処に野営した跡がある、私達も其処へ天幕を張って泊ることにした。今宵はどうでも雪を溶して用いなければなるまいと心配したが、雪渓を少し下った左側に水を得られたのは仕合せであった。世の中に何が嫌だといって、しらあえと、雪を溶した生温かい水をさも勿体ない様にして、鍋も米も碌に洗わないで炊いた飯程いやなものはないと思っている。山の旅にしらあえが付物でない事は、私に取ってはせめてもの幸福である。

温かい夕食を済して、疲れた体を天幕の中に横たえた。が、如何した訳か今夜はいつものように山と私の心とがしっくりと合わないのは情なかった。山は冷い背中を此方に向けて「知らないよ」と言っているような気がする。私の心は華やかな夕栄の色が急に褪せて了った西の空のように暗く暗く沈んで行った。

小黒部谷の入り・下（大窓及び池の平）

七月二十九日。今日は山稜を伝いて一日に劒岳を上下せんとす。午前六時五十分、野営地出発。大窓の頭を志して急峻なる山側を攀じ、九時、漸く二千五百米に近き地点に達す。前面を望むに危峰乱立、加うるに長大なる偃松密生して、登攀容易ならず。右に転じて一支脈の上に出づ。仰げば峭壁峙立、絶えず崩石あり、到底近づく可らず。九時二十分、小窓の裏なる雪渓に向って下り始む、綱に縋りて絶壁を下るもの二度。十一時、雪渓に達す。十一時四十分、大窓裏の雪渓合流点。昼食。午後十二時十分、出発。二時、野営地帰着。二時三十分、出発。大窓の雪渓を下ること四十分にして渓を離れ、三時四十分、小黒部鉱山事務所。四時、出発。四時四十分、池の平。四時五十五分、出発。四十分にして小窓の雪渓に達し、尚お下ること二十五分にして、六時、劒沢の岩屋着。野営。

大窓から大窓の頭を踰えて小窓へ出るには、少くとも五時間を要するものと思わなければなるまい、荷物があれば尚更である。私達は二時間余りを費して漸く其三分の一すら辿ることが出来なかった。偃松が深いのと傾斜が急なのとで、斯くも時間を費すが、通過不可能ではない。小窓から三窓へ出るにも二時間以上を要することは、初めて此処に登られた吉沢君の紀行から推して知ることが出来る。大窓から一日で劒岳を上下しようと企てた私達の向見ずには、池の平のさんしょううおも肝を潰したに相違あるまい。

東雲（しののめ）の光が雪の障子にぽうっと白く映（さ）して、大窓の夜は明けた。有明の月が山の端から青白い顔をして覗いている、私の体を藻抜け出た魂のかけらではないかと思った。今朝元気の無いのは其所為であるかも知れぬ。長次郎は厭な夢を見たと言いながら鍋を提げて米を研ぎに行く。聞いて見ると、何でも誰か岩と一緒に谷底へ落ちたのだそうだ。急いで下りて行くと息はあるが、血だらけになっているので、誰であるか分らなかったとのことである。何にしても余り吉い夢ではない、今日は少しマズイなと思う。然し何がマズイのかは私にも薩張り（さっぱり）見当はついていないのだ。

「無用の者入ることを禁ず。大林区署」と張紙して、天幕の中に一切の荷物を残し、身軽になって出掛けた。しげしげ通行する鉱山の人夫の中には、性質のよくないのが居るかも知れぬ、うっかりすると荷物を盗まれる虞（おそれ）があるので、実君の発案に従ってちょいとお呪（まじな）いをしたのだ、鎮西八郎お宿の格である。直ぐ急な登りが始まる、最初の中は偃松が矮いので、岩の上も楽に歩けたが、五十米も登ると蒼黒い偃松の波が急に深くなって、腰から肩の辺まで押し寄せる。所どころに山の肌が赤くすり剝けて、大きな岩骨を露わしている。其処を目当てに偃松を掻き分けて、次から次へと辿って行く。私達はこの怪しいガレに導かれて、二時間余りの苦しい登りを続けた後、一つの峰頭の突端に立った。

恐ろしい荒廃と盛んなる偃松、この二つの矛盾したものが不思議に旨く調和された行手の光景に対して、私達は暫く黙って眺めていた。斯うなる迄には人間の短い一生などは、数限りも無く過ぎ去ったことであろう。そして恐らくは今も尚お人というものを知らないこの大窓の頭こそは、どんなに自然の儘の荒けた姿をして私達を迎えたであろうか。私は日に何度となく谷にこだまするダイナマイトの響を聞いて、風雨氷雪の外には未だ曽て経験したことのない此山に、更に新たなる破壊力の加わったことを思うと、此時寧ろ予定を変更して其巓（いただき）を窮めなかったことが、大なる緩怠（かんたい）であったような気がしてならない。

横搦みに小窓へ出ることに決めた、ぐずぐずしていては今日中にとても劒を上下することは出来ないと思ったからである。荷が無いので著しく足の早い長次郎達は、偃松の茂みに隠れたかと思うと早くも右に延びて小さな尾根の上に頭だけ出して前を眺めている。「どうだ、行けそうか」と後から声を懸けながら漸く追い着いた。返事の無かったのも無理はない、前は底も見えないような深い谷が三方を怖る可き絶崖に取り巻かれて、末端からは雪の瀑を小窓裏の大雪渓に奔注している、としか想えない。殊に東の方七八十間の距離に聳えている大窓の頭の最高点は、百五六十米もあろうと思われる大峭壁を、其乳房状に尖った絶巓から直に峭（そそ）り落して、まるで赤煉瓦で積み上げた巨大なる殿堂の壁が猛火に焼け残った儘突立っているようだ。登ることは勿論横に搦むことも絶対に不可能であると事が極(きま)れば、反て恐ろしくも何ともない。安心して見ている中に峭壁の中央目八分の高さで何か動き出したように想われた、瞳を据える間もなく突然大きな岩が抜け出して、其儘まっしぐらに遥かの谷底へ落ちて行く、ドーンという凄まじい響が脚の下から起って、頭の脳天へ突き抜けたように感じた。無数の岩塊が跡からも跡からも止め度なく崩れて、谷の中は一しきり速射砲を釣瓶打ちに放ったような音が鳴り止まずにいた。「恐いのう、あの下に居たりゃ生命は無いぞ」、頓興な声と共に金作は、腰の煙草入れを抜き出して先ず一服と尻を落ち付ける。

　雪渓に下りて小窓へ登るより外に途はなくなって仕舞った。此処から眺めると小窓裏の雪渓は、上端を小窓の底部に開いて、表側よりずっと急ではあるが登りは楽そうである。然しあの崩石のとばしりが今から心配になる。「ナニ、瀑が幾つもあるから案じはねえ」。長次郎と金作が口を揃えて事もなげに打ち消してしまう。長い偃松の中を潜りながら、枝から枝へ手足を托して体を運ぶのがなかなか厄介だ。硫黄の粉末のような黄色い花粉が烟のように舞い颺(あが)って、息が塞る程苦しい。一度落ち込むと、ふっくり岩間を掩うた青苔の陥(おと)し穽(あな)がするすると腰のあたりまで引き入れてしまう。頭の上では偃松の枝が手早く籠目を組んで、素知らぬ顔をしている。一時間は過ぎ去ってしまったが、私達は未だ偃松の痛い包囲から脱け去ることが出来なかった。

これから何でも一の窪を下りて漸く偃松の重囲を脱した後、綱を頼りに崩れ易い側崖の鼻を廻って、同じ崖続きの中腹に狭いが好い工合に人ひとり通る位は余裕のある岩襞の上に出た。矮い栂や樺などの密生している所もあれば、禾本科の植物が房(ふっ)さりと生い茂っている所もある。岩襞はいつか自ずと馬の背のような崖を形造って、私達は其先端に小高く堆積した岩塊の上に立った。脚の下には小窓裏の雪渓が大きな熔炉から流れ出した銀の熔液のように輝いている。ガラガラした破片岩の堆積を蹈み崩さぬように注意して、一歩一歩崖を下り始める、何処を見廻しても赭茶けた峭壁がぐるりと取り巻いて、別に危険が身に迫っているという訳ではないが、世を狭めた人の感ずるような重苦しい圧迫の手が恐ろしい力を持って犇(ひし)と押し寄せて来るような気がした、長次郎はまたしても昨夜の夢を繰り返して薄気味のわるいことをいう。途中一ケ所二丈許崖が抉(えぐ)れ込んで、稍や危険と思われる場所があった、のり出した岩に裂目が多く且つ崩れ易いので長次郎も心配したが、綱に縋って思ったより楽に下りられたのは嬉しかった。其時長次郎は下の方に少し傾斜の緩い平地らしい所が見えたので、杖を投げ下ろしたが一溜りもなく下の谷底まで滑り落ちて了った。

下るに従って崖の面は岩の凸凹が少なくなり、手掛りや足掛りがなくなったので、容易に動けない。夫でも長次郎は構わず真直ぐに下りて行った、金作と源次郎は左に搦んで少し茂った木立の間に身を隠した。私達三人は立ち竦（すく）んだまま声の懸るのを待っていた、暫くすると長次郎の姿が雪渓の上に顕れて、振り仰ぎさま「こっちゃだ、こっちゃだ」と呼ぶ声が聞える、思い切って其方に下りようとする途端に、左の方からも金作の声が聞えた、どっちが楽そうだと聞いて見る。ひどい処だと答えたのが長次郎で、此方は楽だぞと答えたのは金作である。最初私達が下りた窪が絶壁の下で雪渓をなしているのを見たが、今漸く其下手の横へ出られたのだ、然しこんな急な雪渓にはまだ出遇ったことがない、カンジキなしではとても下れぬ。三人が其処に腰を掛けて銘々に持って来たカンジキを金作に穿かして貰っていると、下から長次郎が鉈（なた）で足場を作りながら登って来た、「如何だい、ひどい所だなあ」と南日君がいう、「皆強いでまあまあ怪我がなくてよかった」と長次郎、金作は頻りに「折角旦那方を案内して来ながら劔へ行けなかったのは済まない」と気の毒がる、「何に構やしないさ、明日また確かり頼むよ」と南日君が慰め顔にいう。

　覚束ない足どりで急な雪渓を三十間も下ると小窓裏の大雪渓に出た、最早十一時を少し過ぎている、劔へ登ることは諦めなければなるまい、荷物を一緒に持って来て居れば、此処から小窓を踰えて劔沢の岩屋へ出るのが道も楽で近く、二時間半もあれば行かれるであろう、惜しいことをしたものだなぞと、身一つを辛くも此処まで運んで来ながら、喉元過ぎて熱さを忘れた私達は早やそんな贅沢なことを考えていた。空は何時の間にかすっかり曇って、薄紫の霧が小窓の方からのろのろ匍い下りて来る、其中を縫って高く飛鳴する岩燕の姿が影絵の如く消えたり顕れたりする。

此小窓裏の雪渓は表側に較べると広さは其三分の一程もあるかなしである、其上両岸の峭壁は殆んど一列の屏風の如くであるから、打ち開いた壮大の感には乏しいが、荒怪な気に充ちている。雪渓の下には幾所にか瀑布があるらしく、瓢箪の腰のようにくびれた隘い口から箒の掃き目のような痕を印した雪の瀑をドッとなだれ落している所が此処かしこにある。其一つだ、堆雪が刳れて岩壁との間に六、七尺の隙間が作られ、其処から臼を挽くような音と共に一団の霧がむらむらと舞い上るのを見た。下へ廻って覗き込むと暗い奥の方にたぎる水音が聞えて、冷い風が習々と顔を撫でる。雪の厚さは二丈余りもあろう、夫が三四尺宛層をなして堆積している、層と層との間には土や小石の混った幅二、三寸の汚れた雪の縞が織り込まれている。此一つ一つの層が年々消え残る雪の量であることは慥だ、恐らく下の部分或は寧ろ岩壁に接した横の部分が溶ける量の少ない年には、雪渓がずり落ちぬ為に全体の残雪の量が多く、其反対の年には少ないのであろうと思われる、少くとも此小窓裏の狭い雪渓では、そう考えても間違はなさそうだ。

大窓から続く雪渓との出合に達して、雪の上に腰かけながら例と違って物足りない昼飯を済した、此処には最う夥しい人の足跡が雪の上に残されている、私達も其足跡に跟いて右側の尾根に造られた新しい道を登った、二人の人足がせっせと道普請をしている。途中横一文字に雪渓を截ち割った二つの大きな断裂が望まれた、この裂目がある為に道が造られたものらしい。暫くして道は雪渓に下りて左側の尾根に移ると登りが急にえらくなる、だれ切った体にはこの登りが相応にこたえた。木立の中を通り抜けていつか向う側に廻る、此処でも五、六人の人足が道普請に忙しい。左下に見えていた深い渓が次第に浅くなり、終には雪が消えてまだ間もない一つの窪のようになると、道は其中を通って真黒に苔の蒸した岩塊の狼藉たる間を登って行く、昨日降りた草原に出て、向うを見上げると南日君と長次郎が薄い霧の中に立って、用たしの為に二十分も遅れた私を待っていた。

手早く荷物を纏めて、この残惜しい野営地を後に雪渓を東に向って下り始める、茫々たる霧は雪と溶け合って、涯りの知れない鼠色の天地は、眼のあたり尺寸の間に限られて、五、六歩の先に立った南日君の姿さえ掻き消すように失せている。雪の上には階段状に足場が刻まれ、其に沿うて十間か十五六間毎に三尺程の鉄の杭を打ち込み、杭の頭には針の孔のように輪が造られて、夫へ彼の大きな岩から垂れ下げた鋼索が引き通されている。「カンジキを穿いてあの雪の上をザクザク歩いたらどれ程愉快であろう」と、南日君と顔さえ合せれば口癖のように話し合って、親鳥が雛をはぐくむように胸に育てていた其楽みの萌芽も、この一条の鋼索と雪の上に印された無数の足跡とに依って、未だ二葉ならざるにむざと蹂躙(ふみにじ)られてしまった。然しこの大霧の日にこの大窓の大雪渓を下るということは、私達の萎(しな)びかかった増長心に可なりの昂奮と満足とを与えたことは言う迄もない。

不意にものの気配がしてハッと顔を上げる、シットリした重い霧の垂幕の中から、鉱石入りの小さな叺(かます)を背負って腕組みをしながら登って来る人夫の姿が朧ろげに現れる、もう鼻と鼻とが擦れ合う程に近寄っている、互に挨拶の言葉をいい交わして、一歩下りさま振り返った時には、二人は既に永劫に隔てられていた。電光形の足場は下るに従って少しずつ南へ振れて行くように思われたが、終には一段高く積った平な雪堤の上に出た、昨日大窓から見下した大懸崖の下に来たのであろうと思う、雪堤はいつか南に向って極めて緩かな登りとなっている、此附近の雪量の多いことは実に驚く可きものであった、雪堤の端に杖を立てて下を覗き込んでいた南日君は、近づく私を待ちうけて「この雪を見給え、壮んじゃないか」と顎を突き出して「如何だい」といったような顔付をする、いつか中央気象台の岡田博士が「内地で最も降雪量の多い所は越中劔岳の麓で、二丈も三丈も積る」と話した新聞記事を読んだことがあるが、今七月下旬の盛夏の候でさえ其位は残っているのであるから、三四月の頃はこの倍以上もあろうと思われる。私は「うん、壮んだな」と答えて暫く其壮観に見惚れていた。この前劔へ登った時連れて行った人夫の春蔵というのが、よく「鼻頭かたれてあるくな」と言っては私達を笑せたが、今日程続けざまに鼻頭かたれて歩いたことは曽て覚えのないことだ。そして鼻頭かたれて歩くことも思ったより気持の好いものであると考えた。恐らくわが生涯の憧憬の対象である山や谷は、登山者本然の慾望に駆られ、望む可くして容易に立ち入ることを許されない域にまで侵入することを大目に見て置いて、益(ますます)其執念の募り行くように、そっと鼻頭かたったのではあるまいか。果して私は三たび大地を揺がして近く耳元に響いたダイナマイトの爆音に対してさえ、またしても鼻頭かたれたと痛快に感じた程とりのぼせていたことを後で気が付いた。

右から頽れ落つる急な雪渓を横切って、山腹に造られた新らしい道の傍の新らしい小屋の前に荷を卸して休む、昨日白兀の頂上から瞰下ろした道であろうが、大窓の雪渓から湧き上る濃い霧の幕は、対岸の山々を深く閉じ籠めて、其処に今どのような神秘劇が行われているのか、舞台の片端をだに覗き見ることを許さなかった、時折薄い霧の翼が汗ばんだ私達の額を撫でながら音もなく悠々と舞い連れて行く。

　此道は小黒部鉱山の事務所まで山の等高線に沿うて殆ど平坦に通じている。おどろの霧の中から虚気た顔をして出て来た私達は、薄日を浴びて暖かい黄な感じのする闊葉樹林の穏かな空気を一口吸っては、身体中に鬱積した灰色の毒素を吻(ほっ)とゆるやかに吐き出した。頭が静まると気が軽くなって足も自ずと早くなる。山の鼻を幾度か廻って二度三度雪渓を横切った、最初の一つは五六丈の瀑が雪の洞穴からたぎり落ちて、また雪の洞穴に隠れる前に思うさま躍り狂うている姿を見せた。樹は小さいが今を盛りに咲き誇った山桜の花蔭では、大伴ならぬ山の旅人も一枝かざして何か舞いたいような気も起る。雪消の名残を止めた小石交りの斜面には、目も醒るばかりに鮮かな深山毛茛(みやまきんぽうげ)の群落に交って、大桜草のくれないが口紅濃やかな御達(ごたち)等の面影を偲ばせている。其中に転がって見たいようだ。此日頃厳(いか)つい偃松の枝や荒い山上の風にのみ撫でられ晒されて、骨の髄までサラサラに荒け切った体には、斯うした溢れるような柔い色彩の感じは、最も懐しい者の一である。

　ぐるり山の鼻を廻ると打ち開けた岩の多い緩傾斜の窪地に、入口を此方に向けて建てられた見窄(みすぼ)らしい鉱山の事務所が現れる、其下の方にも二つほど可なりの建物があった、飯場であろう。附近には大桜草、白山小桜、深山毛茛、大葉の黄菫(きすみれ)などが、空疎ではあるが思ったより水気のある地膚の所どころを美しく飾っている。筧(かけひ)の水をうけ入れた桶の中には、見事な山桜の枝が無造作に投げ込んである。直ぐ側には下葉を摘み採られて茎の伸びた五、六本の青菜がそれでも花を着けている。米と味噌が少し不足して来たので、是非ともそれ丈買い入れる必要があった。長い間懇願の末漸く「余分に貯えてある訳ではないが、こんな山の中で御困りになっているのを断るのも御気の毒であるから、米の五升位はお譲りしましょう」という返事を聞いて安心したが、味噌の方は諦めなければならなかった。家の中は片側が土間で、片側は板敷の上に薄畳が敷いてある、其奥は事務所であろう、隔ての障子が締め切ってあった。一脚のテーブルが淋しく入口に据えられて、煙草、酒などと書いた伝票が散ばっている、土間では色艶のよくない四五人の女が金鎚でコツコツ鉱石を選り分けていた。私は樽の底でも叩いて味噌を選り分けて呉れた方がどの位有難いか知れないのにと思って情なくなった。長次郎達は頻りに鉱石の屑の中を引掻き廻して、これも水鉛よりは寧ろ立派に結晶した石英を拾い出しては喜んでいた。

家の前の新らしい道を右斜に辿って、岩間を走り出た豊かな水のだぶだぶ流れている窪を横切ると、左に折れて岳樺や深山榛の繁った尾根をひたすらに急ぎ登った。朽葉の残骸を止めた粘り気のある黒土は、たっぷり水を含んでつるりとよく滑る。一条の細径が右に岐れて二三町の彼方に崖の中腹を穿った暗い坑道の入口が二つ許り覗かれた。間もなく雪渓を渡ると草原を斜に稍やなだらかな道が私達を一の峠の頂上に導いた。偃松や小笹の茂みが霧の中に濃淡の陰影を織り出した堤のような尾根の上に立って、其処らに散らばっている草鞋切れや古新聞の屑などと不思議な対照を表わしている前面の光景に対して、私は二つの異った世界を一度に見たような気がした。

　脚元から起った大雪田は霧を吐くのか霧に吸われるのか、曇りを帯びた鋼のように冷たく沈んだ色を見せて、静に霧の底に横たわっている。それを匝(めぐ)って山の裾らしい朧ろの線が、雪田の縁に固く凍み付いて、上の方は有耶無耶(うやむや)に化けている。茫漠たる雪の高原、すべてが灰色の冬で、すべてが寒さの権化である、纔(わずか)に目に入る偃松の緑さえも蒼黒く凝って、葉末からは垂氷のような雫が滴っている、生命といっては微塵もない雪の白無垢に掩われた墓原を眺めて、私は世の終りを見たと思った、これが生ある者の一度でも足を踏み入れたことのある場所であろうかとわが目を疑いたくもなる、この荒寥たる池ノ平に再び「春」が訪ずれて、彼女の墓を涙の雨に緑ならしむる時はいつのことであろう。

　誰を見ても皆寒そうな顔をして、立った儘碌に口もきかない、思い切って雪田を下り始める、表面はザラメのように堅く凍っているが、足が吸われるようで少しも滑らぬ。

雪田の中央には二坪たらずの池がある、深さは一丈余りもあろう、藍靛（らんてん）色の水が大きな渦を巻いて、よれよれになった奇怪な尾を伸ばしながら、雪の下で気味のわるい音を立てる、半以上水に浸った雪田の端は美しい瑠璃色に冴えて、池の周りをぐるりと取り囲んでいる。小窓の方面で二度爆声が聞えた。

　雪田を横切って南に行くと、五六の巨岩が重り合って水の落ち口を示している、渦を巻いて雪の下に走り入った池の水は、滾々（こんこん）として湧き上る噴泉の如くに一度に迸り出て、滮々と其処を流れている。此渓流に沿うて下れば劔沢へは近いのであるが、渓は頗る峻しい、殊に水量の多い時は困難で危険である。右に廻って一段高い稍や平な窪地に登った、道がある、枝の裂けた岳樺や膚のすりむけた深山榛の叢立（むらだ）ちは、残雪に押し窘（すく）められてまだ生命の閃きを見せない、八九人の鉱夫が小窓の方からぞろぞろ下りて来た。此附近に野営して小窓から劔へ登ることを強く主張した南日君も、見るから寒そうなこの野天に天幕を張って一夜を過すことだけは、余り気乗りもしていなかったらしい、小窓を登ることは私も熱望していたが、この冷い物の怪に充ちた原中に野営することは思いも寄らぬ、明日三窓を登って時間に余裕があったら小窓へ廻ることに決めて、輝水鉛の露出した岩径を伝いながら小窓の雪渓に下り立った。

　雪渓は幅の広い堤防状の段を斜に幾つか形作って、右から左へ左から右へと入れ違いに緩やかな勾配でノ乀（ヘツホツ）と続いている、表面をすべるふくよかな線のうねりが如何にも美しい。陽炎の様な淡い水蒸気が其上に軽く漂うて、末は遥かに雲の中に没している。両岸の岩壁は殆んど垂直に近い凄まじい崩壊面を見せたのみで、低く垂れた雲に掩われているが、私達の心を惹き付けるには充分であった。

下るに従って崖は高くなり谷は狭くなって、終には左からのり乗した山の裾で袋のように閉じられている、――閉じられているとより思えない、不安に騒ぐ胸を押し鎮めながら、脅かすように突立った窄（せま）い岩壁の間を少し左に行くと、谷は俄然右に開けてまた長い雪渓が始まる。両崖から崩れ落ちた岩屑や土くれで著しく汚れてはいるが歩くには反て楽である。鬱陶しい霧や雲はもう遥か後になった池ノ平のあたりをまだ暗く包んでいる、何処かに日のさす気配がして谷の空が明るくなった。久振りで濃い翠に紫の影をやどした針葉闊葉の混淆樹林が行手に顕れて来た時には、疲れに疲れた私の神経は不意に与えられたこの慰安の前に全く新たなる快よさを感じた。

三窓の大雪渓との出合に達して、尚も雪の上を二町程下ると雪渓は茲（ここ）に尽きて、真白に霧を吐く奔湍と雷のような瀬の音とが続いた、河原は次第に開けて樺の木立の上に屋根ほどの大きな岩が幾つか顕われる。其一の南に面して砂地を抱えた大岩の根方が私達の今宵の泊場所劔沢の岩屋である。

痺れるような水に漬って汗に汚れた体を洗った、余り冷いので一分間とも入って居られぬ。下着を着換えてサッパリした気持になって帰って来ると、賑やかな食事が始まる、変化に富んだ今日の旅もこれで終りを告げたのかと思えば、何だか不思議なからくりでも覗いて来たような気がする。日はとっぷりと暮れて薄曇りのした空には、弱々しい星の光がそれでも冷たく冴え出した。皆より先へ天幕に這入って工合のよさそうな所へ横になる、うるさい程高い瀬の音もいつか眠を誘う子守謡のように快よく耳に響いて、それが次第に遠ざかって行く、体が端の方から溶けて安らかな心臓の鼓動のみが残る、私達の穏かな夢は静かに枯草の枕を伝って岩から小石へ小石から砂へと河原一面に泌（し）み込んで行くように想われた。この後幾年或は幾十百年の間に此谿谷を旅してこの岩屋に一夜を明かす多くの人の中には、懐（おも）いを此岩屋に泊ったことのある前人の身の上に馳せて、其多感なる心と電流の如く交通するなつかしい夢の跡を偲ぼうとする者がないとも限るまい、其時こそ恐らく河原の砂や小石の一つひとつから強く印象された私達の夢の囁きを聞くことであろう。

劔岳

七月三十日。午前六時十五分、劒沢の夜営地出発。三窓の雪渓を登り、八時十五分、三窓着。八時二十五分、出発。左に崖腹を伝い、直に急峻なる登りとなり、九時二十五分、三窓の頭に達す。此峰は長次郎谷の雪渓が最も右に分岐せる者の上に聳立せる岩峰にして、峰頭二裂し、東南に向って八ツ峰と称する山稜を派出せるもの也。是より危岩錯立、登攀困難を極む。主として南側を搦み、十時二十分、長次郎谷の登路と合す。十時四十分、絶巓着。昼食。十一時四十五分、出発。十二時、長次郎谷の雪渓を下り始む。午後一時十分、劒沢の出合。劒沢を下り、二時十分、岩屋帰着。再び野営。

快晴の日、後立山山脈の雄峰鹿島槍ケ岳の絶巓に立って、西の方立山山脈を展望したことのある人は、正面に黒部川の大峡谷を隔てて右には仙人山、左には黒部別山が仏菩薩の金剛座下ににじり寄る怪獣のように蹲(うずくま)っている其背を蹈まえて、壊裂した金字塔を押し立てている劒岳の右の肩から稍や斜に山腹へかけて、宛も夭嬌(ようきょう)たる白竜が銀鱗を輝かしながら昇天するのではないかと怪しまるる長大なる雪渓が懸っているのを見られたであろう。其尾は丁度仙人山と黒部別山とが劒沢を擁してY字形に裾を交えている中央に近い処で隠れている。此雪渓は劔岳の南及東に面した山腹にかかれる幾多の雪渓中の最も長大なるもので、劔の三窓に続く谷底を埋めている所から、三窓の雪渓と呼ばれている。私達は此雪渓を辿って三窓から劔の頂上へ登りたいと思ったのである。

朝焼の美しかった空はいつもと違って雲が多かった、黒部の谷からは絶えず薄い霧が奔騰している、それが東の風に吹かれて眼の前に大きく立ちはだかった黒部別山の半腹をもくもく匍っている中に、真黒に繁った針葉樹林の木の間に吸い込まれてしまう。しかし私達が昼食とカンジキの外は、一切の荷物を岩屋に残して、早めに雪渓を登り始めた時には、霧の運動もしばらく静穏になっていた。

河の左岸に沿うて昨日の道を一町も行くと雪のある所に達する、ここまでは近頃人が通ったものらしく新らしい足跡がある。振り仰ぐと脚元から起った長大な雪渓は、怒濤の潮頭が白く砕けてツツーと汀（みぎわ）を浸すように岩壁の根を流いながら、三窓の凹所を目掛けてまっしぐらに谷を駆け上っている、上って視線の窮極に達すると、遥かの空際の三日月形の弧をくっきりと描いたまま其後に没しているが、弧の両方の尖端は尚も上へと延びて岩壁の間に鋭く喰い込んでいる、まるで白銀造りの冑（かぶと）の大鍬形を押し立てたようである。小窓の頭の最高点から南に突き出して、三窓の北の窓枠となっている大岩柱が、鍬形の右の内面に鮫の歯のように尖った黒い頭をポツンと見せる。続いて五つ六つの峰頭が狼牙を刻んで、最後に挟虫が尻を擡（もた）げたように、双鈎（そうこう）の尖りを対峙させた峰から始めて偃松の蒼黒い緑が溶けて滴って、更に凝って鮮かな緑を敷き延べた美しい若草の斜面に続く、深山毛莨、大桜草、四葉塩竈などの黄や紅の花が、もうひたひたと雪渓の側まで歩み寄って、尖った神経に寛ろぎを与える。

　左側の岩壁は一層尖り方が甚しい、大小幾多の峰尖が殆んど皆直立しているので、劒(けん)戟冲天(げきちゅうてん)の有様を呈している。雪渓の中央に立って、この牙のように駢立(べんりつ)して鋭く突立った両側の岩壁を見上げると、何かしらん地質時代の或る巨大なる動物が、胴体を地下に埋没された苦し紛れに大きな口をカッと開いて、上顎と下顎とをむき出したまま化石となっている其中へ飛び込んだような気がする。風雨氷雪幾百万年、肉の落ちた齦(はぐき)のあたりには、それでも幾種かの高山植物が纔(わずか)に培(つちか)われてはいるが、堅い硬い岩骨は恐らくは遠い未来まで、その悲痛な最期を語るにも似た凄惨な光と色とを失わないで、此三窓の雪渓の上に突立っているのであろう。

　緩やかであった雪渓は登るに従って傾斜が次第に増して来る。私達は余り物も言わないで足元に目を配りながら、思い思いの方向を取って静かに歩を運んだ。雪の表面は平ではない、波紋のような凸凹の外に雪渓の全体に亘(わた)って河が合流する際に起る水脈のような大きなうねりがある、それが左右から中央に向って一つに合するらしく想像されぬこともない。私達は多くこのうねりの痕に蹤(つ)いて斜に登った。雪が溶けかかって表面が水気付いて来ると上滑りがするので、真直ぐに登るとこけやすい。

　突然私達の行手に渓を横切って大きな岩礁が顕われた。草書の「以」の字に似ている、丸く盛り上った全渓の雪は、四つに岐れて狭い口からドッと迸り落ちている、構わず中央の最も急なものを勢い猛に登って行く。此下は深い瀑だと先に立った金作が教える。登り切ると雪渓は再び左右に拡まって傾斜も稍や緩かになるが、息を継ぐ間もなく前よりも激しい急勾配で全渓の雪が大きな堤のように高まっている。一様に平滑である斜面には、波紋のような凸凹はもう見られない。私は額を掠めて真白に輝くこの滝のような雪の高まりを振り仰ぎさま、暫く立ち止まって目を瞠(みは)らない訳には行かなかった。長次郎と源次郎が先に立って登り出す、見たところでは格別疾(はや)いとも思われないが、足が竦(すく)むようで容易に跟(つ)いて行かれない。三人の中では比較的足の遅い金作の側を離れまいと努めても、一歩一歩に深い注意を払いながら、目の前に顕れた雪の上にちらと視線を投げて、刹那に足掛りのよさそうな所を選んで其方へ足を運ぶので、いつか横の方へそれて後になってしまう。この急坂で旨く滑ればあの岩礁までは一気に転げ落ちるから全く油断はならない。南日君はと見ればいやに落ち着いて右の方を登っている、実君は盛に鳶口を打ち込みながら一町許り下から登って来る。ほんの一瞬間にこれだけの事実を慥(たしか)めて、独り取り残されなかった安心の胸を撫で下ろす。

漸く雪堤の縁に辿り着いて前面を見渡すと、如何だろう、急直なること更に甚しい雪の洪濤が襲いかかるようにそそり立っている、先へ登って早くも波頭に足を蹈み掛けた長次郎と源次郎の体が今にも仰向けに倒れるかと想われた。鉛の様に重い足を引摺ってやっと半ば過ぎまで登る、斯う暇取れては面白くない、カンジキを穿いて此急傾斜を一息にグングン登ったら、どれ程好い気持であろうとよせば好いのに、あたら時間を費して腰に着けていたカンジキを穿いて見る。今度は鉛のように重かった足が鉄塊のように重くなった。素知らぬ顔をして横目もくれず登って行く南日君を駆抜いてやろうと思うが、反て後れる許りだ。これまでカンジキさえ穿けば疾く登れるものと信じていたのは大間違いであった。其間違いを今始めて三窓の雪渓で発見したのだ。しかしこんな急な雪渓を上るには、脚上体なく脚下雪なしの妙諦（みょうてい）に到らないとカンジキなしでは心細い、それを草鞋の儘で登った南日君は、確にこの妙諦を会得した者というてよかろう。

　長い長い雪渓は終った、湖面を亘る漣（さざなみ）のような雪田を蹈んで二十間も行くと三窓の若々しい草の緑が私達を迎えた。珍車、岩黄耆（いわおうぎ）、深山塩竈、青栂桜（あおのつがざくら）、岩梅、雲間草（くもまぐさ）、黒百合などの咲いている中に交って深山小田巻草の花が薄紫の香を吐いている。背後は谷が急に抉れ落ちて、危く根を下ろした偃松はべったり崖に食いついている、底は見えようにも余りに深いのだ。

北には小窓の頭が四五十米もあろうと思われる将棊(しょうぎ)の駒を幾つか横に並べ、それを真二つに截ち割ったような背面を谷の向う側に見せて、凄まじい赭色の大峭壁を懸け列ねている。その一つ此窓の大岩柱は直ぐ目の前にがっしりと根を張って、曇りを帯びた朧の雪が燻(いぶ)し銀の金具の様に根元を飾っている。最高点は其北に在って赤錆びた圭角(けいかく)が鑿(のみ)のように鋭い。南の三窓の頭はオベリスク状の峰尖をいら立たせた一列の竪壁を磔(はた)と胸先に突き上げているのが目に入る許りで、最高点は何処に在るのか見えよう筈がない。此の恐ろしい山を後に深い谷間を逃れた早月川の流が、富山平原を貫いて日本海に走っている。

三窓の眺望は東に向って「尽きない情緒の喜び」がある、其処には鹿島槍ヶ岳が空翠濃(こまや)かなる黒部の大谷の上、蒸し返す白雲を褥(しとね)に懐しみのある鷹揚さを以て、威儀儼然(いぎげんぜん)と端座している、藍緑の衣を綾どる数条の銀線のみは流石に冷たい光を放ってはいるが。少し離れて南に祖父岳、北に五竜岳、唐松岳が真先に進み出た嘆美者の如くに額を伏せて寄り添っている。祖父岳のひだり目も遥かに続く雲海のただ中に、独り青磁の香炉を捧げて天外の風流を楽しんでいるのは浅間山であろう。

南に向って偃松の間を縫いながら草原を十四五間登った。それから下り気味に岩壁の根方を廻って、片麻岩の大塊が古城の石垣のように孕(はら)み出したり脱け落ちたりしている薬研を立てたような窪に衝き当った。掩いかかる岩の下を潜り抜けたり、縁にそっと手をあてがって突き出した岩の鼻を後向きに通ったりして、草も碌々生えていない山腹を踰えると、赭茶化た破片岩の石滝が個々の稜角を尖らして、互に噛み合いながら底なしの池ノ谷を目懸けて頽れ落ちている。其上の高い岩の狭間から烟のような霧が下り始めたかと思うと、見る間に四辺はぴったりと鎖されてしまった。

一しきり其処らを縺れ廻っていた霧がうっすりと剝がれると、荒廃した急な山稜が石滝の向う側に顕れる。滝の縁に沿うて静に登っていた長次郎は、之を見ると直に其斜面に移った、倔強な彼にもこの斜面を攀じ登るのは容易ではないらしかった。三窓で僅か許りの記載をしていた為に一行に遅れていた私は、石滝を横切ると猶予なく其斜面に噛り付いて、遮二無二匐い登ろうとしたが、頭上三尺の高さに垂れ下った偃松の枝を捉えるまでに幾度かずり落ちた。一度は漸く捉えた枝が体の重みにポッキと折れて、仰向けさまに倒れようとしたのを顔を地面に埋めるようにして危く免かれることが出来た。当薬竜胆、岩栂、栂桜などが目先に寂しい花を綴って霧に揺れている。

矮い偃松を蹈み乱って、ぼろぼろに岩の崩れた山稜を登って行く、脚の下は霧の罩めた深いガレのようだ。斯ういう処では迷う気遣いもないが、どうかすると右にも左にも、岩間を古苔の綿でふっくりと埋めた足触りの好い平らな尾根が顕れて、一行を誘き寄せようとする、そんな時に限ってうっかり其方へ足を向けた私達は、屹度長次郎に呼び戻されて、ひどい崖の横を匍わされなどした。私は其度毎に尾根の方に心を残しながら、疑惑の歩みを続けることを余儀なくされたが、霧の中にゆらゆらと突立った尖塔の突端に辿り着いて、此処が頂上だといわれた時には、四辺を見廻して外に取り付き端もない此尖塔に、不思議に迷いもせずに私達を引張り上げた長次郎の腕前に感心せずにはいられなかった。それは今始めての事ではない、曽て別山から尾根伝いに登った時は、今日にも増して遥かに濃い霧の日に、生路であったにも拘らず少しも迷わず頂上に導いたのである。山に入っては自ら確めた上でなければ容易に人の言葉を信ずることの出来ない私も、これにはすっかり我を折ってしまった。

山稜は一曲して西を指すようになる、生々しい赭色の大岩――尖ったのや角ばったのが乱杭の頭を駢べて、音もなく流れ寄る霧の中に没しては又顕われる。私達は一昨日赤谷山の頂上から眺めたあの凄まじい岩峰の登りに懸ったのだ。断崖の絶端から右の谷間を覗いては見るが、母体を離れた岩屑の薄気味悪い音を霧の底に聞くのみで、眼に映るものは一様に灰白の色である。左には長次郎谷の大雪渓が途切れ途切れに姿を見せて、霧を吐いてはトットと駆け下りて行く、怖ろしい敵から身を暗まして逃れるように。唯一列の巉岩――或者は縦横に切りさいなまれて創だらけの胴体が今にも一片一片剝がれ墜ちようとし、或者は堅硬な岩面に加えられた風雨の鑿（のみ）氷雪の鉋（かんな）に抉られ削られて、滑かな膚が鋭い菱角（りょうかく）を尖らせ、伏すもの、峙（そばだ）つもの、横に長きもの、縦に平たきもの、紛然と入り乱れた上を、両手に石を抱いておずおず辿って行く。偃松はとうに姿を匿（かく）してしまった、いつも壊滅の岩間に繊細（かぼそ）い根を下ろして、生の教義を力強く宣伝している麗しい高根の花、それさえも影を見せない。この酷たらしい山の残骸！

　しかしこんな光景も次第に目慣れて来た。崖頭が行けなくなると左に廻って、岩間を塗り固めた雪の壁に鉈で足場を刻み、其内縁を伝いながら岩峰の横を搦んだりなどする。一度岩の狭間が相対して幅三四尺高さ一丈二三尺の峭壁を突き出している処にぶつかった、私達の立っている岩壁の中途には約一尺幅の平らな段がぐるりと取り巻いている、向いの岩壁には斜に五六尺を隔てて夫よりも心持高いかと思われる位置に厚さ五六寸大さ三尺に近い四角な岩片が附着している、岩と壁面との間に裂目があるから附着しているとしか考えられない。其横には屋根ほどの大きな岩が傾斜の緩い好い斜面を此方に向けて拡げている。私達は此の急崖の縁に孤立した岩壁の中途の段の上に立って暫く躊躇した、南日君は狭間を下りて崖上りを試みようとする。下りるのは左程でもないが登るのが危険であるから強いて留める。私は壁面に蝸付した彼の岩に飛び移ろうかと思った。これが低い方へなら五六尺は思い切って跳べもするが、向うが少し高いのであるから心配だ。其上人の重みであの岩が脆くも剥がれたら……、考えただけで止めにする。ドサッ！　だし抜けに物音がしたので驚いて振り返ると、長次郎が早や屋根程の大岩の斜面に立ってニコニコしている、岩は落ちなかった、しかし彼の早業では落ちても心配はなさそうだ。続いて金作が跳ぶ、源次郎が跳ぶ、猫も杓子も跳んだ。長次郎が大手を拡げて一々油断なく引張り上げる。面白くなって私達も跳ぼうとする、金作が「旦那方に間違があっては済まない、少し待ったぞ」と言いながら、ずっと近く寄りさま両膝を突いて身構えた、一尺下れば背後は絶壁であるとは其時知らなかった。源次郎が右の方から金作の帯を確(しか)と握って、片足を岩角にかけて反身になる、長次郎はしっかりしっかりと懸声しながら矢張りニコニコして様子を伺っている、「サア旦那、死なば諸共(もろとも)だ、旦那方一人や殺しゃしない」金作が声を掛ける。「諸共でも死ぬのは厭だよ、大丈夫かい」。こんな戯談を云う丈に余裕の出来た私達は、小さな窪を目懸けて手足に吸盤を持った雨蛙のように壁面に飛び付いた、同時に金作が両腕を攫(つか)んで易々と次から次へと送って呉れる、大岩の斜面へ出て皆ホッと緩やかな息を吐いた。

　動(やや)もすると霧の中に姿を見失おうとする長次郎の足早いのに驚きながら、割合に楽な登りを続けて、小山のような巨岩の堆積を向う側に下ると、平な雪渓の上端に長次郎が休んでいる。長次郎谷の下り口に来たのだ。この附近の岩は真黒な色に苔が蒸して、偃松が緑の毛氈を敷き延べる、其間に珍車が咲く、岩梅が咲く、さっきのように荒けた光景はもう何処にも見られない、丸で嘘のような感じがする。不用になったカンジキは重いから此処に残して、頂上を指して急いだ。

乱石の急階段を蹋んで一歩一歩絶巓に近付く、此処まで来ると何とはなしに一種の親しさが胸の奥から湧いて、それがあたりの空気と溶け合って懐しい声――山の囁きが心耳に聞えるようだ、暗い不安の影は幻のように消えて跡もない。山稜はいつか草と偃松とを粧うた高原状の緩い斜面となって、眼の前にポーッと雪田が顕われる、雷鳥が一羽それを横切って向うの岩蔭に雪白の翼をちらと覗かす。雪田はいつか又私達を狭い山脊に導いた、巨巌の上を躋って間もなく岩を敷き詰めた些やかな平らに出る、そしてそこに見覚えのある一本の標木と、三年越しの顔を合せた時には何でも構わず嬉しかった。

茫漠たる霧は一度僅に五色ケ原あたりの雪と緑とを垣間見せたのみで、終に再び開かなかった、それも好い。私はあたり一面に算を乱して横たわる片麻岩の大塊、其一に軀を凭せたまま、眼はいつしか三千米の天空に今年のこの夏の唯一日であるかの如くに今日を矜っている高根の花を趁うて、その純なる姿にうっとりと見入った。花は何か歌っているのではあるまいか、そうだ、大地の偉大なる力の其一の表象である永遠不滅なる山の生命！　それを歌っているのだ、遠い過去の生涯の悲み――それが何であったにもせよ――を忘れて、現在の喜びを歌っているのだ、自然の微妙なる耳を除いて、幸福なる山の囚人のみがこの歌の心を体得しうるのではるまいか。誰れを見ても皆楽しそうな顔をしている。若し人が何かの折に飾りなき自己の心を見出し得る場合がありとすれば、今が絶好の機会である、悲みを忘れ痛みを忘れ、純潔と慰安とを抱いて、雪に埋もれた火口の如くに心は沈黙の底に静に燃えている。私の目は涙を催した、そして油然（ゆうぜん）として湧き来る「もの皆なつかし」の情に堪えなかった。劒ケ岳の絶巓！　私は此絶巓に三度幸福なる足跡を印するの日が遠からざらんことを心に盟（ちか）った、それに何の不思議があろう。

　早昼飯を済して其処らを歩き廻った、岩窟へも下りて見た、そして登山した人の名刺を新らしい紙に包み直して新らしい缶に入れた。曽ては早月川方面からの唯一の登路である可く思われた尾根――早月川の本流と白萩川とに挟まれた――と絶巓との続き工合を探る積りであったが、霧が深いので止めた。しかし白兀の頂上から双眼鏡で望み見た様子では、尾根と頂上との連絡点附近が稍や険悪なる場所であるが、其処には多量の雪が懸っているから、登るに骨は折れまいと思われた。果して所見の通りであれば、尾根伝いに劒へ登る路の中では、これが一番安全な路で、多少の風雨多少の荷物があっても危険はなさそうである。

別山裏の野営地附近から尾根伝いに大窓へ出るには、少くとも十五六時間を要するものと思わなければなるまい。最少限に見積っても別山乗越から劔の頂上まで三時間、頂上より三窓まで二時間半、三窓より小窓まで二時間、小窓より大窓まで六時間、合せて十三時間以上を要するであろう。別山方面の登路は、平蔵谷の雪渓の上部を環(めぐ)る長い岩壁を辿るのが尤(もっと)も危険で、悪い場所が三ケ所程ある。岩壁に取り付くまででも、突き出した岩にちょいと体を打ち付けた反動だけでも刎(は)ね落されそうな足場の悪い急崖を絶えず横に搦まなければならないから、恐怖心と油断とは此場合絶対に禁物である。一山を上下するに此の如き険悪なる山稜の長く続く所は、唯一の穂高山を除いて、南北日本アルプスにも類はあるまいと思う。

直ぐにも出発して元の路を三窓に引返し、山稜を伝いて小窓に出で、逆に当初の目的を遂行しようと強く主張する南日君をなだめて、長次郎谷の雪渓を下ることに同意させるには、劔へ登るよりも骨が折れたので、南日君が渋々とカンジキを穿いて雪渓を下り始めるまでは何だか安心されなかった。私も小窓へ廻ることには大に心をそそられたのであるが、夫よりも長次郎谷を下って見たいという望みの方が少し強かったのである。

驚いたのは雪渓を下る際、源次郎は仁王立ちに突立ったまま、軽く杖をあてがって、あの急峻な雪上を一気に二三百尺宛も滑り下りた手際である、夫にも拘らず見て居て少しも危気がない、しかも進止自在である。私達は勿論、流石の長次郎もこれには驚嘆の声を洩らした。あの勢で下ったなら恐らく十分ならずして劒沢に達するであろう。後で聞くと雪渓を上下したのは今度の旅行が初めてであるという。滑稽であったのは、長次郎が一足余分にあったカンジキを草鞋切れの紐を拾って無雑作に絡げつけ、よたよたしながら下りたことである。長次郎がカンジキを穿くのさえ滑稽の感があるのに、その風体が可笑しいので皆笑った、自分でも笑っていたようだ。私達は初の間はよたよた下りて行く長次郎にさえ続けなかった。しかし此四日間一日として雪渓の登降を欠かさなかった練習の効果は漸く顕れて来た、面白いように駆けられる。中にも南日君の如きは脱兎の勢である。途中大きな断裂が雪渓を半ば横切って、斜に奥へ八尺許の口を開いている下の縁に佇んで、雪から滴る水を飲みながら一息入れる。純白なる雪の断面が水浅黄に冴えた色の美しさ。此裂目はいつも七月下旬になると深く全渓を横断して顕われる為に、少なからず登降を阻碍するそうであるが、今年は雪が多いのだと長次郎が説明する。少し下ると私は紐が切れたのでカンジキを手に持って駆け下りた、三、四回滑って両足を宙に投げ出したが、手に提げたカンジキが其度毎にグサと雪に刺さるので、苦もなく止まることが出来た。今迄に此雪渓を下った人の数は少くはあるまいが、手にカンジキを穿いて下ったものは、多分私一人であろう。蓋し源次郎の偉大なる滑走と共に特筆さる可き空前の壮挙たるを疑わぬ。

六人十二本の足並を揃えて劒沢の雪渓に滑り出た、いつの間にはずしたか誰れもカンジキを穿いて居らぬ、金作が腰の煙草入れを抜き出して、歩きながら一服する。今日は実に面白い日であった。「これだから山登りは止められない」、誰かそんなことを言う。私達が絶えず口にする登山の趣味ということが朧げながら長次郎達にも解せて来たようである、それが又嬉しかった。

雪は何処までも続いている。長次郎谷の出合から二三十間下ると劒沢が三四丈の瀑をなして雪の下に狂っているのが、岩壁の横合からのぞまれる。急な下りに向うと私達は源次郎の真似をして、立った儘滑り下りる稽古をした、幾度か筋斗打って倒れたが、稍や慣れて来た頃には梯子谷の落口に着いていた。雪は尚お二三町の下流まで続いていたが、厚薄不定なので其上は歩かれない、左岸の雪田を蹈んで更に二町許り下ると雪は茲に全く尽きて、徒渉四回の後、岩屋の前の河原に辿り着いて大きな岩の上に攀じ登りさま、再び三窓の大雪渓を濃い緑と冴えた緑との入り交った山の裾越しに仰ぎ見た。

此河原は周囲を峻しい山々に取り巻かれた峡谷の中としては、思の外に打ち開けた処で、劒沢は南のはずれを一段深く穿貫しているから、恰も河成段丘のような観がある。水楊や榛や大虎杖などが茂りに茂って、ここは若々しい青葉の緑が流れている。南に面した岩屋の背後は東側が四、五尺の高さに深く刳（えぐ）れて、十余人は楽に泊れる洞窟を形造っている。稍や薄暗い感じはあるが如何なる暴風雨をも凌ぐことの出来る完全なる泊場所である。更に其奥の方にも四五人は泊れる岩窟があるそうだ。長次郎が何処からか山独活（やまうど）と根曲り竹の筍を採って来る、晩にそれを味噌汁に作って香りの高い豊脆（ほうぜい）な味を賞美した。暮方の空は青く澄み初めて、夜は満天の星が痛いような光を投げ出す、折々流星が長い尾を曳いて黒部別山の上を飛んだ。

中村君の話に拠ると、音沢村の佐々木助七は吾々が劔沢と称している沢のことを西五稜（宛字吉沢君に拠る）の沢と呼び、小窓三窓両渓の合流北股（吉沢君に拠る）を劔沢と云い、之をツルガザワと発音しているそうである。由（よつ）て思うに大山村の人夫が鶴ケ御前（宛字、登山地図劔岳号参照）と称するは即ち劔ケ御前にして、元と劔岳の尊称であったものが、いつの間にか転移して其前面に続く二千七百七十六米の峰名となったものであろう。

立山を越ゆ

七月三十一日。午前六時三十五分、劒沢の岩屋出発。劒沢を泝（さかのぼ）り、八時十三分、長次郎谷の出合。大なる羚羊を見る。十時、別山裏の平地に達し、小憩して昼食。十時三十五分、出発。十一時、別山乗越着。長次郎等を室堂に遣り、米味噌其他の必需品を購（あがな）わしめ、吾等は悠々山巓（さんてん）を南に伝いて、午後二時、雄山。三時二十分、浄土山最高点、此処にて長次郎等を待つこと二時間の後、五時三十分、浄土山の西側草原の窪地に野営。

此暁若し黒部別山の一角に立って、ふと劔沢の谿谷を瞰下（みお）ろした人があったならば、すぐ脚元のほの白い河原を罩（こ）めた薄紫の煙の下に、赤い炎を揚げて勢よく燃えている焚火の周りに集った五六の人影を見たであろう。そしてこの恐らく砂原に蠢（うごめ）いている蟻のような私達の姿は、よしやそれが幾日かを重ねた山の上の旅に人懐しい折であったにしても、唯好奇の心に一瞥の満足を与えたのみで、長く興味を惹くには余りによく晴れた朝であったであろう。視界を限られた峡谷の天から星の一つ一つが先ず其姿を隠して、白味を帯びた瑠璃色の空に薔薇色の光がにじむように拡がるのを仙人山の尾根越しに眺めた時には、昨日劔岳の頂上に登って二年越しの宿望を充たした平静な心にも、黒部別山の巓（いただき）を仰いで華やかな期待にじっとしてはいられない程であった。近くの林で囀り交わす駒鳥の鳴声まで、今朝は気の所為（せい）かわきて朗らかに聞きなされた。

岩屋から十五六間南に行くと劔沢の河原に出る。可成り水量はあるが、水は幾筋にも岐れて大きな岩の間を流れているので、膝も濡らさず徒渉して右岸の沙地（すなじ）を暫く辿った。樺や深山榛などの若木が霉爛（ばいらん）した沙の間に痩せた茎を培っている。再び左岸に渉（わた）って、崖の縁を身を側（そば）めて通り抜けたりなどする。水の流れ落ちた沢の様な窪に、二抱えもあろうと想われる大木が、紅味のさした美しい肌理を見せて、まだ朽ちもせず幾本か岩の間に埋もれている、黒部杉であるという。この常緑の針葉樹林に蔽われ、この不断の大雪渓を擁した当年の劒沢の峡谷は、如何に奥深く美しいものであったろう。想うに麓の大森林を失って劒岳の孱顔は、階老の侶を先立てて遽に憔悴した人のように、金剛不壊の額にも幾条か崢嶸の皺が増したことであろう。此附近は木立も稍や繁っているし、天幕を張る位の平地は至る所に見られるから、野営地として恰好の場所である。

これからまた右岸に移って二、三町とも行かぬ中に、崖頭が大きな岩を畳み上げて横が搦めなくなる。此処で最後の徒渉をして左岸に渡った。私は例に依って独り堰のように水中に盛り上った岩の堆積の上を伝って行く。其中の一が昨日通った時には異状もなかったので、何気なく飛び移った拍子にゴトリと脆く崩れる。不意に足を浚われた体は苦もなく下の深みへ押し墜されて、頭から滝の水をザブリと浴びた。杖を力に立ち上ると水は胸迄しかないので、岸近くだけに急いで駆け上ったが、もう後の祭であった。

日脚の指さぬ谷間の空気は急に寒さを増したような気がする。衣物を脱ぎ替えようとしたが、「ナニ案じはねえ、歩いている中には乾く」と長次郎がいうので、夫もそうだと思って面倒だから止めにする。日向へ出て休もうというので長次郎は頻に急いだ。私は水の溜った上衣の隠しからグショ濡れになった手帳を取り出して、一枚一枚丁寧に紙をめくりながら手に持って、遅れじと其跡に跟いて行く。間もなく雪田の縁に達して暖かい日の光が雪の上に長い影法師を映し出した時には、生き返ったように感じた。焚火をして暖まりながら濡れた物を乾かした。長さ二町にも余る雪田の上には、雪崩の為に掻き取られた大きな土の塊が二つ三つ横たわって、矮い灌木などが生え茂っている。一条の裂目が雪田を横断して深さ六、七尺の溝を穿っている先に、小山のような雪の高まりがあって、向う側は山からにじみ出した水の流れが、氷河の如く堅く凍ったまま浅葱色に冴えていた。雑木の繁った山の裾を廻ると河は稍や右に折れて長い雪渓が始まる。

此処から左に梯子谷の細渓を辿って、別山と黒部別山とを連絡する尾根の鞍部へ登るのは容易であるが、内蔵助平に向った側は一面に藪が繁っていて、通り抜けるのに骨が折れるそうである。金作の話に拠ると、内蔵助平は熊や羚羊や猿などの好猟地で、以前は糧食を携えて五日乃至一週間と狩り暮したことがあるという。内蔵助谷が南北の二股に岐れた其間に抱かれている稍や広い窪地は、如何にも笹がひどいということである。其附近には内蔵助の岩屋と称する洞窟があって、広さは八畳敷にあまり、優に二十人は泊れるそうだ。昔佐々成政が十五、六人の従者と共に八日間も匿れていた所だと話して呉れる。こんな山奥の窟に匿れて居れば、成政でなくとも容易に探し出される気遣はあるまい。

河の中には大きな岩が半身を抽き出して矶々している。流石にこれは奎角が鈍い。残の雪が夫から夫へと蜘蛛手に橋を架け渡す。泡立つ水が声を揚げて其根方に搦みついてはすういと流れて行く。水声が聞えなくなると皆雪の上に下り立って、無駄話に耽りながら雪渓を登り始めた。別山続きの尾根が正面に旭を受けて、其処にも多量の雪が眩ゆい光を放っている。殊に別山の大カアールに続く真砂谷の雪渓は、殆んど直線に近い姿を真竪に顕わして、三つばかりの瀑の白泡が丁度、上から目に見えぬほど静に辷り落ちて来る雪の塊を、其儘巨大な唐箕か何かで吹き散しているようだ。この静寂な朝の谷間で動いているものは、私達の一行と其瀑の水とより外には無いように思われた。

真砂谷の落口から劒沢は八ツ峰の裾を大きく右に廻って、日陰に這入るとまるで冬の朝のように寒い。紫ばんだ灰色の空気は冷たくどんよりとして、物の蔭という蔭にねばりついている。うら寂しい夫でいて兎の毛で突いたほども隙間のない引き緊った気分が、何か想像にも及ばない痛快な「だんまり」の幕の開かれる前の舞台に臨んだような感じを起させる。しかし実際此舞台に上ったものは、私達が長次郎谷の入口に着いて谷の空を見上げた時、一頭の羚羊が雪渓を横切って八ツ峰の岩崖に其姿を隠したに過ぎなかった。自然の荒削りのままの舞台は、いつも彼等の上場に因ってのみ私達を満足させるのである。

平蔵谷の出合に出た。雪の喰い込んでいる懸崖の一角に日が映して、朱黄色の光線が谷の空気に濃い翠の影を投げる。登るに従って勾配の緩くなった雪渓は、次第に左へ廻って、南を指すようになると鶴ケ御前から劔岳に続く山稜が右手に近く草原や偃松の緑を展開して、さまざまの形をした残雪が美しく斜面を飾っている。其一のr字を倒にしたような残雪は、この前劔からの帰途、南日君が辷り落ちた際に杖にしていた天幕の支柱を失った所だ。其時私達は遥か下の草原に休みながら、「もっと上だ。もう少し下だ」などと勝手に声を懸けて、一生懸命に草の中を探している南日君を上げたり下げたりしたことを覚えている。今日もそのことを話し合って長次郎と三人で大笑いをした。

満身に日光をあびて傾斜の緩い雪の上を辿って行く。脚元に小さい蜻蛉が幾つともなく殪(たお)れている。見ると秋風に群がり飛ぶ野辺の赤蜻蛉のように入り乱れて雪渓の上を飛んでいるのが、不意に翼を折った飛行機のようにキリキリと二つ三つ筋斗(もんどり)うって、バサリと落ちて雪に撞き当ったまま、再び飛ぶ勢もなく其儘に斃(たお)れてしまうものらしい。勾配が稍や急になって雪の下から大きな岩の頭が黒く露出しているのが見られるようになる。谷はいつか扇形に開いて、途切れ勝ちの雪が暫く跡を絶つと間もなく別山裏の平に達した。即ち劔沢の源頭である。

この広い盆状の高原は、しっとりと水を含んだこまかい砂地に嫩草(わかくさ)が褥(しとね)を敷いたように生い茂って、如何にも踏み心地が好い。夥しい珍車の白い花がそれへ霰(あられ)模様を染め出している。草に涵(ひた)され草を養っている水の集りが中央に二、三の細流を湛えて、雑魚や水すましの群れこそ見えないが、里の小川の俤(おもかげ)を偲ばせて、静に山の影を浮べている。岩の多い水涯の湿地には、色丹草(しこたんそう)の群落が恰(あたか)も苔でも蒸したかと想われるほどに密生して、黄に紅味のさした一二寸の細茎に三四の花梗(かこう)を抽き出し、五弁の小花を咲き連ねた風情は、五色ケ原の濃紅な白山小桜や濃紫の千島桔梗の大群落に比して、華かさに於てとても較べものにはならないが、またなく可憐である。此附近から劔の三窓あたりへかけて見られるような色丹草の叢生は、恐らく他にあまり多くは見られない特色であるかも知れぬ。

動くのが厭になって草の上に寝転んでいると、長次郎達は昼食を始めたので早速仲間入りをする。実君一人は別山の頂上を指して先へ登ってしまった。一仕事した後の疲れといったような軽い懶(ものう)さがすぐ眠りと連れ立って、ともすればこの肉体を蝉の脱け殻かなんぞのように振り捨てようと機会を窺っているらしい意地悪の魂を誘い出そうとする。抵抗の無益なるを悟ってか、上下の瞼は既に妥協を遂げたらしい。陽炎のようなものが目前をぐるぐる廻っている、快い草の香が頻りに鼻を襲うて来るまでは覚えていたが。

仮睡の夢からさめて筋を抜かれたようにだるい体を、幅の広い急な雪の上を運びながら、漸く別山乗越の頂上に達した。この雪は先年劔へ登った時よりも反て少ないように思われたが、地獄谷から室堂（むろどう）方面に眼を放つと今年の雪の多いことが首肯（うなず）かれる。岩と緑とそして残雪とに按配された美しい山谷の模様は、依然として変らぬ美しさを持っている。朝の御山廻りを済した連中であろう、室堂と地獄谷との間を蟻のように往来しているのに気が付く。この大きな立山の猫の額ほどの地に室堂があって、年に幾千の登山者が草鞋の痕を踏み付けるにしても、夫が何の障（さわ）りになったとも想われない。森厳なる自然の殿堂を其鎮座の所として、おごそかなる式のもとに開かるる神龕（しんがん）の前に額ずく今の人心には、只管（ひたすら）に神を敬い畏（かしこ）みたる昔の人のように堅い信念に支配されて、禅頂の耐え難い願いから登山するものであるか否か、私の知る所ではないが、よしやそのような信念は影だに宿らずとも、少くとも一定の教規の下に拘束されている講中に取りては、唯一の室堂のみが解放されたる天地である。其処に夏になると美しい衣に滲み出る黴（かび）のような、周囲に不調和な平原の陋習（ろうしゅう）の迹（あと）が汚なく印せらるるにしても、其他の、殊に別山から雄山に続く長い頂上の何処に、あの放縦な多数の登山者に踏み蹂られて、鱗粉の剝げ落ちた秋の蝶を見るようなみじめな白馬岳の頂上に似た光景が見られるであろうか。其点だけでも私は神官の功労に対し、敢て三十銭の入山料を払うに躊躇する者ではないが、今日は室堂へ立ち寄らないので其儀に及ばなかった。

これから予定の通り黒部川に下りて、東沢から赤牛岳に登り、槍ケ岳若しくは笠ケ岳まで山稜の縦走を続けるに就ては、糧食の欠乏を補う必要があった。それで三人の荷持は此処から室堂に直行せしめ、其処で米や味噌等の必需品を充たし得ればよし、左もなくば其中の一人は更に立山温泉まで買出しに行かなければならぬ、兎に角浄土山で落ち合って様子を聞くことに相談を極めて、峠を下り始めた彼等の後姿を見送りながら、私達三人は立山本山を指して悠々と歩き出した。積乱雲の大塊は早くも南から東の遠い地平線上に奇怪な姿を顕わして、乱れた蜘蛛の糸のように其巓を天風に吹き散らされているものもある。近い後立山山脈はこの背景の前に藍色が一層鮮かに望まれた。中にも鹿島槍ケ岳の尖頂は著しく目を惹いた者の一である。

遊びがてら雷鳥を追いかけなどして別山を横搦みに、礫片の白く燦めく真砂岳を踰（こ）えて富士ノ折立の登りに懸った。いつ砕けたとも知れない角閃花崗岩の大塊が無造作に重り合って、真黒に苔がへばり付いている。それでいて個々の岩塊は少しも稜角が磨滅していない。絶頂夫自身も危く聳立（しょうりつ）した巨大なる巉巌（ざんがん）である。この岩の脈は更に東へ延びて其南側が抉（えぐ）り取られたようにそげ込んでいる。其処には磁器を打欠いたような雪がひたと喰い入って、立山の東側に懸る最も大きなカールに続いている。この大きなカールを東に抱いて、而(しか)も其中に積っている雪は、恐らく日本の高山に於ける最多量の万年雪であろうと思われるに拘らず、白馬や杓子(しゃくし)や若しくは黒岳などのように直ぐ脚もとから崩壊した二、三百米の絶崖に限られているのとは違って、如何にも大きな山の頂上に登ったという感じを起させるに充分なる幅や広さを有しているのは嬉しい。立山は其頂上の甚しく削痩していないことに因(よ)って雄大を加えていることは言う迄もなかろうと思う。私は山の絶頂が一方に於てそげ落ちているのは誠に嫌だ、寧ろ情なく感ずる。其処はどうしても山の絶頂ではなくして八合目か九合目あたりとしか想えない、夫を無理にも絶頂と見なければならぬ苦痛は、自然が私に加える圧迫の中で、唯一の不平である。

立山には金峯(きんぷ)山上の五丈石や鳳凰山頂の大日岩の如く、孤高峭立した人目を駭(おどろ)かすような岩の尖りは殆んど見られない。或は木曽駒の金懸の小屋又は甲斐駒の屏風岩の小屋から上に露出しているような、恐ろしく大きな一枚岩の蟠(わだかま)りも少ないようである。然し比較的幅のあるそして長い頂上――夫も決して平板単調ではない――就中(なかんずく)大汝の附近に三々又五々、恣(ほしいまま)に横時縦錯せる巨岩の堆積は、山頂稀に睹(み)る荒寥跌宕(てっとう)の風物でなければならぬ。之に加うるに海内の偉観と称せらるる眺望の壮大と広闊とを合せ有している。此山上に取り残されて小さな自分をそこに見出した時、人は坐(そぞ)ろに大潮のうねりの如くに強く抵抗し難い威圧と、必然的に起って来る頼りない淋しい気分と、知らず知らずの間に之と対抗せんとする或は既にしつつある心的努力——極度の緊張を感ずるに至るのは敢て不思議でない。それを反て不思議にも私達は通いなれた道でも歩いているような、体まで寛(くつろ)いだ心安さと親しさとを以て之に接し得るのは、畢竟(ひっきょう)室堂の影が始終視界を離れない為であろう。人寰(じんかん)との交渉を断続した筈の高い処に、尚お余り小さいながらも縮図されたる下界が存在し、そこに風雨氷雪の危険と威嚇とに打ち克って、私達の心を威圧し慴伏(しょうふく)せんとする山岳の絶対権威に抗して、人間最高の精神的努力が微かながらも勝利を叫んでいる。それが潜在意識となって私達に異常の寛ろぎを与えるのであろう。室堂の存在は立山に取りて物質的損害を及ぼすことなしとするも、精神的には少なからず威厳を冒涜しているものと思われる。私は四度目の登山には是非とも荒蕩たる黒部の峡谷から、処女の純潔を保てる大雪渓の雪を蹈んで、この日本に於ける最高の花崗岩たる名を擅(ほしいまま)にす可き立山の絶巓に攀じ登り、飽かず驚嘆の眼を睜(みは)りたいと思っている。

岩に縋(すが)り付いて大汝の最高点に立った。立山三峰の中では雄山が一番低いかも知れぬ、少くとも此処の方が五米(メートル)突許りも高いように想ったのは、必ずしも眼の誤りではないであろう。大蓮華山の方面では頻りに雲が湧き上っている。其先端は黒部の谷を横切って、時々劔岳の鋭鋒に砥の粉を打ったような霧を浴びせる。五竜岳の崔嵬(さいかい)に続いて鹿島槍ケ岳の峰頭には、白毛の如き一簇（ひとむら）の雲が屯（たむろ）している。祖父岳から岩小屋沢岳、鳴沢岳、赤沢岳にかけて尾根は余程低くなる。針葉闊葉の混淆（こんこう）樹林が黒部の谷底から緑の大波を捲き起して、其低所を目懸けて乗り越そうとするさまだ。蒼黒い偃松の波頭に取り巻かれて、穏かな水溜のような草原が冴えた緑を湛えている所も見える。スバリ岳針木岳が崩岩の頽（くず）れをドッと押し出して、この大波を再び黒部の谷へ向けて揺り落している。籠川谷の空には重い積雲の塊が低く垂れて、蓮華岳の巨頭を半ばより截断し、七倉、不動堀沢、舟窪の諸山は、この雲塊の下に黒く沈んで鬱陶しい吐息を洩らしている。藍色をした千切れ雲の影が、不動岳の円頭顱を撫でて、物々しいピラミッド形の南沢岳を横にのろのろ匐って行く、其南の肩のあたりに特異な尖頂を押し立てているのは烏帽子岳であろう。

　行手を圧して雄山の絶巓が壊れかかった金字塔のように聳えている。先に下った二人の後を追うて急いだ。磊砢（らいら）たる岩間には高根菫岩爪草などが僅に寸青を点じている外は、植物は至って稀である。岩石の急坂を登って雄山祠前の突端へ出た。狭い頂上に敷き詰めてある丸い小石は、登拝者の持って来たものであろう。小さいが神さびた神殿の柱や扉に、見るもうとましい楽書が汚らしく書きなぐってある。黄揚羽が縺（もつ）れ合ったまま、直ぐ前の十四、五米突も低い峰頭に、ばらばらになって三、四本残っている測量櫓の柱を掠めて、何処ともなく舞い連れて行く。視線の向う所は黒部川の上流を取り巻いて、天半に揺曳（ようえい）する青嵐の中に颯（さつ）と頭を擡（もた）げた、今にも動き出すかと想われる大山岳である。

三ツ岳から南、国境の大尾根は幾重の雲が搦み合い重り合って、遠い空の極てに銅色を帯びた雲の峰が強い日光に照り映えている。然し黒部の谷には一点の雲もない。真先に赤牛岳が大肌脱ぎになった赭色の全容を曝露して、無遠慮に両脚を投げ出している。よく視ると荒っぽい手法で刻み上げた烏帽子直垂（ひたたれ）姿のいかめしい武夫（もののふ）が、大紋の袖を束ねて稽首（けいしゅ）しているさまがある。一段高く黒岳の尖った兜の鉢が雲の幔幕（まんまく）の前に銀鋲（ぎんびょう）の光を輝かしている。祖父岳から右に展（の）べた一線が、幾多の峰頭を鈍い金字形に統一した尨大な薬師岳との間に、鏑箭（かぶらや）のように高鳴りして雲平の高原を拡げている。其奥に筋骨を剝き出した黒部五郎岳が火山のような長い美しい裾の斜線を見せて、秀麗な円錐形に聳えているのがこの大画幅に点睛（てんせい）の妙を極めて人を叫ばせずには置かない。最も近く大きな蛞蝓（なめくじ）を銜（は）わしたような鬼ケ岳と、黒部の谷を横さまに駿馬の躍るが如き木挽（こびき）越中沢二山との間に、五色ケ原の曠原（こうげん）が広く長き段階状に展開して、雪と緑とそして懐しさとが溢れている。表面を横走する太い線の一つ一つには、流石に隠し切れない力が籠ってはいるが。今夜はあの広やかな原の一端に天幕を張って、穏かな夢を結びたいものだと思った。

双眼鏡で一わたり室堂の附近を物色したが、人夫の姿は何処にも見えなかった。気の早い南日君は先に立ってサッサと降り始める。道形はあっても岩の破片が雪崩れかかっているので、其中へ大股に割り込むと蹠（あしのうら）が刺されるようだ。それをかばって小走りに駆け下りる、今度は膝頭が痛い。五十町といわれる急坂を半ば過ぎた頃、前面を瞰下ろすと南日君は既に浄土山の登りに懸っていた。急ぐ必要もないので気まかせに歩いて行く。一ノ越の下から室堂の方へかけては一面の大雪田である。喉は渇いているが其処まで雪を取りに行く勇気は無かった。

下り切ると何時か又上りになる。路は浄土山の東側に通じて緩くうねっている、夫を避けてわざと右の窪地を登った。一ところ砂礫の間に雪消の跡らしい湿地はあったが、水は終に得られなかった。白山一華、高根菫、当薬竜胆などがうら淋しく咲いている。短い偃松や草原を好い加減に踏み分けて、間もなく頂上へ辿り着いた。四方を見廻したがあたりに人の居るらしい気配もない、彼等は一体何処に待っているのであろう。南日君は実君と一緒に此処とは瓢箪の形になって続いている西の頂上を指して出懸けた様子だ。私は暫く草原に寝転んでいたが、寒くなったので一の窪地に逃げ込みながら焚火を始める。いつか寝入ったものと見えて、峰越しの冷い風にふと目が覚める。日脚は西に廻って影さえ少し薄れて来た。まだ何の音沙汰もない。

焦れ気味になって起ち上ると、南の方から四五人の一行が登って来た、其中の一人は北沢君である。針木峠から五色ヶ原を経て来られたのだそうだ。立話しの末「今日は写真も撮れないから、雄山へは明日登る積りだ」といわれる。この模様では明日は上天気らしい。一ノ越附近で野営されるとのことに成功を祝して別れた。

時は経った。とうとう辛抱し切れなくなってあてもなく歩き出した。不意に西の頂上の記念碑の前に人影が顕われる、双眼鏡で覗くと空身の金作と源次郎である、暢気らしくお宮の扉を開けて見たりなどしている。間近の岩蔭から南日君がひょっこり飛び出して、急ぎ足に其方へ行く。私はまた腰を下ろして知らぬ顔をしていた。戻って来た南日君に聞くと、長次郎は温泉まで下る必要がなくなったので、浄土山の頂上へは出ずに西側から崖の中腹を横に搦んでザラ峠の道へ出ようとして、二時間も私達を待っていたのだという。私達はまた私達で、あの崖にそんな楽な路があろうとは元より知って居る筈がないから、峠へ下るには峰伝いの外はないと信じていたので、浄土山の頂上で落合うことに約束して置いたのだ、交啄鳥の嘴だってこうは喰違わない筈だと思うと、どうしても笑って済す気にはなれなかった。

兎も角も荷のある所まで行くことにして、其方へ足を向ける。巨岩の堆積した急斜面を下ると、西の方へ緩く放射された段状の高原が幾つか連なって、ウットリと気の落ちつくような緑が西日を受けて暖い黄に匂っている。その一番上手にある平の片隅に、荷を背負った儘の長次郎が岩に凭(もた)れて休んでいた。

もう如何なるものでもない、此処へ泊ろうと誰か言い出す。野営には申分のない地形である。北から西は五、六尺の高さに大岩が重り合って、自然の石垣を作っている。其下に浅いが冷い水を湛えた二坪あまりの池があるので炊事に不自由はない。南は直ぐ湯川に臨んだ懸崖であるが、長い偃松がうまく屏風を立て廻している、燃料はもとより豊富だ。其間の平な草原へ形よく天幕を張って、疲れた体を焚火の前に横たえた時は、誰の顔にも不満らしい影は見られなかった。

黄昏の空に明るかった雲の峰も、白く褪せ灰色に化けて、果ては天外から地球へ投げかけた妖しい影のような、紫がかった鼠色の気層の中に吸い込まれて了った。蒼黒く冴えた頭上に二点三点と星の光が数えられる頃から、強くはないが物を吹き透すような鋭い北西の風が石垣の岩角を掠めて、折々窪地へ颪(おろ)して来る、毛布にくるまって雑談に耽っていた私達は、皆急いで天幕へ這入った。外では焚火が一しきりぼうっと明るくなっては復た暗くなったりしていた。

黒部川の峡谷

八月一日。午前七時、浄土山西側の野営地出発。三十分にして竜王岳絶巓に達す。眺望広豁（こうかつ）、遠く富士及赤石山脈の諸山を望む。八時十五分、出発。御山（おやま）谷を下り、十一時三十五分、中ノ谷。昼食。午後十二時四十分、出発。一時、刈安峠（温谷（ぬくい）峠）頂上。休憩十五分の後、ブナ坂を下り、二時五分、越中沢を徒渉し、更に五分にして黒部川の河原に出づ。二時二十五分、出発。黒部川の左岸を遡り、崖上を迂廻すること二度、本流を徒渉すること三回にして、五時三十分、東沢の合流点着。

寝覚めの耳へ冴えた鈴の音がチリンチリンと遠くから伝わって来る。それが高原の草の上に横たわれる身にも駅路の夜明けを偲ばせた、暁かけて禅頂する人達の振鈴の響であろう。眼を開けると、片破月（かたわれづき）に照らされた天幕の布が夜露を浴びて、しっとりと重く垂れている。湯川の谷では杜鵑（ほととぎす）が盛に鳴いて、断続した水声が其間から幽かに聞える。崖上の偃松の枝が寂しそうにザワザワと騒ぐが直ぐまた押黙ってしまう。風向きが北に変ったので、この窪地へは少しも吹き当てぬものらしい。そのうちに大勢の足音やガヤガヤいう人声が近く頭上から押し被せるように聞えて来た。「あんな処に天幕が見える」、誰かそんなことを叫ぶ、幾十の好奇心に惹かれた眼がまじまじと私達の上に注がれているような気がする。私はひしゃげた空気枕に息を入れてまた毛布にくるまった。二度目に起き上った時は、竜王続きの山が薄靄の罩(こ)めた湯川の谷へ翠の影を投げて、拭われたような紺碧の空には、二十日あまりの月がうっすりと刷かれていた。

昨日降りた岩の斜面を一息に登って、浄土山頂の一角に立った。濃い菫青(きんせい)の空は溢れる許りに充ち亘った、美しい光の波に洗われて、鮮かに冴えている。紫を含んだ潑藍(はつらん)の山は、曽てはこの美しい光の本体であった遠い過去の朧ろげなる記憶に喚び醒されて、沈黙した精神が白熱の度に高潮したのであろう、見上ぐる空際を横さまに尖波を打って、綱線を綰(わが)ねて叩き潰して更に夫を引き伸したような山の空線は、山体に磅礴(ほうはく)した鬱勃(うつぼつ)の気がはち切れる程に籠って、火花が散るように鋭く閃いている。紫藍の膚に刃のこぼれた大薙刀(おおなぎなた)を懸け列ねたかと怪まれる雪渓や、大きな熊手か何かで掻き取った裂傷のような赤裸の縦谷は、恰(あたか)も灼熱した衝動の力の強い圧迫から、今にも裂けて飛びそうな山体を解放する安全弁であるかの如くに、一きわ物凄い光を放って、翠の濃い谷間の空気を焠(や)きに焠き研(みが)きに研いて、蛍石のような輝きを帯びた晶冽の気と化し、更に大空と映発して、偉大なる山の生命の盛なる活躍を暗示している。登山杖に身を凭(もた)せながら、高い心臓の鼓動と共に血汐の流れが脈を打って頭の心へ奔注する音を耳元に聞きつつ、山という者を始めて見たように全く新たな驚きを以て、遠く近く輝き渡る大山岳の姿を身じろぎもせず眺めていた私は、間近い竜王岳の頂上をさして驀(まっしぐ)らに急いだ。一寸でも高い処へ登りたい。まだそれ位の意識が魅せられたもののようになった心の何処かで働いていたらしい。

　この竜王岳の西側は、山骨が大頽(おおくず)れに頽れて、落ち重なった巨岩塊が角突合ったまま危く倒れんとしている。人の跫音(あしおと)にもぐらりと揺るいで、傷に悩む猛獣を扱うように、動(やや)ともすると嚙み付かれる恐がある。上辷(うわすべ)りのする赭色の岩屑を押し出した岩の狭間を匍い上って崖端に出ると、偃松の執念く搦みついた破片岩の急傾斜が甍(いらか)の如く波を打って、真黒な岩の大棟を撐(ささ)えている。絶巓はすぐ其処だ。気に伴わない脚のもどかしさ。

　頂上に辿り着いて一息入れる間もなく、忽ち岩壁に吹き付ける勁風のような凄まじい翥の音が聞えて、一羽の猛鷲が脚元近くの懸崖から舞い上った。満身の力を両の翅に籠めて、五たび六たび空を搏つと共に、双翼に風を張って悠揚自在に翔して行く。視角の仰(あお)のくに連れて、直線はいつしか弧となり半円となり、終に空中に大圏を画きながら、鳶(とび)のように小さくなった体を暫くは、瘤だらけな太い線で赤裸の花崗岩体を根張りの大きいピラミッド形に刻み上げた雄山の天空に見せていたが、次第に北を指して富士ノ折立から真砂岳別山の上を越え、劔岳の右の肩を掠めて、無辺際の青空に一点の黒子を印し、はては遠く双眼鏡裡を逸してしまった。実君もいつか登って来て早やスケッチに余念もない。二人はゆっくり落ちつきたいと思って四辺を見廻したが、狭い頂上に錯立した岩塊は、どれもこれも圭角（けいかく）が鋭く、腰を掛けているという簡単な動作さえ、長く続けていることを許さないのだ。

　劔岳の左には毛勝三山がすっきりした雪の肌を朝日に照らされて、紫水晶の如く輝いている。其後は真白に凝って動かない雲の海である。前は近く弥陀（みだ）ケ原の高原と並行して、其縁を限る大日岳の連嶺が奥大日、大日、小大日の諸峰を崛起（くっき）し、余脈を遠く西に走らせて、末は富山平原の上に漾（ただよ）う層雲の中に没している。富士ノ折立と真砂岳との間には、白馬朝日の二山が顕われて、白冷の雪の光が鋭く眼を射る。

　東から南にかけては驚く可き山岳の群集である。立山後立山両山脈の南半に加えて、槍穂高の連嶂と常念山脈とが、北に向っては黒部及高瀬の二峡谷を擁し、南に向っては梓川の深谷を抱いて、殆ど相並行して洪濤の捲き起るが如き長大なる山脈を縦観するところ、幾多の峰頭は著しく痩せて尖り、しかも山体は肩のあたりから急に左右に拡張して、全山の重量が横にはみ出そうとしている。それを太い青竹を撓（たわ）めたような膨らみを持った弾力ある曲線でグッと引きしめ、彼と是との力が平均し融合すると共に、徐ろに之を縦（はな）ってその趣くところに赴むかしめたのがあの如何にも落付きのある坐りのいい裾の線だ。薬師岳の大山体は、近い丈に一層其感が深い。

（大正五年一月稿）

附記

この記行は前中後の三回に分ち、「山岳」誌上に掲載する目的で起稿したものであった。しかし第三回分は強いて之を載せる必要がなくなったので、本項は執筆半ばに至らずして中止し、以下の「赤牛岳と黒岳、野口五郎岳の連峰、高瀬川に下る」等は、目次に掲げたのみで全然着手していなかった。今是等を補足することは殆ど不可能である。さりとて全部之を捨て去るに忍びないものがあるので、未完のまま茲（ここ）に収め、其後の行程を附記して単に欠けたるを補うことにした。尚（な）お田部重治君著『山と渓谷』所収「毛勝山より劔岳まで」及「劔岳より赤牛、黒岳を経て大町に至る」を参照して戴きたい。

竜王岳の頂上に立った朝は実によく望遠がきいて、北アルプスは勿論、南アルプス、奥秩父、奥上州の山々まではっきりと認められた。烏帽子岳と大天井岳の北に在る吊岩とが重なっている上に悪沢岳。不動岳と南沢岳との間で、餓鬼岳の南に在る東沢岳の上に北岳。不動岳の上に地蔵鳳凰二山。餓鬼と唐沢岳とが重り合っている上に富士。舟窪岳と不動堀沢岳（今七倉岳と称するもの）との間に蓼科山。其後ろに金峰山。不動堀沢岳の最高点の上で金峰の左に甲武信三山。針木蓮華と赤沢岳との間に浅間山。赤沢岳の上に四阿山（あずまや）。鳴沢岳の上に本白根。其前に御飯岳（おめし）。爺の南峰の上に白砂山。北峰の上に岩菅山と佐武流山、などが其主なるものである。

眺望に四十分余りも耽った後、竜王岳を南に下りた鞍部から御山谷に出て之を下った。谷の突き当りは鬼ケ岳から東南に延びた山脚が東北に転向する屈曲点で、谷も亦（また）それに連れて同じ方向に転じている。其処に小さな乗越があってイタヤ峠の名がある。平から室堂へ行くには、中ノ谷でザラ峠への道と別れ、この乗越を踰（こ）えて御山谷に入り、一ノ越へ出るのが最も捷径であり、古くから利用されていたらしい。御山谷は残雪は少ないが、草地続きで偃松の丈も低く、開豁（かいかつ）で歩きよい。今日は途中待望の岳蕨を採集し、中ノ谷で昼飯の際に味噌汁の実として飽（あく）まで賞味した。谷の下手には純ピラミッド形の針木岳が全容を露し、上手には五色ケ原から流れ落ちる水が数条の瀑布をかけ連ねている。刈安峠を踰えブナ坂を下り、平（だいら）の小屋へは立ち寄らずに、越中沢（ヌクイ谷）を徒渉して黒部川の河原に出で、十五分許り休憩した。

この河原に立って四方を見廻した時、真先に最も強く感じたことは、「青いなア」という感じであった。蒼潤の二字で代表されるあたりの景色は、山上の旅に過労を余儀なくされた視神経をどれほど喜ばしたことであったろう。この附近には又楊の大木が多く、並木状をなして川べりに生えている。時折西北の風が爽（さわやか）に吹き下ろして来ると、枝や葉が一斉に靡（なび）いて、其間から無数の柳絮（りゅうじょ）が真白な綿をちぎって飛ばすように、ふわりふわりと飛んで行く、まるで牡丹雪が降っているようだ。それがまた一しおの風情を添えた。

これから東沢の合流点まで黒部川を遡行した。主として左岸の水際を辿ったのであるが、二個所ばかり崖の上を廻らなければならなかった。其中の一は奥木挽谷の先で、一丈許りの岩壁の下を川が深潭をなして流れ、水とすれすれの所に辛うじて足の指先が掛るか掛らない位の岩の襞がついている場所であった。距離は二間足らずであるから、どうにか通れそうに想える。それで交る交る其処まで行って足を掛けて見るが、荷が無ければ兎に角、荷があっては素早く行動しないと落ちそうなので、長次郎さえも行きかけて止めてしまう。所が源次郎一人は更に躊躇の色もなく、ツツウと越えてしまった、誠に無造作なものだ、これには皆呆れてしまった。こんな男をよく指導してみっちり仕込んだなら、さぞ役に立つようになることであろうと思った。

対岸に赤沢が合流する上手で右岸に徒渉した。この徒渉は深さ腰に達し、且水勢が強いので、長次郎の助を借りても尚お困難を感じた。元来徒渉す可き場所ではないのであるが止むを得なかったのである。間もなく再び左岸に徒渉したが、これは前よりも楽であった。岸辺には大水の際に置き残された沙が二尺近くも積っていた。其中から根曲り竹の筍や行者ニンニクなどが新らしく生えている。晩の汁の実に採集した。東沢の合流点の上で三度徒渉して右岸に移った、ここは膝までしかないので少しの困難もない。平では蝦夷蟬らしい声を耳にしたが、途中では駒鳥が盛に鳴いていた。

このあたりは黒部川も東沢も、鬱蒼たる針葉闊葉の大樹林である。殊に美事な落葉松の老木が多い。

奥廊下の隘口(あいこう)から解放された黒部川の水は、右岸に大きな砂洲を吐き出して、左岸に沿うて流れている。この洲あるが為に東沢の合流点は、次第に川下へ移ったものらしい。洲の殆ど中央には三抱えもあろう太い流木が砂の中へ根を突張って、碇(いかり)のように横たわり、大小無数の同じ仲間がそれに堰き止められて、山のように重り合っている。孰(いず)れも白くされているから、相当の年数を経たものであろう。其下手(しもて)には細かい砂が十坪余りの広さに、水面からは二尺程の高さに堆積し、其上を歩くと昼のぬくもりが未ださめずに残っている、そこに天幕を張ることにした。

野営に最も必要な水は元より、燃料もこう豊富であれば、その支度をすることなどほんの片手間仕事に過ぎない。それで天幕を張ると、あとは一切源次郎に任せて、長次郎と金作とは岩魚釣りに出懸けた。こんな横好きで下手な連中に釣られる岩魚がいるだろうかとおかしくなる。私は一人で奥廊下を少し遡って見た。赤牛側に沿うて一町も進むと、水は腰に及ぶ深さとなるので岸をへつり始めた。せめて口元のタル沢あたりまで行きたいと慾ばった考が起ったが、勿論五時間や六時間で往復される場所ではないので、二、三町で引き返した。焚火の炎が天をも焦す勢で熾（さかん）に燃えている、ここではどんな大きな焚火をしても、何の心配にも及ばない。晩飯は既に用意されていたが、岩魚は果して釣れていなかった。

濡れたものを乾かして、食事が済むと天幕に入って横になったが、中はあついので寝ていられない。三、四間ばかり離れた所へ焚火を移して、漸く毛布にくるまることを得た。

八月二日。午前六時三十五分、赤牛岳へ登る目的で東沢を遡り始めた。楊、栂、落葉松、檜などの大木から成る美しい林が両岸に続いている。中にも落葉松の林は、広い黒部の谷にもこれ程立派なものは少ないであろうと思った。その落葉松や栂、檜などが縦横に河の中に倒れている。こうして数十百年を経たであろう可惜（あたら）良材が空しく朽ち果ててしまうのは勿体ないことだ。時々崖に出遇うが迂廻する必要もなく、河中に大石はあっても歩きよいし、倒木のお蔭で徒渉することは稀であった。

赤牛側から出る最初の谷は、落口に二、三丈の瀑が懸っていたので、避けて登らなかったが、これを上る方がよかったようだ。東から来る大きな沢を二つ越すと林も疎らになって、後には立山、前には赤牛岳の頂上の一角が望まれた。八時二十分である。九時頃、川下から吹き上げる生ぬるい風と共に谷の空は曇って、細雨が落ちて来た。しかし間もなく晴となったが稍や蒸し暑い。昨日は終日快晴で、空は紺碧に澄み亘り、山色鮮明であった。嵐の来る一両日前には、よく斯様な上天気のあることを二、三度経験しているので、何となく不安を覚えた。

　小さい谷らしい窪は三つ四つ過ぎたが、適当な登り路が容易に見当らないので、何でも構わず此次の谷を上ることにした。十時十分である。この谷は赤牛岳から東北に延びた尾根の二千五百米附近から東微北に発源するもので、信州の人達がタルガ沢と呼んでいる程あって瀑が多い。上り始めて幾程もなく谷が迫って来たなと思うと、高くはないが続けさまに三つの瀑が現れた。側壁の岩に襞や皺が多いので、之を伝えば足場は確だ。其上は二町許り雪渓が続いて、雪の尽きた所で谷は二岐する。左は本流で瀑の連続である。上瀑の高さは四丈許、其下は二丈あまりの間急湍をなし、更に左に向きを変えて五、六丈の瀑となったものが、即ち私達の正面に懸っているものでいきなり脚もとの雪の洞穴に落ちこんでいる。其上流を望むと、谷は益々狭くなって、尚お飛瀑が続くらしいが、鋭く左に屈曲しているので判然しない。

　右の谷は頗る急な、岩の多い山ひらの窪と言った形で、谷らしくもない。岩黄耆が非常に多く、其株が又今迄に見たこともない程壮大なものなので、すっかり感心して了った。一時間も登ると水が絶えそうになったので、昼食にする。このあたりは殊に岩黄耆が多かった。

昼食後十一時四十五分に出発した。谷はいつか山ひらと変って、丈の高い偃松が蔓（はびこ）っている。其間を押分けて、横搦みに左へ左へと困難な登りを続け、午後十二時十五分に漸く尾根上の草地に辿り着いた。南日君の外はまだ誰も姿を見せない。この草地は次第に傾斜の緩い谷らしい窪となって、東北に延びている。私達が最初に見て、瀑があるので避けた、あの谷に相違ないので、これを上れば好かったと南日君と二人で後悔した。

後れた人達を待ちながら、記載を済すつもりでポケットに手をやると、大事な虎の子の手帳がない、これには全くがっかりしてしまった。昼食の際に置き忘れて来たものらしい。南日君が「今夜皆して、今迄のことを思い出して書こう」と慰めてくれるが、諦め切れないで浮かぬ顔をしていた。そこへ遅れた人達が登って来た。長次郎にそのことを話すと、外の人達も気の毒がってくれるが、さりとて仕方がない。すると実君が黙って何か私の前へさし出した。見るとなくした手帳である。実君もなかなか人がわるい。しかし有り難かった、全く生き返ったように嬉しかった。

此処から上は赭色の岩が露出した尾根を登った。邪魔になる偃松も少ないので歩きよい。そして一時四十五分には頂上に達することを得た。途中左下に幾つかの瀑が懸っている二、三の谷を瞰おろした。其中の一はタルガ沢であったろう。

頂上の眺望は、所どころ雲はあったにしても開豁な方であった。北には立山連峰、劒、大日、毛勝三山などが見え、東から東北にかけて、後立山山脈は雲に掩われていたが、遠い白馬、朝日、雪倉の諸山と、近い三ツ岳や野口五郎岳は、雲の上に姿を顕わしていた。南は黒岳、赤岳、鷲羽、黒部五郎、双六、槍、穂高、乗鞍、御岳と続き、西は尨大な薬師岳に懸る四個のカールの雪が鮮かに冴えていた。三角点から少し西の方へ西北を指す尾根を下ると、針木のマヤ窪によく似た窪地がある、これもカールであろう。一時間休んで二時四十五分、南に向って出発した。

幅の広い尾根は、登り降りも少なく、多くは岩間の草地続きで、所々に雪解の水が池のように湛えている窪地などがあり、平地を行くような気安さに、雄大な眺望を恣（ほしいまま）にしながら、ぶらぶら歩いた。薬師岳のカールを眺めていると、曽てその一つに大きな熊がのそのそしているのを上から見下ろしたことなど思い出す。五色ケ原よりも平で、東西に長い雲ノ平も、近付くに従って草地と偃松と互に入り雑っているさまが見分けられるようになった。残雪が割合に少なく、偃松が多いので、五色ケ原程に私は心を惹かれなかった。赤牛岳の山体を成す石英斑岩か何かが、花崗岩と変る線が明に認められたが、どの辺であったか覚えがない。

黒岳の三角点の櫓は遠くから見えていた。二千九百米の頭の円い峯を踰(こ)えると、稍(や)や下って殆ど平な尾根の上に、四つ許りの小突起が尖った頭を擡(もた)げ、二千九百二十米の峯に連っている。此二峯の間の東側に二のカールがある。そして南に在るものは黒岳最大のカールである。

二千九百二十米の峯から少し下ると復(また)上りとなって、角張った大岩の斜面を六十米許り攀じ登り、狭い峯頂の三角点に達した。しかし絶頂は此処ではなく、直ぐ南に在る峯で、十四五米は高いであろう。其処に上り著(つ)いたのは五時四十分であった。最高峰と三角点ある峯との間に在る西側の谷には、遥か下に池らしい窪があって雪に埋もれていた。

頂上は狭いが割合に植物が多い。長之助草や裏白金梅を初めて見た。南はざらざらの斜面で、少し掘るといくらでも水晶が出て来る。大きいものは長さ寸余、三分角位はある、が、大抵は小さいもの許りだ。無色透明で質はよいらしい。三角点ある峯で私は紫水晶を拾った。

泊り場所をきめなければならないので、四方に目を配りながら独り前進を続けていると、ふと岩の上に見慣れない一羽の鳥がいるのを発見した。羽毛は灰色を帯びた黒色で、アンダルシアンの色とよく似ている。頭にある赤い色が強く目に残っているが、それが鶏冠であったか単に目の上が赤いだけであったか、はっきりしない。又足に羽毛があったか否かも記憶していない。然し足は普通の雷鳥よりも長く、翼に少しも白い羽が無かったように思っている。何しろ捕えることにのみ気をとられて能く観察しなかったのは遺憾であった。私が四五間の距離まで近寄ると、岩を下りて逃げ出した。いくら追い廻しても飛び立たない。手伝って貰う積りで「誰か来いよ」と声を掛けても、水晶掘りに夢中になっていると見えて音沙汰もない。十分も追い廻している中に、小石を拾って投げたのが中(あた)って、とうとう飛び立って二十間許離れた岩の蔭へ下りた。其時俄に四方から霧が捲いて来たので、残念ながらとり逃がして了った。後に野鳥の会の座談会でこのことを話したら、清棲(きよす)伯は少し色の濃い夏羽の雷鳥であったろうと判ぜられた。しかし私の心の隅にはまだ疑の雲が少し残っている。

　霧は濃くなる一方である。好い泊り場所を探しあてる望も絶えたので、尾根の窪みの稍や平らな所へ天幕を張ることにした。以前南日君の一行が泊った場所も此処だそうだ、最高点と其南の峯との間に在るカールに面している。

　今夜は雪を溶して炊いたまずい飯で我慢した。夜に入ると次第に風が吹き募って、天幕の柱が折れそうになるので、交る交る起きて之を支えていた。明方雨が降り出したが大降りにならなかったのは仕合せであった。

八月三日。天気がよければ槍ケ岳迄縦走して、上河内に下る予定であったが、心配した雨は歇み風も亦少し凪ぎたとはいえ、一週間以上も続いた好天気が崩れかけて来たのであるから、いつ又降り出すかも知れない、それで高瀬谷に下る方が安全ということにきまった。私は北アルプスの中で鷲羽岳だけを未踏の山として残すのが心懸りであったが、これも是非ない。

朝食後、昼飯は途中水のある所で炊くことにして、午前七時半に野営地を後にした。空は曇って霧深く、南東の風が吹いていた。眺望がないので足の進みも早い。赤岳から東沢の源頭をめぐる赭色の崩れ安い山稜は、初めて此処を縦走した人には、悪場であったろうが、今はそれ程のこともない。十時四十分野口五郎岳の頂上。「七月十九日午前十時、此頂上を通過す」と、針木方面から縦走して来た河東（碧梧桐）長谷川（如是閑）一戸（直蔵）三氏の署名した標木があった。頂上の北寄りには、誰か知らぬが小屋掛けして、画家が滞在していた。人夫であろう、一人の男が出て来て、雷鳥は居なかったかと聞く、いたよと答えたら、引返して鉄砲を持って跳んで行った、皆が憎がる。午後一時三十分、三ツ岳寄りの平らな草地に雪解の水がだぶだぶ流れているのを幸に飯を炊いて昼食にした。二時十分出発。三ツ岳の南の峯で左側を搦んだ為に道を誤り、東沢に派出した尾根を下った。あまり下り方が激しいので疑わしくなり、引返して霧のはれ間を待っていると、一時間許りでいい工合に一度サッと霽(は)れて、方向が見定められた。附近に駒草が咲いていたのは珍らしかった。

烏帽子の野陣場(のじんば)へ着いたのは四時である。如何に野陣場でもこれはまた余りに穢(きたな)いので驚いた。ここで高瀬への下り路を見出すのにまた一時間余りを費した。其路は二十米許り上ってから下りになるのである、それを鞍部ばかり探していたので、見附からぬのは当然であった。この下りは相当に急な黒土道で、木の根が蟠(わだかま)っている、私達は五時十分に下り始め、六時二十分に濁沢に下り着いて、大虎杖の中を流に沿いて下り、濁ノ小屋の前に出た。この小屋に泊る積りであったが、四、五人の岩茸採りが小屋を占領していたので、不動沢まで歩いて、その右岸の河原に天幕を張った。

八月四日。朝は晴れていた。起きると直ぐ瀑を見に行く、高さ七八丈許り、幅は広くはないが水量多く、立派な瀑である。出懸けに何気なく振り返って見ると、河原に一ともとの車百合が咲いていた、昨夜どうして気が付かなかったろうと不審に思っていると、これは長次郎が植えたのだと聞かされて、その優しさに心をうたれた。午前七時十五分出発。間もなく橋を渡って、高瀬川の右岸に沿い、一里許りで再び橋を渡り、どこまでも左岸を下って行く。九時半葛ノ湯。午後十二時半、野口で中食。二時半大町に着いて対山館に泊った。夜に入ると雨になった。

八月五日。朝から雨が強く降っていた。善光寺へお参りすることを楽しみにしていた源次郎は、新調の股引きをはいて嬉しそうにそわそわしている。長次郎と金作とは針木峠を踰えて帰る筈のところ、籠渡しのなくなった黒部川は、雨の為に増水して徒渉は困難だろうといって、二人とも源次郎と一所に善光寺へ行くことになった。午前八時、六人揃って馬車に乗り、大町出発。十時半頃明科着。十一時十二分発の汽車にて明科発。南日君と私とは篠ノ井駅で四人と別れ、上野行に乗り換えて帰京した。雨は終日降っていた。

「片貝まで」より「小黒部谷の入り・上」まで「山岳」第十年第二号　大正四（一九一五）年十二月
「小黒部谷の入り・中」より「劒岳」まで「山岳」第十一年第二号　大正五年十二月
「立山を越ゆ」より「黒部川の峡谷」まで　大正五年一月稿〈未発表〉

（『山の憶ひ出』下巻）

笛吹川の上流（東沢と西沢）

［大正四（一九一五）年五月、
大正五年五月］

笛吹川は秩父街道最奥の部落である広瀬附近から上流になると子酉(ねとり)川と呼ばれている。広瀬から稍(や)や爪先上りの赤土道を、七、八町も行くと、原中に一本の大きな水楢か何かの闊葉樹が生えている側で路が二つに岐れる。右は雁坂峠へ出るもので、今は峠ノ沢の製板業が盛になった為に、板を運搬するトロッコの鉄路が通じている。左に沿うて下り気味に辿って行くと雁坂峠から発する峠ノ沢の下流（下股）を渡って、河成段丘であるらしいバラ平なる原を通り抜け、山の裾を横に搦(から)みながら少し上り始めると闊葉樹林が繁り出して来る。深い深い子酉川の上流東沢西沢の大森林は、茲(ここ)に漸(ようや)く其(その)端緒を開いて、昼も薄暗い青葉の奥から、怪奇と雄大とを極めた子酉川の水が声を揚げて落ち来るのを左手の脚の下に瞰(のぞ)むようになる。此処から眺めた鶏冠(とさか)山は、半腹以下は樹林に埋められ、胸から上は岩骨を曝露して見るから凄い光景を呈している。間もなく水のあるナレイ沢を瀑(たき)の上で横切ると路が二つに岐れる。左を取って下ると子酉川の河原に出る。粗末な小屋が川に面して建てられているが、路は茲に尽きている。之(これ)は岩魚釣の小屋であるらしい。小屋から其儘（そのまま）四五町許り河身を遡っても、水さえ深くない時ならば楽に西沢の合流点に達することが出来る。

此処（ここ）で奥千丈山塊から東北に派出された所謂（いわゆる）芦毛山脈の突端と、木賊（とくさ）山の東峰から南に派出された尾根の突端とが、まるで袋の口を括（くく）ったように南北から迫り合って、危く子酉川の上流を堰き止めている。そして国師岳から東北に延びた甲信国境の山稜からも狭い急な尾根が正東に派出されて、子酉川の上流を南北の二大支流に分つのである。此尾根は石塔尾根と称するもので、南は即ち西沢北は即ち東沢である。此処を二股と称する。

前に記した路を左に下らずして右に山の鼻を登ると、暫くして急に一つの谷の底へ下り立つようになる。絶壁であるから横木を大五寸釘や針金で止めた荒木の梯子が架けてある。此沢は破風（はふ）山の西から発源するヌク沢である。水量は極めて少ないが谷の幅は三間位はあろう。二十間ばかり下で殆んど瀑布をなし子酉川に落ち込んでいるから、水でも増せば徒渉は極めて危険である。谷に下りた処から二三間上手に向って斜に河原を横切ると向う岸に登る路があるのだが、附近一帯にザラザラした崩崖をなしている為に、注意して探さないと上り口が分り憎い。岸に上って又山の鼻について笹や木立の中を分けて行くと、路は河身に下ってしまう。此処は最早（もはや）東沢の領で、西沢の合流点より二町位上に当っているらしい。

対岸の急斜面の下に少許(すこしばかり)の平地があって、林莽の茂生したのが目に入る。其処を目懸けて川を右岸に渡ると、丁度其茂みの中央と思うあたりに蹈(ふ)まれた路の跡がある。之が石塔尾根に登って行く路であって、登り口は夫(それ)とも分らないように倒木が横たわったり、木苺が茂ったりしているが、少し上ると闊葉樹の大森林の中に判然と路の形がつけられている。何処までも辿って行けば国師岳に登れるが、国境山脈と連絡するあたりは岩の痩尾根で、余り楽ではないそうである。

石塔尾根に登る路と別れて、鶏冠山の東を流れる鶏冠谷の合流点までは、路というものはなく、三、四回徒渉しながら河身を遡るのであるが、平水ならば更に危険の恐はない。合流点から二町も遡ると絶壁に限られた深潭(しんたん)が現れるのを手始めに、幾多の瀑や淵や急湍(きゆうたん)が連続して、河床に沿うて遡ることは全く不可能となってしまう。

東沢の渓谷の秘密を闢(ひら)く路は鶏冠谷の右岸に始まる。蹈みならした水際の岩の上を二三間上ると判然した路が左に折れて、山の鼻の上に出る、其儘四五町も登って休み場と言った風の処へ来ると路が二つに岐れる。右の方を谷に沿うて登って行けば木賊山の東峰に達する。自分は曽て「秩父の奥山」を書いた時、木賊山の条で御料局の切明けが鶏冠谷とヌク沢とを分つ尾根の上を子酉川まで通っているように書いたが、其後注意して探しても終(つい)に登り口を発見することが出来なかった。然し確(たしか)に道はあるそうである。又途中で遭った岩魚釣の言に拠ると、鶏冠谷の右岸の道を登って行けば前記の如く木賊山に登れるそうであるから、尾根の道は或は途中から鶏冠谷に沿うて下るようになるのかも知れぬ。

も一つの左の方の路は鶏冠山の裾を廻って、約百二三十米の脚下に東沢の険流を下瞰しつつ、孰(いず)れかといえば稍や下り気味に行くのであるが、ちょいとした難所には針金などが渡してあるから少しも危険ではない。唯(た)だ一個所鬚摩(ヒゲスリ)と称する難所があったのであるが、今は其処の上が崩れ落ちて、幅三、四間高さ十数丈の直立の岩壁を露出して通行不能となった為に、一度谷に下りて河を向う岸に渡り、再び此方の岸に戻って路のある所まで登らなければならなくなった。五万分一金峰(きんぷ)山図幅に東沢と記入してある其東の字の北に岩壁の符号のあるのが夫である。此処から二十分で道は開けた河原に出て全く其跡を絶ってしまう。自分等は初めて東沢を遡行した時、鶏冠谷の合流点から二町許進んで河身の通行が不可能になった際、鶏冠山の側は非常な絶壁であろうと想像して、南側を横に搦んで大に困難して辛くも前記の開けた河原へ下ったのであったが、其時は六時間あまりを要した。それが道を辿れば二時間で来られる。地図の米線が東の字の一分許西で一点の余白を存しているのは、この稍や開けた河原を表記したものと想像されぬでもない。自分は仮りに此処を広河原と命名して置く。

東沢の最も険悪なる部分は、鶏冠谷から此河原に至る迄の約二十町の間で尽きている。夫から上流は両岸の絶壁低きは四五丈高きは十数丈、殊に鶏冠山の側には百丈もあろうと思われる高さに屹立（きつりつ）している所もある。従って両岸から落ち込む谷は、皆吊懸（つりか）け谷となって、五丈十丈の瀑は至る所に見られる。斯うなれば横尾根から東沢へ下ることも、東沢から横尾根へ上ることも絶対に不可能であって、此処まで来た以上は何処までも沢を遡って甲信の国境山脈に登るか、元の路を引返すより外には、人界に出られる途はない。然し峡谷の美しさは此困難を償いて余りありというてよい。

広河原から蛇行曲折、幾回か右に左に徒渉して河床を遡ること三十分で、左手に細長い段丘状の平が現れる。其処に粗末ながらも充分に雨を凌ぐことが出来る頑丈な小屋がある。この小屋は特にこの附近に限って多く生育していた檜を伐り出す際に建てられたもので、鶏冠山下の路も畢竟（ひっきょう）其檜材を搬出する為に造られたのであるそうな。小屋の周りには長さ六尺位の檜の厚板が、岩壁に建て懸けてあったり、其処らに抛（ほう）り出されたりしているから、一見して小屋の所在を知ることが出来る。朝の五時半に塩山停車場を出発すれば、十時半広瀬、午後一時半鶏冠谷、三時半広河原、四時には楽に此小屋に達せられる。小屋から三、四十間ばかり上手の前面に皺襞（しゅうへき）の錯綜した十余丈の懸崖が左岸に屹立している。之も小屋の位置を知る好目標であろう。懸崖の面には黄色のカビが生えている、それで麹（こうじ）岩と呼ばれていることを後に知った。

小屋から前と同じ様にして河床を辿ること約一時間の後に河が二分する。どちらが本流であるか判断に苦しむが、恐らく右の方が本流ではあるまいか、これは釜沢と呼ばれている。自分等は此沢を遡って甲武信岳に登ろうと企てたのであるが、合流点から一町と行かない中に四五丈の瀑があって、三方を岩壁に囲まれ、下は深い淵を成しているので、側へも寄り付くことが出来なかった。小高い処へ登って上流を見渡すと直ぐ其上にも同じ位の滝があるらしく、泡立つ水が白く木の間に光っているのが覗かれた。余程険悪な谷であるらしい。之を探検しようとするには、当時準備が少し手薄だったので、足を蹈み入れる気になれなかった。

左の谷を遡って少し行くと又流れが二分する。右は信州沢と呼ばれている。此沢に沿うて信州へ越えられるから岩魚釣や猟師等が其名で呼ぶようになったのであろう。左は無名の沢だと聞いた。自分等は便宜の為に沢の源である尾根の名を冠して、之を石塔沢と呼ぶことにした。此沢に就ては何等の知る所がない。

信州沢は一連の大花崗岩から成る傾斜の急な河床を谷水が浅く深く穿鑿（せんさく）して、滝となり瀬となり淵となって楽しげに落ちて来る姿が如何にも美しい。人は魚の如く其水の中

雨の麹岩小屋（東沢）

を登って行くのであるが、清冷な水は岩面に些(いささか)の汚泥をも留めていないので、何処を蹈んでも更に滑る憂がない。約一時間半も登ると右から一つの沢が来る。此附近には落葉松が多い。更に三十分も登ると今度は左から沢が落ち合っている。五月中旬であると此辺からそろそろ雪が見られる。又三十分も登ると古生層らしい岩崖が一丈二、三尺の瀑を懸けている。此瀑を通過してから左の尾根に取り付いて、石楠(しゃくなげ)を押し分けながら三十分も登れば国境山脈の切明に出られる。大略三時間の登りと見れば大差はない。

国境山脈から梓山へ出るには、梓川の谷を指して木立の中を好い加減に下って行けば、二十分かそこらで梓川の岸に出る。其処には側師(がわし)の通行する立派な路がある。自分等は国境山脈を三時半に出発して六時に梓山へ着いた。其時は可成(かなり)急いだのであるが、三時間あれば不足はあるまい。

釜沢と信州沢との間の尾根にも路がある。登り口は少し分り憎いが、若し発見出来なかったならば、釜沢の瀑の手前から危くない崖を攀じ登って、左へ振れて行けば必ず路へ出られる。二時間で頂上の一角、更に二十五分の後には最高点二千二米の絶頂、夫より下って又登り、小隆起を三つ四つ上下して、左手に国境山脈が近く見える頃から左に山腹を搦んで谷らしい窪に出で、真直ぐに一町も登ると国境山脈の鞍部、丁度東股ノ頭（二千二百七十一米六の三角点ある峯）を東北に向って下り切った処に達する。更に其道を信州側に下って行けば、梓川に沿うた路と合して梓山に行かれる。落葉松窪というのは此処であろうと思われる。

西沢に関しては故荻野音松君の「甲州国司岳行」（「山岳」二年二号所載）と題する文中に次のような記事がある。

「此の京ノ沢の下流里余にして七ツ釜と称する所あり、ネトリ川淵となり滝となるもの七個、附近温泉の湧出するものあり、不動岩と云ふものありて、頗る奇観なりと云ふ（中略）。而して又芹沢より所謂「アシゲ」山脈の東部を超え、難道数里にして、七ツ釜に至る事を得べく、七ツ釜不動岩は、畢竟芹沢不動の奥ノ院とも云ふべきものなりと云ふ。但し七ツ釜より此の京ノ沢小屋迄は、殆ど道なきものゝ如く、ネトリ川に沿うて来り得るや、否や、大岳山神社の神職は来り得と云ひしも、余の導者は到底難しと云へり。」

自分等が石塔尾根を登る途中で遇った岩魚釣りも、西沢は東沢よりも悪い沢で到底遡行は出来ないと話した。岩魚釣りの如きも石塔尾根を登って、所要の場所へ下りて魚を釣り、再び尾根を登って前進するという風にしているらしい。果して何の位まで悪い沢であるか、近い内に探って見たいと思っている。

此東沢伝いに梓山へ出る旅行は、塩山を出発点としても全二日を要するに過ぎない道程であるが、少くとも四、五時間は河床を辿らなければならない為に、出水の恐ある時期には、能く天候を見定めてから決行しないと、文字通り進退谷(きわま)るの危険に遭遇しないとも限らぬ。五月から六月初旬若しくは十月中旬ならば、仮令(たとえ)雨天が続いても急激に河の水を増すような事は先ず稀であるから、最も適当した時期であろう。五月の石楠や新緑、十月の黄紅葉などが、この豪壮なる峡谷に更に美しい色彩を添える時に当って、此処を旅行せられたならば、必ずや諸君の期待に背かないであろうと信じている。

［「山岳」第十一年第一号・大正五（一九一六）年／『山の憶ひ出』上巻］

釜沢行

［大正六（一九一七）年六月］

都門（ともん）の春はもう余程深くなった。満目の新緑も濁ったように色が濃くなって、暗いまでに繁り合いながら、折からの雨に重く垂れている。其中（その）に独り石榴（ざくろ）の花が炎をあげて燃えている火のように赤い。それが動（やや）もすれば幽婉（ゆうえん）の天地と同化して情熱の高潮に達し易い此頃（このごろ）の人の心を表わしているようだ。此際頬杖でも突きながら昔の大宮人のように官能の甘い悲哀に耽るのも、人間に対する自然の同情を無にしたものではなかろうが、自分は一度試みてそれが忘られぬ思い出となっている五月の山の旅、あの盛んな青葉の中を縦横にもぐり歩きたい。渦まく若葉の青い炎に煽られて、抑え難きまでに逸（はや）る心は、一方では又深い淵のように無限の力をうちに湛えた緑の大波に揉まれ揉まれて、疲れ果てた体を波の弄ぶに任せながら、身辺に溢るる生命の囁（ささや）きを感じつつも、力なくさりながら些（いささか）の不平もなく、不思議に慰安と満足とを得るのである。自分は石榴の花をぼんやり見詰めながらそんなことを考えていた。そこへ折よくも訪れて来たのは田部君である。同君も矢張五月の秩父の旅で受けた深い印象を忘れ兼ねたのであろう。頻（しき）りに秩父行を慫める。相談は立どころに一決した。中村君も強制的に同行させる筈であったが急に南洋へ行くことになってしまった。秩父の青葉よりも南洋の青葉の方が一層盛であるに相違なかろう。どうせ行くなら南洋の方がいいなと思ったが仕方がない。秩父で我慢することにして、差し迫った用事を徹夜して片付け、五月三十一日に翌日の晴れを見越して、雨の中を午後十一時飯田町発の汽車に乗る。

笛吹川の上流西沢を遡ることが此旅行の主眼であった。このことは今迄不可能であると言われていたが、可なりの困難を予期したならば、石塔尾根を登ってから沢へ下り込むようなことをせずとも、或は通れぬということもあるまいと想像して、次のような計画を立てた。西沢を遡って国師奥仙丈二山の間の鞍部三繋平に登り、荒川に沿うて御岳方面へ下ろうというのが第一案で、三繋平へ登ったならば、国師岳を踰えて金山沢を下り、更に釜沢に入り、甲武信岳から林道を栃本に出ようというのが第二案であった。然しどれも皆知らぬ沢である上に、どうも楽に通れそうにも思えぬ。是に於てか流石の田部君も、後者は四日の旅には余り大袈裟であるというので否決し、先ず荒川を下ることに極めて置いて、若し西沢の遡行がむずかしい場合には釜沢入りを決行しようということになった。

塩山駅で下車すると案の如く空は雲切れがして程なく晴れそうな気配だ。いつも五月の秩父の旅では出懸に降られても、山に這入ってからは天気の好くなることを信じている田部君は、てんで雨の用意などはしていない。自分は大きな油紙に重い雨合羽まで支度して、役にも立たぬ苦労をした。

此処から広瀬に至るまでの道は、正面に奇怪なる乾徳(けんとく)山の姿を眺め、次で途中一ノ釜の壮観も見られるし、滑沢(なめさわ)ノ瀑(たき)も立派であれば、更に上流の岩崖には、藤や躑躅(つつじ)の花が時を得顔に咲き匂って、笛吹川の碧潭(へきたん)に影を蘸(ひた)しているなど、捨て難い風情はありながら、何度となく通り慣れては飽きる程長い。広瀬に着いたのは六月一日の午前十時十五分。この寒村に宿屋のなかった頃は、各自に家からわざわざ米を持って行ったものであるが、今度は其労を省いて、此処で米二升四合を買い入れた。六食二日分の量にしては少し多いのであるけれども、前回の苦い経験に鑑(かんが)みて、余分の糧食を携えたのである。空は晴れたが雲は頻りに飛んで、間近く見える筈の破風(はふ)も木賊(とくさ)も姿を露さない。

バラ平を過ぎて子酉(ねとり)川が左に折れるあたりから、道は河に沿うて木立の中に這入って行く。頬を撫でる若葉の風に迎えられて、青笹川を渡るともう陰森の気が迫って来る。下蔭に笹が多い為であろう。森林の笹の中を辿るのは妙に淋しいもので、どうかすると薄気味わるくさえ感ずるものである。十一時四十五分ナレイ沢の右岸を降りて、子酉川の河原に出で、岩魚釣りの小屋に休んで昼食にする。小屋というても木の枝を編んで造ったものであるから、露天よりはましという位の程度のものに過ぎない。小屋の上には大きな木が差し懸って、葉裏を洩れた日光が、黄金の雨のように落ちて来る。無数の羽虫がぶんぶん呻りながら、この大木を取り巻いて枝端から枝端へと飛来飛去している。能く見ると小さな白い花が咲いているのだ。水を汲みに飯盒を下げて汀へ下り立つと、向う岸は崖をなして、其下は深くはないが淵になっている。崖には日蔭躑躅が咲いて、薄黄色の上品な花の影がくっきりと水に映っている。それが波のゆらめくに連れて、絨氈の模様のように拡がったりする。とろりとして油のような水の面には、ほぐれ落ちた苞や鱗片の類が、時には何かの花弁や青い葉なども交って、澪筋を後からも後からもと列をなして浮いて流れて来る。自分はやおら水を汲み上げながら、如何に生命の盛なる活躍が今行われつつあるかを想うて、眸を上流の山々に向けずにはいられなかった。

これから子酉川の河原を遡らなければならぬ。白い御影石の河原は、初夏の日光に照りはえて、ぎらぎらと陽炎が燃えている。青葉に慣れた眼が眩しさに思い切って瞳孔括約筋を引き緊める。河上から折々雲が颪して来て、谷の空気が潮の退くように仄に薄曇ると、濃藍色をした深い上流の山の端から、翠の影がさっと谷間を流れて、体がひやりと冷たくなる。鶏冠山の真黒な岩壁にはいつもながら緑の大波が渦を巻いてぶつかっている。そして何でもこの時知らぬ顔の岩が根を埋没しないでは止まないといったように、幾重にも重り合って犇々と押し寄せているさまだ。古城の塔の如くに聳えた岩壁の尖頂は、胸から上を抜き出したまま屹として動かない。

暫くして左から大きな沢が落ち合っている。水量も伯仲の間にある。之れが西沢に相違あるまいと断定して、不安と期待とに騒ぐ胸を押し鎮めながら、落ち口の大きな岩を蹈み越えて、其方へと足を向けた。此処は黒部川の東沢と似かよっている。唯規模が彼に比して小さい。

河原は思ったよりも開けていて、可なりの広さがある。これなら何の心配もあるまい。噂とは大分相違して案外楽に行けるぞと早合点して、何か落し物でもした時のように、軽い失望の気が起らぬでもない。二三町にして左から可なりの沢が六七丈の滝をなして注ぎ入るのを見た。大窪谷というのだと後に聞いた。オヤと思いながら夫を通り過ぎて、不図前面を見渡すと、一町許りの先の所で急に両岸が峭壁をなして狭まり合い、行手に見透せていた空も木立に遮ぎられて、河の流は何処へ向っているのか、まるで袋の底に行き詰ったようで、更に見当が付かなくなった。さては愈始まったなと急に気が引き緊って来る。行ける所まで行って見よう。これが当り前なので、今迄が暢気過ぎていたのだと話し合いながら、側まで行くと驚いたことには河が急に右に折れて広さ八九尺高さ五六丈の峡谷を形造り、四五間にして再び俄然右に曲ると共に、吹き上げるしぶきの中から耳を聾する鞺鞳の響が聞える。殆ど河床を塞ぐばかりに大きく蟠って、左右に小瀑布をかけ連ねた巨岩を辛くもにじり上り、正面に廻って見ると狭い上流の峡谷から逃れ出た水が、二三丈の瀑布（魚留瀑）をなして一躍碧潭に奔下している。全く狭い、一間位しかあるまいと思った。鳥でも鷲のような大きな翼を持ったものでは、あの狭い谷の中を飛び行くことは不可能らしい。其上両岸は叢のように繁った木立である。危険を冒して瀑と向い合っているザラザラの急斜面を攀じ登れば、旨く瀑の上へ出られるにしても、横を搦んで遡行することは容易な仕事ではない。二升四合の米ではとても遣り切れないと腹の中でそろそろ逃げ支度にかかりながら、顔だけは平気を装って、オイ如何すると聞いて見る。如何するったってこれじゃ仕様がないよと返辞が此方の思う壺だ。そこで、これから上が全部この通りと仮定すると、京沢の小屋まで行くに二日は懸ると見なければなるまいから、西沢は断念して釜沢へ入ることにしよう、そして甲武信岳へ登って栃本へ下ろうではないかと正直な所を白状する。午後十二時三十分に出発して一時四十分頃また西沢の落口に戻って来た。往復一時間許りを費した訳である。この翌年の五月天科村の広瀬庄太郎を案内者として同じく釜沢を登った冠君の書面に拠ると、西沢も遡れぬことはないそうである。他にも参考になる事が少なくないから茲に其文を引用することにする。

御庇を以て東沢の新緑美を味ひ候段深く御礼申上候。然る処釜沢の上流にて、不覚にも沢一つ右へ入り、木賊山の頂に登り申候。人夫は釜沢の途中迄しか入りしことなく、小生の地図の見方の悪かりしと、霧深く候ひし為とにて、この間違ひを生じたる事と存じ候。釜沢は立派な沢だと思ひ候。夏天幕を張り、西沢と東沢の上流に魚釣りがてら遊び度相成候。西沢はたしかに登れるとのことにて、其途中には東沢のものより遥に大なる池の如き釜がある由に候。貴兄御一行の泊られし東沢の釜は、土人はホラノ貝と申候。釜がホラ貝に似てゐる為だとかいふことに候。釜沢の上流は所々雪に埋められ、木賊山の頸あたりは大石楠の密叢の中を雪をふみ込んで登るのが困難に有之候。然し木賊山へ登る尾根は比較的なだらかにて、案外楽を致し候。甲武信の信州側は小舍まで全く雪に封じられ、戦場ケ原の一時間行程の処まで所々に残雪有之候。東沢は釜沢の途中まで新緑滴るが如く、石楠、つつじ、日蔭つゝじなど美しく、釜沢では桜花が満開に有之候ひし。

行程は廿三日（五月）飯田町夜行。廿四日午前四時半塩山出発、午前八時天科着（広瀬庄太郎を雇ひ）東沢の小舍泊り。廿五日釜沢を上り、木賊甲武信を経て梓山泊。廿六日午前五時三十分梓山発、日野春に至り、午後三時五十四分の上り汽車に乗りて、午後十時少し過飯田町着。帰宅。

又河原を辿り始めた。東沢を遡るのはこれで三度目である。初ての時は何処迄も河原を辿ろうとして大困難をした。そして偶然ホラノ貝へ下り込んで泊ったのである。二度目には鶏冠谷の入口から左岸に路のあることを知って、広河原まで二時間許りで行くことを得た。然し此路も去年より一層分り悪くなったようである。岩の上に積った落葉などは其儘(そのまま)濡れ腐ってはや半(なかば)は土に化している。本年はまだ誰も通った人は無いらしい。其処を登ってからも右に行く路と離れて河に沿うようになってからは、笹が掩(おお)い被さって来たし、崖に寄せ掛けた丸太なども朽ちて危ないのがある。もう年々壊れる一方であろう。広河原には冠君の話に拠ると河原から少し離れて鶏冠山の側に、二、三人は泊れる岩窟があるとのことである。広河原からまた河原を伝って二十分足らずで小屋に着いた。いつもは三十分程かかったのであるが、満一年間寝足にして置いた割合には存外早かった。四時十五分である。

小屋は昨年よりも綺麗になっていた。入口に林区署員の外猥(みだ)りに入る可らずという意味のことが立てかけた板に書いてある。去年は見なかったものだ。已(や)むを得ないから片隅を借用することにした。田部君は夕食の支度にかかる。私は燃料を集めた。鉈(なた)も鋸も邪魔だから持って来なかった。その為手近に枯木はあっても、遠くまで流木を拾いに出懸けなければならない。日は蒼茫と暮れて、烟(けむり)の靡(なび)く南の方の少し開けた間から、夕栄えした樺色の雲が高く望まれた。明日は上天気だ。用もないから早く寝ることにする。

六月二日。午前四時から起きて支度し、去年に懲りて昼食の分も炊いて、六時三十分に小屋を出た。暖いように思っても日の指さぬ朝の谷間は河風が寒い。空は瑠璃色に冴えて、仰ぐ梢からは露が零(お)ちて来る。崖（麹(こうじ)岩の名がある）からのり出した日蔭つつじの黄花が、薄暗い木蔭にほんのりと暖い色を浮べる。深山酸漿草(みやまかたばみ)の美しく咲きこぼれた草原を通り抜けてまた河原を辿って行く。

飛鳥川ならぬ東沢は一年の間にさして変った様子も見えなかった。この狭い一枚岩の河床から成る峡谷では、変りたくも容易に変れるものではない。唯(た)だ削り出された石の屑が所定めず漂積するに過ぎない。行く行く豪壮の景を賞しながら、七時半釜沢の出合に達した。一時間半は懸ると思ったのが三十分早く着いた。此処は大井川の支流信濃俣のガッチ河内と中俣との合流点から、中俣を見た景色に似ている。岩壁が高く、谷が狭く急に折れて、奥はどれほど深いか、どんな恐ろしい所が蔵されているか、入口を覗いただけでは分らないが、それでいて物凄い何物かを暗示している所までそっくりだ。唯水量は中俣の方が余程多い。

釜沢の釜は入口から二三十間を遡った所にある第一瀑の瀑壺から始まるのであるが、

此沢は釜より寧ろ滝の方が多いから、たる沢とか滝の沢とか名付ける方が至当であるらしい。然し最初の瀑壺は大さといい深さといい又周囲の工合といい、四五丈の瀑には勿体ない程の素派(すば)らしい釜である。この釜あるが為に釜沢と呼ばれているのかも知れぬ。釜の周りを取巻いている峭壁は、鉋(かんな)をかけたように滑かで、襞(ひだ)もなければ皺(しわ)もない、全く一続きの岩である。北から落ち込んだ水は、上流から運び来った無数の巨岩塊を釜の南側に山と堆積して、一曲して西側を押し破って流れ出ている。其処を徒渉して黒木の繁った急傾斜を攀じ登り、瀑の西側を乗り越えて上流に下り込むより外に手段はないと思った。後に冠君の話を聞くと、普通猟師などの入り込む路は、反(かえっ)て東側に在って割合に楽だとの事であった。自分等は木こそ生えているがあの岩壁はとても通れぬと思っていた。所が冠君は自分等の通った方をとても通れぬと思われたそうである。結局両方とも通れることになったのである。尚(な)お瀑壺の南側の木立の中には七、八人も泊れる大岩窟があって、如何なる天候にも安全なる避難所であるという。唯周囲が周囲だけに陰気であるのを免れないそうである。

成るべく瀑壺の縁に近い所を登って突端に出ると、向う側は俄(にわか)に抉(えぐ)れて急斜面の中央に細い段のような所がある。其処に旨く路が通じていた。慥(たしか)に人の通った路である。この沢へも入り込む人があるのかと不思議でならなかった。下りた河床は花崗岩らしいが、しかも著しく青味を帯びた一枚の大磐石（だいばんじゃく）である。左右が少しく開けて、木は繁っているが明るい感じのする所だ。暗緑に沈んだ水は音も立てずするすると辷（すべ）って行く。岩の肌には水苔が滑に生えて、其上を歩くと人までがよく辷る。

　平な河床は然し長く続かなかった。また滝がある、夫を踰える、また滝があるといった調子に、何でも四つ許り滝を越した。孰（いず）れも小さいのでさしたる困難はない。それでも水際ばかりは通れないので、或時は右側の薮を潜って倒木に困（くる）しめられ、或時は左側の草の生えた崖を登って上を廻ったりなどする。

「誰が通った跡だね、こんなに枝が折ってある」

「慥に人だよ、釜沢へも這入る者があるのかな」

今まで人跡未踏と独り極めて信じていた自分等は、あれ程立派な道形があったにも拘らず、人が通ったことのない沢として置きたいので、仰山らしくこんな言葉をいい交わした。

　森林は愈（いよいよ）深くなって、空から反射する弱い光線は、青木黒木の蔭に吸い込まれて、吐き出された木の下闇のみが宙にさ迷うているに過ぎない。高く昇った筈の太陽も、更に高い鶏冠山の峯頭に遮られて、自分等は今朝から未だ一度も其光に浴することが出来ないのだ。不安らしい顔を見合して二人とも黙って行く。河が左に折れて右岸に小高い砂地が現れる。洪水の際に水が置き残したものであろう。中央の稍や平な所に黒い塊があるのに気が付く。よく視ると焚火の跡である。誰か野営したものに相違ない。今迄まさかと思って半信半疑であった二人の心は、この確な証拠を目の前に突き付けられても、敢て反感を抱かなかった程淋しい頼りないような感じに支配されていたのであった。

　河はすぐ又右に折れて北を指すようになるが、気の所為(せい)か険悪の度を減じて来た様に思われる。両岸も少し開けて、水辺には滴る様な青葉を枝一ぱいに翳(かざ)した闊葉樹が鬱蒼と生え続いている。岩も小さくなった。水は浅い瀬を成して淙々(そうそう)と流れて行く。あの力任せに岩をこづきながら奔下する勢はまるでなくなっている。苔の匂いと若葉の吐く息の香とが、其処ら一面に漂うている森林の一端に足を蹈み入れた時は、うっとりと気も遠くなる程であった。こんな安逸が何時までも許されようとは元より期していなかったが、八時五分、前面に展開した不思議な光景に対して、釜沢の深い秘密に今更のように驚嘆してしまった。

　行手は高い絶壁に限られて、其下には万斛(ばんこく)の藍を湛えた大きな釜がぐらぐらと冷く煮えくり返っている。其処へ左右から河が落ち合っているのだ。左は五丈乃至(ないし)六丈もあろうと思われる瀑の太い水柱が、奇妙に抉れた岩の樋からぐいと押し出されるはずみに、二度三度虚空に捩(ねじ)れて、螺旋状に拡(ひろが)りながら霧の如き飛沫を噴いて、大釜に跳り込んでいる。仰ぎ見ると上流は、樺や栂の類が崖の端から幹と幹、枝と枝とをすり合せて奥へすくすくと立ち並んでいるのが眼に入る許りで、水は何処をどう流れて来るのか皆目分らない。それで初は岩の裂罅（れっか）から地下水が迸り出ているのではないかと想った。然しよく視ると此谷らしくはない森林の山ひらに似た所に、極めて狭いそして折れ曲った銚子の口のような一道の隘溝（あいこう）が通じていることに気が付いた。

右の瀑は高さは三、四丈に過ぎないであろうが、幅は一丈近くもある。滑かな岩肌をするすると辷り落ちる水は、途中幾つかの岩の襞に遮られて、玉を転すように弾ね返ってまたするすると大釜にのめり込んでいるから、練絹（ねりぎぬ）を垂れたようだとも云い兼ねるが、孰れかといえばこの大釜の一半を領する主人公としては優しいものである。水量は左瀑よりも多いかと思われた。これが若し大雨の後であったならば、奔放の勢は反て左瀑に勝るものがあろう。両門ノ瀑という名のあることは後に冠君から聞いた。

大釜の向う側こそ絶壁であるが、其他に人を威嚇する何等の道具建てがないのは実に幸である。若し両岸に一丈近くの絶壁が四五十間も続いていたならば、単に夫だけで私達は此奇景を飽（あく）まで嘆賞した後、悄然として帰途に就くより外に方法はなかったであろう。勿論左の谷を登ることは容易に行われそうもないが、本流と思われる右の沢は大釜の手前の浅い所を徒渉して左岸に移ると、其処に大石を積み重ねて足場のようなものが造ってあり、人の踏んだらしい跡がある。何処か登り口はないかと夫となくあたりを見廻していた二人の眼は、期せずして其処に止った。あれを登れば大丈夫行けると目当（めあて）が付いたので、安心して荷を卸した儘十五分許り（ばかり）休憩した。

　八時二十分出発して右の瀑の上を右岸に移る。足跡は何時か消え失せて、これから甲武信岳の頂上に達するまで遂にそれらしいものに出遇わなかった。其時は別に注意して確めもしなかったが、察する所これは水止（ミズシ）から南方に派出している尾根を上下する為のものであるらしい。去年誤って水止から此尾根に迷い込んだ時、可なりの路が通じているのを見た。そして余程下った所に焚火の跡さえあったことから推すとこの推測は当っているように思われる。

　瀑から少し行って河が左に折れると又五丈許りの瀑がある。それを踰えるとすぐ又四丈許りの瀑があった。其瀑は一丈も落ちると突出せる岩に撞き当って、あたりに白沫を散しながら飛舞するさまが壮快であった。此瀑は二つとも左岸が急ではあるが岩壁ではないので、難なく越えられた。其上は河原が稍や開けて、行手に初めて甲武信岳の頂上が仰がれた。三、四町も行くと落葉松の多い平坦地に出る。自分等が東沢へ入り込むようになったのは、この落葉松林に惹き寄せられた為であるというてよい。曽て国師甲武信二山の間の山稜を縦走した際、東俣ノ頭（東梓山）の東北に在る岩峰（両門岩）の上に休んで、ふと脚下を見ると黒木の鬱蒼と茂った東沢の深い谷間に、浅緑の色鮮かな落葉松の木立が、並木状をなして稍開けたらしい河原のほとりに立ち並んでいるのを見た。あすこへ行って見たいという願が誰の胸にも湧いた。信州沢にもこれに似た所がある。其時見たのは孰（いず）れであったか未だに判然しないが、それ以来東沢の奥で落葉松を見ると何となく懐かしい。八時四十五分で昼には余程早いのであるが、三十分余り休憩して食事をした。天気はよく晴れて殊に南方の空は碧の色が一しお鮮である。それを蒼黒い石塔尾根が真一文字に横切って視界を遮断している。

　此処から一時間足らずの間は、河を右に左に渡りながら斜面に沿うて進んだ。木につかまらなければ水に落ち込みそうな場所などもあった。両岸が急に迫って不安を感ぜしむることも一再ではなかった。しかし水量が少なく、其上高い岩壁は最早（もはや）現れることはあるまいと思われたので、前途に対する危惧の念は薄らいだものの、相当に骨の折れたことは言う迄もない。途中いつ河を離れたとも知らぬ間に藪になった広場へ出て、不図気が付くと河が見えないので驚いたことがある。此処で河をなくしては困るから二人で探しにかかる。刺の生えた木苺が邪魔で仕方がない、地面も凹凸があって歩き悪い、水の流れた跡は幾筋もあるがどれも新らしいものではなかった。耳を澄しても水の音などは更に聞えぬ。右にも左にも大きな沢らしい窪はある。木の間を仰ぐと甲武信岳の頂上が見えたので、構わず左の方を辿って行くとまた流に出た。つまり此所で河は地下水となっていることが分った。翌年冠君が霧の為に沢を右に取って木賊山に出られたのは、この右の沢を上られたのではあるまいか。鶏冠山の側に可なり大きな雪渓の喰い込んでいるのを見たのも亦この途中であった。

闊葉樹は次第に少なくなって、針葉樹の間に灌木状をなして散在するに過ぎない。それも春まだ浅く芽がほぐれ切らずにいる。草などは今漸く冬の眠から醒めてほの紅い角芽立ちを見せたまま澍々とふる春雨を待っているさまだ。しかし針葉樹林も真ノ沢の上流のように頭上が暗い程には茂っていない、余程明るい感じがする。十時十分、又一の瀑に出遇った。幅も高さも相応にあるが水は少ない。右側の枯草がしな垂れている崖を登ると思ったより楽に通過された。上は一枚の大磐石であって直ぐ左から一つの沢が合している。此は水止の東南にあるガレの下から発するものであるらしい。これから上は河床を辿って五六町は歩いたろう、すると沢が二分して、水量も大さも殆ど同じ位である。そして其間の尾根は非常に幅が狭く、而も一町位の先で終っていそうに思えた。それでこれは一つの沢に抱かれた島のようなもので、どちらを取っても間もなく一緒になると想像して、左に入って暫らく行って見たが、一つになる様子はない。それ所か沢は俄然狭く急になって、両岸に岩壁が現れ、終に全部雪渓となってしまった。其雪が上るに従って氷のように堅く凝結して、其上を水が流れている。それも暫しの程で、間もなく浅碧に冴えた氷の滝が行手を塞いでいる。水は依然として其上を流れているが、滑って危険で到底之を登る訳には行かぬ。初めは面白い景色になったと喜んでいた二人も、是に至って止むなく少し引返して、崖をしゃにむに攀じ上り、先の痩尾根の上に立って一休みした。

尾根は石楠（しゃくなげ）其他の灌木に栂や唐檜（とうひ）の若木が交って邪魔をする。時々振り返って後を見ると、南アルプスの雪が木の間に白くきらりと光る。左下の谷にいつか東沢のホラノ貝で見た熊の穴に似たようなものがあったので、双眼鏡で覗くと果してそれらしい足跡までが柔い地面に印せられていた。五百米足らずの登りも、相応にくたびれるのでよく休む。其間に中食も済した。尾根の形が失せて山のひらに移った頃から、針葉樹の密林の下には諸所に残雪が現れ、而（しか）も六月の秩父には珍らしい程の量がある。もう余程来た筈であるが、何の辺であるか更に見当がつかない。何でも高い方へ登りさえすれば甲武信岳へ出られるというので、成る可く雪を避けるようにして左へ巻きながら登った。藪が一きわ烈しくなって、石楠の密叢へ行き当る。夫を突き抜けて左の方へ五、六歩行くと、ひょっくり甲武信岳の頂上へ出た。午後十二時二十分である。

想えば釜沢を遡って見たいという希望は久しいものであった。甲武信岳の頂上へ来る度に、いつも果されざる憾(うらみ)を以て、すぐ脚の下に瞰下(みお)ろしたまま空しく過ぎ去るに止まっていた其沢を、斯うして無事に遡ることが出来たと思うと、見慣れた此山の頂上も自分等には新らしい意味を以て迎えられた。殊に今日は上天気である。白馬岳の附近と奥上州方面とを除けば、此処から見られる筈の山は皆一望の下に集った。小川山の上からは木曽の御岳が覗いていた。八ケ岳と蓼科山との間に奥穂高、常念、大天井から鹿島槍、五竜に至る北アルプスの大立物が、銀光燦として遥かの空際を天馬の如く躍っている。籠ノ塔の後には岩菅山らしいものさえも望まれた。

頂上に駐(とどま)ること約一時間にして、午後一時十五分林道を栃本に向って下り始める。十間も行くと雪が二、三尺も積っているのに驚いたが、更に進むともう何処も真白に雪に埋れて、地面の露れている所などは少しもない。路筋さえも一向に判然せぬ。油断して林道を踏み外すと全身雪の中に埋没してしまう。二時十五分漸く三宝山の下まで辿り着たが右に下る道筋が容易に見付からないので、雪を掻いて地面を改めたりなどした。膝から下は既に感覚を失って、埋れ木に向脛や跖(あしのうら)などを払われたり打ち付けたりしても少しも痛さを感じない。甲武信岳の頂上に着いた時、誰が捨てたものか蓑(みの)が一つ置いてあるのに気が付いた、勿論多少の雪は覚悟していたのであるから、あれで支度をして来ればよかったと後悔しても、今更どうすることも出来ない。一層のこと復(また)去年のように真ノ沢を下ろうかと思った。けれども水のある所へ達する迄は四五尺の積雪を踏み分けて行くのが困難である。寧ろ不可能と称してよい。二三十分も迂路付(うろつ)いた果てに林道が通じているらしい木立の間を少し辿って見ると、慥にそれであることが分ったので安心はしたものの、雪の尽きる所まで二十町許の間を非常に困難して、三時半辛くも雪から脱れ出た時は、久振りで土を踏んだような気がして嬉しかった。

　早速火を焚いて凍えた体を暖め、濡れたズボンや脚絆(きゃはん)を乾した。見ると向脛には幾所か紫色の斑点があり、跖にはとげが二つ許り刺さっていた。田部君は脚絆と足袋の間が隙いていたので、其部分は凍傷に罹(かか)っていた。時間が遅いから余りゆっくりしていられない。三十分許休んで出発する。暫くして道は二つに岐れ、一は右の方へ沢に下って行く。尤(もっと)も此は後にまた尾根の道と合するらしく、可なり下った所に右から一径の来るのを見た。自分等は始めから左の道を取って、五時二十分頃木賊沢の合流点に在る小屋に着いた。

　小屋の修繕や掛樋(かけひ)の手入れをして、晩飯を済すと横になったが、寒いのと体が痛いのとで旨く寝付かれない。近くの木で何鳥か頻りにゼニトリゼニトリと鳴くのが聞える。この鳴声は曽て中村君が黒部の谷で初めて聞いたと言って話したが、自分等は今夜秩父で初めて耳にした。其後南アルプスの方で聞いたことを覚えている。広く山地に棲息しているものらしい。小さい鳥で本名は知らないが、ゼニトリといえばああれかと合点のゆく人が多いであろう。後になってそれは目細(めぼそ)であることを知った。

六月三日。今日は栃本泊りであるから、ゆるゆる支度して午前八時に出発した。途中例の通り木賊瀑の見物や石楠の花に見入ったりして、いつも朽ちていやせぬかと心配の種である松葉沢の橋も無難に通り越し、赤沢の合流点に着いたのは丁度十二時であった。途中の闊葉樹林は主として椈(ぶな)であるが、直径二三尺以上にも及ぶものが少なくない。黒平(くろべら)方面から金峯(きんぷ)山に登る間や、雁坂旧道の椈の林と共に奥秩父の最も美しい闊葉樹林と称して差支ないであろう。此辺で落ち付いて休み度いという平素の願の通り、今日は此処で昼飯を炊いて気持の好い河原の石の上に横たわりながら、飯の熟するのを待っていた。日蔭は少し寒いし日向は少し熱い。晴れた青空に拡がる丈枝を伸した水楢などの大木の若葉が、日光に透き徹って豊麗な生々した黄金色に冴えている。飛び交う羽虫の翼が其間からひらひら閃めく。実に長閑(のどか)な晩春の行楽であった。自分等はすっかり満足した。

かくして栃本に着いたのは午後五時を過ぐること十五分であった。（大正六年六月）

［「山岳」第十五年第二号・大正九（一九二〇）年／『山の憶ひ出』上巻］

朝日岳

［大正六（一九一七）年七月］

鬱蒼たる深林があり、清い谷川が流れ、其上に高山植物と残雪との美しさを兼ねた、そして人間の訪れたことのない幽邃な境地を、有るがままの姿を失わない中に尋ねて見たい。そうした考で私は友人田部、森の二君と倶（とも）に三人の人夫を伴い、越中小川の谷から黒薙川の北又に入り、支流恵振（いぶり）谷を遡って、白馬岳の北に尚（な）お八千尺近い高度を保ちながら、世に忘られている朝日岳を探ったのであった。大正六年七月二十四日から二十七日に至る四日間は、短い旅ではあるけれども、楽しい思い出の深い印象となって残っている。

小川の谷は想像していたよりも荒れすさんでいた。いつも谷に入る毎に「吸い込まれる」という気持で一杯であるのに、この谷では吐き出され度（たく）さえ思った。小川温泉の元湯のある所は、谷間とはいいながら、海岸から三里足らずの距離であるにも拘らず、附近に残雪が見られたのは、如何に積雪量の多いかを語っている生きた証拠だ。涼しい声の河鹿やひぐらしは盛に鳴き立てるが、木蔭のない河原の砂や小石は日に焼けて、其上に張った天幕の中は、寝苦しい程蒸し熱かった。

小川の谷から越道（こいど）峠を踰（こ）え、小さい谷に沿うた道を下って、北又に達した。峠の頂上からは残雪美しい清水（しょうず）、猫又の連嶺が東南に望まれる。北又の水量は思ったよりも多かった。これから流に沿うて恵振谷の落口まで遡らなければならない。徒渉二十余回、一時間を要する。中にも一枚岩の河床が雨樋のように抉（えぐ）れて、一丈近い飛瀑を奔下させている上を徒渉した時には、皆危く足を浚（さら）われる所であった。

魚止瀑に近づくと谷は一曲して左に折れ、絶壁の間に長い瀞（とろ）をなし、四五十間にして又右に曲り、それから奥は如何なっているか知ることが出来ない、唯（た）だ何処ともなく轟という地響のような音が聞えるばかりである。私はここで不思議な現象を経験した。谷が左に曲る下手の所は、瀞から押出された小石が積まれて浅い瀬をなしている。其中を歩きながらふと行手を仰ぐと、すぐ前の低い尾根の梢越しに一条の大瀑が懸っている。ほんの落口だけしか目に入らぬけれども、低いとはいえ尾根を越して見えるのであるから、これは余程の大瀑であるに相違ないと想った。皆に注意して見せてやりたいと思って、暫く其処に待っている中に、皆余り遅いので、外の事に紛れて誰にもいうことを忘れてしまった。然し附近にそんな大瀑のあることは話にすら聞かない。或は魚止瀑のことを始終念頭に置いたので、それが幻覚に現れたのか、謎は未だに解けないでいる。

瀞と絶壁で前途を塞がれたので、雪崩の押した急峻な小渓を伝って尾根に登り、川の様子を窺った。どうも恵振谷の落口へは絶壁続きで下れそうもない。止むなく尾根伝いに登ることにして、木立を縫い藪を押分け、五時間も登り続けたが、前面に見えている雪までは、近いようでも容易に達せられない。人夫はこれから恵振谷へ下りて夫(それ)を遡る方が尾根を辿るよりも得策であるという。昼から少しも水を飲まないので皆喉が渇き切っている。下るとなれば一刻も早い方がよい。それで左の谷を目懸けて、竪樋のような岩の窪を木につかまりながら百五十米も下ると、細い谷に清冷な水が流れている。一同飽(あく)まで夫を飲んで漸く蘇生の思いをした。更に尾根という程でもない小さな隆まりを二つ踰えると恵振谷の河原に出て、其処に野営した。落口からは百三、四十米の高距にある地点である。

野営地の附近は水楢、橡(とち)、椈(ぶな)、などの大木が鬱蒼と繁った見事な闊葉樹林である。河原の平な砂地に天幕を張って、清い水に一日の汗を洗い流し、ゆったりした気持で焚火の周りにくつろいだ心地は、いつものことながら実に好い。夜は蒸し暑いこともなく、朝は火の側が恋しい位であった。

午前七時半に野営地を立って雪渓の終りまで登り詰めたのが午後二時であるから、休憩時を合せて七時間近くを費している。懸崖と深潭(しんたん)と瀑布と奔湍(ほんたん)との連続ともいう可きこの谷は、小規模ながら人の冒険心を満足せしむるに足る要件を備えている。今にも崩れ落ちそうな雪橋を渡ったり、綱を用いて懸崖を人と荷物と別々に下ろしたり、岩壁の一寸した窪みに手足を托して、危く淵の上を横にへずったり、又は守宮のように壁にへばり付いて、飛沫を顔に浴びながら、瀑を超えたりする。下から仰ぐと大磐石の林立した中を水は小躍りして落ちて来る。普通ならば疾くに雪渓となる可きものが単に雪の断続するに止まっている。そして漸く雪渓に辿り着いたかと思えば、そこは最早山腹の緩い傾斜地で、雪渓の便を借りなくとも楽に登れる場所である。

　雪渓が終った頃、正面に左右同じ程度の高さの山が現れる。どちらに登った方がよいか、様子を見る為に右の尾根に登った人夫が忽ち「熊、熊」と大声に叫ぶ。この事あるは今朝から絶えず暗示されていた。両岸に生えている大虎杖の若芽が嚙み切られている跡を注意して見ると、初めは切り口が褐色に変っていたのが、上るに従って次第に新しいものとなり、雪渓の間近では生々しい液が未だ乾かないでいた。口に出してはいわないが誰も熊の居ることに気が付いていたらしい。帰って来た人夫に聞くと四頭も居たという。私はちらっと二頭しか見掛けなかった。

　もうあたりの山はどれも矮性の灌木を交えた一面の草原で、大きな残雪が其間に様々な形を描いて美しく横たわっている。どの山に登り着いたにしても、目的の朝日岳に遠くないことは確であるから、左の山腹を登り初めた。足もとに点々として高山植物の可憐な花が風にゆれている。偃松(はいまつ)が出て来た。少し登ると傾斜の緩い高原状をなした段に出る、一面に岩銀杏(いわいちょう)を敷き詰めた緑の地に、白山一華(はくさんいちげ)と珍車(ちんぐるま)の花が白い模様を織り出している。虫取菫(むしとりすみれ)の紫花、白山小桜の紅花、深山キンポウゲの黄花など、色とりどりに美しい。登るに従って植物の光景も多少変って来る。高根薔薇の艶麗、高根撫子(たかねなでしこ)の可憐、黄花石楠の清楚に加えて、伊吹麝香草(いぶきじゃこうそう)、車百合、千島桔梗などが現われ、少し岩の露出した所には、姿のいい真柏(しんぱく)や唐松などが生えている。苔桃や岩高蘭(がんこうらん)も多い。間もなく一の山の頂上に達したが、それは朝日岳ではなかった。南に向って同じような隆起を三つ許り踰えると、朝日岳の頂上に達した。頂上は西南の方向に長い高原状を成している。雨にさいなまれ風に虐げられながらも、自然の儘(まま)の恣(ほしいまま)なる草木の姿よ。皆は荷を投げ出してそこらを歩き廻った。得撫草(うるつぷそう)や、白馬岳では殆ど絶滅に瀕した白馬浅葱(しろうまあさつき)の多いのが人目を惹いた。頂上の東側は矢張り草原で、絶えず大雪田が続いている。附近に適当な野営地が見当らないので、惜しくも頂上を南に下り、赤男山との鞍部より百米ばかり上の所で、大雪田から音を立てて水の流れ落ちている窪に天幕を張った。ここからは南に雪倉、白馬、旭、猫又、劒の諸山が見られ、東には妙高火山群と岩菅らしいものが望まれる。

久振りで夜明けに聞く時鳥（ほととぎす）の鳴く音は耳に快かった。毛勝（けかつ）連山の上にぽっかり浮き上った白山を見付けて覚えず声を挙げる。これから雪倉岳に至る間の山稜は、全く雪と高山植物との楽園とも称す可く、一々其名を挙ぐるの煩に堪えない。東側には広い窪地が続き、偃松と雪との配合が千差万別で実に面白い。それでも一ケ所雪倉岳への登りに、赤石岳の南側のように巨岩の累積したキレト状の場所があって、岩壁には無数の岩燕が群れていた。この岩壁は楽に踰えられる。第一の小隆起を登ったところに、草色の水を湛えた瓢（ひさご）形の池がある、私達はそれを雪倉ノ池と命名した。此附近は恐らく白馬連山の中で、最も整った自然の高山植物園ではあるまいか。私は幾度も幾度も足を停めて偃松の間に咲き誇る鮮紅な高根薔薇の花に見入った。

私達は其日の夕方に白馬岳の頂上に着いた。

[「北岳と朝日岳」として「改造」昭和四（一九二九）年六月号／『山の憶ひ出』下巻]

八ケ峯の断裂

［大正六（一九一七）年七月］

八ケ峯というのは、鹿島槍ケ岳と五竜岳との間にある山稜の一大断裂に名付けられた称呼であって、峯とは呼ばれているが実は隆起した地点ではない。此断裂の特色は山稜が歪なU字形にくびれて、越中人夫の所謂「窓」を形造り、其儘一直線に急峻なる越中側の山腹を抉って、五百米も下の東谷（南五竜沢）の雪渓まで続いていることである。上部に於ては底は稍や平であるが、左右の岩壁は、鹿島槍側に竪立し、五竜側に二段に刳れ込んでいる。それが上段は浅く下段は深いので、横からながめた形を想像すると、さながら腹を膨らしてつくばっている蛙が壁と睨み合っている観がある。高さは五竜側の方が少し高く、二丈ほどはあるらしい。幅は二間乃至二間半位のものであろうと想われた。然し降るに連れて底は雨水や氷雪の為に侵蝕され、傾斜が甚しく急峻になるから、左右の岩壁は益々高さを増して来る。随って降れば降るほど通過し得る望は少なくなる訳で、実際上から望見した所では、東谷の雪渓まで下りて迂廻しなければ、到底通過不可能であろうとさえ思われる。そしてまだ悪いことは、折角其辺まで下りて迂廻しても、再び山稜まで登る際に、またしても滝などに阻まれはせぬかという不安に襲われることである。これは鹿島槍又は五竜孰れの方面から来た人でも、等しくその感を懐くに充分なる程、附近の山谷の模様が威嚇的であるからだ。されどこれは大町の百瀬君が大正二年に鹿島槍側から此方面を探検されて、通行の可能なることを慥められた。

信州側はといえば、これは敢て此山脈に限らず、日本アルプスを通じての特色である如く、此処でも二百米近くも削立した峭壁で、鹿島槍側に在りては其縁に沿うて登降することは絶対に不可能であるが、五竜側は横を搦めば窓の底に達し得る一縷の望がないでもない。唯だ之を決行するに際しては、大胆細心にして岩石の登攀に熟練した者でなければ、生還期し難きものがあるであろう。若し底に達することが出来れば鹿島槍側は、少し下手の岩壁に横に刻まれた一条の襞を伝って山稜に登ることは甚しく困難でも危険でもない。反対に鹿島槍側からは此襞を辿って底に下ることは難事ではないが、五竜側を登るのが生死を賭しての大冒険に属する。一言にして尽せば此断裂は、上を強行するか下を迂廻するか、如是閑氏の所謂「労力の少ない危険」に就くか、又は「労力の多い安全」を択ぶかの二途より外に通過の方法はない。但し後者の場合でも、直接岩壁の縁に沿うて何処までも下ることは不可能であるから、南北の両方面とも窓から二つ位手前の沢を下るようにしなければならぬ。現に百瀬君が此迂廻路を発見してから、大町の案内者は皆之に遵(したが)っている。此路によれば尚(な)お一の便利がある。それは此断裂から三十間ばかり北に寄って、更に之(これ)を縮小したような裂け目があるが、夫(それ)をも合せて避け得られる。尤(もっと)も大町以外の案内者を連れて、五竜方面から遂行する初めての縦走では、此断裂は目の前に夫が現われる迄は、とても遠方から看取することは出来ないので、間違なく所要の沢に下ることは言う可(べ)くして行われないことであろう。此迂廻は少くとも六時間前後を要するそうである。

　私は今年（大正六年）長次郎と他に二人の人夫を伴って南日、森の二君と共に五竜方面から此山稜を縦走した。そして小断裂の方は二丈許り下の所を岩を横に搦(から)んで通過したが、それを探し出すまでに三十分、重い荷を運ぶのに二十五分、合せて約一時間を費した。此処を通過してから少し登りになる。其登りが莫迦に急だ。登り終って五六間行くと突然大断裂が現われる。例に依って長次郎に探検を命じた。荷を卸して暫く形勢を察していた長次郎は、忽(たちま)ち東側の急壁をサラサラと無造作に下りて底に立った儘(まま)、両側を見上げて「えらい窓だ」と笑っている。どうだいと聞くと行ける行けると答える。其処から二三間下の横の襞を伝って南側に登り、一町ばかり先の尾根の一角に立ってあたりを見廻している。もう一人の山田という人夫は岩壁に沿うて下りて行ったが、何処からか向う側に移って、やがて長次郎と長い間話し合った末、二人一緒に長次郎の下りた岩壁を登って帰って来た。長次郎は始は無論其処を通る積りであったらしいが、二人で談合の結果下を廻ることに極めたのであろう。私等が上を通るのかと聞いたら、彼処は辷る（すべ）と止まらないから下を廻る方が安心だというた。これは荷が重い為に厄介であると山田に説得されて考え直したに相違ない（長次郎の外は二人とも山には初めての人夫であった）。けれども私等は強いて通して呉れとは言い切れなかった。それで山田の通った所を廻ることにして、百米も下ったろう。すると好い工合に岩壁が崩れて其内側に樺の立木が生え続いている所に来た。それを伝って下ると谷底に向って傾いた一枚岩の上に出る。幅は五六尺に過ぎないが、平滑なる表面には手掛りも足掛りもなく、向う側はまた岩壁であるから一思いに飛び越す訳にも行かぬ。尤も高さは四五尺に過ぎないし、且つ谷底も急ではあるが大きな岩が積み重っているので、誤って足を踏み外したにしても、東谷まで落ちて行く気遣はない。荷を背負った長次郎に扶け（たす）られながら、漸く底に下りついて吻（ほっ）と一息する。此処から二三間下手で南側から空滝が落ち合っている。高さは三丈に近い。之を登るより外に方法はないから、荷は綱を用いて曳き揚げることにする。花崗岩らしい壁面は頗る堅硬であり、且つ（か）手足の掛りもあるのは幸であった。夫から左に一の窪を伝って、岳樺の疎らに生えている恐ろしい急傾斜を二十間も登ると偃松（はいまつ）が現われ、傾斜も少しく緩くなって、やっと安心の胸を撫で下ろすことが出来た。午後十二時五分に窓の北側を下り始めて、南側のそれも窓から四五十間上手に寄った山稜に登りついたのは一時四十五分であったから、一時間と三十五分を要したことになる。此通路は先年中村君が同じく五竜方面から、初めて此山稜を縦走した時に通過した場所と恐らく同一の地点であろうと思う。

鹿島槍方面からは、此急斜面を下って谷底に達することが確に危険に感ぜらるるであろうし、また彼の一枚岩に取り付くのが多少面倒であろうと思われる。しかし荷が軽ければ案外楽に通過し得られるかも知れぬ。私等は針木峠まで縦走する糧食其他を大黒鉱山で用意した為に、荷が重かったので人夫は可なり骨が折れたらしい。但し時間に於ては下を迂廻するよりも三時間以上を節約し得ることは確かであろう。因(ちなみ)に此断裂の位置は、鹿島槍の北峰より約四百米を下りたる辺、陸測五万の大町図幅に拠れば二千四百八十米の等高線が、其北方に一隆起を表示せる同高の等高線と相対して成せる鞍部に当っているように思った。

〔「山岳」第十二年第一号・大正七(一九一八)年／『山の憶ひ出』上巻〕

針木峠の林道

［大正六（一九一七）年八月］

針木峠は人も知る如く、明治九年に新道が開鑿され、数年の後にそれが再び破壊されてしまってからは、籠川の河原や雪渓を辿ることなしに峠を通過することは殆んど不可能であった。若し之を避けて迂廻しようとすれば、更に多くの困難と危険とに遭遇しなければならぬ。それが為に針木越は悪絶険絶を以て世に鳴り渡った。富直線の未だ開通せざる以前に、信州方面から立山へ登るには大抵此峠を上下し、黒部川を徒渉して、刈安峠及ザラ峠を踰え、立山温泉に出て其処から登山したものである。そして一度此道を通過した者で、皆其険阻なのに驚かない者はなかった。明治二十九年の七月下旬に自分が大胆にも唯一人此峠を踰えて立山へ登った時は、平ノ小屋へ着く迄に二日半を費した程で、当時赤城榛名妙義や男体浅間若しくは富士御岳などの外は、山らしい山に登ったこともなく、又登山の危険などということは一向に無頓着であったが、此時許りは一人旅に慣れていた自分も、初めて山という者の恐ろしさを感じて、心細さに堪えられなかったと同時に、又初めて山という者が少し解せて来たように思った。其後信州方面から立山へ登る人が年と共に増加し、黒部川には籠渡しなども設けられ、道も大に分り易く、且(かつ)よくなったとは聞いていたが、それでも針木越は登山の入門として、あらゆる課程を備えた好個の教科書であるということには、誰も異議はなかったようである。自分も初めての経験に徴して、当然しかある可(べ)きを信じて疑わなかった。それが今年（大正六年）二十幾年振りで復(ま)た此峠を降って、少なからず道の楽になったことに驚かされた。先ず大沢の対岸に立派な小屋が建てられたことは別としても、大出の人家を離れてから籠川の河原を遡ることは勿論、一回の徒渉だも行うことなく、川の左岸に沿うて赤石沢の対岸附近雪渓の尽くる（或は始まる）少し上まで林道が造られたことは、既に険阻の大部分を凌夷(りょうい)してしまった感がある。雪渓にかかってからは、傾斜の急な左右の山裾が迫り合って、横を搦(から)むことは殆んど不可能に近いが、雪は割合になだらかである為に、初めての人でもカンジキなしで危険の虞(おそれ)なしに登降される。スバリ沢の合流点から上は、雪渓が俄に急峻となる代りに、或は左側或は右側の縁を辿れば、強いて雪渓を上る必要はない。これは昔も今も同様である。それすら今は踏まれた道跡が判然と残っている。針木峠の行路難は実に磊砢(らいら)たる巨岩の錯峙(さくじ)した籠川の河床を辿りて、雪を噴く奔湍(ほんたん)と、雷のような音を立てる急瀬とを幾度となく徒渉することであった。夫(それ)が今年からは何の心配もなく心長閑(のどか)に林の中を通行し得るようになったのは、時間と労力とを省く点に於ては、大なる利便を得たと共に、単に登山という見地からいえば、惜しいことであるともいえる。この林道は畠山の小屋附近までは、既に前年造られてあったもので、それから上の部分が今年新に開かれたものである。近い中に更に峠の頂上まで続けるとかいう噂を聞いた。尤も地勢の関係上、雪渓から上は道を造ったにしても、頻々として雪崩に襲われるから、年々大修繕を加えなければ、道形を維持することは困難であろうが、事実として現れぬとも限らぬ。そうなった暁には黒部川に釣橋の架けられるのも遠いことではあるまい。孰れにしても針木峠は既に十年前の針木峠ではない。あの峠に向って一歩を踏み出した登山者に対して、その荒胆をひしぐような刻々の不安と期待とに背かなかった自然の儘の針木峠、其姿は最早永久に見られる期はないであろうか。自分は過去にのみ憧れんとする自分の固陋なる執着心を今も尚お思い切って山の何処かへ破れ草鞋の如くかなぐり棄てることの出来ない意気地なさを憤ろしく思う。

[「山岳」第十二年第一号・大正七（一九一八）年／『山の憶ひ出』上巻]

大菩薩連嶺瞥見

［大正七（一九一八）年三月、十一月］

一

丹沢山塊と大菩薩（だいぼさつ）連嶺とは、東京からは目と鼻の先といっていいほど近距離にありながら、登山がかなり盛んになった頃にも、殆（ほとん）ど顧みられなかった。全く不思議なほど長い間を人から忘れられていたのである。忘られていたというては少し語弊がある、何故なら早くから注意していた人がないではなかった。

例えば武田君のごときは、既に明治三十八九年の頃に同志と塔ノ岳に登られ、又大菩薩峠をも踰（こ）えられている。のみならず明治四十三年七月発行の「山岳」五年二号には、特に山麓の人に依頼して調査した丹沢山の登路までも紹介して渡英されたほどである。それにも拘わらず、同君が帰朝して大正二年の八月に丹沢山に登られたのが、この山塊の中央主脈の最高峰に、真近く辿り着かれた最初の登山記録であるというに至っては、今日から見れば実に驚くべきことであるというてよい。

それにも増して、不遇なのは大菩薩連嶺であった。大菩薩峠を踰えた人は武田君の後にも相当あったらしく思える。しかし、この連嶺に登った人の消息は杳（よう）として聞くところがない。それなら山が人の注意を惹くに足らぬためかというに、決してそうは思えなかった。農商務省出版の二十万分の一図に、無間平嶺と記されてある大倉高丸などは、名前からして人を惹きつけるに充分であり、遠望してますますその名の適切なるに感心させられた。成程これは平だ、無間平とうまい名をつけたものだと、いつも友人と話し合っていた。

しかし、この名の出所も読み方も今もって判然したことを知らない。大無間山というのがあるから、恐らくムゲンダイラと読むのであろうと想像するに過ぎぬ。真木でも焼山でもその名を知らない、或いは詮索の足らない所以もあろう、これは後遊の人にお願いしておくことにする。雁ガ腹摺山の名に至っては、最も強く武田君の興味を惹いたらしい。

この連嶺の主要部ともいうべき部分は、三つばかり大きく弧を描いて、天際を劃しているのが東京市中からも望まれ、高尾山や景信山に登った時にも、いつも目についた。冬ならば南の茅戸と大菩薩峠の附近とは、雪で真白に埋められ、その他は黒木が茂っていると見えて、黒い山肌が白粉（しらこ）をふいたように斑（まだら）である。夏になると、入道雲の下から濃藍色の姿を時おり垣間見せることがある。いかにも手剛そうに想えて、これは迂闊にはいれぬと考えたのは、当然であったろう。勿論案内者を賃し、人夫を雇いてゆく分には大したこともあるまいが、なにせその当時は未だ日本アルプスにも、人跡未踏の高峰が幾つも残っていた。

　同じ費用を遣うならば、そっちを先にするのが人情である。見慣れている山よりも、未知の高峰により多く感興を唆られたことも容さるべきであろう。そのうえ登山が盛んになったというても、今日ほど一般に行われていた訳ではなく、況んや土曜日曜を利用するなどという便法は少しも知られていなかった。山へゆこうといえば、少くとも一週間はかかるものときめていた時代である。それで気にかける人でも、やはり私などと同じように、その附近を通ることはあっても、有頂天になっている魂は、目指す何処かへふらふらと抜け出してしまった体だけを汽車に運ばれながら、うつろな目を向けて往き来したことであったろう。

　しかし、この間にあって明治四十五年の四月一日は大菩薩岳へ登った一行があった。それは友人の中村君と田部君とである。そして頂上から尾根伝いに柳沢峠へ下る筈のところを、誤って大黒茂谷へ迷い込み、田部君は危く凍死の厄に罹らんとした。これは無理もなかったのである。附近の地理を少しも知らぬ上に頂上から案内者を帰してしまったことが、この大事の原因であった。私も同行を慫慂されたのであったが、どうしても都合がつかないので、多年心に懸けていた、大菩薩岳登攀の好機を見ずして逸してしまったことが残念で堪らなかった。若し同行していたならば、或は田部君と同様な目に遇ったかも知れないと思うけれども、本郷の追分通りで、不図中村君に遇って、その話を聞かされた時には兎に角羨しかった。

同じ年の夏、私は田部、中村の両君が丹波山で附近第一の高峰であると教えられたという、名を聞くのも初めてである唐松尾登攀の念禁じ難く、単身柳沢峠を踰えて落合より三ノ瀬に入り、目的を果した。そして谷を隔てて正面に間近く聳立している大菩薩岳と向い合って、四近の群峰を圧したその整然たる金字塔に飽かず眺め入った。この時も遊意頻りに動いたが、雁坂峠への縦走が目的であった、この旅の日程が狂ってはと、遺憾ながら断念してしまった。

その後も春は秩父、夏は日本アルプスと絶えず登山旅行はつづけられたが、遂に大菩薩連嶺を縦走する機会は作られなかった。それでも甲斐国志や郡村誌などを漁って、連嶺縦走の計画だけは怠らなかったのである。

二

大正七年の三月中旬になって、漸く機運は熟した。私などに増して、この連嶺に注意を向けていた武田君は、既に御坂、道志、丹沢等の山塊を縦横に探られ、転じて大菩薩の連脈に足跡を印しようというのである。私は一も二もなく賛成してお伴することになった。生憎東京を出る時は雨であったのが、裂石の門あたりから雪に変り、ゴロタの一軒屋に休んで、朝食をとっている間に一尺近くも積った。その時の雪片は、この冬東京に降ったような大きな牡丹雪で、見る間に二寸三寸と積ってゆくのに驚いた。これでは縦走など思いも寄らぬ、登山も暫く見込がない、それで丹波山へ踰えることにした。いつも午前九時を過ぎてついたことのない落合へ、十一時に着いたような仕末であった。

雪の中を丹波川沿岸の絶景を賞しながら、ぶらぶら歩いて丹波山に一泊し、翌日大田和峠、鶴峠を踰えて、上野原から鉄路帰京した。この大田和峠が最近の地図では大丹波峠となっている。大田和はオオダワに宛てた字で、無意味ではあるが音は通ずる。けれども大丹波ではオオダワと発音することさえむずかしい、丹波山への山路であるから丹波の二字をとって、大丹波としたのであろうが、オオタワと読ませるのは無理だ、それとも、タワの意味を知らないために起った文字の濫用であろうか、どうも不審である。

その年の夏、武田君と共に十一日に亘る南アルプスの旅を終えると、秋には是非とも大菩薩の縦走を決行しようということになって、十一月廿二、廿三日と二日休みがつづくのを幸いに、武田君の友人と三人連れ立って廿一日の夜行で出発した。この頃からそろそろ連休を利用して、近くの山へ出かけることが、流行り出したのである。有明月をあてにした夜道も、桑西までは間違えなかったが、人家を離れて河が二岐している所で左に下って、河を渡るべきを真直ぐ右に行ってしまった。

夜が明けて見ると途の違っていることに気がついて、左の小径を登りつめ、平らな茅戸に出た。寒い北西の風が、ぼうぼうと立枯れた三四尺の茅を吹き靡（なび）かしている。二三枚写真を撮った後に、藪を押し分けて左に下り、大峠への道に出て、流れに沿うて溯ること一時間ばかり。空は次第に曇って、生温い南風とともに雨が降り出したので、前進を中止し、引返して桑西のとりつきの小林仁兵衛という人の家に泊めて貰った。

炉辺で火にあたりながら山の話を聞く。私達は野脇の方へ紛れ入ったことが判った。平な茅戸は中双里と呼ばれているという。すると昔この辺で焼畑を作ったものに相違ない、或はその西下の平地にもとは五六戸くらい人家などもあったのではなかったろうか、破魔射場（はめえば）、米背負（こめしょい）などという字名（あざな）が西の山稜上に残っていることも、何か関係があるのではなかろうか。その時は知らぬこととて老人に聞き質（ただ）さなかったのが残念である。破魔射場の破魔は宛字である。普通浜居場と書き、平野はどうか知らぬが、山間の部落には、今も残っている地名で、近くでは名栗の谷や足柄上郡の酒匂川の沿岸などに現存している。

しかし千七百米を超えた山上にあるのは異例で珍しいことである。そういえば恵能野、間明野、桑西などの地名も、私の好奇心を唆るに足るもので、いつか両神山の二度目の登山の帰りに、間明平という村があることを知り、両者の地形などから推してさまざまな解釈を下して見たが、ひとつも満足する結論が得られなかった。岩科小一郎君などは、何か面白い研究をされているかも知れない。

翌廿三日は、大峠からの登攀を困難であろうと察したので、湯沢峠から登ることにきめて出発した。然るに峠下で又もや道を失して、白屋ノ丸の南にかかっている、薙のような狭い急な沢を登ったので非常に時間を要し、黒岳山の三角点に達したのは午後一時半であった。この沢は石英粗面岩が水に洗われて真白な肌を露出して遠方からも目を惹くので、水晶薙の俚称があるようにも聞いた。沢が尽きて茅戸に変ってからも、その茅が倒れた上を歩かねばならず、傾斜は急であるし、滑ること甚しいので、全く匍って登らなければならなかった。

三角点から北は黒木立であるから、恐らく測量当時の、切明けの跡が残っているのではあるまいかとの予想はうまく適中して、倒木は多いが、又下草も邪魔にはなるが、立派な切明けの跡が残っているので安心する。小さな突起を一つ踰え、大きなガレの縁を辿り、小笹原を過ぎて茅戸の山に出で、木立を抜けて密生した笹原の鞍部に着いた時には、三時半を少し廻っていた。東から遠望した、大きな弧の第一のものは通過したことになる。次は比較的長い第二のものであるが、今日は最早(もはや)遅い、それで嵯峨塩に下ることにきめた。

この下りでまたしくじった。釣瓶(つるべ)落しの秋の日は将(まさ)に没せんとしている。私は地図の点線の道通りに、先に立ってまっしぐらに急いだ。暫くして振り返ると二人の姿が見えない、大声に呼ぶと前方から返事が聞える。二人は近道をして先へ行ったものと早合点して急ぎに急いだが、遂に姿は見えず、しかも途中で日は暮れ、真の闇となってしまった。辛うじて日川と思われる河原に下り着いたもの、進退極まって、この河原で焚火したまま一夜を明した。朝になると河原は霜で真白だ、二人はまだ来ない。どうしたことかと気にはかかるが、行先は嵯峨塩と決っているから、礦泉宿で待つことにして、一足先に出発した。

午前八時過ぎにひっそりした宿の中庭に入ると、跫音(あしおと)を聞きつけて、犬がけたたましく吠える。その声に、前の障子が開いてヤアと声かけて出て来たのは、武田君と友人の二人である。私は迷子である筈の二人を見て吃驚(びっくり)した。聞けば二人は道を誤ったお蔭で焼山に出で、鉱泉へ越す峠まで送られて夜の十時近く宿につき、強盗と間違えられたということである。その日は宿に逗留、附近の山、沢の名などを聞き質したりして日を暮した。主人はあまり詳しく知ってはいない。しかし雁ガ腹摺山の位置が不明であったのを、確める材料を得たと武田君は喜んだ。

廿五日は快晴無比の上天気であった。木賊(とくさ)沢を伝って一昨日下った道に合し、午前九時半に一七四七米の隆起に達する。雪白き南アルプスの諸峰、金峰から破風、雁坂まで、一眸のうちに望まれた。一昨日引返した鞍部に着いたのが十一時、茅戸を登り三十五分にして、五万の図上に一九八〇米の圏を有する山頂に出で、昼食をとる。富士の凍った雪面が鏡のように光っている。この頂上に提灯をおき忘れたために、前途に大きな困難が待ち構えていようとは誰が知ろう。森の中を下り笹原を上り、かくすること三度で、午後一時五分に二〇一四米の三角点に達した。

頂上には多少の露岩もあり、東寄りに大岩が立ち、小金沢に向けて急峻な岩の痩尾根を派出している。附近に水を入れて来たらしいガラス瓶があり、又瓶の破片が散乱している。それで登る人のあることは確められたが、果して一般の登山者であるか否かは不明である。流石に眺望はよく、八ガ岳や大洞以東の秩父山脈、又は御前山脈や小仏山脈の山々が望まれた。

下りは急な痩尾根で、灌木状に生い茂った黒檜(くろべ)、米栂などが、一行の進路を阻止すること甚だしい。漸(よう)くそれを切り抜け、黒木の林を過ぎて笹原の稍(やや)広い鞍部に出る。これで第二の弧を通り終ったことになる。これからは踏跡も明瞭に、前途の目当も大概ついているので気は楽になる。小菅大菩薩の頂上に着いたのが二時三十分、その北の一九八〇米の峰を踰えて、大菩薩峠の道に合したのが三時三十五分頃であった。

このまま直ちに出発すれば、順調に丹波山へ下れたことと思うが、大菩薩岳の登攀を思い止った代りに、小一時間も遊んでしまったので、慌てて出発したのは四時であった。それからはかなり急いだが途中で日が暮れ初めて提灯を忘れたことに気がつき、やむなく裸蠟燭の光を頼りに進んだものの、五六歩にして忽(たちま)ち火は風に吹き消される仕末に、これも断念して足さぐりに歩を運ぶうち、一五四一米の三角点附近で遂に路を失い、牛の歩みはものかわ、蝸牛(かたつむり)のようにのろのろと尾根を匍い廻った挙句、幸いに小径を発見して小菅からの峠路に出で、小菅に辿り着いたのは九時であった。

目的の丹波山には下れず、二日の旅の予定が五日となったのも、未知の山を歩く場合には珍らしいことではなく、こうしたこともあろうかと、初めからその覚悟はしていたのである。ともあれ、この連嶺を縦走した記録は見当らないので、多少とも山の様子を

大菩薩連嶺の南半（佐野峠より）

知り得たことに満足し、その記事を「山岳」誌上に発表する考えであったが、多忙のために、ついその儘になってしまった。東京から夜行で日帰りも可能である今日からみれば、まるで遠い昔のことのように思えるのである。

三

大菩薩連脈は、石英粗面岩から成っているという。そのためか古生層の山が甚しく彎曲（わんきょく）しているのとは反対に、本邦における花崗岩又は近似の岩石から成る山脈と同じように、尾根の屈曲が少なく、殆ど一直線をなし、従って地形は比較的単純で、谷などもそれほど込み入っていない。丹沢山塊は、高度の著しく劣るにも拘わらず、大菩薩よりは尾根通りも谷筋も、余程複雑している。この性質の違った山塊が東京の近くにあることは、日帰りの山旅を余儀なくされる人々にとりて幸いなことである。

尾根の幅が割合に広いことも、この連脈の特長であろう。東の斜面では、南北の走向をとっている他の高い山脈と同様に急であるが、西は裾野を曳いたようになだらかで、準平原の山かと疑わしめる。露岩の少ないこの連嶺では、妙見岩附近、天狗棚（田島氏に拠る）山頂、二〇一四米の三角点附近などは、特異な存在である。特に最後のものは、その北面において稍高山性の風貌を備えているのが嬉しい。

森林としての黒木はあるが、秩父のように闊葉の大樹林に乏しいのは、濫伐された結果かと想われる。そして山の北面は黒木に蔽われ、南面は必ずとまではいえないにしても、大抵は茅戸である。中にも著しいのは大菩薩嶺と黒岳山との南面であって、田島氏の考証された熊沢山でも、天狗棚山でも、その他山稜上の隆起は、広狭の差こそあれ、皆同じような傾向を有している。若しやこの茅戸は闊葉樹の領域であったのが、盗伐又は濫伐の結果、茅戸に変ったのではあるまいかとの疑も起る。それとも野火などのためであるか、それにしても原始の姿ではあるまい。ただ私には判然たる断定が下せないのを遺憾に思っている。

この尾根を歩いていると、何処かで似たような場所を通った記憶が浮んでくる。近いだけに秩父の山が最もよく似ている。殊に雁坂以東雲取山に至る間においてその感が深い。しかし、全体としては秩父の山は起伏が大きいので較べものにならない。起伏からいえば、利根水源の右岸にある小穂口川上流の本谷山から、大水上山に至る間が恰好の相手である、けれども森林はあっても、湿地や沼やこれを飾る美しい白山小桜に欠けている。日光奥の温泉岳（ゆぜん）から鬼怒沼山に至る間は、稍（やや）条件に叶っているが、深さと凄さにおいて大菩薩を凌駕している。所詮大菩薩は大菩薩としての特色を有しているといえば、それで充分なのだ。

「山と溪谷」第二十七号に田島勝太郎氏の発表された「大菩薩嶺から小金沢山まで」は、この連脈に関心を持つ人の必読すべき文である。ただ小菅大菩薩なる名は、私が東京市史稿にこれを用いたのが嚆矢（こうし）であるように述べておられるが、これは甲斐国志に拠ったもので、私の創造ではないのである。当時、私は多摩相模二川の分水界として重大なる位置にある、この山の名を知らなかったので、甲斐国志の記事に小菅大菩薩の名があるのを幸いに、これを襲用したのであった。それは田島氏も引用されている山川部丹波山大菩薩の条に

是丹波山村ヨリ山梨郡萩原村へ越ル坂ニシテ小菅村ヨリ登ル大菩薩峠ノ北方十町許

ニアリ萩原ノ方ヘ下ルコト一里許ニシテ小菅大菩薩ト相合シテ一路トナル。

とあるものがそれで、小菅より登る大菩薩峠とあるのみならず、小菅大菩薩と合一すと明記してあるので、この峠の通ずる山を小菅大菩薩と称しても、さしたる不都合でもあるまいと考えて、その名を用いた次第であった。

大菩薩峠について、何の研究もしていない私には、確としたことはいえないが、丹波山大菩薩と断ってあることから察すると、小菅にも大菩薩の名はあったらしい。丹波山と小菅と両村からの山道が、近く南北に相並んで尾根を踰え、間もなく一に合しているのであるから、妙見社はよし、丹波山道の方にのみあったとしても、小菅では便宜上その名を真似て用いたことも考えられる。そして小菅で大菩薩といえば南の峠を意味し、丹波山若しくは小菅を冠しては区別する必要は、その村人にはなかったろうと思われる。

是等のことが甲斐国志の編者に、両者の混雑を来たさしめた原因となったのではあるまいか。尤も丹波山からの旧道が、私の考えている通り高尾の南にある七四四米の小鞍部から、西南を指している尾根に沿うて上るものでなく、大田和峠の附近から登って、丹波山小菅両村界の尾根を伝うものであり、小菅からも一三一四米の三角点附近に登る道があって、丹波山道に合していたものとすれば、問題は別である。しかし、旧道が前記の通りであるとすれば、小菅から大田和峠を踰えて、大迂廻を敢てする必要が何故にあったのであろうか。小菅道を通ったことのない私には、両者を比較して疑を解き得ないのが遺憾である。田島氏の丹波山大菩薩峠が、狭い意義の大菩薩峠ではあるまいかとの御意見には私も賛成した。

石丸峠については疑がある。甲斐国志の編輯に際して頒布された触書の箇条の中に

古ク申伝候噺物語何ニテモ其村々ニ有来候雑談之類慥ナラザル事ニテモ其所之老人共ニモ兼テ承置廻村之節申可聞候。

という項目もあるほどであるから、若し陽物に似た岩があって、地方的に非常に尊崇され、その側を通じている峠道がその名で呼ばれているならば、決して書上に洩らす筈がないことは、明治の郡村誌の書上の例に、方言の項には男女の陰部の称呼までも挙げてあることに徴しても明かである。昔の人は素朴であったから、たとえそれが陽物の信仰であっても、当時の一般の風習であって見れば、何等怪しむことも忌むこともないばかりか寧ろ進んで書き出したに相違ない。国志の編者としても同じ時代の人である。この好資料を全然握り潰すとは思われない。あからさまに書くことをはばかったにしても、かようの形の石があって俚人から崇められ、峠までもその名で俗称されているという程度の記事はあって然るべきである。さりとて私はこの石の信仰が国志の書上以後に始まったのであるとも、又起源は古いが、書上当時はさして人に知られていなかったとも、

はっきりいえるだけの資料は集めていないので、田島氏と御同様に推測したのみに止まっている。なお探究を要すべき事柄であろう。

大黒茂谷の茂は、しげる、多しなどの意味ある古語のモと、漢字の発音も意味も偶然に一致しているが、この古語が丹波山附近の僻村に遺(のこ)っていたとも思われないから、後になってモの音に茂を宛てたものであろう。然らばそのモは何から導かれたものかといえば、矢張りモミの略かと想われる。大丹波川の上流にも黒モ山というのがある。多摩郡村誌は假の字の人偏を木偏に代えた字を用い、木の名に宛てているが、これは椵の誤りで樅の字の代用として随所に用いられている。

黒モ山も、樅の木が茂っていることを炭焼から聞いた。山が低いので普通の樅もあったであろう。大菩薩の北東面は見たところ栂もあるが樅も相当に多いように思った。これは勿論イラモミやウラジロモミで、それが真黒に見えるまで茂っているため、大クロモの名で呼ばれるようになったのではあるまいかという考えを今もまだ捨てかねている。されど大黒茂の字を用いることに異議を唱えるのでは決してない。

［「山小屋」昭和十（一九三五）年五月号／『登山の今昔』昭和三十（一九五五）年・山と溪谷社］

黒部川を遡る

［大正八（一九一九）年七～八月］

はしがき

我国の一大峡流である黒部川の全貌が完全に世に紹介されるに至ったのは、誰が何と言っても、これは立山後立山両山脈の山々と其抱擁する谷々とに限りなき興味を有し、就中(なかんずく)立山連峰と黒部峡谷とを礼讃して措かざる冠君の数年に亘(わた)りて倦むことを知らない努力の結果であることは、動かす可(べ)からざる事実であり、又よく人の知っている通りである。されば纔(わずか)に黒部の片鱗を窺(うかが)い見たに過ぎない私などは、いつも之(これ)に対して感嘆久しうして止まないのであった。其(その)当時はよく冠君の訪問を受けて、山の話に夢中になってしまった二人は、玄関に置いた靴や冠君の蝙蝠傘(こうもりがさ)を盗み去られたことを、すぐ隣りの室に居ながら少しも知らずにいたことなどもあった。話の落ち行く先は大抵黒部ときまっていた。そして探検の度毎(たびごと)に同君の齎(もたら)し帰る新しい黒部の秘境に聞き入りつつ私の心は躍った。しかし冠君のように時の自由を持たない私は、残念ながら同君と行を共にし得る機会は一回も無かったのである。

黒部峡谷は斯く大正の末期から昭和の初にかけて、始めて探られたものであるとはいえ、旧加賀藩の時代に於ても山廻り役なるものがあって、数年毎に黒部奥山を巡視し、其間黒部川の一部に触れたことは、記録に存しているし、又天保頃の作と想われる絵図に拠れば、祖母谷以下は流に沿うて道が開け、中流は平より御前谷の下手に至る路ありしものの如く、又針木谷の南沢を遡り、南沢岳より尾根を縦走して鷲羽岳に達し、黒部源流に下り、薬師沢を上りて薬師野（太郎兵衛平）を横切り、有峰を経て東笠西笠両山の間を水須に出る路程、及び平より本流に沿うて東沢に入り、之を遡りて前記の尾根筋に合する路が記入されている。この巡検は軍事上よりも寧ろ森林の監視が主要なる目的であったものと私は考えている。鐘釣温泉の湯壺に浸ったことのある人は、温泉の湧き出している洞門の岩壁が更に大きく穹窿状に拡がろうとする目の高さの処に、慶応三卯八月　山奉行辻安兵衛山廻伊藤刑部と書いた、かすかながらも残っている墨痕を見た覚えはないであろうか。此人々は恐らく最後の山廻り役であったろうと思う。私の北アルプスの旅には常に案内者であり、又冠君の黒部探検にも欠かさず案内者として、其成功に貢献する所の大きかった宇治長次郎の父は、山廻り役の人夫として同行したことがあるということを、同人からも弟の岩次郎からも聞いたのであるが、それがこの慶応の時であったかと云う事はさて措き、山行の様子などに就ても少しも知るに由なかった。

登山者の間で最も早く黒部下廊下の探究に心を惹かれた者は、私の知っている限りでは、友人中村君であった。而し斯ういう事には後になって其権利を主張する多くの人が現われて来るものであるし、又それが正しかった場合も稀にはあるから、私は自分の知っている範囲と断って置く必要がある。勿論黒部川を横断したり或は其一部を上下した人は、以前にも少くないが、これは黒部川が目的ではなかった。

中村君は大正四年の七月から十月まで鐘釣温泉に滞在して、画作の傍附近を跋渉し、其折案内者として同伴した音沢村の佐々木助七から、黒部に関する多くの知識を得て、益々下廊下探査の素志を堅くしたらしい。其後幾度か計画が立てられて私も之に与った。しかし予想以上に嶮難の恐ろしいものがあると思われた為に、容易に実行の運びに至らなかったが、遂に大正八年七月下旬を期して二人で之を決行することになったのであった。

今から当時を追想して見ると、私達の準備には多くの欠陥があった。綱なども三十米のものを一本しか携帯しない、夫も本式の物ではなかった。天幕も五人用のもの一張に過ぎない。それに中村君は油絵の材料を忘れなかった。これに身廻りの品を合せると、五人しかいない人夫の中から一人を要した程の重さであった。私達は何と暢気なことであったろう。これと云うのも前途に少しの油断を許さない、緊張した態度が絶対に必要である困難で危険な行程が幾日にも亘って続くであろうなどとは考えていなかったからである。つまり認識不足に陥っていたのであった。夫には理由がなくもなかった。私は曽(かつ)て書上(かきあげ)君から同君の訳した「マッターホンを争ふ」と題する書を贈られて之を一読し、気持が悪くなって読了するのが厭になったことを覚えている。今其轍(てつ)を踏んで、無邪気な山人の心を勝手に忖度(そんたく)し、而も夫を以て自己の不明を弁解するの具に供しようとすることは、真に恥ず可きの至りであるが、この際暫く読者の寛恕(かんじょ)を得て筆を進めたい。

案内者助七の話では、平の小屋まで一週間あれば行けるとの事で、自身も一、二度通ったことがあるらしい口振りであった。但し断言はしなかった様であるが、余分の荷などを持って行ける所ではないという注意も、亦(また)危険の程度やその場所に関して、具体的の説明若くは指示をも受けなかったので、私達の危惧と不安とは畢竟(ひっきょう)するに自己の想像の所産であるかの如くさえ思われた。唯仙人谷の出合で右岸に渡り、棒小屋沢（助七は之を東ゴリョウと呼び、それに対して劔沢を西ゴリョウと称していた。劔沢もツルギといわずツルガと発音した）を過ぎると再び橋を打って左岸に移るのであるが、此橋の打てるか打てぬかが遡行の可能不可能を決するもので、うまく打てればいいがと幾度も気懸りらしくつぶやくのであった。私達は仙人谷から先へは行かなかったので、其架橋地点が果して何（ど）の辺であるかを確め得なかったが、冠君の蹈査（とうさ）した結果から推せば、仮に架橋し得たとしても、左岸の山側を辿って平に出ることは、黒部別山を踰（こ）えでもしなければ不可能である。そして黒部別山に登ることも其辺からは絶望に近い。それで私は果して助七は平まで通ったことがあるのであろうかとの疑（うたがい）が後に生じたのであった。勿論山谷の跋渉に慣れ切った者が身軽で歩けば、七日で足りるにしても、荷物のあることを考に入れて、相当に準備することを怠ったものとすれば、案内者としては手ぬかりであったことを免かれないであろう。邪推すれば或は助七の黒部に関する既知の範囲は棒小屋沢附近迄に限られていたので、仙人谷まで案内して行程を打切る意図を初めから持っていたのではないかと想われるような曖昧な態度がないとは云えなかった。斯様な臆測はしかしよくない事だ。

　此外私達の不注意からして人夫の調和が欠けていた事も見逃せない。黒部のような処へ入るには、谷歩きに熟練した者の一人でも多い方が心強い。それで多年同行して其技倆を信頼している気心の知れた大山村の宇治長次郎と、他に山田竹次郎の二人を呼び寄せた。助七は同じ村の佐々木作松と佐々木清助という二人の若者を連れて来た。勿論知らぬ同志であるから多少気まずい点はあろうと考えていたが、斯く迄に排他的であろうとは全く予想しなかった。例えば食料品を持った若者の荷は、日毎に其量を減じて、果ては殆ど空身にも等しくなるが、天幕や毛布などでいつも重い長次郎等の荷を分担しようとはしない。私は見兼ねて或朝、どうだね少し分けて貰ってはと言うと、助七は気色ばんで言下に「お前等荷を分けた時に、どれを背負うかと聞いたら、それを背負ったのではないか、初からの約束だ」とはねつけたような次第であった。

案内者として頼みに思う助七であるから、黒部といえば自己の領域ともいう可き強味さえ加わって、我意に募ったとて止むを得ないにしても、目的達成という見地からすれば、可なり重大な関係のある事であるのに、夫に就ては何の顧慮も払われていないらしいことが分ったので、私の心は暗かった。

身贔屓な助七の言動につれて、二人の若者までも長次郎等を侮っていた。無口で暢気ではあるが、山や谷歩きにかけては誰に劣る可くもない自信のある長次郎は、心の中ではさぞ癪に触っていた事であろう。口数の多い助七の前に、温和しい長次郎は愈々無口となって、如何にも無能らしく唯黙々と随伴するのであった。

一度、仕合谷の南を限る山の鼻を踰える際、崖を下って汀を辿れば三時間も近廻りとなるというので、私は下ろうではないかと長次郎に勧めて見た。ここで長次郎の技倆を発揮させて見たいと思ったのである。上部は幾分オーバーハングしてはいるが、四、五尺下に離れて、別に足場の確かな岩壁が屹立している。いつもの長次郎ならば、上を廻ろうと言っても「なに案じはねえ」と自ら進んで下ることを主張する筈であるに拘らず、例になく「荷は重いし、慣れぬ人夫衆が居るだで」と浮かぬ顔して断った。従順を装う彼の心の底から「今度はおとなしく何処までも引込んでいるぞ」と固き決意の閃きを感じて、これはしまったと思った。両雄併び立たず、私は流を見詰めたまま暫く憮然としていた。二人を一緒に連れて来た事が間違っていたのであった。それは兎（と）もあれ助七が初めて私達を比較的困難なく仙人谷まで導いて呉れた功労は、之に依って没しさる可きものではない。私は今も深く感謝の意を表している。

此年は又丁度古河合名会社で、餓鬼の田甫（たんぼ）から棒小屋沢までの路を作る最中であった。この一行には黒部の紹介に力を入れていた高岡新報の記者が同伴して居たらしい。それで私達を恰（あたか）も競争者であるかの如くに思い違え、且一行の案内を頼まれた助七が夫を断って置きながら、先約ではあったが、私達の案内者となったことも刺戟となってか、よくは知らないが何かと盛（さかん）に書き立てたそうである。このはしがきは当時を記憶している人の参考ともなるであろう。

鐘釣温泉まで

中村君と私の乗った上野駅発明石行の列車は、七月廿七日の午前八時半に泊駅に着いた、長次郎と竹次郎が約の如く迎に来ていた。例年ならば此頃は快晴な登山日和の続く季節である。今年は如何したものか兎角降り勝で、山登りには不適当な天候であった。殊に黒部の谷深く入り込もうとする私達には、絶えず其事が気遣われた。今日も汽車を下りて町をあちこち買物に歩いている中に大雨が降って来た。昼頃に漸(ようや)く歇(や)んだが、小川谷の奥に朝日岳の雪がちらと見えたのみで、僧ケ岳や駒ケ岳の連脈には雲が低く垂れていた。駅前の旅館で昼食を済し、荷が多いので女の荷持を一人雇い、平坦な四里の道を歩いて、愛本橋の袂(たもと)の茶屋で一休みする。直ぐ上は謙信の物見山と呼ばれているそうだ。荷持の女は此処から返した。

三十里の長い流程を、自ら穿(うが)った深い谷底に躍り狂い喚(わめ)き叫んでいる黒部川も、この幅四十間あるかなしの峡口でぐいと引括(ひっくく)られた後、広い扇状地に向けて一挙に解放されている。それだけに此処は物凄い淵を成し、薄濁りを帯びた水が大きな渦を巻いて、捩(ねじ)れた漏斗(じょうご)のような口を開きながら、底の方から気味悪るい音を吐き出している。崖にのり出した一本の松の下には、深さの知れない穴があって、竜宮に通じているのだそうだ。此穴に主が棲んでいる。此主へ愛本村の平三郎という人の娘が嫁に入った。いよいよ淵に入る段になると、狭霧が水面を立ち罩(こ)めて、少しも様子が見られなかったという。娘は屢々(しばしば)里へお客に来た。或時決して見ることはならぬと警(いまし)めて、一間に籠ったのを、母親が怪んで窃に覗き見ると、盥の中でお産をして、三疋の竜の子を生んで居たそうである。それから娘はパッタリ来なくなった。此主は其後も時折村の娘を掠奪に来たそうだ。夫には前兆があって、娘のある家の坐敷に、杯を添えた美酒が置いてある。それが七日の間続く。若し酒に手を付けなければ何事も無くて済むが、少しでも其酒を飲めば娘はさらわれて行くのだそうだ。これは助七の話である。

　これから愛本温泉までは一里足らずの道で、五時半に温泉に着いた。延長五千八百間の木樋を用いて、黒薙谷の二見温泉を引いたものである。新築の二階建で甚だ気持がいい。此夜は白馬方面に電光の閃くのを見たが、里の光は冴えていた。但海の方は暗いので翌日の天気が心配になった。

　夜が明けて見ると果して雨である。此日は温泉に逗留して、案内者の助七が音沢村から来るのを待っていた。其間にも中村君と宿の二階から替る替る首を出して、其処から見られる黒部川を幾度か眺めた。水量はさして増した様子もないが、水の色は濁ったり澄んだりした、それと共に私達の心も暗くなったり明るくなったりする。其中に段々濁る一方になったので、私達の心も亦益々暗くなって行くのは情なかった。昼過に助七が来て、打合せが済むと一風呂浴びて帰って行く。夜中に数声の雷鳴を聞いたが、雨は降らなかった様子である。

二十九日。朝起きて見れば相変らず雲は低く垂れて、峡谷の風物嵐気霏々(ひひ)として頗る穏でない。昨日よりは夫でも幾分か模様が好いように思われたので、一行七人が黒部川の上流に向って愛本温泉を出発したのは午前九時半であった。

道は左岸の段丘の上に通じて、暫くは喧(やかま)しい瀬の音も耳にしなかった。宇奈月(うなづき)谷を過ると桃原である。十数年前までは一面の桃林であったというが、今はもう名残の木も見当らない。此処で釣橋を渡って右岸に移った。河の水は稍(やや)赤土色を呈して大石の間を凄じく奔下している。左手は森石山だ。其山の鼻が平たく潰れて段を成している所に茶屋があった。前には田なども作ってあり、対岸の尾沼谷には橡(とち)の大木が多い。山頂は雲に掩(おお)われているが、日に照された谷の緑は燃えるように鮮かであった。一しきりヒグラシが盛に鳴いた後で、鶯の声を聞くのも夏の山路らしい感じがした。

茶屋から間もなく道は上りとなって、高い絶壁の上や横を通るようになる。其度毎(そのたびごと)に渦を巻いたり白い泡を立てたりして、矢のように駛(はし)る川がちょいちょい脚の下に瞰(のぞ)まれる。峡勢窄迫(さつぱく)して、黒部川特有の廊下がそろそろ始まったのだ。

午後十二時十分、仏茶屋で暫く休んで昼食を遣(つか)った。茶屋の側の薄暗い木立の下を少し西に降ると、川に臨んだ絶壁の上に仏岩が立っている。今にも倒れ落ちそうで危い。能(よ)く視ると荒削の仏像に似たようにも想える。岩には青苔が蒸して、台のあたりはギボウシが手向の花のように咲いていた。乾からびた妙な物が炉の上に吊してある。何かと聞いて見れば熊の臓物であるという。里程表に、五味平へ十九町、別道へ廿二町、黒薙温泉へ卅二町、二見温泉へ卅五町、鐘釣温泉へ二里二十二町と書いてあった。対岸に嘉々堂谷を見送り、行手に森石谷を迎えて、間もなく植林した落葉松林の美しい五味平を過ぎると、黒部川第一の貢流黒薙川の釣橋を渡った。上流はすぐ屈曲している高い岩壁に遮られて、ほんの一部しか望まれない。水の色は藍緑に冴えていた。

　これから少し河の縁を離れて、平な草地を辿ったり植林した杉林の中を通ったりする。此時雷鳴と共に大雨が降り出したので、七谷越の高い峭壁を横切る際には、上から落ちて来る滝のように急な谷川の水を頭から浴びたりした。稍下った処は猫又谷の出合で、崖から崖へと一ぱいに漲り溢れて急瀬を躍らしている本流の横へ、左から雨で水量の増した赤黒い色の濁流を石と共に押出していた。本流が濁るのは斯うした支流の影響であろう。

　谷筋を罩めていた霧が薄らいで、其中から翠の濃い山の影がぼうっと行手に滲み出した。百貫山である。幾多の平行した縦谷が骸骨の肋骨のように懸っている。山その物が既に岩の骸骨なのだ、針葉樹と闊葉樹と入り交って生えてはいるが、其前に東鐘釣山が釣鐘を伏せたように蹲っている。しかし高さ七十丈にも余る石灰岩の全石からなった絶大の釣鐘だ。頂上は黒木が茂っているが、胴から下はむき出しになって、黒い岩肌の所々が朱をなすり付けたように赤錆びている。道は其下を通って蔽いかぶさる青葉の中をだらだらと下り込むと、いきなり雷のような瀬の音が脚元から起って眼の前に釣橋が現れた。夫を渡って坂に懸ると、右岸の河に臨んだ岩の上に、まだ建てられて間もない新鐘釣温泉の二階屋が見えた。こっち側の岩間から湧き出す湯を水車仕掛のポンプで汲み上げて、樋で導くようになっている。右手の奥には不帰（かえらず）谷の落口が岩壁に穿った洞門のように開いて、細い流を注いでいる。周囲が余り峻酷なので安心して泊っている気になれそうもない。

上り切ると狭いが平な段だ。木立までが奥深く続いている。見上ぐる谷の空は両方からのし懸る山と山との間に仕切られて、明り窓のように細長い。其筈である。向う岸は八百米もある百貫山の急斜面が手の届く程に近く、此方は又三名引（さんなびき）の山裾が西鐘釣山となった岩壁で、それも首の痛くなる程仰向かなければ頂上のあたりは眼に入らないのだ。脚の下深い谷底から唸りを持った水声が満谷の空気を揺がして衝き上って来る。体が痛い様に縮まる感じだ。こんな処に温泉宿があろうとは嘘のようにしか思われないが、山に沿うて建てられた幾棟かの客舎を見るに及んで、安心したように吃驚（びっくり）しない人はあるまい。鐘釣温泉に来たのだ。湯は水楢などの大木が茂っている川べりの岩壁の下からだぶだぶ湧き出して、清浄な砂を底とした天然の岩槽に湛えたまま、人の勝手に浴し去るに任せてある。全く周囲の自然と旨く融合している。宿からは直ぐ下に当るのだが、廻り道をするから一町許の距離になる。今は浴客の込み合う時で、中村君と私だけは宿の人の居る隣の部屋に漸く泊めて貰った。

奥鐘山の大岩壁

三十日。朝起きると庭に出て先ず空を仰いだ。鼠色の雲が五、六本の白くされた枯木の立っている百貫山の一角を掠めて、のろのろ爬い廻っていた。いつか飛行機射撃演習の行われた地点であるという。この狭い谷間で見られるものは夫だけだ。今日もまずいなと思う。それでも不足の食料品を補充し、支度が済んで出懸る頃には、雲が割れて久振りに青空が見られた。

林道は依然として左岸に通じている。こぼれ懸る露にしとど濡れながら木の間を抜けると、忽ち崖下に黒部川の奔湍が現れる、水はもう濁った赤土色でないのは嬉しかった。空谷を過ぎて、山かせぎなどする人の休場である山の鼻で一休する。桂、椈の大木が多い。此谷に這入って以来、強い期待を以て毎日のように嘱望して、いつも雲の為に妨げられていた雪を見たいという希望は始めて満たされた。上流に思いも寄らず池ノ平続きの山が残雪斑々たる姿を見せたのである。

対岸の百貫山と名劔山を連ねた急峻な山稜を絶えず頭上に仰いで、横合から不意に落ち来る幾つかの支谷を越えた。独活谷、小屋ノ谷、蔭ノ谷などいうのがそれだ。支谷と支谷との間は此処では必ずしも殺いだような山の痩尾根ではない、好い山ひらがある。中には荒廃した畑の跡かと想われる平もあった、小屋ノ平という。大きな桂や栩の葉蔭を洩れた日光が縞をなしている間を縫うて、サカハチチョウが飛んでいた。

小黒部谷に著いたのは十時半であった。山の鼻と鼻とがぶつかり合っている間を、谷水は深く穿って、勢に任せて奔下している。危い崖道を上下し、釣橋を渡って又崖の縁を少し登ると、小黒部鉱山への道が岐れる。栩の大木に交って栂や黒檜（ねずこ）などが岩崖に生えている。石楠が出て来た。附近には野生の杉もある。杉と石楠を一所に見たのは初めてだ。黒部の本流は此処で三方から突き出した山裾に押狭められて、猿飛の奇峡を成している。路から下りて木につかまりながら覗き込むと、花崗岩の壁と壁とが二、三間の近く迄迫り合って、天井の抜けた絶大な洞穴を作り、声を潜めて暗緑に沈んだ水が音もなく其中に吸い込まれて行く。白い壁面は磨いたように光沢を帯びて、下から反射する水の色がそれへ仄に青く映っている。凄美の極だ。十二時、本流と祖母谷との岐れ道に着いて昼飯にした。黒部峡谷の人跡稀な幽絶境はこれから始まるのである。

午後十二時半に此処を出発した。暫くは欅平(けやきだいら)の古い林道を辿るのであるが、偶(たま)に林区署の役人か又は猟師などが入り込む外は、常人の来る所ではないから、道とも判らぬ程荒れに荒れている。助七が先登に立ってアカソ、イラクサ、蓬(よもぎ)などの丈なす中を押分けて行く。湿っぽい草の香が鼻から這入って、ツーンと頭へ抜ける。矢張人気の無い所だけあるなと思う。太い蔓(つる)などが灌木と搦(から)み合って邪魔をしている所では、頭にカギのある幅広の鉈(なた)がキラリ閃く、そんな事が度々あった。道のある所だと云ってもこの通りだ。こりゃ楽ではないわいと坐(そぞ)ろに不安の念が漂う。其癖心はぐいぐい奥の方へ引張られて行くのだ。途中助七は蝮蛇(まむし)を一疋見つけて、ちょいと頭を叩いて打殺し、杖の先にかけてぽんと川に投げ込んでしまう。無造作なものだ。

欅平の谷へ来た。前面が俄に開けて高い岩の上に導かれた。上流奥鐘(おくがね)山の絶壁の突端から、際どく身を交しながら忽然と走り出した黒部川は、茲(ここ)に全容を曝露して、白泡を噛んで六、七町の間を躍り狂って来るが、一度足元の崖下にのめり込むと、ワーッと声を揚げた儘(まま)もう何処へ行ったか判らない。雲間を洩れた太陽が強烈な光を投げて、瀬も淵も岩も眩(まばゆ)いまでに輝いていた。水の涸れた九月には、ここから下りて河の中が歩けるという。これから針金や桟道の残っている岩壁の横を二度許り通って、草の茂った急崖を一息に下ると、蜆(しじみ)谷の落口に当る本流の底に立った。そしてまじまじと四辺を見廻して愕(ぎょっ)とせずには居られなかった。

　右岸奥鐘山の絶壁は、三百米もあろうと思われる花崗岩の一枚岩で、それと相対した蜆坂も決して低いものではない。鴨緑(おうりょく)を溶かした水は其根から根を洗って、無造作にすういと流れている。力強いうねりの外は碌に波も立たない。幅は狭いようでも四十間近くはあろう。蜆谷はと見れば、水こそ少ないが三四丈の瀑を成している。全く行詰った感がある。人夫の一人が何処を登るのかと聞く。一服やっていた助七は、瀑から左手の崖へと腮(あご)でしゃくって、あこを登るのだと答える。途端にホウあこを登るのかと驚嘆の声が洩れた。音沢から来た二人の若い人夫は、此処は深いだで泳げるとか、勢が強いで泳げないとかいう意味のことを大声で口早に話し合っていた。中村君と私とはたっぷりと河に浸した手拭で顔の汗を洗い流し、改めて復(ま)た四辺を見廻した。

　この山奥に蜆谷の名があるので、場所がらといい念の為に蜆の化石でも出るのかと聞いて見た。助七は笑って答えない。強いて質(ただ)すと、以前荒ごなしの材木を搬出する際に若い女達もこの急崖を上下した。それを見上げてふと思い付いた名であるという。若い娘だで蜆ずらと大笑する。何さま幾十年を黒部の山谷に過した助七のことである。気まぐれの戯言(ざれごと)が其儘(そのまま)地名となったものも少くあるまい。滝倉谷の奥にある駒ケ岳なども、形が独楽(こま)に似ているので付けた名だそうだ。其時に助七は「俺が居なくなれば誰も知っている者が無くなるで、後に残そうと思って、名前の訳を書いている。出来たら旦那方に送って見て貰おう」と話した。是非送って呉れと約束したが、未(いまだ)に果されないでいる。

やがて綱が出された。身軽になった助七は夫を肩にかけて、瀑が退縮する際に残したものらしい瀑の左岸の崖を攀じ登って、綱を付けると下りて来た。夫を手頼って皆無事に瀑の上の狭い段へ登り着いた。振返って見ると奥鐘山は、いつの間にか大屏風を拡げたように高大な峭壁(しょうへき)の全面を露して、東の空を占領している。最も高い所で六百米、低い部分でも二百米は下るまい。実に言語に絶した素派らしいものだ。表面は稍(やや)黒ずんだ灰色で、それへ白く輝く数条の竪縞を織り出している。大雨の際に瀑の懸る水筋の跡であろうと思った。ギボウシや矮小な木が其処此処の凹くなったり襞(ひだ)になったりした所に、ちょぼちょぼ生えてはいるが、そんな物は到底此壁面の偉大なる単調を破るに足るものではない。

岩に腰掛けて一息入れる間もなく、劔岳の方面で雷が鳴り出した。皆急いで蜆坂の登りに取り懸った。坂とはいうものの傾斜の少し緩い絶壁であるから、足で登るよりも手で登る場合の方が多い。併し下から見上げて考えた程危険では無かった。岩は堅くて凹凸がある。五分の手懸り足懸りも安全に生命を保障して呉れる。勿論些(いささか)の油断を許さない、刻一刻と移動して止まない体重の中心を、微妙に調節するあらゆる筋肉の働と、集注的な強い意識とを必要とする。

一滴二滴と雨が落ちて来た。倏にして太い銀針のような雨脚があたりを真白にしてしまう。折々電光が物騒しく動揺する大気を掠めて、仄に赤く眼を射る。雷鳴は左程ひどくもなかったが、岩に獅嚙みついて崖の中途を蝸牛のように這い上っていた私は、叩きすくめられたように立ち留って、岩を伝う滝の如き雨水を頭上から浴びた。雨具と思うけれども、人夫とは離れているし、よし又近くにいても、銘々が自分の身一つを守るより外には余念のない瞬間なのだ、如何なるものでもない。漸く百米余りを上って尾根の一端に縋り着いた。早速荷を解いて雨具を着けたがもう遅い。雨が復た強く降り出したので、とある大岩の根方に逃げ込んで僅に夫を凌いだ。岩の軒からは私達を匝って雨垂れが太い水晶簾を懸る。それを水呑に受けて渇いた喉を潤した。温るいが旨い味だ。雨が疎になると谷が明くなって、正面に向い合った奥鐘山の絶壁から、忽ち一条二条続いて五六条の大瀑布が、虚空を跳って滾々と崩落するのを木の間越しに望んだ。根なし雲が時々瀑の半あたりを往ったり来たりする。其壮大にして而も痛快なる景色は眺めて飽くことを知らない。二百丈もある瀑が人も碌に通らない谷筋の奥で、年に幾回となく出現することが嘘のような事実であるのが面白い。

もう四時を三十分過ぎている。幸に雨は歇んだが、動かないでいた所為であろう薄ら寒くなって来た。見ればずぶ濡れの全身から湯気が立っていた。私は心の内に、焔をあげてパチパチ燃え上る熾な焚火を想像して、早く泊り場所へ着きたいものだと思った。然し今日の難関は未だ切抜けられた訳ではなかった。此処からシデや令法（方言、牛の糞）や槭などの茂った山の横を搦みながら少し行くと、雨樋を竪てたような潜り戸の狭間が待ち構えていた。夫はがっくり落ち込んだ谷の側壁へ、譬えば大きな鑿で縦に溝を穿ったものと想像すれば大抵当っている。岩と岩との間は四尺位しかない。底は土が多い上に雨の後であるから滑るに決っている。思い切って一気に滑り落ちれば造作なく片はつく、が、それっ切りだ。

　また綱が下げられた。十丈余りの長さはあるが、底までは届かない。中途の右側の段を成している所で、立木に攫りながら皆の下り終るのを待って、再び綱を下げる。今度は木があるので、身軽な中村君や私には楽であった。小さい沢を渡り、両面羊歯の繁りに茂った薄暗い森林の中を横さまに通り抜けて、沢伝いに下り着いた所は、仕合谷の落口より少し下流の河原であった。五時五十分。

　河原は水が退けてまだ間もないのか、蹈むとじめじめして心地が悪い。仕合谷の方にも好い野営地がないので、今下りた沢の突き当りの大岩が堰き止めた乱石の上を平にして泊り場所とした。蓬や茅を大分刈り取って下敷にしたが、体が痛んで、それに黒部に入って初めての野営であるから、目も冴えて、此夜はとうとう安眠されなかった。河床に乱れ伏す大岩を躍り越え跳ね返りながらたぎり落ちて来る黒部川の水声は、地響を打って、終夜私達の仮寝の床を震蕩（しんとう）していた。

折尾谷の出合

三十一日。依然として天気模様は好くない。風の方向も不定である。唯割合に雲が高いので稍（やや）心強い。気はせいても支度に手間が取れて出発したのは午前八時半であった。野営地から仕合谷まで僅（わずか）二町許（ばかり）の距離は、河原を歩いたり岩の上を伝わったり、又は水際の崖をへずったりした。仕合谷を渡ると河の中へ乗出した大岩の胴のあたりを攀じ登って、椈の森林に分け入った。ヒグラシが鳴く。此大岩の先端は鉾のように尖って高く峙（そばだ）ち、向う岸の奥鐘山の絶壁から独立して一層高く聳（そび）えた巨大なる岩柱と相対して、幅五六間の峡門を成している。後に夫婦岩と名付けられたのはこれであろう。森林は河に沿うて六七町も続いた。足場は確であるが山は急斜面の崖だらけであるから、手を出すにも足を運ぶにも気は許せない。崖には黒檜、米栂、姫小松などの黒木が多い。脚下は直立の峭壁で、水面迄は思ったよりも近く、三十米位のものである。対岸の奥鐘山は昨日と違って、絶大な三角形を呈した真黒な岩の斜面を見せ、まるでピラミッドの一面を望むようだ。其面には多少の草木が生えている。あすこは登れそうだなと助七に問えば、登れると答えた。

林が尽ると、薬研(やげん)を少し伏せて立てたように抉(えぐ)れ落ちた懸崖の上に出た。川に下って近道を取るか、尾根を登って遠いが安全な道を辿るか、どっちかを選ばなければならなかった。が、結局遠くとも安全な道に就くことにした。長い長い羊腸の登りが始まる。この道は八年前に助七のつけたものだそうだ。森の中は思った程ひどい藪ではなかった。木立が密蔽しているので、下木は余り伸びられないのだ。併し登りは飽きる程長い。途中水楢の大木の根元が洞穴になっているのを見た。熊の穴だそうだ。羚羊(かもしか)の寝た跡もあった。一時間半を費して漸く黒木の多い尾根の頂上に出た。前面が目隠しを取ったように開けて、眼下に今宵の泊場所と決められた折尾(おりお)谷が望まれた。其右岸の高い所にある岩壁に大きな洞窟ががっくり口を開けている。高い山は雲に掩われたり近い前山の蔭になったりして、あの心を唆る雪の姿は牛首山あたりに少し光っているのが眼に入ったのみで、黒部の本流も亦(また)出入の激しい幾重の山裾に深く包まれて、唯一箇所赤茶化た崖の下に青白い水面をチラと覗い得たに過ぎなかった、アゾ原あたりであったろうか。

何処をどう下りたかは知らない。何でも始は急な山腹を木に攫(つかま)りながら無暗と横搦みに下りた。谷らしい溝に出る。そこで助七が濡れ腐った落葉の塊を引掻廻して、十数疋の蚯蚓(みみず)を掘り出したことを覚えている。岩魚を釣る餌にするのだという。暫く下ると河原が現れ、続いて岩が多くなった。其処で先に崖を下りて河を伝う路が上って来るのと合し、右に槭(かえで)の茂みを押分け、闊葉樹に交って栂や黒檜の生えている崖の岨(そば)を下り気味に横巻にして、河に臨んだ絶壁の縁に辿り着く。抜足で縁を通りながら叢(くさむら)を通り抜け、大虎杖(おおいたどり)を薙ぎ倒して、横に長く河岸に蟠(わだかま)っている大磐石の背に躍り上った。折尾谷に着いたのである。午後二時三十分。振り返って今下りて来た山側を見上ると、青木黒木の紛糾している間に露岩の錯峙(さくじ)した急崖である。あんな所をよくも通り抜けたものだと自ら感心したが、何処を通ったのか一向に見当はつかなかった。

　此処は思の外に谷が開けて、河幅も四十間を超え、河原も少しは露出している。下流は正面に谷を塞(ふさ)いで、例の奥鐘山の三角形の斜面が両岸に続く青葉の中に益々黒い。上流は近く三十間の距離に在る小屋程もある大きな根無し岩が、此方側即ち左岸に近く立ちはだかって、上に一本の流木を戴いていた。大水の際に置き残されたものであろう。其岩の左は黒部川の全流が七、八尺の瀑を成してどっと落ちている。其落口の円く盛り上った水線の動揺は実に壮(さかん)なものだ。そこで一旦淵と湛えた水は更に下手で向う側の一層巨大な岩に行手を阻まれ、逆に引返して、中央に峙つ巨岩の為に復(また)も堰かれて二派に分れ、左は二丈ばかり、右は三丈あまりの急湍をなして奔下し、相合して私達の立っている大磐石に横さまに撞き当り、真白な泡の流が半町も続いている。能(よ)く視ると白い泡と泡とが嚙み合って虚空に跳っているものは、淡い紫紅色を帯びていた。一二間離れるとお互の話声などは、もう蚊の唸る程にも聞かれなかった。

大磐石と更に高い岩壁との間に大岩が撑(ささ)えられて、其下に好い平な砂地がある。居ながら瀑が見られるので其処を泊り場所とした。助七は長い間釣に余念も無かったが、とうとう尺許の岩魚を一尾釣り上げた。過日の洪水に流されて魚は薩張(さっぱ)り居なくなったという。五時頃雨が降って来たが間もなく歇(や)んだ。

明くる八月一日は、場所が気に入ったので、貴重な一日ではあるが滞在して疲(つかれ)を休めることにした、実際又其必要があったのだ。朝と夕方に雨がまた降り出したが、大降りにはならなかった。昼前助七は折尾谷で尺三もある大きな岩魚を釣って、私達の食膳を賑わした。釣った場所は落口に近い一坪にも足らぬ小さな瀑壺であった。折尾谷もこのあたりでは明るい谷で、水は細い。この岩魚も大水に置き残されたものであろうという。私は初め鱒かと思った。夜中に眼が覚めて外を覗くと、鬱陶しかった谷の空はいつの間にか星が銀砂子(ぎんすなご)を撒(ま)いていた。

アゾ原

二日。晴れ渡った空には一片の雲もない。今迄緊め付られていた胸が一時に拡がるような快感がある。午前四時頃から起きたので、六時四十分には出懸けられた。旭の光は既に対岸の餓鬼奥鐘の連嶺の頂を超えて、此方の山の中腹を段だらに染分けていた。山の裾を直ぐ登りに懸って、脚の下に河を見ながら進む。絶壁の上を通ったり下を廻ったりする。木が無ければとても通れぬ所がある。黒味を帯びた岩壁も水に洗われる所までは、白く研磨されて滑（なめらか）に光っている。山の傾斜が緩い処ではシデ、栩、水楢などの大木が茂り合って、其下には両面羊歯が大きな葉を四方に拡げて隙間もなく生えていた。森の空気がひやりと冷い。斯（こ）うした山の鼻を一時間余り横に搦んで河原に下りた。水は向う岸の四、五丈もある花崗岩壁の下を瀬を成し淵を成して流れている。色は益々冴えて来たようだ。絶壁には横に大きな襞が幾つかあって、そこにはギボウシの花が咲いているのを見た。河原伝いの気楽さを泌々（しみじみ）味いながら、二町も遡ると対岸で餓鬼谷が合流している。此峡谷の支流としては落口が誠に穏かだ。硫黄の臭いが風に連れて鼻を衝く。合流点から半道程の上流に温泉があるのだという。

又山の裾を登り始める。木は生えているが、地膚は堅い岩の壁が、表面は苔に被われて水気付いているから能く滑る。九時五分尾根の一角に達して、其儘石楠の多い山の背を登って行くと、栂、樺などの大木が出て来る。南に劔沢の北を限る仙人山続きの尾根が鋸歯を苛立たせ、其左に五竜鹿島槍続きの山が物凄い色をした雲の厚襖（あつぶすま）をすっぽりと被っている。何処からともなくピューピューと口笛を吹くような妙な声が聞える。鳥でも蟬でもないようだ。登って行く中に山稜は細く痩せて、痛ましく岩骨を曝露している。こんな処にはきまって石楠、姫小松、黒檜、米躑躅（こめつつじ）などが生えているものだ。瘤のような岩の隆起を踰（こ）えてから、尾根の側面に沿うて下ると奥ノ平に出た。緩傾斜の地で、大きな栂の純林がある。下には根曲竹や羊歯が多い。最前聞いたのと同じ妙な声が間近で復（また）聞える。訝（いぶか）る間もなく一疋の羚羊が飛び出して一散に逃げて行った。小さな沢に出る。横を巻いて尾根の頂上に達し、少し上って又同じような横搦みを続け、岩多き斜面を過ぎ、最後に沢を伝って下りて行くと、岩面の小さな孔からプツプツと息を切って、水蒸気と共に熱湯が沸き出している、あたりの岩の裂目からも湯が滲み出して、硫黄の華が真黄色な素麺を流したように沈澱している。立ち留ると草鞋（わらじ）まで熱くなって来る。減水の折は餓鬼谷の出合から右岸に移り、河伝いに此処まで辿り得るとのことである。右に木立を衝き抜け、可なり水量のある沢が三四丈の瀑を成している上を徒渉し、向う側を左に下るとアゾ原に出た。そして不思議な光景に目を奪われた。午後二時四十分。

私達の下りた処は、河に沿うて長く延びた大岩磐が歩廊のようになっている上であった。水面からは二、三丈の絶壁であるが、上流の方は低く階段状を成して河原に続いていた。岩は花崗岩でも、質の悪い朱のように赤く錆びて、見るから怪しげな荒けた有様を呈している。岩の歩廊は二町余も続いて、其間到る処に湯が湧き出しているのだ。或者は直径三尺もある熱湯の池を湛え、其中央に径五寸位の円丘を築き上げて、其処から二、三尺の高さに湯玉を飛ばしている。或者は河底から湧き出る清水のように、池の底で沙(すな)をモクモク吹き上げている。又或者は岩壁の表面に多量の沈澱物を堆積して、自身は其奥に潜(ひそ)まってしまったものもある。そうかと思うと又或者は岩の狭間から微な鳴動と共に盛に濛々たる白烟を噴出している。宛(さなが)ら温泉の化物屋敷の縮図だ。十間とは隔てぬ向う岸には硫黄の沈澱している処が少くない。恐らく河の中からも亦(また)湧き出しているのではあるまいか。岩の裂目という裂目は、湯の沈澱物でセメントを填(うめ)たように塞っていることから考えても、此附近に湯の噴出の多い事が察せられる。

歩廊の突き当りは高い絶壁となって、上流の河身は鋭く左に一曲し、下流も亦高い絶壁の間を河は右に折れて、するりと姿を隠している。全く袋の底に閉じ込められた感じだ。どうもがいても容易に出られるものではない。

今日も時間はまだ早いが、此処に泊ることにした。平地が無いから河原に小屋掛けして、茅を厚く敷き均したので少しも体が痛くない。河原と岩壁との間に湛えた豊富な湯に河の水を堰き入れると、好い頃合の温泉になる。岩磐は裸足で歩けない程熱いから、そこを付け込んで、汗に汚れた物を皆洗って岩の上に拡げて置く。明る朝になって見ると果して熨(のし)をかけたように乾いていた。実に贅沢な野営であった。

仙人谷を上る

三日。今日も快晴である。出懸けに一風呂浴びて、午前七時名残惜しい野営地を後にした。岩壁の上を河に沿うて仙人谷に出たいと思ったが、それには半日以上を要するというので、昨日下りた瀑のある沢を暫く登ってから、沢を離れて左に雑木の茂った斜面を一時間程上ると尾根の上に出た。南東に鹿島槍ヶ岳、牛首山、岩小屋沢岳などが見え、南には仙人山の尾根が間近く聳え立ち、北には餓鬼奥鐘の連嶺の上に猫又山の雪が眩(まばゆ)い光を放っていた。

此処から瞰下(みおろ)した仙人谷は、予期に反して思の外に明るい谷であった。陰鬱で暗い、そして木はあっても岩巣(いわす)だらけで、一寸途方に暮れるのではあるまいかと想像して、心をときめかしていた此谷(この)が、しかも黒部本流への落口に近いこのあたりで、斯(か)くも打ち開けたなごやかな姿をしていようとは誰が思ったろう。仙人山から東へ続く山稜の一峯二一七三米の三角点から派出された対岸の尾根こそは、木立の繁った急峻な側崖が押し迫ってはいるが、此方側（こっちがわ）の中腹から谷底へかけては、割合になだらかな斜面で、雑草や灌木が青々と生い茂り、こんもりと盛り上った栩の大木が疎らに散生して谷風にそよいでいるさまは、人里近くの谷地（やち）にポプラの木が生えているような感じである。しかしこれには大きな犠牲が払われているのだ。尾根の側面を薙（な）ぎ取った恐ろしい大崩壊に因（よ）って、地貌が一変したものであることは、脚の下に赭色の岩膚を露出している大きなガレから察せられる。谷間に点在している栩の木などは、恐らく土や岩と共に頽（くず）れ落ちた若木の生長したものかも知れない。歳月という自然に取りて唯一の良医は、この大疵を殆どそれとも分らぬ迄に癒してしまっているが、流石（さすが）に赭色の大ガレのみは、夏は真向から直射する強烈な日光に、冬は又頻発するであろう雪崩の為に妨げられて、どうにも手に負えぬものか、当時を物語る記念として、赤裸のままに残されている。其真下よりは稍や上手に当って、四、五丈の瀑が全容を露しながら、白く懸っているのが瞰（のぞ）まれた。

　黒部本流に目を移すと、上流は仙人山の岩瘤だらけな山稜に遮られて見る由もないが、東谷の出合あたりから右斜に折れて、仙人谷の右岸をなす尾根の岩壁の下まで来ると、其裾を洗って溢れ漲る藍靛（らんてん）色の流が初めて眼に入る。岩壁の高さは二、三丈に過ぎないであろう。其上は闊葉樹の茂った斜面が上るに従って次第に傾斜を増すと共に、針葉樹が多くなって、其間から白くされた岩骨が剝き出している。水に臨んだ岩壁の一箇所に、木を組んで七八尺程河に迫り出したかけはしめいたものがある。二週間許り前に劔沢を目指して出発した近藤君が目的の沢が通れなかったので、仙人谷を下って案内者の平蔵に黒部を泳ぎ渡らせたという場所に違いない。実際それから下は河の落差が急に加わって、水勢一段と激しく、白く泡立つ大うねりが仙人谷の出合附近で巨岩に扼(やく)せられ、其両側を渦まき流れている。若(も)し止むなく河を泳ぎ渡るものとすれば、其外に適当と想われる場所はないのである。此附近は黒部川の河身が甚しく屈曲している所で、左右から突出した山の鼻づらをこづきながら、不恰好な弓字状をなして、岩崖の底深く一条の活路を開いている。栂やシデ、槭などの闊葉樹が岩の斜面にしっかりと根を下して、緑の蔭を翳(かざ)している木の間伝いに、どこからともなく大嵐の吹きすさぶに似た音が響いて来るが、この尾根の高所に居てさえ、河身を縦観し得るのは、僅に其あたり数町の間に過ぎない。

尾根に立った儘三十分余を眺望に費して、いざ谷に下ろうとする時、助七から「旦那方これからどうするね」と声をかけられてハッとした。どうするもこうするもない。私達の目的は初めから平まで遡上することにきめてある。今更案内者からこんな相談を受けようとは思わなかった。しかし朧気(おぼろげ)ながらこの事あるを予期しないこともなかったのである。これから奥へ進むには、是非とも右岸に渡らなければならない。それには仙人谷の出合に近い河の中の巨岩に橋を架けて之に移り、岩の上を足溜りとして、更に其橋を引いて対岸へ渡すのである。これは気骨の折れる上に、可なり危い仕事であるにきまっている。何時間を要するか見当もつかない。私は緊張した重苦しい気持で架橋の説明を聞きながら、滝津瀬をなして奔流する河の中に横たわった大岩を見詰めたまま、斯様な際にいつも長次郎から聞く「なに、案じはねえ」というような頼母しい声のかかるのを空しく、実に空しく待っていたのであるから。

それは然しもうどうでもよかった。一行の糧食は辛うじて三日を支え得るに過ぎない。これから上流の遡行は、今迄の経過から推して、二日や三日で容易に為し遂げられるものでないことが判明したし、況して斯様な旅に何より大切な人夫の和を得ていないことから考えて、此儘行進を続ける気には如何してもなれなかった。それで希望の幾分なりとも充し得たことに満足して、思い切って本流を離れ、仙人谷を遡って、立山の室堂に出ることを心の中では既に思い定めていたのであった。

兎も角も谷へ下りることにして、脚の下の赭いガレを右に横断してから、草原を真直ぐに下った。この下りは案外容易で、十五分とはかからぬ中に、上から眺めた谷地のような処に着いた。丈高い草や矮小な灌木が叢生して、ごつごつした大岩に掩いかぶさっている。これはデブリーであるに相違ない。其中を押し分けて行くと、歩く度に足を掬(すく)われて漸く谷底近くまで辿り着く間に、幾度となく前にのめったり横に倒れたりした。もう此時は誰も口に出しては言わないが、此処から引き返すのが当り前のことであるような顔をしていた。

夫(それ)から身軽になって、黒部本流の渡場を見物に行った。仙人谷の落口には大きな瀑が懸っているが、上からでは望めない。槭(かえで)などの古木が茂っている右岸の崖を下りて、斜にのり出した木の枝に凭(もた)れながら、横さまに見上げる。それでも深く抉れ込んだ岩壁の奥にあるので、瀑身は全部見られなかった。五、六丈の高さであろう、鞺鞳(とうとう)の響は近いだけに黒部本流の瀬の音も紛れない。瀑壺から溢れた水は、又低い瀑となって本流に躍り込んでいる。後に冠君の撮した劔沢の落口の写真を見て、よく似ていると思った。

本流の左岸は絶壁が続いて、其上は樹木の茂った急崖である。横を搦むのは非常に困難らしい。平蔵が体に綱を結び付けて、其上から跳び込んだという俄造(にわかづく)りのかけはしは、一町とは離れぬ上手に、太くもない木組みがふらふらになって残っていた。其下は青藍色の迅流が対岸に斜に横たわる大岩床の表面とすれすれに馳走(しそう)している。川幅は五間とはあるまいと思った。深淵の底は蒼黒く沈んで深さが測られない。しかしよく見れば流の動揺の激しいのにおどろく。水面ばかり見詰めていた目を川から離すと、あたりの物は忽ち羽が生えて飛ぶように逆に走り出す。立っている地面までが夫にひかれてぐらぐらと動く。目が眩んで倒れそうになる。不思議な魔力を湛えながら沈黙している水の姿は凄いものだ。此処に跳び込んで泳ぎ渡った平蔵は、さすがに剛の者程ある。

　対岸の大岩床は、其根を長く水底に突き出して河床に段を成しているらしく、流はそこで急に大きく波を打って白い波頭の立ち続く激湍と化し、少しく右斜に流れて、仙人谷の出合に近付くと、河の殆ど中央に蟠（わだかま）る巨岩に思うさま衝き当って、喊（とき）の声と共に水烟を揚げてうねり狂って行くが、すぐ右に曲って絶壁の間に身を潜めている。助七はこの巨岩を指して、あこへ橋を架けて向う側へ渡るのだが、水が多いとむつかしい仕事だと若者に話していた。架橋の困難は一目で知られた。これがうまく成功すれば、右岸は岩はあっても壁ではないし、傾斜は緩く、森林が水際近くまで寄せている所もある。河が左に曲ろうとするあたりに岩の崩れがあって、其先には草原らしい明るい緑の斜面が見えていた。まず東谷までは無難であろう、夫れから先は殆ど想像もつかない。対岸の岩間からは、湯の烟が二筋ばかり白く立ち昇って、河風に吹き颺（あ）げられては消えて行った。

　荷物を置いた所に戻って、うら淋しい昼食を済し、午後十二時半に出発して仙人谷を上りはじめた。尾根の上から見下ろした瀑は、近付くと五段に分れて落下している大瀑で、其中第二段のものが最も高く、尾根から見たのはこの瀑であった。左に瀑を見ながら藪の中を進み、頃合をはかって谷に下ると、うまく瀑の上に出られた。

狭い谷は全く滝と奔湍との連続で、河床には奎角(けいかく)の鋭い岩が乱れ立ち、水は其間を狂奔している。河の中に淵が続いて通れなくなると、岸に追い上げられて、根曲り竹や灌木につかまりながら、崖の横を搦んだりした。それも長くは続かず、足場が悪くなってまた河に追い下ろされる。直立した岩壁は高くはないが二丈位はある。綱がなければ如何にもなるまい。こんな事を二、三度繰返したので、小うるさくなって、つくづく雪渓の恋しさが身にしみて思い出された。

此谷にも仙人ノ湯の外に、湯のにじみ出している処が数ヶ所ある。孰(いず)れも湯垢が岩壁の面に奇怪なさまざまな線を描いている。其中の一箇所では稍(やや)湧出量が多く、岩の間の河原になみなみと湛えていた。一浴を試みたい気持に駆られたが、すぐまた汗になることを考えて思い止った。

一時二十分。待ち憧れていた雪渓に達した。もう占めたものだ。顧ると谷の正面を限る後立山山脈には、積雲の大塊が屯(たむろ)して盛に活動している。もくもく湧き上る白銀を溶したような頂のあたりには、領布(ひれ)雲が二すじ三すじ横に靡(なび)いていた。行手を仰ぐと仙人山の尾根には雲が低く垂れて、一雨来そうな気配である。遠雷の響が何処からともなく聞えて来る。雪渓を吹き下ろす冷い風に、蒸し暑い谷の瘟気（おんき）がとれて、久し振りに蘇ったような気持になった。左岸の大虎杖の林の中では珍らしく鶯が囀っていた。

一時間も上るともう雲の領であった。丁度そのあたりで雪渓が二に岐れている。左の渓の入口に近い右岸から、白い烟が雲にも紛れず濛々と立ち昇っていた。それが仙人ノ湯である。泊るにはまだ少し早いし、先を急ぐ必要があるので、惜しくも夫を見捨てて右の本谷に入った。朗かな駒鳥の鳴声が沈滞した谷の空気を振わして、爽快な音波を鼓膜に伝える。夫に和して大瑠璃（おおるり）の囀りが近くの木の間から洩れ聞えた。この四、五日荒っぽい河音にいじけ切った耳には、何と微妙な調であったろう。暫くして渓が又二分する。左を取って行く間もなく又二つに岐れた。今度は右を取った。眺望がないので足の進みもおのずと早い。傾斜が次第に緩くなって、雪が絶えると深山榛（みやまはんのき）、七竈（ななかまど）、白樺などの生えた草地に、紅花イチゴ、日光黄菅などが咲いていた。この草地は尾根の上まで続いて、其処は広い平になっている。木立もあるが森林という程ではなかった。四時十分。左に少し行くと仙人ノ池が叢（くさむら）に埋もれた一面の古鏡のように光っている、野営には誂向きの場所だ。其畔りに天幕を張り小屋を掛けて、火にあたりながら夕飯を済ますと、七時頃に大雨が降って来た。連日の疲れで今夜はぐっすりとよく寝た。夜中に時鳥（ほととぎす）の鳴く音を聞いたような覚えはあるが。

室堂を経て下山

四日。午前五時頃目が覚めた。外では焚火がパチパチ音を立てて燃えている。天幕から出て空を仰ぐと、曇ってはいるが高い巻層雲だ、眺望は四方に開けていた。間近い劔の八ツ峯から三窓の頭へかけて簇立(そうりつ)した岩峯の群が真先に目を惹く。此処から見ると三窓の頭は、三つ許りの尖峯が鋭く天を刺して直立している、一群の王者だ。右に三窓を隔てて小窓の頭が蹲踞(そんきょ)し、左に続く稍(やや)低いが根張りの大きい頭の尖った二、三の峯は、近習(きんじゅ)であろう。夫(それ)から一段低く六つ七つの岩峯が一列に押し並んで、円味を帯びた峯頭を北に傾けて、稽首(けいしゅ)しているかのさまがある。襞という襞は雪に埋められ、堅剛な肌は偃松に掩われて、ざらざらの岩屑などは何処にも見られない。何という素派らしさであろう、思わずヤアと声をかけて、のけ反らないではいられない気持になる。南には別山、真砂、富士の折立から、遠く野口五郎、南沢岳などが見え、北より東にかけては、猫又山から、朝日、白馬、鑓(やり)、奥不帰(かえらず)、唐松岳に至る後立山山脈の山々が望まれた、さまざまな形をした残雪が山の特長を語っているのが懐しい。

七時四十分、池ノ平に向って出発する。附近の林の中で鷲や目細が頻(しきり)に鳴いていた。それに交って郭公の声らしいものも聞えた。草原を右に登って仙人山の頂上に立つと、東に五竜、鹿島槍の二山が仙人尾根の上に頭を擡（もた）げ、黒部別山の右に、舟窪の尾根を超えて、遥に大天井、常念あたりが朧げな姿を雲間に垣間見せていた。

此処で助七の一行三人と別れることにした。今日の中に小黒部谷を下って村まで帰るのだという。用意に残りの米を与え其労を犒（ねぎら）って、急ぎ足に遠ざかり行く後姿を暫く見送った。私達四人は荷を造り直すと、池ノ平の鞍部へは出ずに近道をして池の畔に下り、そこから右に岩径を伝いて小窓の雪渓に出で、やがて三窓の雪渓と合した北俣の河原を辿って、劒沢との出合に達した。九時四十五分。

このあたりの様子は、四年前に来た時とは見違える程に変っていた。誰もがよく天幕の代用とした大岩の根元などは、大小の石に埋められて、河原も同様である。これから上流の劒沢も雪渓から下は木が繁り河筋も変って、全く面影を異にしていた。この狭い谷の中でさえ変れば変るものだと思った。八ツ峯の麓に当る雑木の茂った小山の裾を廻ると、河は稍右に折れて長い雪渓が始まる。まだ十一時で少し早いが昼食をすまし、一時間ばかり休んで雪渓を上りはじめる。真砂沢を過ぎ、長次郎谷を送り、平蔵谷を後にして、何処までも雪の上を辿って行く。登るに従って勾配の緩くなった雪渓は、次第に左へ廻って南を指すようになる。谷はいつしか扇形に開いて、岩が現われ雪が絶えると、間もなく別山裏の平に達した。この高原状の草地では、いつもゆっくり休みながら四辺を見廻して、山に来た幸福をしみじみ味わっていたのであるが、今日は天候が怪しく時間も遅いので、荷は重いが其儘歩み続ける。

急な雪田を登って、別山乗越に着いたのは午後四時であった。北俣の出合から普通四時間の行程であるが、荷が重いので六時間余を費している。こんな重い荷を背負って谷を上ったのは初めてだ。三窓も長次郎谷も先年より雪が少ないように思われたが、地獄谷から室堂方面にかけては例年と変りはないようである。多数の噴湯丘を取り巻いて、離合集散する曲線と化した地獄谷内部の残雪のむれは、依然として縄紋土器に見られるような模様を現わしていた。午後から次第に荒れ気味となった空には雲が低く垂れて、雨気を含んだ南風が吹き募って来た。休んでいると汗にまみれた肌がベッとりとして余計に気持が悪い。それでもよく休むので、午後六時に疲れ切って漸く室堂に辿り着いた。

五日は豪雨を伴った南の暴風が未明から荒れ狂っていた。一日滞在しようかとも考えたが、早朝ずぶ濡れになって登山した百余名を合せて、二百五十人に余る参拝者で、室堂の中は蜂の巣を突ついたような騒ぎだ、横になる席もない。中村君と相談して下ることに決め、返りの人夫を一人雇って午前八時に結束して下山の途に就いた。幾つかの小さな谷に沿い又谷を横切っている路は、濁流が滝のように奔下して、深さ膝を没し、どれが路やら河やら区別がつかず、足もとの危ないこと甚しい。上からは篠突く雨が横なぐりに叩きつける、全身濡れ透ってしまったが、それでも歩調はゆるめなかった。十二時、栂坂の茶屋にて中食。午後四時芦峅（あしくら）に達して、私達二人は宝泉坊に宿り、長次郎達は家が近いので帰って行った。麓では風は強くもなかったが、雨は終夜歇（や）まなかった。

明くる六日は曇っていた。朝春蔵（平蔵の弟）が訪ねて来ての話に、昨日雨を衝いて雄山に登った参拝者の中に行方不明の者が二人あったということだった。午前八時頃迎いに来た長次郎達に送られて、昼頃五百石に着いた。そしてお互に黒部の谷奥で昨日の嵐に遭わなかった幸運を心から喜んだのであった。

（大正八年十月稿、昭和十年七月七日補筆）

［「登山とはいきんぐ」昭和十（一九三五）年九月号／『山の憶ひ出』上巻］

皇海山紀行

［大正八（一九一九）年十一月］

降りがちな天候は、十一月に入ってもからりと晴れた日は続かなかった。ことに土曜から日曜へかけてはよく降った。この意地悪い雨のために出鼻をくじかれて、出発はもう予定より三週間も遅れてしまった。これがもし紅葉見物を兼ねての旅であったならば、目的の一半は既に失われた訳であるが、皇海山（すかい）に登ることが主眼であったから、秋の旅とはいえ、紅葉の方はどうでもよかったのである。ただ余り寒くなって山に雪が来ては困ると思った。

皇海山とは一体何処にある山か、名を聞くのも初めてであるという人が恐らく多いであろう。それもそのはずである。この山などは今更日本アルプスでもあるまいという旋毛（つむじ）まがりの連中が、二千米を超えた面白そうな山はないかと、蚤取眼（のみとりまなこ）で地図の上を物色して、此処にも一つあったと漸く探し出されるほど、顕著でない山なのである。自分も陸地測量部の男体山図幅が出版されて、始めて「皇海山（スカイ）、二千百四十三米五」ということを知った。そしてその附近には二千米を超えた山がないのを見て、これは面白そうだと喜んだ。勿論かく喜んだのは自分一人ではなかったであろうと想われる。しかし実際展望したところでは、この山はかなり顕著なものである。その当時他の方面は知らなかったが、南から眺めると、上州方面で根利山と総称している袈裟丸(けさまる)山の連脈の奥に、左端のやや低い凹頭を突兀(とっこつ)と擡(もた)げているので、雪の多い季節には場所によっては、時として奥白根と間違えられることさえあった。東京市内の高い建物や近郊の高台から、この山が望まれることはいうまでもない。もっともそれが何山であるかは知るを得なかったが、五万分の一の地形図が刊行されて、皇海山に相当することが判然したのである。

しかし古い図書には皇海山の名は記載してない。正保図には利根勢多二郡及下野との境に「さく山」と記入してある。貞享元年九月二十九日の序ある古市剛の前橋風土記には、山川部の根利諸山の項に、

座句山　栂原山也気乃曽里縁魔乃土也以二山巓一為レ界、自二峰巓一以南都属二于根利一。

礪砥沢　在二座句沢南山谷之中一、多二礪砥一。

座句沢　在二礪砥沢北一而隔レ山沢水西流合二片品川一。

安永三年八月十九日の自序ある毛呂義郷の上野国志には、利根郡の山川の部に、

さく山。なでこや山の南下野界にあり。下野にて定顕房山という。山の南は勢多郡に属す。

と書いてある。座句山の項の栂原山以下は、ヤケノソリ、エンマノトヤと読むのであろう。つまり座句山、栂原山、ヤケノソリ、エンマノトヤ等の諸山は、一連の山脈をなし、その山頂が界で、以南はすべて根利に属すというのである。皇海山から西に派出した支脈に延間峠というのが通じている。エンマノトヤはこの附近の名であろうと思う。以上の記事から推して座句山の位置はよく分る。即ち利根勢多二郡の界でしかも下野との国境上にあるのである。今こそ根利村は赤城根村の中に含まれて、利根郡に編入されているが、もとは北勢多郡の村であった。富士見十三州輿地全図には果して根利村（本図には誤って利根となっている）の東北隅利根郡に接して、下野境にサク山と記入してある。座句は即ちサクであり、その位置から推して皇海山に相当するらしく思われる。もしそうとすれば座句沢というのは、今の不動沢乃至栗原川を指したもので、礪砥沢は砥沢なること疑を容れない。

郡村誌によると更にそれがたしかだ。同書利根郡平川村の山の部に、

筓山。勢多郡ニテ之ヲサク山ト云。下野上野両国ニ跨リ、高峻ニシテ高不詳。村ノ東南ニ聳ヘ、南辺根利村ニ属ス。峻ニシテ登路ナシ。樹木栂椴ヲ生ズ。山脈南方ニ

施テハ下野国足尾山庚申山ニ連リ、東方ハ日光山ニ連ル。
とあるので、サク山の座句山と同一山なることも、またそれが皇海山に一致することも、説明を待たずして明である。

それから笄山だが、これは郡村誌に読方が記入してないので、音読するのか訓読するのか判然しないが、普通にはコウガイと訓読するのが間違のない所であろうと思う。郡村誌の編纂されたのは、明治十二年十二月であるから、その頃利根郡ではコウガイヤマとかコウガイサンとか呼んだものであるらしい。明治廿一年の平川村の書上には、不幸にして此山の記事がない。が、追貝村の書上の水脈と題する欄に、

栗原川ハ源ヲ皇開山間ニ発シ、千屈万曲、本村ノ西南ヲ流レ、大楊村トノ地勢ヲ両断シ、終ニ片品川ニ注入ス。

又瀑布の欄に、

猪子鼻(イゴハナ)滝、所在木村字猪子鼻。高三十丈、闊七間。

水源、本村正東皇開山烏帽子岳ノ中央ヨリ発シ、片品川ニ入ル。

という記事がある。猪子鼻は猪ノ鼻とも称し、地誌などにも猪ノ鼻の瀑は、上野第一の瀑布であるように記載してあるが、大町桂月氏の関東の山水を読むと、上州の山水の第七節に「土地の名勝をかき出せとその筋より達しのありし時、円覚は大瀑なれどその名

が面白からず、猪の鼻の名の方が面白ければ、猪の鼻の名を円覚の実にかぶらせたるなり」とあるように、実はさほどの瀑でもないので、その上流にある円覚の瀑の方が遥に大きいのである。土地の名勝をかき出せとその筋からの達しで書き出されたのが、ここに引用した郡村誌の記事で、この記事がもとになって多くの地理書に実際と相違した誤を伝えるようになったのである。それはとにかく滝の方は記載が不完全で、水源は判ってもそれが何川に在るのか不明である。けれども事実真の猪ノ鼻の滝は栗原川に懸っているし、猪ノ鼻と誤り伝えられた円覚の瀑は栗原川の上流不動沢に懸る瀑であるから、その水源に在る皇開山は笄山であることは疑なきことである。してみると明治廿一年頃は、笄山は皇開山とも書かれたものと見える。それが皇海山となったのは不思議でも何でもないが、スカイと呼ばれるようになったのはいつ頃からの事であるか知らないが、勿論最近の事であろうと思う。皇海が何かの原因でスカイと誤読されてそのまま通用するようになったものであろう。皇は「すめ、すめら」と読むから皇海をスカイと誤読することは有り得よう。座句は無論サクと読めるし、コウガイがクワウガイと漢字をあてられることなどは、地方には稀でない例である。

上野国志にはこの山を下野にて定顕房山というとある。附近には宿堂房山というのがあるから、定顕房もあり得べき筈であるが、今も斯様な称呼が存しているや否やを知らない。「関東の山水」の中、野州の山水第二節庚申山の条に左の記事がある。

　なお二、三里ゆけば、大岳山あり、庚申山の繁昌せし頃、そこを奥院としたる由なるが、今は、ゆくもの幾んど無しとの事也。社務所には、案内する者なし、こは、他日別に導者をやといて、さぐらむと思いぬ。

　この大岳山という名は自分も曽て聞いたことがあって、庚申山に連る尾根の最高点鋸山が其であるように教えられたのであるが、それは誤であって、大岳山は皇海山に外ならぬのであった。皇海山の絶頂三角点の位置から少し東に下ると、高さ約七尺幅五六寸と思われる黄銅製らしき劔が建ててあって、南面の中央に庚申二柱大神と朱で大書し、其下に「奉納　当山開祖　木林惟一」と記してあり、裏には明治二十六□七月二十一日参詣□沢山若林五十五人と楽書がしてあったのみで、奉納の年月日は書いてなかった。余事ながらこの木林惟一というのはどういう人であるかと、足尾におられた関口源三君に調べてもらった所、東京の庚申講の先達であって、此人が庚申山から皇海山に至る道を開き、そこを奥院とした。庚申山中に奥の院はあるが、此はつまり庚申山という一の山に対する奥の院の山という意味であるらしい。同時に松木沢からも盛に登ったものであるという。庚申山からの道は尾根伝いであったか、又は一旦松木沢に下りてから登ったものか、松木沢からの道とともに今は全く荒廃して不明であるが、尾根の各峯に地蔵

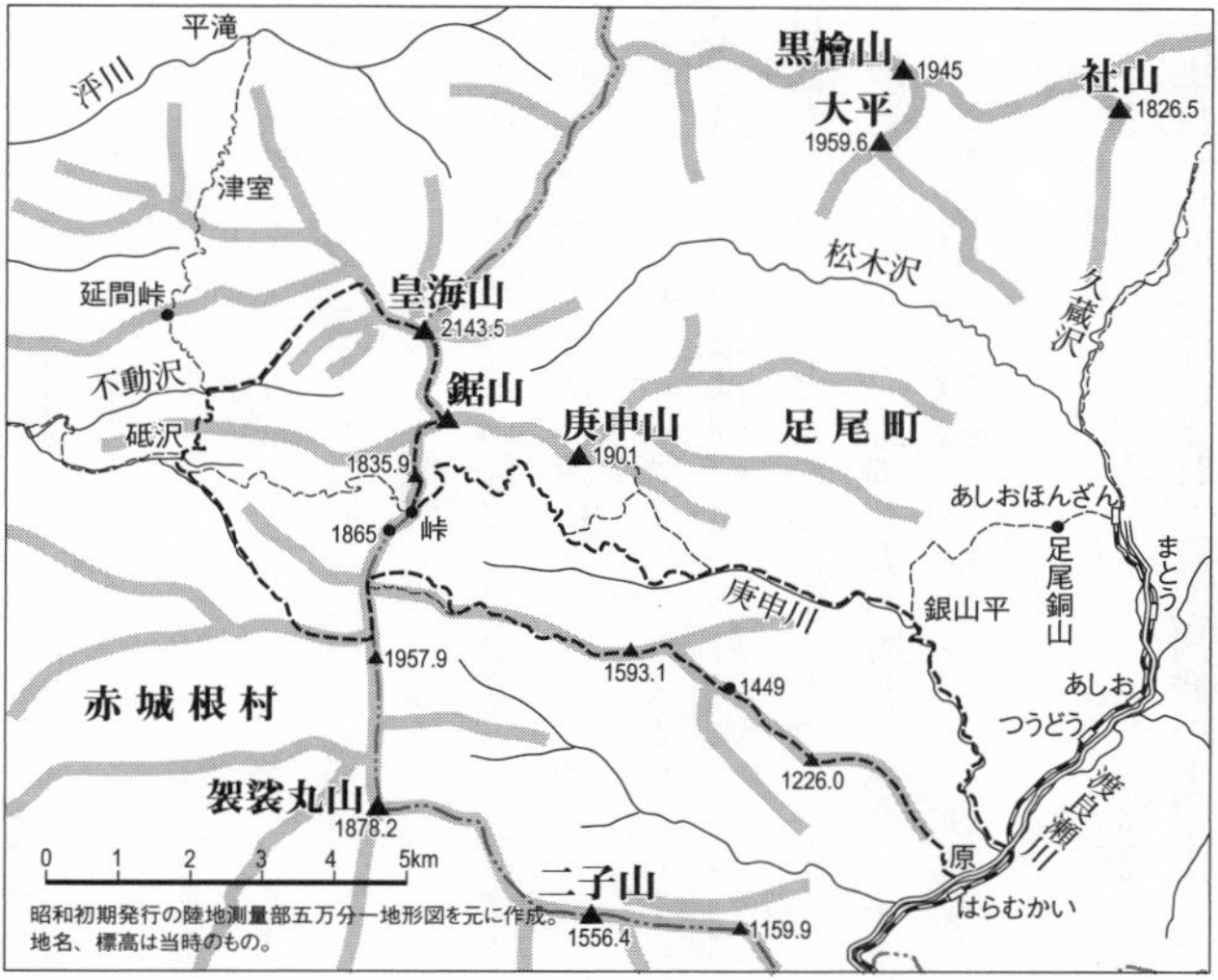

昭和初期発行の陸地測量部五万分一地形図を元に作成。
地名、標高は当時のもの。

岳、薬師岳、白根山、蔵王山、熊野岳、劔ノ山、鋸山等の名称が附してあるから、あるいは尾根を通ったものかも知れぬ。連脈の最高点は鋸山で、上野国境に跨っている。そして庚申山よりは高い。其処から展望した所では、尾根の各峯の間はV字形の窓をなして、左右は絶壁らしいから、峯頭をたどる尾根伝いはどうも不可能らしく想われた。百米も下を搦めば通れぬ事はあるまい。兎に角皇海山にも一時相当に登山者があったもので、其時期は明治の初年頃から二十五年頃まであったらしい。

幸か不幸か此山は、高さに於て遥に庚申山を凌駕しているが、これに匹敵する何等の奇窟怪岩をも有しないことが、信仰の衰えと共に終に登山者を惹きつけぬ最大の原因となったものであろう。

連日の雨も漸く上ったらしいので、同行の藤島君とともに十一月十六日に東武線の浅草駅を出発した。相老で足尾線に乗り換え、原向で下車したのは午後四時近くであった。渡良瀬川が少し増水して橋が流れ、近道は通れないとのことに本道を歩いて原に着いた。自分等は五万分の一足尾図幅に、原から根利山に向って点線の路が記入してあるので、夫を辿って先ず国境山脈に攀じ登り、南進して千九百五十七米の三角点をきわめ、引き返して其北の一峰から西に沢を下り、地図の道に出て砥沢に行き、翌日何処からか皇海山に登ろうという計画であった。それで原に着くと早速路傍の人を捉えてはこの道の状況を訊ねた。結果は例の如く不得要領に終ったが、若い人達は有ると言うた。どうせ明日になれば分ることだから心配もしない。

原には宿屋がないので、五六町北のギリメキまで行って越中屋というに泊った。他にもなお越後屋、石和屋というのがある。孰れも木賃宿より少し上等という程度のものに過ぎない。

砥沢から来たという男と同室した。その話によると国境には切明があって、六林班から半日で皇海へ往復される。上州峠の上州側には六林班の鉄索運転工場がある。今は其処の伐採中で、八林班の方は既に植林済みとなって、人は入っていないとのことであった。思ったより楽に登れそうなので喜んだ。寝しなに雨戸の隙間からのぞくと灰色の鱗雲が空一面に瀰漫(びまん)して、生ぬるい風が吹いて来る。あまり面白くない天気だ。

明くる十七日の朝六時四十分に出発した。空は曇って少し霞んでいる。原まで戻って尾根に登る道の入口を尋ね、畑の間を通り抜けて、山の側面を稍(や)や急に二百米も登ると尾根に出た。七時十分である。いい道だ、殊に尾根に出てからは一層よく、左右は唐松の植林である。靄が次第に深くなって附近の山がぼうと遠のいて来たと思うと雨がポツポツ落ちて来た。八時十分には千二百二十六米の三角点の下に着いた。此あたりは尾根が広く平で高原状を呈し、植林の道が縦横に通じている。もう此附近から木の葉は皆落ちていた。小屋で二十分程休んで八時半に出発する。暫く登って尾根に出ると右の方にも道が通じている。何気なくそれを辿って行くと、次第に右に迂廻して少しずつではあるが、次第に下って行く。右手の谷間には人家が現われた。小滝や銀山平であるらしい。八九町も逆戻りするのは億劫であるから、左手の水の流れる窪を択んで、二丈近く伸びた唐松林の中を尾根の方へと登った。この登りは邪魔が多いので困難であった。登り着いた所は千四百四十九米の附近であったようである。此処からは道幅が益(ますます)広くなって九尺位もあったように思う。或(あるい)は防火線を兼ねているのかも知れぬ。少し下ると今度は真直ぐな長い登りが続いて、五一、五二林班と記した杭のある所で、幅の広い道は終って、其処から左に幽かな小径が通じている。二三尺もある枯薄や小笹の中を押分け登って、千五百九十三米の三角点に達したのは十時であった。

雨は漸く滋く霧さえ加わって全く眺望を遮断してしまった。十五分許休んで出発。左側を搦み廻って一高所を踰える、雑木が繁って笹の深い所があった。まもなく唐松の林中でふっつり道は絶えて如何しても続きが分らない。千六百八十米の圏を有する山の南側であることは慥だ。雨が強く降り出して来た。十二時近いので昼飯をすまし、少し下り過ぎたように思ったので、下草の枯れた林の中を濡れながら登って頂上の笹原に出た。そこは広い上に笹が深いので容易に路が見当らない。二人で三十分もかかって漸くそれらしいものを探しあてる。下って復登り、一小隆起を超えて、小高い山の右側を廻り、一寸した鞍部に出る。此処までは兎に角地図の点線の道とほぼ一致した処をたどって来たに相違ないと思う。地図では此処から道が尾根の真上を通じている。それで自分等も其道を探したが判然しなかった。其上右の方には尾根の北側を廻って、今までと大差ない路跡がついている。尤も樺や笹がかなり生えているので歩行を妨げられるが、藪の中よりはずっと楽である。しかも幾んど等高線に沿うた路で、きわめて緩徐な登りであるから、歩いていてもそれと認められない程である。始は此道も地図に表わせない程度に右に廻ってから、尾根に出るものと思っていたが、行けども行けども同じような路の連続で、唯悪いことには笹が追々にひどくなって来る。是に至て地図の道とは全然違っていることを確めたものの、もう其儘（そのまま）前進するより外に仕方がない。とかくして路は岩石の露出した可なりの水量ある沢に突当って全く絶えてしまった。あたりに木を伐った痕がある。沢を横切って向う岸に移り、少し行くと又小沢がある。夫（それ）を過ぎてから山のひらを左斜に登ろうと試みたが、笹が深いので歩けない。それで沢を上ることに決めて、引返して小沢を登り始めた。百五十米も登ったろうと思う頃、沢が尽きて一の尾根に出た。自分等は此時根利山の最高点を窮（きわ）めることは断念して、国境の尾根へ出たならば上州峠の道に下って砥沢へ行こうと相談一決したので、この尾根を国境山脈と想定して、右の方へ下りはじめた。然るに余り下り方が激しいので疑わしくなり、兎に角もう少し高い方へ登って見ることにして、かなり急峻な斜面を百米も登ると頂上らしい所に出た。潮のようにさしひきする霧の絶間から眺めると、左の方に尾根らしいものが続いている。これこそ国境山脈に相違あるまいと断定して、右即ち北に向って尾根上を辿り出した。何しろ二人とも磁石を持っていなかったので、薩張（さっぱり）方角は分らず、今迄の道筋を頭の中に描いて、それに依って方向を判断するより外に方法はなかった。最早暮れるに間もあるまいと思うが、時計を出して見る間も惜しく足に任せて急いだ。尾根の上は黒木が繁っているので笹が少く、大に歩きよかった。或場所では明瞭に路が認められ、又或場所では焚火の跡などもあった。峠の道もさして遠くはない筈と急ぎに急いだが、一時間以上歩いてもまだそれらしきものにぶつからない。足元はしだいに暗くなってたどたどしくなって来た。先へ行った藤島君が明るい所へ出ましたという。自分等は突然暗い黒木立の中から明るみへ抛り出されたように感じた。木を伐り払った跡である。日当りがよいので笹が人丈より高く延びている。のみならず其中には枯枝が縦横に交錯しているので明るくなって助かったと思ったのも束の間、歩行は以前よりも遥に困難となった。其代りに下り一方である。ここは笹が深く燃料も豊富であるから、水はないが、携帯の食料で一夜を明すには相当の場所であった。然し峠も近い事と信じていたので、尚も下りを続けて終に鞍部に達した。けれども峠の道はない。もしあっても暗くて探し出すのはむずかしい。午後三時頃から小歇となっていた雨がまた降り出して、風さえも加って来た。五時半頃である。前方右手の谷間に火の光が明るく雨や霧に滲んで見える。大方上州峠の途中にあるというお助小屋か、さもなくば鉄索運転の番小屋であろうと思う。遠くもないようであるが、到底其処までは行かれない。一層のこと今夜はこのまま夜明しをしようではないかと無造作に話が纏って、右手の落葉松を植林した斜面を少し下り、下草の多そうな処へ寄り懸るように腰を据えて、藤島君は防水マントを被り、自分は木の幹や枝でばりばりに裂けた蝙蝠傘を翳して、全く徹夜の準備が出来た。あとは夜の明けるのを待つ許りだ。その夜明け迄の長さ。

とうとう長い夜も明けた。見ると妙な場所に陣取っていたものだ。今一間も下ると二人楽に寝られるいい平があったのに。足もとの明るくなると同時に歩き出したが、気候も温く下着も充分に着てはいたものの、十一月の雨中に一夜を立ち尽したのであるから、体がぎこちなく手足が敏活に動かぬ。尾根は登りとなって深い笹が足に絡まり、横から突風に襲われると、二人とも動もすれば吹き倒されそうで容易に足が進まない。それで風下の右手の谷へ下りて、昨夜火光の見えた方向へ辿り行くことにし、そろそろ斜面を下った。午前八時である。間もなく小さい沢に出て夫を下ると、鞍部から四十分を費して本流との合流点に達した。本流の傾斜はかなり急で、時折瀑布に近い急湍をなして、険悪の相を呈することもあったが、瀑と称す可きものはなかった。唯砂防工事を施した場所が二ケ所あってこれが滝をなしている。それを下るのが困難であった。殊に下の方のものは手間が取れた。幾回となく徒渉したが、水は不思議にも冷くない。後で聞くとこれは赤岩沢というのだそうで、その名のごとく赭色の崩岩が河原にごろごろしていた。二時間近く下ると左岸の山腹に道らしきものが見え、暫くして河を横断して筧の懸るのをみた。其処から右岸の一寸した坂を上ると忽ち眼前に人家が現れた。折よく人が来たので此処は何処でしょうと聞くと、砥沢だと答えたので、銀山平方面にのみ下り居ることと信じていた自分等は開いた口が塞らぬ程に驚いたと同時に、不用意に目的地の砥沢へ出られたのを喜んだ。

後で考えると自分等は、地図の小径に従って千六百八十米の圏を有する峯の右側を迂廻し、鞍部に出ると其小径は不明となって、別に古い路跡が殆んど等高線に沿うて、尾根の右側をからんでいたので夫（それ）に紛れ込み、国境から発源している最初の沢を渡り、小沢に沿うてその北の尾根に上り、左に西南の方向を取って、地図の小径の直ぐ北に在る千九百二十米の圏を有する峯（ネナ山、餅ケ瀬の称呼）の頂上附近に達し、其時左に見えたものは即ち小径の在る尾根であったのを、袈裟丸山に続く国境尾根と誤り、右に国境尾根を南進したのを、反て北に向って進んだものと信じ、千九百五十七米の三角点（流小屋ノ頭、餅ケ瀬の称呼）ある直ぐ北の峰から真西に向って枝尾根を下りながら矢張り真直ぐに進んでいると思ったのであった。上州側の此辺は八林班であるから既に伐採が済んで、植林も終っていたのである。北風にしては温いと思ったのも道理、実は南風であったのだ。二度も殆んど直角に曲って居りながら、少しも気付かず直線に進行しているものと信じていることなどは、単に地図上で判断しては、到底了解されるものではない。

砥沢には宿屋はないが、飯場をしている吉田留吉という人の家で泊めて呉れるとのことに、そこを尋ねて一泊頼むと快く応じて呉れた。座敷に通ると火鉢や炬燵(こたつ)に火を山のように入れて貰って、濡れた物を乾しにかかった。身に着いていたもので濡れていないものは一つもなかった。風呂に入ってドテラに着換え、炬燵に寝ころんでやっと人心地がついた。二人とも著しく食慾が減退しているのに気が付く。昨夜ビスケットを少し喫(た)べたまま、晩も朝も食わず、其上もう昼を過ぎている。夫(それ)にも拘らず膳に向って箸を取ると、汁の外は喉を通らぬ。止むなく生卵を二許り飲んで三食に代えた。余程体に変調を来したものと見える。これで山登りが出来るかと心配になった。藤島君は若いだけに元気がよく、一二杯は平げたようであった。

三時頃になって西の空が明るくなったと思うと、青空が現れて日がさして来た。閑(ひま)をみて帳場に行き、主人に皇海山のことをきいた。よくは知らぬが此の先の不動沢から登れるそうだとのことで、伐採が入っているから路があるかも知れぬと附け足した。何にしても登れることは確だ。夫で乾し物に全力を注いだが、翌朝になっても全部乾燥しなかった。

十九日の朝も依然として食慾がない。辛くも一椀を平げ、また干し物に手間取って出発したのは午前八時五十分であった。家の前を少し西に行き、右に折れて砥沢を渡り、坂を登り切ると尾根の上の少し平な所に出る。東北に黒木の繁った皇海山の姿が初めて近く望まれた。延間(エンマ)峠の方へは一条の径と共に鉄索が通じている。其方面の山は尽(ことごと)く伐り払われて、今不動沢が正に伐木の最中である。下りは可なり急であった。九時五十分不動沢着。沢の両岸には半永久的の小屋が散在している。小屋の前で働いていた老人にまた皇海のことを聞いてみた。其話によると、皇海山の西の鞍部から頂上へかけて切明けがある。そして平滝からその鞍部への道と通じているから其処へ出て登れば楽である。まだ登っては見ぬが頂上には劔が奉納してあると聞いたと教えて呉れた。地図と対照して実際の地形を視ると、皇海山の西方から発源する不動沢の左股を遡るのが楽でもあり、且(かつ)都合もよいように想われるので、夫(それ)を登ることとして沢を渡り、道に沿うて最奥の小屋まで行き、右に折れて林中を進むと左から来る可なりの沢に出た。十時半である。右下にも可なりの沢が流れている。それは右股でこれが左股に相違ないと断定して、十分許り休んでから沢を登り初めた。割合に歩きよい沢だ、十分も進むと河床は、縦横に裂目が入って柱状を呈している玄武岩らしき一枚岩となって、その上を水が瀉下(しゃか)する様が稍(やや)奇観であった。十時五十五分、左から沢が来た。十一時二十分、又左から小さな沢が合した。振り返ると谷の空に遠く金字形の峯頭が浮んでいる。何山であるか其時は判然しなかったが、四阿山(あずまや)の頂上であることを後に知った。暫くして二丈許の瀑があり、右から小沢が合している。瀑の左側をからみ、苦もなく之(これ)を越えると又三丈許の滝があった。それを上って一町も行くと、又左に一沢を分っている。其処から三町程度進むと流は尽きそうになって、ちょろちょろ水が岩間に湛えているに過ぎない。そこで昼飯にした。谷の眺望が少し開けて、雁坂から金峯(きんぷ)に至る秩父山塊、浅間山、其前に矢筈山、其右に四阿山などが見えた。空が急に曇って西北の風が強く吹き出したと思うと、霰(あられ)が降り間もなく雪がちらついてきた。動かずにいると手足がかじかむ程寒い。幸に雪は幾程もなく霽(は)れた。

水の無い谷はいつの間にか山ひらに変っていた。下生えがないので歩きよい。黒木の林中は秩父あたりとよく似ている。しかし尾根の頂上近くには大分倒木があった。其中を潜り抜けて皇海山西方の鞍部に辿り着いたのが午後十二時四十分である。眼を上げると奥白根の雪に輝くドームが正面に聳え、左に錫(すず)と笠の二山、右に山王帽子、太郎、真名子、男体の諸山が控え、笠と三ケ峰との間には燧(ひうち)岳の双尖が天を劃している。果して平滝からの道は此鞍部へ上って、更に東方へ延びている。この道を辿って行けば皇海山の北面にそそり立つ懸崖の下に出られそうであったが、時間が惜しいので自分等は行って見なかった。

切明けは幅九尺以上もあって、鞍部からは皇海山の西峯へ一直線に続いている。急傾斜の上に霜柱が頽(くず)れて滑るために、邪魔はないが矢張り時間はかかる。僅(わずか)に三百米足らずの登りに五十五分を費し、一時三十五分皇海山の西峯に達した。西峯とはいうものの正しくは頂上西端の一隆起に過ぎないのである。黒木が繁っているので眺望はない。切明けは頂上直下で終って、それからは踏まれた路跡がある。東に向って少し下ったかと思うとまた上りとなって、二時絶頂の三角点に着いた。此間に一隆起があったように思うが、遠望には目立たぬようである。三角点の附近は木を伐り払ってあるので、四方の開豁なる眺望が得られる。南を望むと鋸山から鳶岩(トンビイワ)を連ぬる支山脈が近く脚下に横たわり、鳶岩の右の肩には上州峠の頂上にある鉄索の小屋まで見えている。次で根利山続き袈裟丸山の連脈が四つの峯頭を擡(もた)げ、千九百五十七米の三角点の櫓まで肉眼に映ずる。その右には赤城の黒檜山が鈍いが著しく目に立つ金字形に聳え、右に曳いた斜線の上に鈴ケ岳がぽつんと鮫の歯をたてる。赤城と根利山との間には、小川山から大洞山に至る秩父の主山脈が、大海のはての蒼波かと怪しまれ、黒檜の上には白峯三山、赤石、悪沢等南アルプスの大立物が遥に雪の姿を輝し、黒檜と鈴ケ岳との間に朝与、駒、鋸の諸山が押し黙って控えている。西から西北へかけて榛名、妙義、浅間、矢筈（浅間隠）四阿の諸山は鮮かであるが、四阿山から右は嵐模様の雲が立ち騒いで、近い武尊(ほたか)山も前武尊の外は、頂上が隠れている。燧岳は既に雲中に没してしまったが、三ケ峰、笠、錫の諸峯及日光火山群や、渡良瀬川対岸の夕日ケ岳、地蔵岳、横根山などは、雲間を洩る西日を浴びて半面が明かに見渡された。奥白根はかなり雪が白く、峯頭を掠(かす)めて雲が去来する毎に、研ぎ澄した鏡のように光る雪面が曇ったり輝いたりする。庚申山の如きは所謂(いわゆる)俯して其髻(もとどり)をとるべしという形だ。庚申講の先達が此山を開いて奥院とした訳が成程と肯(うなず)かれる。脚の下から北に走る国境山脈は、三俣山（千九百八十米、上州方面の称呼である。支脈東に延びて黒檜岳、社山等を起し、中禅寺湖の南を限る。）でも宿堂房山でも、黒木の繁っているのはよいとしても、其間は一面の笹であるには驚いた。秩父の雲取山から金峯山に行く位の積りで、袈裟丸山から奥白根まで縦走して見ようかと思ったが、この笹ですっかり辟易してしまった。

　二時半に三角点を辞して、少し東に下ると例の劔が建ててある。国境は夫(それ)よりも更に東寄りで、東北に向った切明の跡は密生した若木に閉され、殆んど足の踏み入れようもない。南に向うものは疎らな笹の中を下るので、甚しく邪魔されるようなことはなかった。下り切ると稍(やや)深い笹を分けて二つの隆起を踰(こ)えた。三時三十五分である。二つ目の隆起には、字クワノキ平の標木があった。食慾減退の祟りがそろそろ現れて来たようだ。前に高く屹立(きつりつ)した鋸山の最高点へは登らずに済むかと思ったが、どうも登らずには通れぬらしい。この登りは恐ろしく急で手足を働かさなければならなかった。赭色の岩壁が段をなして連っている。拗(ねじ)くねった木がその間に根を張り枝を拡げて、逆茂木(さかもぎ)にも似ているが、それがなければ到底(とて)も登れぬ場所がある。岩壁や木の根には諸所に氷柱(つらら)が下っていた。雨の名残りの雫が凍ったものであろう。水がないので困っていた二人は、これで幾分渇を凌ぐことを得た。最高点に登りついたのは四時十五分である。字サクナソリと書いた標木が立っている。ここは非常に眺望がよい、谷間はもう薄暗くなったが、連山は模糊として、紫や紫紺の肌に夕栄えの色がはえている。夫よりも美しかったのは入日に照らされた雲の色であった。自分等は暗くなるのを気遣いながらも、三十分許遊んでしまった。

　鋸山を西に下ってまた上ると、字トンビ岩の杭ある峯の頂に出る。此山から国境山脈はぐっと南に曲るので、西に続く支脈にまぎれ込むことを心配したが、幸に切明けの跡を探り当てて、深い笹の中を迷いもせず下ることが出来た。もう全く暗い、二人で声をかけながら歩いても、動(やや)もすれば互にそれてしまう。六時頃峠の上の鉄索の小屋についた。それに沿うて西に下ると峠の路に出る。十町許り下に電灯の火光が散点している。六林班の鉄索運転所であろう。六時三十分其処に辿り着き、事務所に行って事情を話すと、主任の人が心配して呉れて、泊れる小屋を探しに小使をやった。幸に今朝二人里へ下ったという小屋があって、其処へ泊ることになった。事務所の浴室へ案内されて湯に入った。其湯の豊富で綺麗なのには全く驚いた。蒸気機関があり川があるから、湯でも水でも栓をひねればすぐ浴槽に溢れる程湛える。これだけは実に贅沢だと思った。

二十日の朝は極めて快晴で、外は霜が雪のように白い。硝子窓を透して居ながら左は浅間から右は谷川岳附近まで望まれる。苗場も見えた。殊に仙ノ倉が立派であった。昨日降った新雪が折からさし登る朝日の光に燃えて、薔薇色に輝いた。午前八時半に小屋を立ち、三十分で峠に達し、雪の連山に最後の一瞥を与えて、東に向って銀山平への道を下りはじめた。鋸山方面から流れ出る沢には滝が多い。庚申川に沿うた紅葉は、さほど盛りを過ぎてもいなかった。谷川の趣も捨てたものではない。十二時銀山平、午後一時二十分原向。それから二時二十六分の汽車に乗り、五時相老で東武線に乗換えたが、途中故障が生じて、十時頃ようやく浅草駅に帰着した。

（大正八年十二月）

［「山岳」第十六年第三号・大正十二（一九二三）年／『山の憶ひ出』上巻］

春の大方山

［大正九（一九二〇）年四月］

南アルプスの二、三の山が東京から望まれることが確実となったので、外にも尚お、遠い大井川奥の空から煤煙の都東京をこっそり覗いている山が或は有るかも知れない。夫を探し出すには東から眺めた山々の姿を眤と瞳の底に烙き付けて置く必要がある。この見地から農商務省出版の甲府図幅を拡げ、展望台として恰好と思われる山を物色して二つを選み出した、一は河口湖の東北に在る毛無山で、他は本栖湖の南に在る天子山脈の最高峰毛無山である。孰れも同名の山なので、互に区別する為に私等は東西を冠して呼ぶことにしていた。東毛無には既に同好の小倉君が登られて、無礙の眺望を恣にしたことを伝え聞いて居る。西毛無には未だ登った人が無いらしい。しかも東毛無よりは近く高いだけに、其展望は一層優れたものがあろうと想像して、裾野の春を賞しがてら、富士の麓を西から北に廻り、途中西毛無山に登って、夏には見られぬ多量の残雪に輝く南アルプスの大観に飽き、次手に岳北の四湖を眺め、青木ケ原の一端をものぞいて見ようというので、四月八日の午後十一時に田部君と共に東京駅を出発した。四方に美しく発達した裾野の中でも、特に西側の景色が雄大であり変化にも富み、そこは又曾て最も壮烈な史的悲劇の行われた舞台でもあるから、其遺蹟を訪ねることは、一段と旅の興も加わることと思ったので、此(この)方面から入ることにしたのであった。

富士駅で身延線に乗換え、翌日の午前五時少し過ぎに大宮町に着いた。先発の松本君に迎えられて、先(ま)ず浅間神社に参詣する。夏ならば賑かであろうが、今は広い境内に人影も無い。鳥居をくぐると染井吉野や枝垂桜の交った一町余りの桜並木が八分の開花を見せて、稍(やや)紅の濃い葩(はなびら)からは、宵に降った雨の名残の雫がはらはらと滴っている。石の瑞牆(みずがき)を廻らした随身門の内にも桜が多い。それが濃緑の大きな杉森を背景として、くっきりと白く浮き出している、華やかで神々しい。普通とは少し構造を異にした社殿の朱の欄干も物さびて、懐しく心を惹く。御手洗は瑞牆の外で東の方に在る。清い水が滾々と湧き出して大きな池を湛え、溢れて神田川となり、末は潤川に注いでいる。水面からは霧が白く立ち昇って、掩(おお)いかかる常緑の闊葉樹の間に消えて行く、そこからは頻(しきり)に鳴く鶯の声が洩れ聞えた。

少憩して用意の朝食を済し、社の前から二町許(ばかり)西へ行って、甲府に通ずる広い道を北に向って進んだ。昔武田信玄が海道筋へ出兵する時に、屢(しばしば)軍押しをした道であろう。重く垂れていた雲は次第に雲切れがして青空が顕れ、五六寸も伸びた麦畑の上では雲雀(ひばり)

が長閑（のどか）に囀り、路傍には菫（すみれ）、蒲公英（たんぽぽ）、草木瓜（くさぼけ）、などが咲いて、春は地上に遍（あまね）かった。雑木林では、ほぐれかけた木の芽がほのかに烟り、梢からは頬白の囀りが絶間なく聞えて来る。北山村で道連れになった静岡あたりの行商人は、それを「てっぺん五粒、二朱まけた」と鳴くのだと教えた。私の故郷では「てっぺん一六、二朱まけた」と鳴くことになっている。賭博が盛に行われた土地であることを、頬白の鳴声が知らせているのも面白い。三俣や茶などもお国柄だけあって諸所に植えてある、茶には冬季の寒さが強すぎたかして、上葉が大分枯れていた。

昨夜の雨は裾野の高みでは雪であったらしく、茅戸には新らしい雪が斑に消え残っていた。曇っている東の方に引きかえて、霽（は）れた西の空には、真黒に針葉樹を鎧（よろ）うた七面山の尨大（ぼうだい）な山容が望まれ、行手には天子山脈の天子ケ岳が尖った頂上を徂来（そらい）する雲の間から露わして、東南に曳いた茅戸の長い尾根の低い所まで雪が白い。其の奥の方で少し右に寄った所は、峯頭を乱雲に包まれて、中腹以上の山肌を白く見せている此山脈の最高峰毛無山である。此山は海抜六千四百尺を少し超えているに過ぎないが、其頂上は赤石山系即ち南アルプスの山々を展望するに最も適した場所であると思われるから、これに登って純白に輝く雪山の壮観を飽まで恣にしたというのが、此旅行の主なる目的であったのである。

宮原、外神、北山などの村々を過ぎて、大宮から二里も来るとやがて中井出に達した。此のあたりもまだ田や畑が拓け、人家も点在して、杉木立なども繁り、裾野の中であっても、それらしい感じは起らない。明日は旧三月節句に当るので、路傍のどの家でも草餅を搗（つ）いていた。若い娘や子供などが田舎風に着飾って歩いているのも、土地に調和した長閑さであった。

上原の部落から本道を離れて六、七町西に行くと駒止桜がある、下馬桜とも称しているらしい。そこは白糸村の内で狩宿と呼ばれ、建久四年五月に源頼朝が富士の巻狩を行った時に、旅館を構えた遺蹟であると伝えられている。吾妻鏡には神野の旅館、『曽我物語』には井出の屋形と書かれてある。狩宿の名から推して其遺蹟に相違あるまいと思われる。此桜は山桜の一種で、花は白色一重の大輪であるという。今は未だ蕾が固い。地上二三尺の高さから幹が分れて、恰（あたか）も数本の樹が叢生して互に抱着したかの観があるが、よく視るとこれは中が朽ちた為に大幹が四分五裂して、その一つ一つが可なりの大さに生長したのである。根元の周りは三丈もあろうか。西北の方の幹と其外二三の枝が過日の大嵐に吹き倒されて、木振りを損じたのは惜しい。頼朝が此処で馬から下りたというので、其名を得たものであるという、つまり旅館の近いことを証するものであろう。井出伝五郎という人の家が四十間許離れた高みにあって、そこが頼朝の旅館であったといわれ、古記録の類もあろうと傍の人に教えられたが、前途を急ぐので立ち寄らなかった。附近に熊窪ノ瀑というのがあって、左手の崖に懸っているのを見たが、判然した位置は記憶に存していない。二丈ばかりのものであった。

頼朝は井出に十日余り滞在して、最後に七日間の巻狩を行うことになった、其初日に当る五月廿八日の子の刻、曽我十郎祐成同じく五郎時致の兄弟が、かねて父の仇と狙っていた工藤左衛門尉祐経の営を襲うて、首尾よく之（これ）を討取った。子（ね）の刻というから翌二十九日の午前というた方が適当であろう。太陽暦でいえば七月五日から六日に当っている。吾妻鏡に拠ると、其日は狩の記事なく、朝小雨が降って昼過ぎから晴れ、夜に入っては「雷雨鼓を撃ち、暗夜に灯を失ひ、殆ど東西に迷ふの間、祐成等の為に多く以て疵を被る」とあるので、其時の騒動と、兄弟が太刀を真額に振りかざして奮闘した様とが想像される。其場所も此附近であったろうと思う。曽我物語には、此日に狩が行われて、射手の人々もそれぞれ獲物があった。中にも仁田四郎忠常は頼朝の目前で手負の大猪を仕留め、これぞ今日の功名と大喝采を博したことなどを載せ、明日は頼朝が鎌倉に還るというので、この機を逸してはと兄弟が討入を決行したように書いてある。

桜の木を見物している間に、東の方の雲が散って富士が姿を顕した。振り仰ぐ程に高く見える。正面に大沢の薙（なぎ）を埋めた雪の或部分が凍って、銀板の如くきらきらと輝く。

裾の方には昨日降った淡雪が、鹿子斑に樹木の間の茅戸を飾っていた。狩宿から五六町離れて、少し北に寄った東の方に黒く茂った杉森がある、森の中に祠があって、曽我八幡と土地の人は教えた。けれどもこれは曽我兄弟の霊を崇め祀ったものに外なるまい。今は上屋もトタン葺に変って、中に電灯が吊してあるのも時勢の然らしむる所であろう。

祠を辞して本道に出で、六、七町行くと上井出の人家が杜絶えようとする左手の路傍に、半から折れた樅の大木があって、幕張の樅と呼ばれ、頼朝が幕を張ったものだという。其傍から左に杉並木の間を上って行けば、物見塚という小丘の上へ出られる、頼朝が狩場の働きを見物した場所であると伝えられている。塚へは上らずに尚お一町余り行くと左に白糸瀑へ行く道が岐れる。夫を二町も行くと左手の畑の間に祐経の墓というのがある、丁度物見塚の北麓に当っている。三尺毎に石柱を建て、方三間の囲の中央に、四尺五寸許の高さに丸く土を盛り上げたもので、墓石もなく他に何もない。更に二町もだらだらと下りて橋を渡り、新に桜を植えた道を左に行くと、右に白糸瀑左に音止瀑が懸っている。後者の方が幅も高さも大きい。しかし周囲が余り露わで、瀑壺の近くに在る発電所の建物らしいものが甚しく目障りである。白糸瀑は其周囲、殊に向って右手の崖の上や中腹から地下水が幾条となく細い瀑となって落下している様が奇観であり、崖上の木立も幽邃である。此の瀑の壁は下が脆い砂礫の層で、其上を熔岩で掩うている、それで下層から先に抉(えぐ)れ落ちて、終には上の熔岩までも崩れるので瀑の後退するのが著しいようである。一体に日光の華厳瀑を小さくした趣がある。

瀑壺に下りて休んだ後、岐(わか)れた所まで引き返して北進を続けた。これから人穴(ひとあな)までは人家もなく、富士の高根から曳き下して、西の方天子山脈に限られた茫漠たる裾野を辿り行くので、浅間の追分の原や八ケ岳の井出の原などは、之(これ)に較べては物の数ではないほど雄大を極めている。しかし高原としては劣るような気がする。間遠の原という名のあることを麓の部落で知った。前には緩く波打った小丘が目も遥に横たわり、右に近く小松原を擁し、其上の茅戸をこえて黒木立が続き、高く雲に入る斜面には白雪が眩い。左は杉の林が断続して、頰白が鳴き鶯が囀っていた。私達は南風に吹かれながら、ふわりふわりと原の上を飛んでいる雲のように足も軽く、暢(のび)やかな気持ちで歩みを続けた。

有名なる人穴は、人穴村の人家から二町程北に離れた小高い所にある。石段を上ると破れた堂のようなものがあって、附近には大願成就など彫り付けた石塔が多い。堂の前から右に石段を下ると、呀然(がぜん)として人穴の洞窟が口を開いている。灼熱した熔岩流が急に冷却した為に生じたものであるとは地質学者の説である。洞内は始(はじめ)は高く且(か)つ広く、入口から四、五間の処に御内院開闢(かいびゃく)と書いた小祠がある、其右側を辿って二十間も進むと、左に一曲して間もなく急に狭くなり、身を細めても通れるか如何か疑わしい。特に此日は連日の雨で、洞底に溜り水が多く、深い所は股を浸す程である上に、骨に徹する冷さなので、其処まで行って確める勇気は出なかった。昔は余程深く入り込めたものと思われる。吾妻鏡に拠ると、建仁三年六月三日即ち太陽暦の七月十九日に将軍頼家は富士の狩倉に来て、仁田四郎忠常に命じ、人穴の奥を見究めさせた。同じ月の一日に伊豆の狩倉でも、和田平太胤長に伊東ケ崎の洞窟を探らせ、胤長は大蛇を退治して出て来たということである。洞窟探検に余程興味を持っていた将軍らしい。忠常は五人の郎等と共に窟内に入り、翌四日の午後十時頃に漸く帰参した、二十時間以上を費している。

　此の洞狭くして踵を廻す能はず、意はずして進行す、又暗くして心神を痛ましむ。主従各松明を取る、路次の始、中、終とも水流足を浸し、蝙蝠顔を遮り飛ぶこと幾十万なるを知らず。其先途は大河也、逆浪漲り流れ、渡らんと欲するも拠を失ひ、只迷惑の外他なし。爰に火の光に当りて、河向に奇特を見るの間、郎従四人忽ち死亡す。而して忠常は彼霊の訓に依り、恩賜の御剣を件の河に投げ入れ、命を全うして帰参す云々。古老云ふ、是浅間大菩薩の御在所なり、往昔より以降、敢て其所を見るを得ず云々。今の次第尤も恐る可き乎云々。

とは吾妻鏡の文である。恐らく窟内の模様は其当時と変ったところもあろう。

人穴の附近は、椈（ぶな）、栂、檜などの大木があるが、其北は広袤（こうぼう）数里に亘って、小灌木の外には殆ど目を遮る大木もなく、北には根原、西北には麓、西南には猪之頭、南には人穴と、遠く半円形に人家が点在している。甲州方面の青木ケ原は、大小の熔岩がごろごろしているに拘わらず、主として栂や樅などの大森林が昼尚お暗く繁って、其中で道に迷うと容易に出られない。ここは殆ど岩を見ないで、しかも四方明け放しの草原であるのは、好い対照である。

明日は毛無山に登る予定なので、人穴から左に原を横切り、麓の部落をさして進んだ。岐路が多いので、三人思い思いの道を別れ別れに歩いたりした。間もなく朝霧の原にかかった頃から南の風が強く吹き出して、雲は低く山を掩い、今にも降り出しそうな暗憺たる光景を呈するに至ったが、雲雀は長閑に囀っていた。このあたりは全くの草原である。暫くして水なき河原を横切り、午後四時頃麓の部落に着いた。泊りのことが心配だったので、初は根原に行く筈であったが、山からは少し遠くなる、それで麓にきめた。しかし来て見れば案じた程のこともなく、教えられるままに竹川忠義という人の家を尋ねて一泊を頼むと、喜んで承諾してくれた。外見よりも内部は立派な構えであったが、私達は別に東の方に建てられた新らしい離家に案内されて、暢び暢びと一夜を過したのみならず、道すがら羨望して止まなかった草餅までも馳走されたのは、こよなき仕合せであった。南に面した座敷からは、一目に裾野が見渡された。村では水が極めて潤沢に流れている。それが村を離れると直ぐ地下水となって、一里余り南の猪之頭で再び湧出する。村の北にある十丈近い大瀑も、落ちると間もなく地下に浸透しているのには驚いた。猪之頭はつまり井の頭で、井出と同様に水の湧き出していることを示す地名である。近年猪之頭を中心として、水の公園が造られたとの話を聞いた。

炉端で草餅を摘(つま)みながら主人に山のことを質(ただ)した。土地では毛無山の名を知らない、大方山(おおかた)と呼んでいる。恐らく毛無という名は測量部の称呼であろうとのことであった。此山は相模野の基線から出発した一等三角点で、其建設は明治十七年であった。尤(もっと)も其以前に那須野の基線からする内務省の一等三角点として用いられていたので、其当時は南面が茅戸であった為に、三峠(みつとうげ)の毛無山と同様に、便宜上毛無と呼ばれたものと思われる。其後木は生長して、私達の登った頃は盛に炭焼が行われていた。

明くる十日は快晴であった。午前八時に出発して、十二時に大方山の頂上に着いた。村から直に山に懸り、千二百米をひた上りに上るのである。途中藪のひどい所があって割合に時間を費した。登路は二条あって、北に在るものは一九五八米の最高点に達する。私達は南に在る三角点への路を取ることにした。鎮守の鳥居を潜り抜け、左に用水堀に沿うて水なき沢を過ぎ、右の小径を辿り、二百米も上ると右手に六、七丈の瀑が二段となって落下している。ここで路は三つ四つに分れ、孰(いず)れも荒廃しているので選択に迷った。田部君は沢について上って行った。此の方が楽で、松本君と私とは、雑木に交って木苺、バラ、棒ダラなど、刺のある灌木の叢生している中を、苦しみながら押し分け登って、漸く大きな露岩の上に出ると、田部君は既に腰を下して私等の来るのを待っていた。これからは路も明瞭である。十時頃大きな崖の縁に出た。来し方を顧ると、枝という枝を霧氷に飾られた大小二本の樅の間から、雲表に聳ゆる富士が笑ましげに孱顔（さんがん）を顕し、宛然（さながら）一幅の画であった。

　登るに従って霧氷は益（ますます）美しく、残雪は多くなり、頂上では二尺以上の深さであった。堅く凍っているので落ち込む憂はない。視界は木立に遮られて思ったより狭く、殊に西側は栂の密林が続いている。少しの展望を得ようとするにも、あちこちと歩き廻らなければならなかった。生憎にも西の空は曇っていたから、南アルプスの群嶺は半腹以上を厚い雲に包まれ、其下から長大な雪渓が幾十条となく走り出しているのを見た許（ばか）りで、終（つい）に期待した眺望を得られなかったのは実に残念であった。しかし霧氷の美しさは何と形容してよいか、水晶林というのが若（も）しあれば似ているかも知れない。木という木は残らず七、八分の長さに生長した霧氷を附着させている、南側は特によく発達していた。前日から南の風が頻（しき）りに雲霧を送って、山上の樹木が白粉を装ったように白くなるのを原から認めた、夫がこの霧氷であった。細い枝などは全く花に咲き埋められたように重く垂れていた。私達は幾度足を停めて嘆賞したことであったろう。

南アルプスは望めなかったが、北から東の方にかけて御坂秩父の連山、南は駿河湾まで一目に見られた。青木ケ原の大森林も眼下に黒く展開している。其北の端に当って四つの鏡を置き並べたように本栖、精進、西、河口の諸湖が、春の日をうけて長閑(のどか)に光っているのであろうと思ったりした。

大方山の頂上から尾根伝いに雨ケ岳までは、雪の上が歩けた。長い笹の繁っている処では、雪が浅くて落ち込むこともあったが、概して歩行は楽であった。夏は困難するであろう。雨ケ岳からは直接に川尻へ下ろうと試みた。けれども急傾斜の上に雪が氷って滑るので中止し、途中から横を搦(から)み、竜ケ岳へ続く尾根に出た。千五百米以下は霧氷も雪も絶えて笹が深くなる。それを分けて根原から登る端足(はした)峠の道に出で、北に向って本栖湖畔に下りた。路は湖の南岸に通じている。数百羽の小鴨が木の葉のように水面に浮んでいたのは珍らしかった。水は清く色は深碧で、富士北麓の五湖の中では最も幽邃である。しかし日光の湯の湖には及ばない。本栖村から日が暮れ、精進湖畔では、パノラマ台への道を上って行く田部君を呼び返そうとして、大声に喚(わめ)き立てた。精進ホテルの犬が盛に吠え出したので、ホテルの戸が開いて、美しい妙齢の星野嬢が若いボーイを連れて出て来た。訳を話すと早速ボートを下して精進の村まで送ってくれた。松本君に宿のことを頼み、引返して竹法螺（たけぼら）を吹いて貰うと、田部君も下りて来たので、又船で送られた。「慣れない人はよく迷いますよ」と言われた嬢の言葉に全く恐縮して、一向（ひたすら）に好意を謝するのみであった。午後九時頃であったろう。

翌十一日は空模様が怪しかったので、東毛無山（三峠山の南肩）の登山を止め、湖水を見物しながら船津まで来て、鉄道馬車にて大月に出で、其日の中に帰京した。

精進湖は南岸に堆積した磊碕たる熔岩塊が興味を惹くだけで、周囲の赤松林は一向に有難くなく、水の色も草色に近い。これは西湖も同様である。尤も精進から根場に至る間の青木ケ原の一部は、初めての人には珍らしいであろう。それも鳴沢から大室山の南を通って人穴に至る道を知っている人には物足らないものである。本栖湖の外は周囲が余り拓けているので、山中の湖水という感じに乏しい。唯晴れた日に是等の湖水の北岸を通ると、絶えず秀麗なる富士の姿を頭上に仰ぎ、其倒影を湖心に眺めるのが他に見られぬ特色である。富士なくしては確に湖水の価値を半ば以上も失わしめるであろうと思われる。

（大正九年四月）

［「登山とはいきんぐ」昭和十（一九三五）年八月号／『山の憶ひ出』上巻］

利根川水源地の山々

［大正九（一九二〇）年七月］

水源地の記文

ここに利根川水源地というのは、大略西は宝川笠ケ岳の支脈と、東は武尊（ほたか）山の支脈とに依りて限られた利根川上流の地域を指したものである。此（この）地方の山は割合に高度が低いので、谷は深く木立は繁っているにも拘らず、人目を惹くことが少ない許りか、反（かえつ）て夫（それ）が為に人を遠ざからしめる傾（かたむき）がないでもない。私の知っている限りでは、古来此地方に関する記行文としては、僅に上野藤原温泉記行と利根水源探検紀行との二編を有するに過ぎないのを見ても、探訪の人が稀であったことが分るであろう。この中前者は天保十三年に宝川温泉へ湯治に行った時の記行であって、著者は不明であるが、文中に「かの処は上のしろしめす土地なれば」とあるので、当時此地の領主であった沼田の土岐家の人であったことが察せられる。弥生の十八日（高頭君編著の太陽暦年表に拠れば陽暦四月二十八日）に江戸を出発して其（その）日は桶川泊。十九日は境（伊勢崎の東南一里半)、二十日は赤城山西麓の溝呂木に泊って、廿一日の昼頃に森下に着いた。然るに片品川が雪しろ水で渡船が出ない。止むなく其日は森下に逗留し、廿二日森下から二里半許(ばかり)上流の生越の先で川が二岐している所に架した橋を渡って沼田に入り、荷物の着く迄滞在。二十六日沼田を出立、高日向にて銚子橋を渡り、利根川の右岸に沿うて沼原大穴の二村を過ぎ、湯檜曽(ゆびそ)橋を渡り、夜後(よご)橋にて利根の左岸に移り、西橋にて再び右岸に出で、山路の残雪を蹈(ふ)んで、其日の夕暮終(つい)に宝川温泉に到着した。「沼田より遠く雪のみへし山も次第に近くなり、つひに雪の消残る山のふもとをよぢいる也」など、昔の人の山に入る心持がよく顕れている。道中はすべて駕籠(かご)に乗ったようである。此処に一ケ月ほど滞在して、其間に見聞したことや地方の有様などを筆に任せて書き付けてあるが、参考とす可(べ)き有益の資料に乏しくない。後者は明治二十七年九月に群馬県師範学校教諭渡辺千吉郎氏が利根川水源の探検を企て、一行十数名と共に二十一日湯小屋を出発して大芦に出で、矢倉橋を渡りて利根の右岸を遡り、其日は湯の花附近の河原に野営。二十二日西仙ノ倉沢を過ぎて利根の左岸に移り、午前十時水長沢の合流点に達し、利根川の本流を左に見て、其儘(そのまま)真直に水長沢に沿うて進んだ。一里許り行くと河床が辿れなくなる。右岸の山腹を攀(よ)じ、途中一泊して廿三日に井戸沢山脈の一峯に登ることを得た。此処から初めて利根川が幽谷の間に白練(しろねり)を布(し)けるが如く流れているのを下瞰(みおろ)し、其奥に大利根岳の突兀(とっこつ)天に朝するを望み、水源探検の目的殆ど爰(ここ)に終れりとし、再び水長沢に下りて之(これ)を遡り、上越国境山脈を踰(こ)えて尾瀬に出ることに決し、途中二泊して所謂文殊岩を発見したる後、廿五日午後に至りて漸(ようや)く尾瀬ケ原に達し、夫(それ)より戸倉に出で、廿九日沼田に帰着した当時の実況を詳細に記述したものである（明治廿八年一月発行の太陽第一巻第一号所載利根水源探検紀行参照）。これも有益な資料であるには相違ないが、山や谷の名称も模様も極めて纔(わずか)に紹介されているのであるから、読過一番思ったより得る所が少ないのは是非もない。それというのも人夫の大部分が藤原の者でなく、且(かつ)好案内者を伴わなかった結果である。

私が此地方に始めて足を蹈(ふみ)入れたのは、渡辺氏の一行に追蹤(ついしょう)して尾瀬に出た時であるが、今にして其当時を回想するも何一つ記憶に存しているものが無い。岩を攀じたり流を乱したりすることに満身の興味を覚えて、人の導くが儘(まま)に黙々として足を運ぶ初心の年少登山者に、元より何等観察眼などある可き筈もなかった。

大正九年の夏になって、日高、藤島の二君と利根の奥に行こうではないかということに話が纏(まとま)った。藤原の小学校や其地唯一の旅舎である柳淀の主人に照会して、山地の形勢、登路の有無、人夫の賃金其他を問合せるなど、一人で骨折って呉れた日高君が、愈(いよいよ)七月十日の夜に出発しようとする数日前になって、急に都合が悪くなって同行を断

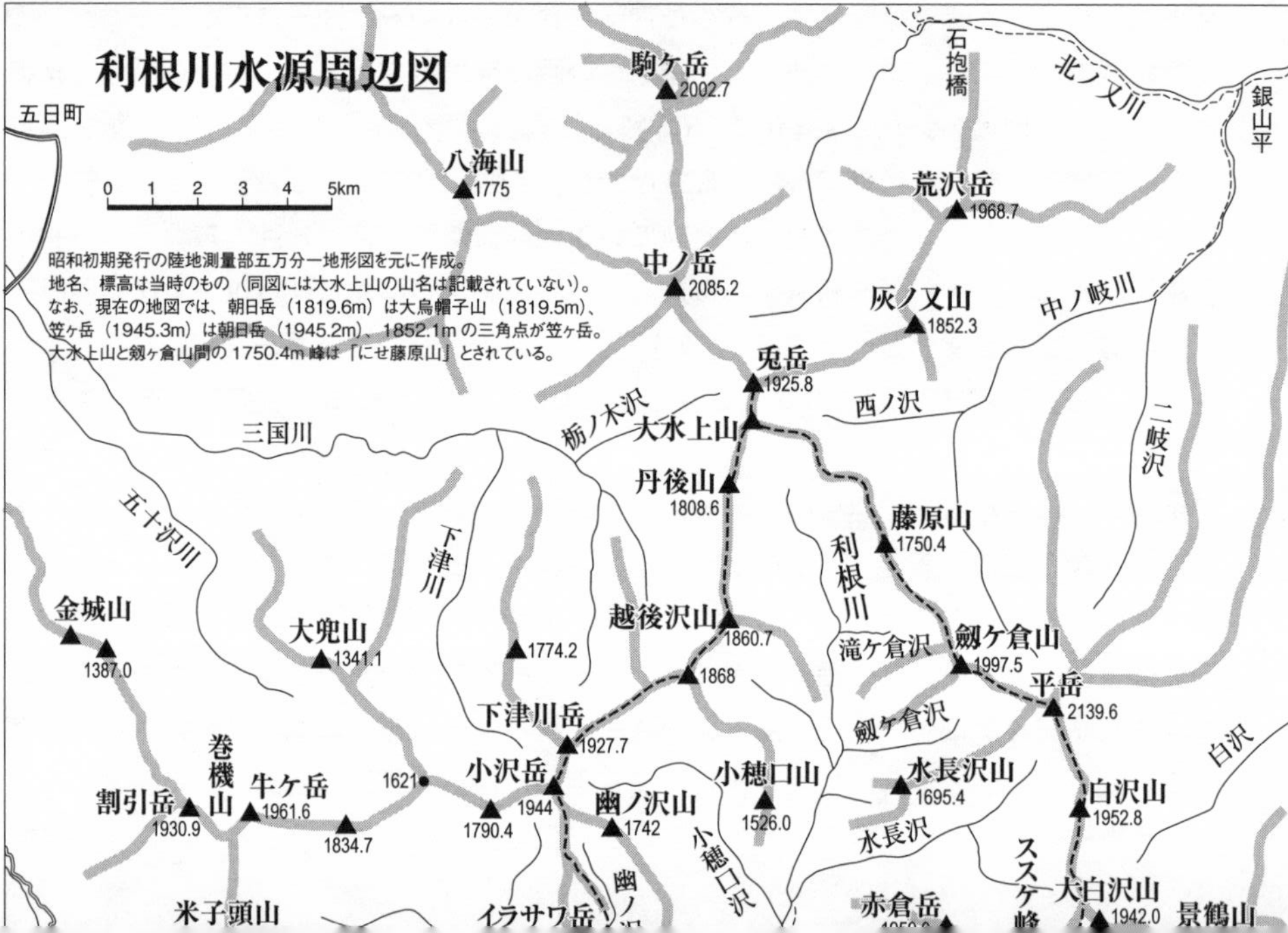
利根川水源周辺図
五日町
0 1 2 3 4 5km
昭和初期発行の陸地測量部五万分一地形図を元に作成。
地名、標高は当時のもの（同図には大水上山の山名は記載されていない）。
なお、現在の地図では、朝日岳（1819.6m）は大烏帽子山（1819.5m）、
笠ヶ岳（1945.3m）は朝日岳（1945.2m）、1852.1mの三角点が笠ヶ岳。
大水上山と劒ヶ倉山間の1750.4m峰は「にせ藤原山」とされている。
駒ヶ岳
2002.7
八海山
1775
中ノ岳
2085.2
石抱橋
北ノ又川
銀山平
荒沢岳
1968.7
灰ノ又山
1852.3
中ノ岐川
兎岳
1925.8
西ノ沢
栃ノ木沢
大水上山
三国川
丹後山
1808.6
二岐沢
五十沢川
下津川
藤原山
1750.4
利根川
金城山
1387.0
大兜山
1341.1
1774.2
越後沢山
1860.7
滝ヶ倉沢
劒ヶ倉山
1997.5
1868
平岳
2139.6
劒ヶ倉沢
白沢
下津川岳
1927.7
巻機山
牛ヶ岳
1961.6
1621
小沢岳
1944
小穂口山
水長沢山
1695.4
白沢山
1952.8
割引岳
1930.9
1834.7
1790.4
幽ノ沢山
1742
1526.0
小穂口沢
水長沢
ススケ峰
大白沢山
1942.0
幽ノ沢
米子頭山
イラサワ岳
赤倉岳
景鶴山

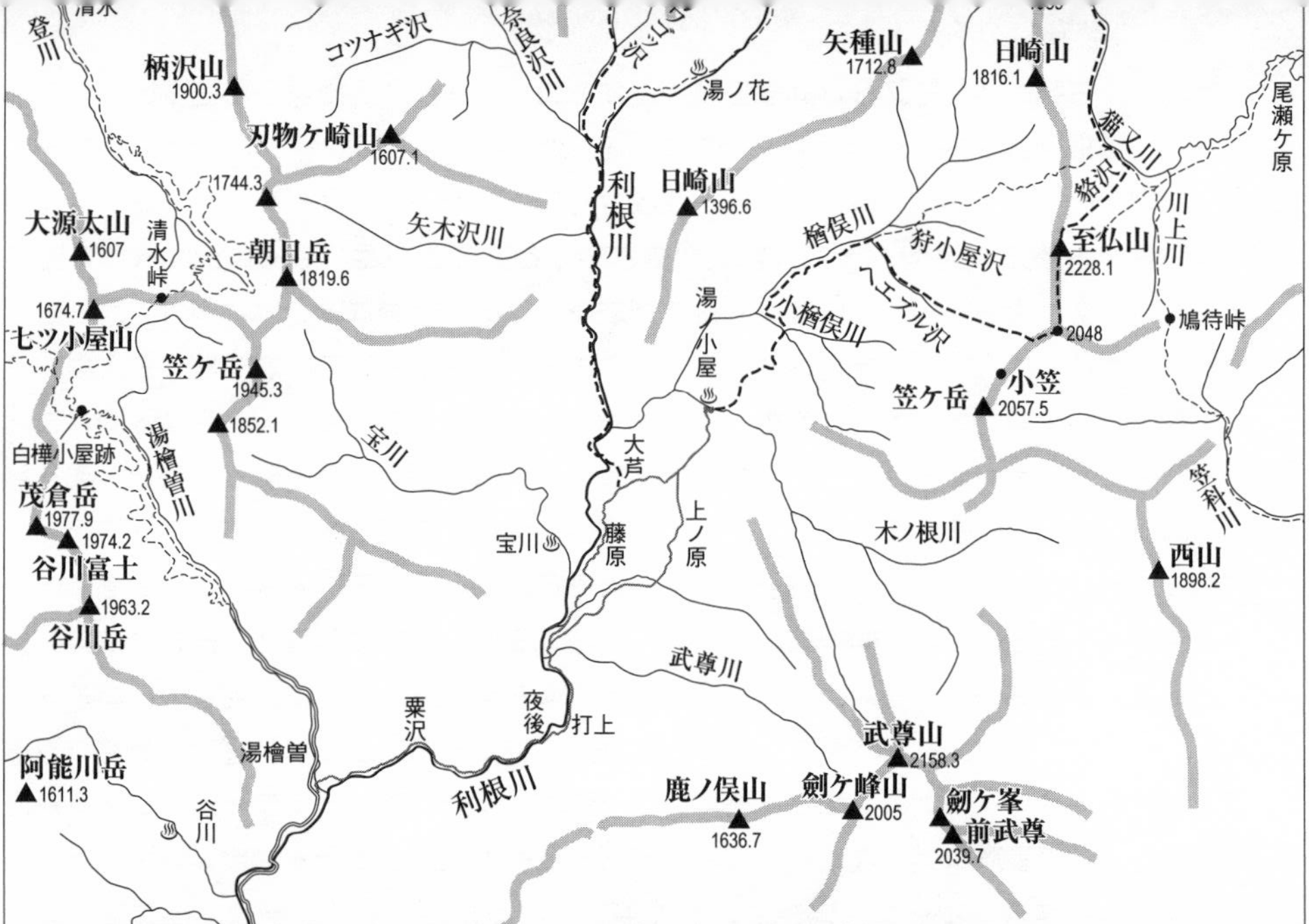

登川
柄沢山
1900.3
コツナギ沢
奈良沢川
刃物ケ崎山
1607.1
1744.3
大源太山
1607
清水峠
朝日岳
1819.6
矢木沢川
利根川
日崎山
1396.6
湯ノ花
矢種山
1712.8
日崎山
1816.1
尾瀬ケ原
猫又川
貉沢
川上川
至仏山
2228.1
狩小屋沢
檜俣川
ヘエズル沢
小檜俣川
湯ノ小屋
2048
鳩待峠
小笠
笠ケ岳
2057.5
1674.7
七ツ小屋山
笠ケ岳
1945.3
1852.1
白樺小屋跡
湯檜曽川
宝川
茂倉岳
1977.9
1974.2
谷川富士
1963.2
谷川岳
宝川
大芦
藤原
上ノ原
木ノ根川
笠科川
西山
1898.2
武尊川
栗沢
夜後
打上
湯檜曽
阿能川岳
1611.3
谷川
利根川
武尊山
2158.3
鹿ノ俣山
1636.7
剣ケ峰山
2005
劒ケ峯
前武尊
2039.7

られたのは遺憾であったが、兼て此方面に注目していた武田君が一行に加わることになった。三人は七月十七日の夜行列車で上野駅を出発して、翌十八日高崎駅に下車し、夫より電車の便を借りて沼田に至り、沼田から自動車で小日向に行き、此処で藤原へ戻る馬を頼んで荷物だけを運ばせ、三人は空身でぶらぶら歩きながら、其日の午後六時というに打上の柳淀に着いた。尤(もっと)も武田君は早く帰京しなければならぬ事情があったので、私達は最初に至仏、笠品及武尊の三山に登り、其後藤島君と私とは利根の奥へ出発することに極めて、先ず至仏山へ登る目的で十九日に湯之小屋へ出懸けた。然るに案内を頼もうと思った湯屋の主人の強慾に呆れて、残念ではあったが登山を中止し、翌二十日柳淀に帰ると直に準備を命じ、藤島君と私とは廿一日に予定の旅に上り、武田君は宝川笠ケ岳に登った後、玉原越(たんばらごえ)を経て帰京の途に就かれた。私達は初の考とは多少計画を変えて、利根川水源地の登山の第一歩を小沢岳に向って投ずることにした。そして廿三日の午前十時過に漸く其頂上に攀じ登ることを得た。夫(それ)からは上越の国境山脈を辿り、露営四泊にして廿七日午後三時大白沢山の一角に達し、猫又川を下りて貉(むじな)沢から至仏山に上り、ヘエヅル沢を下って二十九日に柳淀に帰着したのである。

　上述のような次第で実際私の跋渉(ばっしょう)した部分は甚だ少く、其余の宝川笠ケ岳から小沢岳に至る上越国境山脈や、片品水上二村の界をなす山脈及この両山脈から派出する幾多の支山脈に就ては、更に知る所がないというてよいのである。是等は他日踏査(とうさ)の上増補する考であるが、其中の若干は地誌や絵図の類に拠って、其梗概だけでも述べて置くことにした。

水源と文殊岩

利根川の名は早く既に万葉集に顕れているが、其水源に就て多少なりとも説明の筆を下しているものは、恐らく義経記が最初ではあるまいか。義経記の著者は不明である、従って著作の年代も知ることを得ない。されど大略足利時代の初期の作であろうという説が一般に信じられているようである。

> 爰に坂東に名を得たる大河一つあり、此河の水上は上野国利根の庄藤原といふ所より落ちて水上遠し、末に下りて在五中将の隅田川とぞ名付けたる。

利根川がまだ東京湾に注いでいた頃で、其時は荒川も今の元荒川の水路を流れて、越ケ谷附近で利根川に入り、荒川の現水路は入間川の河身であったから、末は在五中将の隅田川というたのである。尭恵法師の北国記行にも「利根入間の二川落合へる所にかの古き渡りあり」書いてある。是等の記事は利根川流域の変遷を研究するには貴重なる材料であるけれども、其水源に関しては、藤原の如何なる場所から発源しているか、一向に知ることを得ないのである。
徳川幕府の中世以後になると、利根川は利根郡文殊岳の幽谷より発すとか、又は藤原村の山中に文殊岩なるものがあって、形が文殊菩薩に似ている。其乳から滴り落つる水が利根川の源であるというような記事が諸書に散見する。利根川図志や江戸名所図会なども此例である。其等の中のどれが利根川の水源と文殊とを結び付けた最初の記文であるか、精しく調べては見ないが、出所は一つであって、それが各書に引用されたものに相違ないと想うのである。藤原村の伝説に拠ると、今から百四、五十年前に利根川を遡って、文殊菩薩の乳頭から滴り落つる水が利根川の水源をなし、附近は光明赫灼と（かくしゃく）して輝いているのを見た者があるとのことである。安永三年の自序ある上野国志には、文殊のことは少しも書いてない所から推すと此伝説の起源は其以後のことであろう。文化六年の自序ある富岡正忠の上野名跡考にも、亦（また）文殊のことは載せてない。

刀禰川は（刀寧川に作るは唐文字によるなるべし）利根郡富士山の西に出づ、始はわづかに此辺の列岳雫流落て、吾妻・利根の堺目をくだり、小川・月夜野に至て、又藤原谷の澗水をまじへ、云々。

赤谷川を以て利根の本流に擬したことは、何とも合点の行かぬ次第であるが、利根の水源が其当時未だ文殊と結び付けられていなかった力強い傍証とはなろう。

然るに文化初年の述作である武蔵演路の利根川の条には「或抄に云」として次の記事がある。

かつしか郡の中に大川有、太井川と云ふ、川の西を葛西の郡といふ也。案るに利根川也。此川上は筑波根のみなの川にて、其源常州文殊ケ岳より落始るを以て、智恵利根の意にて利根川と名付。太井川とは大河なるゆへなるべしと云々。

太井川（現在の江戸川）と利根川とを混同し、且利根の川上は筑波根のみなの川で、其源は常州文殊ケ岳より落始るなど、まるで痴人か狂人の語るを聞くに似た記事である。其当時に在りても少しく地理に通じている人の耳には、可笑しく響いたに相違なかったであろう。残念な事には唯或抄とのみあって、書名が記載してないのみならず、其年代をも知ることを得ないが、武蔵演路の著者が余り重きを置いていない所から推して、勿論立派な著書と称す可きものではないらしい。同じ文化初年の作でありながら、一は文殊の名が見え、一は之を欠いていることは、都会は地方に比しておのずから見聞の範囲が広く、且其機会に恵まれている為でもあろうが、一面には又其説が生れてまだ間もないことを示しているものではあるまいか。夫は兎に角、私の考ではこれが利根と文殊とを結付けた最初のものではないかと想う。そして文殊ケ岳から発源するので、智恵利根の意から利根川と名付くとあるけれども、利根川は古くからの名であって見れば、これは寧ろ本末を顛倒したもので、利根即智恵の意から、利根川の源を文殊菩薩に附会したものとするのが適切であろう。斯う考えると利根川水源と文殊との関係は、頗る眉に唾す可き体のもので、或は気まぐれな坊さんなどの戯談から、前記の伝説までも生じたのではなかろうか。利根水源探検紀行に於て、渡辺氏は所謂文殊岩なるものを発見したりとなし、

愈遡れば愈奇にして、岩皆凡ならず、右側の危峯を超へて俯視すれば、豈図らんや渓間の一丘上、文殊菩薩の危坐せるあり。百二十年以前に見たる所の人ありと伝ふ所の文殊岩は即ち之なり。衆皆拍手喝采して探検者一行の大発見を喜ぶ。直に丘下に到りて仰ぎ見れば、丘の高さ百尺余、天然の奇岩兀として其頂上に立ち、一見人工を加へたる文殊菩薩に髣髴せり。傍に一大古松あり。鬱として此文殊岩を掩へり。丘を攀登して岩下に近づかんとするも嶮崖頗る甚し。小西君及余の二人奮発一番衆に先つて上る、他の者次で到る。岩に近づけば菩薩の乳頭と覚しき所に一穴あり。頭上にも亦穴を開けり。古人の所謂利根水源は、文殊菩薩の乳より出づとは、即ち積雪上を蹈み来りし際、雪解けて水となり此乳頭より滴下せるを見たるを云ふなるべし。されど共水源を以て此処に在りとするは非なり。

と書れているが、私はそれを多少仏体に似た岩を偶然発見したものと見做して、どうも

此岩を古く見た人がある為に伝説が生じたとは信じ兼ねるのである。

維新後になっても此伝説はまだ相当に勢力があったものと覚しく、之に拠った地誌もある程であった。明治十二年編纂の郡村誌藤原村利根川の条下には、

本村ノ北方駒ケ岳（一名文殊岳）ヨリ水長沢ヲ出ス。三渓山中ニ合シ、十五里許ニシテ利根川ニ入ル、世人是ヲ利根川ノ源トス、大ニ誤レリ。此ノ三条ノ内何レノ一条カ文殊岩ノ乳ヨリ滴ルモノアリ。古来往々突尋スルモノ得テ見ルモノアリ、得テ見ザルモノアリ。草木ヲ分ケ嶮岨ヲ渉ルニ方位ヲ失シ、竟ニ何ノ渓タルヲ知ル能ハズ。蓋シ利根ノ本根ハ古来見究タルモノナシト云フ。

又水長沢の条には、

三流沢トモ云。源ヲ三所ニ出ス。一ハ戸倉村尾瀬ノ界笹分峯ヨリ出シ、一ハ尾瀬ノ石坂ノ西脊ニ出シ、一ハ中手山ノ北端ニ出ス、之ヲ三弦ト云。皆数ケ所ニ瀑布アリ。下流合シテ岩崖ノ渓底ヲ漲リ、西下シテ利根川ニ入ル。長拾四里幅拾三間。三渓ノ内源ヲ文殊岩ニ発スルモノアリトイフ。

というている。所謂駒ケ岳は上野国志に拠れば、「駒子山の東越後界にあり、越後にては白沢岳と云」とあって、陸地測量部発行五万分一図（藤原図幅）の白沢山或は大白沢山に相当しているようであるが、戸倉村の書上では景鶴山の一名を駒ケ岳というのであ

る。これは藤原村の当事者が実地を知らないで、伝聞の儘を書いた為の誤であろう。此記事から見ても文殊岩の頗る曖昧なるものであることが明かであると同時に、利根川の水源が文殊に結び付けられるに至った訳は、それこそ文殊の智恵を借りなくとも合点が行くようである。

以上は主として利根川の水源に関する記文に就て述べたのであるが、水源地の山岳の古い記録も、元より不完全であり少数ではあるが保存されている。例せば正保図や上野国志などがそれである。天保以後になると更に其数は増加するが、根本の図書は一つか二つであるから、著者は異っていても其記載する所は殆ど同じであって、新に得る所のないのが常である。今は其等に就て一々説明することを避け、私の踏査の及ばない部分を補う材料として、後に必要に応じて引用する際に比較研究して見たいと思う。

河と山脈

清水街道の湯檜曽から岐れて藤原へ行く二里余の道は、始終利根川に沿うている。粟沢の部落を通り抜け、柿平を過ぎて夜後に近づくと、川は引括(ひっくく)られたように狭くなって、殊に夜後橋の下では纔(わずか)に四、五尺の幅に蹙(せば)められている。タデソリ(又はタデスリ)ノセンというのは幅一間あまり高さ四五尺の人工の瀑で、其下は深い淀が一二町許りも続き、この上流へ来ても驚く程水量の豊富である利根の水が暗緑に沈んで渦を巻いたり、声を呑んで冷くグラグラ煮え返りながら、最後に大淵の物凄い瀞（とろ）からサッと溢れて、急瀬に白泡を立てて走り下って行く。河の中に突き出した巌の上に立って眼を上流に放つと、おもしろい形をした巨岩が或は横に蟠（わだかま）り或は縦に峙（そばだ）って、両岸に高さ二丈許りの崖を連ね、崖上には大樹枝を交えて鬱蒼として河を掩うている。鱒がこの瀑を超えようとして跳び上る所を素早く掬（すく）い取る為に、漁夫が手網を持って岩蔭に待っている。私達が遊んで居る間にも二度許り網の閃くのを見た。此外にも上流には柳淀、追淀、石上淀などがある。旅舎の林忠七方は柳淀に近いから其名を屋号としている。西ノセンは横山から西へ渡る西橋の上手にあるもので、全川が河床を斜に高さ五六尺の瀑をなしている。此処でも鱒が盛に獲れるそうである。又立岩といって黒部の東鐘釣山を一方から望んだような高い絶壁を対岸に仰ぐのも柿平と夜後との間である。此あたりは峡勢頗る窄迫（さっぱく）して、げに藤原に入る関門と謂（い）うてよい。此処を過ぎてから畑のみか田までが村里のように開けていようとは、誰も想像せぬであろうが、夜後橋を渡ると右側の山が脚を投げ出した形に身を退けて、広袤（こうぼう）二里に余る山ふところの諸所に、一かたまりの部落が点在して、青々とした水田を見るのに驚くであろう。そして其水田の向うに多量の残雪を額にも谷間にも白く輝かした山を見るに到って、一層の驚きと共に抃舞（べんぶ）して喜ばない者があるであろうか。

　元来奥上州、殊に利根川の水源地を囲む山の中には、二千米を超えているものは誠に少ない。最高位を占むる至仏山でさえ二千二百二十八米一にしか達して居らぬ。其他は二千百五十八米三の武尊山、二千百三十九米六の平ケ岳、二千五十七米五の笠ケ岳を除けば、余は皆二千米以下の山許りである。尤(もっと)も千九百米を超えているものは十余座を数うることを得るが、兎に角高度に於て秩父はさて措き、日光火山群にすら遥に劣っているに拘らず、これが二千米前後の山であるとは如何しても思われない、少なくとも二千六七百米の山脈を望むの感がある。其中でも利根川の右岸即ち西側に在るものは、越後の駒ケ岳や中ノ岳から清水峠に連る所謂清水山塊の大部分をなす長大な山脈であって、飛驒山脈でいえば立山山脈に当るものである。冬季日本海上を掠めて来る西北の風は、悉(ことごと)く其水蒸気を拉(らっ)し来って、先ず立山山脈に多量の雪を降らすのと同様に、此山脈に多量の雪を降らすので、利根川の左岸即ち東側にある後立山山脈に比す可き平ケ岳や至仏山及武尊山等を連ねる山脈よりも、高さは低いが積雪の量は余程多いからして、北寄りの平ケ岳に辛うじて少量の雪を認め、至仏山や其の東北に在る附近第一の高峯二千三百六十米を超えた燧岳にさえ、恐らく雪の片影を止めざる八月盛夏の候も、尚(な)お谷という谷は殆ど全部雪渓をなしている。其壮観は蓋(けだ)し松本平から仰望した常念山脈を凌ぐの概がある。就中（なかんずく）駒ケ岳から中ノ岳に至る連嶂（れんしょう）は、崔嵬（さいかい）たる山容と雄渾（ゆうこん）なる峯勢と相（あい）俟（ま）って、槍穂高の山塊を想起せしむるものがあるのみでなく、北又川の上流に面して多数の雪渓を懸け連ねているので、枝折峠（しおり）から北又の谷に下り込んだ石滝橋の附近から西望すると、宛（えん）として上河内の渓谷から眉に迫る大山岳を瞻仰（せんぎょう）するの観がある。よしこれは少しく比較の埒外（らちがい）に逸出した言葉であるとしても、中ノ岳の南方に発源する栃木沢の上部の如きは、細いながらも二十余町の雪渓が続いているのを見た。下津川山の西北に在る佐具利（サグリ）山（仮称）なども、高さは千八百米にも達しないが、東北側に懸る二条乃至（ないし）三条の雪渓は、孰（いず）れも十余町に亘るであろう。奈良沢の支流幽ノ沢の如きも、魚留ノ瀑から上は、幽沢山と小沢岳とを連ねる最低の鞍部の直下まで雪渓の来ていることを後に知って、ひどい藪潜りをしながら尾根を登った不覚さを悔いた程である。此等は僅（わずか）に二三の例を挙げたものに過ぎないが、雪量の多いことはこれ丈でも推察することを得ようと思う。惜（おし）い哉（かな）山が低い為に、この雪は昼夜共に溶けているから、十月中旬初雪の降る迄には、大部分は消失するであろうけれども、九月下旬尚（な）お利根の右俣左俣の奥には、皚々（がいがい）たる白雪を認めたことがあるから、其中の幾部分は万年雪となって残るであろうと思う。藤原温泉記行の著者が「布引山より大烏帽子山へ掛る処に雪の絶ざるところ有と、土人万年雪と号く。外にもケ様の処ありといふ」と書いたのも謂（いわれ）なしとはいえない。

此の如く山は低い上に、大水上山一名利根岳から東西に分岐した山脈は、大体に於て南北の走向を取ってはいるが、決して平行する事なく広く左右に展開している。従って其間を流れる利根の渓谷は、極めて上流の小部分例せば水源から水長沢の合流点附近に至る直径三里たらずの間が稍(やや)勾配が急であって、両岸に壁立の岩崖が続いている。生咋(オイツクイ)やシッケイガマハシなどいう所のあるのも此間である。生咋は越後沢山から東に派出した尾根が川に臨んで尽るあたりにあって、利根川が長い瀞をなし、其奥に瀑があって岩の洞窟から奔下している。左右は高い岩壁であるから容易に近づき得ないということである。稀に此処まで魚釣に来る者もあるが、此処から上流へは行った者が無いと謂(いわ)れている。郡村誌には藤原村の名勝の中に、

塗桶山筒川　負塞(オヒツクヒ)トモ云。塗桶ノ西麓利根川土中ヲ潜流スルコト壱里余、其中ニ岩竅一ケ所アリ。

とある。私達が人夫から聞いた所とは相違している点もあるが、オヒは顕(あらわ)れるクヒは隠れることで、即ち隠顕する意味であるから、伏流の末端が瀑をなしているのかも知れない。それにしても一里余りの伏流は少し大袈裟な様である。シッケイガマハシは長い岩壁を搦みながら廻る所で、丁度地図の小穂口山の東に当っている。生咋附近から上流に

なると、山側の傾斜も急であるし、横尾根は孰れも痩せて岩石の露出した鎌尾根で、其間の沢は細い上に深く且瀑が多いから、上るにしても下るにしても、夏季の雪渓の頃は反て困難であり危険の場合がある。若し積雪全渓を埋めて固く凝結した晩冬初春の候か、又は雪が溶け去った九月下旬であるならば、其困難も危険も無視して差支ない程度に緩和されるであろう。

水長沢の合流点から下流は、水量は益多くなるが反対に勾配は愈緩くなって、大淵に至る迄の六、七里の間に於て二百余米の落差あるのみであるから、勾配の激しい河床を怒漲奔湍して矢のように流駛する壮快な急流の趣は甚だ乏しい。況して百尺の崖底を大嵐のような音を立てながら地響打って滝のようにたぎり落ちて行く豪宕な峡流の面影は猶更ない。言わば尋常一様の谷川であるに過ぎないが、それでも河原が開けて針葉闊葉の美しい樹林がひたひたと河波の打寄せる水際まで生え続いている一方には、又サルバンネ（猿飛）、エイガヘツリなどいう岩壁の狭間や大磐石の懸崖状に露出した所などもあって、流石に幽峭なる渓谷の景致を存している。

利根の支流と水源地の林相

利根水源地の支流の中では、宝川、楢俣川、矢木沢、奈良沢、小穂口沢、水長沢の六が最も大きい。此等の沢の中には可なりの困難を覚えしむるものもあるが、孰(いず)れも遡上することを得るのである。其中で最も困難なのは宝川と水長沢とである。然し水長沢は之を遡って平ケ岳に登る人が漸次に多くなるらしい傾向があるから、其困難の度も日を追うて減ずるであろうと思う。今参考として左に郡村誌の記事を抜抄し、踏査の不足を補うことにした。これは明治十年頃の書上を基として編纂したものであるが、陸測五万の地図（追貝、藤原、八海山、湯沢の四図幅）を拡げて対照して見ると、明(あきらか)に齟齬(そご)している点や誤謬である箇所を可なり発見する。これも実測の結果でないから止むを得ぬ次第であろう。

　宝川　旭ケ岳、大烏帽子岳ノ間ニ出シ、屈曲南流シテ東川トナル。宇津穂渓、菊石渓、石魚沢、湯ノ沢、俎板倉沢、恵根子沢、初沢、山毛欅(ブナ)生倉(オヒクラ)沢、湯ノ沢等ヲ合セ、東流利根川ニ入ル。長四里半幅八間。

　楢俣川　日崎岳ニ発シ、西南ニ流レ日崎川トナリ、沢種沢ヲ合セ初メテ楢俣ノ名アリ。又前深沢、後深沢、矢種沢、狩小屋沢、塀弦(ヘイツル)沢、小楢俣川等ヲ入レ、中手山ノ東麓ヲ南下シテ木ノ根沢ニ入ル。長七里幅八間。

　木ノ根沢　湯ノ小屋川トモ云。小高岳南方大日向ヨリ出テ、田代沢、逆川、蟬ケ沢、手小屋沢、先倉(サキクラ)沢ヲ合セ、湯小屋村ヲ貫キ、奈良股川ヲ合セテ中手山ノ南麓ヲ西流シ、利根川ニ入ル。長四里三十五町幅八間。流域岩崖多クシテ所々ニ瀑布多シ。
山羊沢　大烏帽子岳ニ発シ、小烏帽子岳ニ出ル前クウリ沢ヲ合セ、東流利根川ニ入。長四里幅二間三尺。
奈良沢　琴牛岳ニ発シ、小沢ヲ合セ、又小繋川、幽ノ沢ヲ入レ、流塵堀（ゴミボリ）原ヲ過キテ東流利根川ニ入ル。長四里半幅拾間。
小繋川　琴牛岳ノ南ヨリ出、白檜渓（大烏帽子ノ山脚刃物ヶ崎ノ岩峡ニ発ス）ヲ合セ、東流奈良沢ニ入ル。長二里幅八間。
小穂口渓　駒ヶ岳ノ東南峡ヨリ出テ、北ノ谷南ノ谷ヲ合セ、又前長倉（幅九尺）後長倉（幅壱尺）ニ渓水ヲ入レ、東流躑躅ケ滝トナリ、下流利根川ニ入ル。長三里幅拾二間。

水長沢の記事は既に前に引用してある。宝川に就ては武田君がこれを遡って笠ケ岳に登られた記行（「山岳」十六年三号）があるから、参照して戴きたい。藤原温泉記行には、

宝川を上へマナイタ倉といふを過て大烏帽子を越れば、六里にして越後の魚沼郡清水村へ出るとなり（清水村の村長は阿部氏にして、阿部左衛門尉が子孫にて、世々清水越の関守たりといふ。此清水越といふは山中を粟沢辺りへ越す道ありと也、今

に道のてい大凡分るとなり。此事は糾す可し。此山越後にては東にあたる故にや朝日ケ岳といふなり）是雪中を越すなり、されど雪ふるころ又雪なきときはこえかたし。春の彼岸過て雪ふりやみ、深き谷々埋みたる雪の上を渡りてこすなりと也。過し頃小泉兵助此温泉に浴し、病のいとまある時に狩人をあないにやといて、かの大烏帽子へ登りしと也。時節少しおくれたれば、すでにマナイタ倉の雪抜落て漸くにして難所を越ぬ。是より奥は谷に雪ありて其上を行に、大木のこずへ少しつゝ出たるもありて、さながら大路を行やうなりと。又山の半覆の雪を横ぎるには、よきもて一打つゝ雪を穿ちつゝそれを足掛りに行となり。あやまつて倒るゝ時は何ほど下へすべり落べきや。漸くして大烏帽子（越後にては朝日岳といふ）の頂きによじ登りたり。木なんどはなく、雪間の岩のあはいには小笹のやうなるもの、又た目なれぬこまかなる木生繁りて、庭造りなんどがたくめるやうに見えてうつくしと也。

同書には外にも天保十二年の春彼岸十日過に、万次郎という者が其妻と案内者を同伴して、宝川から清水に越え、六日町にて白米八斗に塩鮭や糀（こうじ）などを購（あがな）い、人夫を雇いて都合五人で元の山路を帰ったところ、霧の為に路に迷い、谷間に露営して翌日午の刻頃宝川に帰着した本人の直話を長々と書き記してある。

楢俣川は水源地に於ける利根川最大の貢流である。郡村誌には木之根川の方を本流としてあるようだ。勿論この二の川は大さも水量も幾(ほとん)ど伯仲の間にあって、孰(いず)れを本流とするも差支ないようであるが、長さからいえば楢俣の方が優っているから、之を本流と認めてよいであろう。利根に合流する所は洞元の落合といわれている。そこは花崗岩の一枚岩が幅九尺あるかなしの樋の形に抉(えぐ)れて銚子口のようになっている。附近には直径二三尺の甌穴(おうけつ)が水中に二三個穿(うが)たれているのを見た。木之根川は洞元の落合から半里ばかりの上流で楢俣に合する。其処に瀑があって洞元瀑と呼ばれている。第一瀑は木之根川が花崗岩の一枚岩を直下すること四、五丈で、岩壁に囲まれた深潭(しんたん)を湛え、そこから屈曲した幅五六尺の岩の屏風の間を流れて楢俣に入るのである。其距離は十間もあるまいと思うが、残念ながら合流点から瀑は望めない。元は瀑壺の上を横切って橋が架けてあったものと見えて、危く朽ち残っている。第二瀑と第三瀑は共に楢俣にあって、相互に六七十間を隔てているそうである。高さは四五尺から七八尺を超えぬものらしい。

此沢筋は古くから戸倉又は尾瀬への通路として、時折往来したこともあったのであろう。藤原温泉記行にも

一、湯小谷川を上へ木根沢を越行は、東入の十倉といふ処へ出ると也。東入は廿三ケ村ありて、十倉は人家の詰りにて、山を越は八里にして奥州会津ヒノへ又村へ出ると也。湯小谷より北の方大ナラ又の沢(大なる川也と)を詰れば、尾瀬ケ原尾瀬の尾山なん

とへいで会津へこす、十四五里もありといふ。会津にては是を三十里越といふよし

也。是らは道ありといふのみにして越したる人もきかず。

と書いてある。五万の地図にある小径は、湯小屋から八谷越(ヤタニゴエ)を経て小楢俣に出で、更に小さな峠を上下して、東桶小屋沢から楢俣に沿い、狩小屋沢の或地点まで通じている。大正九年に私達が通った時は、東桶小屋沢から峠へかからずに楢俣に沿うて下り、山の鼻を左に廻って小楢俣に出で、八谷越の道に合した。尤も八谷越を通らなくとも、洞元瀑から楢俣に沿うて魚釣の往来する径がある。狩小屋沢から上は谷も狭く両岸に岩石が露出し、殊に日崎沢には二、三の瀑もあるが、水量が著しく減ずるので、大した困難もなく尾瀬へ出られるそうである。近年関東水電で尾瀬から此沢に沿うて藤原に通ずる道を作るとの話であった。若し夫が実現された暁には登山者に取っても誠に便利な道となる訳である。が、恐らくこれも他の例と同じく話だけで終るのではあるまいかと思う。矢木沢に関しては特に記載す可きこともない。前クウリ沢というのは、標高千六百二十六米の天ケ立の西北側から発する沢で、今は前(メエ)グリウと呼ばれている。

奈良沢は楢俣に次ぐ大きな流で、而(しか)も楢俣と違って本流との出合は幅が広いから、出水の際は徒渉は勿論架橋も不可能である為に、山に入るにも山から出るにも、大雨が続くと之が為に喰止められることになる。支流の小繋沢も幽ノ沢と頡頏(けっこう)する大きさで、本流

と同様可なり奥まで魚釣が入り込むらしい。白檜渓というのが刃物ケ崎の岩峡から発源しているが、これは其東側の岩巣から発して北流して小繋に合する沢のことであろう。果してそれならば今は日向倉(ヒナタグラ)の名で呼ばれている。小穂口沢に就ては何の知る所もない。水長沢も高廻りをした上に甚しく不注意であったから、一向に記憶に残っていない。聞く所に拠ると此沢は崖もあり瀑もあって、河床を遡上することは可なり困難であるが、二三ケ所少し高廻りをするだけで、平ケ岳まで沢を上り得るということである。所謂三(ミ)弦(ツル)は五万の図に水長沢と記入してある長の字の所の三渓であるか、それとも水の字の附近の三渓であるか判然しない。人夫の言う所では後者らしく思われた。

序(ついで)に水源地の林相を陳(の)べて見ると、この地方では秩父などで見るように喬木帯が闊葉、針闊混淆、針葉という順序に判然と認められない。これは主として山が低く、漸く闊葉喬木帯の上部に達しているのみに過ぎない為であろう。然るにそこは既に風雪の激しい山頂若しくは夫に近い所であるから、椈(ぶな)や楢や七竈(ななかまど)までが令法(りょうぶ)や万作などと同じように灌木状をなして曲りくねっている中へ、米躑躅(こめつつじ)や石楠(しゃくなげ)などが割り込み、甚しい場所では更に黒檜(くろべ)や米栂や偃松(はいまつ)をさえ交えている。就中(なかんずく)偃松は千八百米附近から姿を顕し、陣竹(根曲り竹)と混生していることなどもあった。闊葉喬木では千米前後の地点に亘って、椈の大深林が至る所に見られる。二抱も三抱もある大木が眼の及ぶ限り銀灰色の幹をすくと立てならべている有様は実に立派なものである。東桶小屋沢から小楢俣に至る間の米小屋平と八谷越などは全く栂の純林であって、私が曽て見た最も美しい森林の一であることを断言するに躊躇せぬ。

針葉喬木は姫小松、黒檜、羅漢柏、犬榧などが多い。此等は皆散生しているものであるけれども、其生育する高さの範囲は自ら一定している、黒檜は笠ケ岳を中心として千七、八百米の西側の山腹に、殆ど他の一木を交えずして密生しているのを見た。然しまだ森林と称する程度に木が生長していない。千九百米を超えた山腹であると、土地の人がブサと呼んでいる大白檜の純林が見られることもあるが、これは寧ろ稀であった。

山の上からの展望と実地の観察とから推して、森林の限界は概して千四五百米であるように思われる。夫以上の高さになっても無論木は生えているが、四五尺から一丈あまりの丈に短縮しているので、遠望した所では草地と択ぶ所がない、実際草地もあるにはある。けれどもこの遠望した外観に欺かれて、迂闊に其中に蹈み込むと意想外の困難に出逢うことを覚悟しなければならない。此地方の山脈縦走の困難は、全くいやでも此藪を押分けたり潜り抜けたりして歩かなければならない点に存する。

水源地の山

上野名跡考を読むと、「思ふに利根はトガリたる嶺多（さは）なれば利嶺（トキネ）の郡なるべし」と説明してあるが、実際は利根川の水源地には尖った山が多い所が極めて少ないので、或は殆ど絶無と称してよい程である。大小烏帽子や笠又は剣ケ倉などいう名は多小尖った感じを与えるが、それすら飛騨山脈の同名を冠する諸山に比すれば、お話にならぬほど穏な山容を呈している。尾根は幅が広く、小さな沼や窪地が至る所にあって、毛氈苔（もうせんごけ）と白山小桜の多いのを特徴とする。そして積雪の多い東側に草地が連続しているので、縦走の際はそれを辿って少なからず藪潜りの困難を免れることを得るのである。木は皆斜面に沿うて下向きに生えている。これは雪量の多い山地に固有の事実で、春の半頃であると直径四寸以上五六寸もあるような木が雪の為に地面に押伏せられている。もう雪が薄くなっていれば人の跫音（あしおと）にも均衡は破れて、木はひどい勢で跳ね返る。運悪く其木の上に足を掛るか又は夫をまたいだ瞬間であろうものなら、弾き飛ばされるか打ちのめされるかして、痛い目に遭わなければならない。葉を振り落した木が如何に雪に降り埋められたからとて、斯様（かよう）に押伏せられる訳はない。是は深く積った雪が一旦水気付いて又寒さの為に冰（こお）ると木を取り巻いて固く凝結してしまう。そして地面に接した部分がより多く溶けるとする。斯くて雪の塊は漸く沈下すると同時に其重さで次第に木を撓（たわ）めて行く一方、急斜面の地であれば雪は木の枝や幹に固結していて離れないが、雪崩（なだ）れ落ちんとする形勢があるから、木は益（ますます）押すくめられて、終に斜面に沿うて生長するのである。此中を横さまに歩いたり下から押分けて登る困難は、誰に取っても苦しい経験と云うてよかろう。けれども初春の雪中に登山すれば、如何に頑強な藪であろうとも、雪の為に楽々と其上を通行し得るのは実に愉快といわなければならない。

以下水源地の山に就て少しく記述して見たい。それには先ず清水峠から始めることにする。

清水峠

上州の湯檜曽から越後の清水へ踰（こ）える峠で、清水山塊の名は此峠から導かれたものである、古くは直越（スグゴエ）（上杉記）又は馬峠（新編会津風土記）の名があった。標高千四百四十八米。湯檜曽からは約八百九十米、清水からは八百五十米の登りになっている。先ず峠としては低く且至って楽な方である。従ってどっち側の道も平凡であるを免れないが、上州側は谷川連峯の素派（すば）らしい赭色の岩崖を仰ぎながら上下することを得るのがせめてもの心遣りであろう。頂上の展望も相当に広いであろうが、私が此処を通過した時はいつも霧か雨で、僅に雲霧の途切れ目から一ノ倉山の頂を垣間見たのみであった。

清水峠が通行されるようになったのは、可なり古い時代からであるらしいが記録の徴す可きものがない。その明確に文書の上にあらわれているのは天正以後のことである。上杉記に拠ると天正六年三月に上杉謙信が卒して、養子三郎景虎と甥喜平次景勝との間に家督争が起り、景虎の実家北条氏が応援の為に此峠を踰えて越後へ出兵した。

右ニ記如ク上野衆北条ト一味故、越後へ之通路自由ニテ、三郎殿へ加勢ノ兵北上野ヘハ志水谷へ下テハ長尾伊賀守城ヲ取巻ク。三国ケ峠ヲ越テハ坂戸山樺沢城ヲ打囲テ攻ル。

樺沢ノ栗林肥前守、志水長尾伊賀、坂戸山城へ入ル故、越後へ直越ノ道自由ナル故、八月上州厩橋城主北条安芸守ノ子丹後守ニ（初ハ弥五郎ト云。謙信公御代十六歳初陣シテ、ヨク数度剛強働仕、鬼弥五郎ト云レタル士ナリ。）北条殿ヨリ五百騎差越、三郎殿へ加勢也。丹後守南方衆ヲ引率シ、北上野ヨリ直越ニ松ノ山ノ峠ヲ越、御館へ来リ云々。

同書に又沼田の城主藤田能登守信吉が北条氏との戦に敗れて、天正十年六月十三日の夜にこの峠を踰えて、翌日清水へ着いたことが記してある。

藤田能州戸根川ノ河上北上野ノ内伊濃飛楚へ懸リ、直越ノ峠ヲ越テ越後ノ志水谷へ下、長尾伊賀守持ノ志水城へ入。

伊濃飛楚は他書に犬伏ともなっている。湯檜曽村の言い伝えでは、往古湯ノソ、又は湯ノスソ通りと称した由であれば、ユノスソがイノヒソと転訛したのかと思われる。此等の記事は同時に此峠がかなり古くから通行されたものであることを暗示している。新編会津風土記には、清水口の番守安部弥左衛門の家に伝えた古文書というのが数通載っている。

尚々其元偏に頼入候。以上。

急度以書札申入候。仍当地あはさはより百姓共欠落、其元へ参候。御意見候て此方へ罷帰候様被成可給候。当年中諸役儀ゆるし可申候間、此筋目其身共に被仰候て、早々作前に候間御返し頼入候。爰元御用も候はゞ可被仰候。如在申間敷候。恐々謹言。

壬三月五日　羽筑後守昌幸　花押

忍越前守能之　花押

安弥左衛門様参人々中

粟沢村の百姓が清水へ逃げて行ったのを、意見して帰して呉れるようにとの頼みの状で、羽筑後守昌幸は沼田の城主真田安房守である。忍越前守能之は沼田七人衆と呼ばれた中の一人である恩田越前守であろう。忍と恩とは草字体が酷似しているので能(よ)く誤られる。

閏三月とあるので前後の事情から慶長四年であることが分る。

急度申遣候。仍清水越を堅令停止候間、たれ〳〵者成共通候はゞ、うち取可申候、則さいほう之儀者其者に可令扶助条、可有其心得候。又自然清水越通候由申候者在之者、重て聞届次第に其在々之者共可加成敗候者也

以　上。

九月二十日

丹後守直寄　花押

清水村百姓中

清水越の名が物に見えた初であろう。此状は明に峠の通行を禁止したもので、之を犯したものは打取ってよろしい、其者の財宝は打取った者へ与えるというのである。堀丹後守直寄が坂戸の城主となったのは慶長三年から同十五年迄で、此禁令を出したのも其間の事であろう。或は前記慶長四年の百姓の欠落一件などがあって、交渉が面倒なので此挙に出たのかも知れない、そうすれば矢張四年か五年頃の事と思われる。

此禁令の結果領主は変っても、上州方面からは余り往来する人もなかったと覚しく、道のあることさえも既に忘られたか、正保の上野図は勿論天保十三年の富士見十三州輿地之全図にも、湯檜曽から先には道がない。然るに同じく天保十三年版の越後国細見図には、路もあれば清水越の文字もあり、上州大元村（○之は大穴村の誤である）へ出る

と記してある。それにも拘らず同じ年に宝川へ湯治に行った藤原温泉記行の著者は、既記の如く清水越といふは山中を粟沢辺りへ越す道ありと也、今に道のてい大凡分るとなり、云々と伝聞の儘を書いているのを見ても、上州側の荒廃していた証左とすることを得よう。郡村誌は利根川の西岸から小烏帽子岳の麓を繞って越後への山径があって、謙信馬返し岩というのがあると記している。一寸考えると謙信が通った若しくは通ろうとした道らしく思われるが、越後方面では此道に就て何等の記事も見当らない。山径とはいい条樵夫か猟師などの稀に通行する位のものなのであろう。謙信馬返し岩は粟沢の奥にあるという謙信ケ洞と同じく、其猛威に慴伏（しょうふく）した土地の人が命名したもので、所謂弁慶と同様に意味のないものと信ずる。

　文化年中（多分六、七年頃であったように思う）越後の米を江戸に輸送する為に、舟運の許す限り上流まで、魚沼川と利根川とを利用し、清水峠を開鑿（かいさく）して、二者を聯絡（れんらく）しようと企てたものがあった。開鑿といっても車と迄はゆかず、単に牛馬を通ずるに足る路を作る程度のものであったらしい。其詳細はもとより実際工事に着手したか否かも不明であるが、其時代の状態から推せば、これが実現は不可能であったろう。唯開鑿の道筋というのが、どうも湯檜曽谷ではなく、笠ケ岳の長い尾根に沿い、南下して利根河畔に達する計画だったように思えるので、藤原温泉記行にいう粟沢あたりへ越す道というのも、此尾根筋にあって、それを改修して用に充てようと目論（もくろん）だのではないかという考が起った。郡村誌に越後への山径というのも、或（あるい）は之を指したものであるかも知れないし、或は其一派であるかも知れない。そうとすれば昔は或期間だけこれが清水越の道であったことも想像され、又謙信が通ったことがないとはいえない。しかし私はまだ疑を抱いている。富士見十三州図や利根川図志の挿図には、藤原の手前から大小烏帽子の間に向けて、途中まで路が書き入れてあるが、これは明に宝川温泉への道であるべきものが誤記されたものであるというを憚（はばか）らない。というのは正保以後の地図が孰（いず）れも同図の温泉への道を記入しながら、湯有の二字や小屋の記号を脱落した誤を踏襲して、意味の不明なるままに、勝手に路線を長くしたり、短くしたり、或は位置を換えたりしているからである。

維新後交通が頻繁となるに連れて、道路改築が企てられ、明治十四年七月から新道の工事に着手し、同十八年八月に至って竣工した。其当時は元より同三十年頃までは、運送馬車も通行していたが、其後比較的足場の悪い上州側から次第に荒廃して、今は白樺小屋以南は人にも通行不可能となってしまった。今後現に工事中の上越鉄道が通ずるに至れば、立派に廃道となるの運命を有している。

笠ヶ岳

清水峠の東南東に聳ゆる山で、戸倉界の笠ケ岳と区別する為に私達は之を宝川笠ケ岳と称しているが、此名は測量部の五万の図で初めて知ったのである。古い正保図を始め其後の地図にも、一として此名を記載しているものはない許りか、明治十二年の利根郡村誌や同二十一年の藤原村及湯檜曽村の書上にも決して見当らない所から推すと、極めて近年の称呼か或は他の地方で呼んでいたものが地元へ輸入されたものと信ずる。これが藤原の奥にでもあることか、其入口にあって而も標高は千九百四十五米三と測られ、利根川右岸の最高峯牛ケ岳に比して、僅に十五六米ほど低いに過ぎない顕著な山でありながら、地図に其名が記入されていなかったり、固有の名を紛失したりするのは、寧ろ不思議と称してよいであろう。藤原方面からは余り高低のない長い尾根を真横に見る為に、どうこじつけても笠にはならない。南方大穴村あたりでは勿論最高点は見えないが、秀麗とは言い兼ねるまでも、先ず檜笠位の形には見える。郡村誌には旭ケ岳となっている。これは湯檜曽村の名であって、藤原方面では広河原岳と呼んでいたらしい。

　旭ケ岳　広ケ原岳トモ云。高二十九町、村ノ西方ニアリ。西南ハ湯檜曽村粟沢村ニ属シ、山脈夜後村垂木沢峯ニ連リ、利根川ノ西岸ニ限ル。北ハ大烏帽子岳東北ハ

上ノ原より見たる笠ヶ岳

小烏帽子岳ニ連ル。渓水数条ヲ出ス。

これは藤原村の条であるが、湯檜曽村の方には

朝日岳　高二百丈、村ノ東北ニアリ。嶺上ヨリ南方本村、北方越後国魚沼郡清水村、東方藤原村ニ属ス。山脈東方藤原村ノ大烏帽子小烏帽子岳ニ連リ、南方ニ延テ村中ニ起伏シ、北方ニ走シテ清水村ノ諸山ニ連ル。西方ニ走ルモノハ谷川ノ奥富士山ニ通亘シテ越後国境ヲナス。山中雑木多シ。登路三条、一ハ本村ヨリ上ル、高サ二里十五町。一ハ南方湯檜曽橋ヨリ上ル、高一里十四町。両道易シテ遠シ。一ハ山中ノ字一ノ倉ヨリ上ル、高十五町、嶮ニシテ近シ。渓水二条アリ、下流湯檜曽川ニ入ル。

郡村誌は各村の書上を唯一の材料として編纂したもので、多くの場合編者は少しも実際を知らないのである。それでも幸に其人が適材であるならば立派な書物が出来上るであろうが、左もない時には其編纂が反て累をなして、取捨に迷うような記事に屢遭遇する。利根郡村誌などは不幸にしてよい編纂とは申し悪い。同じ山に旭と書いたり朝日と書いたりして更に統一がない、其上に前後撞着左右齟齬彼此混同という工合に不得要領の記事が至る所にあるので、之を読む際には細心の注意を要する。ここに記された登路なども、最も遠かる可藤笘の湯檜曽橋からの登路が、本村からの登路より一里も近く、そして一ノ倉からは十五町とある。そんな路があるとしてもそれは尨大な山塊の一地点への路で、決して最高点への路ではない。或は考えように依っては、千七百五十米の峯か若くは千八百五十二米の峯が旭ケ岳であって、山塊の最高点は大烏帽子山ではないかとも取れる。然しそうすると不都合を生ずる場合の方が多いから、此考は撤回せざるを得ない。要するに最高点への登路は無いので、藤原方面からは宝川に沿うて、湯檜曽方面からは清水峠又は其附近から登るのが、比較的楽であるというに過ぎない。詳細は前記武田君の記事に就て知られたい。尚お湯檜曽川は北方越後国境の大峯山から発源すと郡村誌の湯檜曽村の条にあるので、笠ケ岳に大峯山の異名があるように思われるが、他に大峯山の記事がないので何とも判断の下しようがない。しかし同村の書上には、源を旭日岳に発しと記してある。

朝日岳（大烏帽子岳）と小烏帽子岳

朝日岳は所謂大烏帽子岳である。古くは正保図より最近測量部の輯製二十万に至るまで、如何なる地図にも大小烏帽子の名は記載してあるが、さてそれが実際どの山に相当するかに就ては、まるで雲をつかむように捉え所がなかった。土地の人に聞き質して見ても、大小烏帽子の名は知っているが、今では夫がどの山であるかを指点することを得ない有様である。已むなく之を記文に攷えて朝日岳を大烏帽子岳と断定したのである。

大烏帽子岳　高廿八町、村ノ西北ニ峙立ス。山脈南方旭ケ岳ニ連リ、東方二脈トナリ、一ハ利根川ニ至リ、一ハ小烏帽子岳ニ亘リ、北方ハ琴伏岳（〇琴牛）ニ連リ、西ハ越後国魚沼郡清水村ノ奥巻旗山牛ケ岳ニ通亘ス。山羊沢小繋沢東方ニ発ス。

例の郡村誌の記事である。小繋沢が東方に発源すとあることや、又小繋川の条に白檜渓が大烏帽子の山脚刃物ケ崎の岩峡より発すとある事などから推せば、朝日岳の北にある千七百四十四米の峯が大烏帽子らしく考えられる。然しこれは高さの関係からいうて「東方二脈となり、一は利根川に至り云々」とある其脈が大烏帽子から千七百四十四米の峯を経て刃物ケ崎に至るものと取れぬ事もない。何にせ牛ケ岳や巻機山が西に当っているのであるから推定に骨の折れること一通りではない。上野国志には「小烏帽子の東

（○実は東でなく正しくは西北の誤であるけれども、昔の地図に拠れば東と書くも無理はない）にあり、越後にても同名」とあるので、会津風土記を見ると魚沼郡の条に

大鳥帽子山　同組（○塩沢組）早川村ノ枝村清水ノ南ニアリ。支峯多ク高山ナリ。登川是ヨリ出。山中ニ馬峠トテ上野国利根郡湯檜曽村ニ出ル路アリ。東南ハ利根郡藤原村湯檜曽村ノ山ニ連リ、西ハ土樽村ノ西ニ続キ、北ハ清水滝谷村トニ属ス。

清水村の山川の部には、

大鳥帽子山　清水ノ南三里許ニアリ、登ルコト一里三十町余、東南ハ藤原村及湯檜曽村ノ山ニ連レリ。

これで見ると大鳥帽子岳は朝日岳のようでもあり、又宝川笠ケ岳のようでもある。或は寧ろ笠ケ岳の方が記事に適切かとも思われるが、笠ケ岳は僅に山脚の一部のみが越後に属している点と、清水方面から眺めては朝日岳の方が高さは低いが山容顕著であるらしく想像されるので、朝日岳をそれに充てることにした。藤原温泉記行には既記の如く大鳥帽子を越後にては朝日岳というと明瞭に記してある。尤(もっと)もこれとても湯檜曽でいう旭ケ岳（既ち笠ケ岳）の名が越後へも広まったのかも知れぬとすれば、笠ケ岳が大鳥帽子岳となる訳であるし、又宝川を遡って山へ登る程ならば、朝日岳よりも笠ケ岳の方が高

上ノ原より西北を望む　中央刀物ヶ崎山

く且近いから、どうもこれへ登りそうに考えられる。又逆にこの朝日岳から笠ケ岳までも上州側で朝日岳と呼ぶようになったのかも知れぬともいえる。したがってそう悪く気を廻すにも及ばないであろう。同書に布引山より大烏帽子へ掛る処云々とある布引山は、朝日岳から東南に派出した尾根が千六百六十米の圏を有する峯から南方に延びた連嶺の称であるから、此場合大烏帽子はよく朝日岳にあてはまる。畢竟するに大烏帽子断定の根本資料は、宝川が旭ケ岳即ち笠ケ岳と大烏帽子岳との間に発源すとある記事が第一で、此山が上越界にあるということが第二である。そして山名の因て起るに至った烏帽子に似た山を其範囲で物色したならば、山稜上に八十米の円錐塔を押立てている朝日岳は、他の紛らわしい候補者を一蹴して、正しく其座を占むべきものであろう。

此山は越後方面の清水街道から登れば、沢にしても尾根にしても僅に五百米に過ぎないから、よしや急峻であっても大した事はあるまいと思うのである。

小烏帽子は上野国志に「越後界にあり、越後にて吾妻山と云ふ」とあるが、会津風土記に拠ると「アツマ山、清水の辰巳の方一里余にあり、登ること一里十八町、藤原村と峯を界とす」とあって、五万の地図の柄沢山に相当しているようであり、他に小烏帽子の記事は見当らない。上野国志が越後界と書いたのは、つまり地図に誤られたのである。此山は全然藤原に属した山で越後界の山ではない。郡村誌の記事は比較的要領を得ている。

小烏帽子岳　高廿六町、村ノ西北ニアリ。山脈北西方大烏帽子岳ニ連リ、山脚東方赴クモノ芦沢ノ両岸ヲ圧シテ利根川ニ限リ、南方ハ字宝川ニ至ツテ布川山（○布引山ノ誤写）トナリ、北方山羊沢ニ達ス。南方宝川ノ源ヲ出シ、俎板倉沢恵根子沢等之ニ会ス。利根川ノ西岸ヨリ山東ヲ繞テ越後国ヘノ山道アリ、コ、ニ謙信馬返シ岩ト云アリ。

之を五万の地図に照して見ると、疑う余地もなく前記の千六百六十米の圏を有する峯即ち布引山の最高点に当っている。然し此峯は烏帽子状を呈しているとは称し難い。そこで私の考では此峯と朝日岳との中間に在る千七百六〇米の圏を有する峯がそれではない

かと思う。郡村誌の記事は結構此位の寛容度を有しているようである。私達が奥山の旅を終えて、湯之小屋から打上への帰途上ノ原附近で、夕立あがりの横雲のただよう西北の連山を眺めながら、沢には最も精(くわ)しい人夫の一人が、一は高く一は低く相接して雲の上に尖った頭を露している山を指して、「大烏帽子小烏帽子はあれではないかなあ」と半ば独語のようにいうたが、それがこの山と朝日岳とであったように思われた。

朝日岳以北の諸山

大小烏帽子山の名は昔から著名であるに拘らず、どの山がそれであるか判然しない為に、私の能(あた)う限りの範囲内に於て試に断定を下して見た訳であるが、実際登山しようとする人に対して役に立つ一言半句を附け加えることを得ないのである。朝日岳から小沢岳に至る間の国境山脈の諸山に就ても遺憾ながら同様である。それで此等は総て実査の後に取扱うことにして、茲には省略することにした。私の経験では千八百米を超えていれば、尾根は概して木は少なく、主として笹を生じているが、其笹も二尺に余る場合は殆どない。多くは一尺前後であるから、さして歩行を妨げられる憂はないというてよい。然し夫以下の標高では先ず藪が深いものと覚悟しなければならない。朝日岳から牛ケ岳に至る間にも、二三ケ所はこういう所があるであろう。牛ケ岳は高頭君が清水から登られ、第八回日本山岳会小集会の席上で其話をされた。其大要は「山岳」第十四年第三号に載せてある。

牛ケ岳から山脈が東に折れて東五十沢山（仮に五十沢川の源頭にある千九百一米の峯を西峯、千八百三十四米七の峯を東峯とし、総称して五十沢山という）に至る迄と、又小沢岳から三番手山（千七百九十米四の三角点を含む山）、三石山（千六百二十一米の峯）に至る迄とは、遠望した所ではさしたる事も有るまいと見たが、両者の中間に在る千五百米前後の部分は藪が深かろうと思われた。然し牛ケ岳を早発して強行すれば、或は一日で小沢岳に到り得るかも知れない。勿論日の短い秋の頃では覚束ないであろう。

小沢岳（月ケ岳）

打上から湯之小屋へ行く途中に上ノ原と呼ぶ高台がある、高さは千米前後であるが、極めて広闊な原であって、且（かつ）眺望に富んでいる。村では一も見ることを得ない奥山、殊に利根川右岸の雪に輝く山々の姿を望むことが出来る。中にも小沢岳を中心として右は幽沢山、左は三番手及三石の二山に亘る一連の山塊は、紺青の肌に幾多の雪渓を鏤（ちりば）めた全容を露して、最も壮観を呈している。何の二千米足らずの山と多寡（たか）を括（くく）っている人も、見ては登らずにはいられなくなる山である。私達が奥山跋渉の振出しによくも此山を選び当てたと感じた時の喜と満足とは言うに及ばない事であった。標高千九百四十四米、笠ケ岳と共に牛ケ岳に次ぐ利根川右岸の高峯である。

> 月ケ岳　小沢岳、幽ノ沢峯トモ云。高一里、村ノ北ニアリ。北方駒ケ岳ニ連リ、東方ノ山脚ハ赤松山トナリ、利根川ノ西岸ニ達シ、湯ノ花温泉アリ。南方小沢一番手渓ヨリ五番手渓ノ五渓水ヲ出シ、北方琴牛岳ニ通シ、西方越後国伊香沢村ニ属ス。同村之ヲ月山ト云。東ノ嶺上ニ沼アリ、月ノ沼トイフ。

これは郡村誌の記事であるが、幽ノ沢峯と唱えるには少し距離が遠きに失する。私が郡村誌の記事に寛容度があるというたのは、斯様（かよう）な場合が多いからである。五万分一図の幽ノ沢山は蓋（けだ）しその所を得たものと称してよい。輯製二十万の日光図幅に大烏帽子山と小烏帽子山との間に月山と記してあるのは此山を意味するものであろう。

藤原から此山に登る捷路は、先ず利根の本流に沿うて遡り、奈良沢から其支流幽ノ沢に入り、幽ノ沢山の西方鞍部に出で、其処から山稜を北進して頂上に達することである。打上から優に二日を要するであろう。私達は初日に大芦で米味噌其他の買入に手間取り、午後は又大夕立に降り込められて、未だ三時にもならぬうちに矢木沢の手前に在る大巻の小屋で泊ってしまった。

翌日は幽ノ沢が魚留瀑以上全部雪渓をなしていることを知らなかったので、瀑の多い峡谷を遡行する困難を慮って、本流と平沢との間の尾根を登ることにした。初は下生えの少ない椈の大森林の中を登るので至って暢気であったが、千三百米位から喬木が減じて次第に藪が甚しくなり、令法や石楠や、犬黄楊などの密叢が最も人を苦しめる。伊良沢岳に続く尾根に合してからは、可なり年数を経た相応に太い一丈あまりの頑強な木立の中に取り込められ、それが又意地悪く密生しているので、どうにも動きが取れない。漸くのことで四番手渓の上部に当る尾根の側面に残雪のある所まで漕ぎ付けて、すり鉢状の窪地に野営した。三日目は小沢岳の東南に在る岩峯から正南に派出した尾根の突端の隆起を目懸けて、今度は束にしたような陣竹の藪を搔き分けながら登って行くと、右側に薬研状の長い窪地が続いて内側には竹が少ない。それを登り詰めて右に小高い土堤を超えた向う側が草地になっているので、初めて解放されたような心安さを感じた。白根葵、小岩鏡、白い花の撫子、日光黄萓、白花石楠などが花盛りで、一見お花畑のよ

うである。此処から瞰下すると幽ノ沢の全渓が雪で埋められているのが分った。若し第一日に私達のように四時間以上も空費する事がなければ、打上からカハゴッ沢までは来られるであろう。その沢は地図に幽ノ沢と記入してある沢の字の下で右から合するものである。そうすれば翌日は河伝いに遅くも午後二時か二時半には鞍部に登り着ける。大略七時間の行程と思えば間違あるまい。それから頂上までは一時間半で楽に登れる。然し幽ノ沢の雪が連続していない場合には、尾根を登るより外に方法はない。

草地から試に尾根上に出て見た。人長より少し短いが相変らず藪がひどい。陣竹、七竈（ななかまど）、白花石楠などが主なる邪魔物である。ギュッと雪の詰った小沢の谷を超えて向うに続く牛ケ岳の連嶺には、吹き募る風に送られて絶えず綿のような雲が屯していた。また草地を縫いながら幽ノ沢山との連絡点に出る。東の鞍部には水を湛えた小池が二つ程見られた。これからは岩石の露出した偃松と石楠の非常に繁っている痩尾根を、同じく東側を搦み登って一寸した鞍部に下ると右手の陣竹の中から熊がかけ出して、すぐ左手の藪に逃げ込んだ。暫くして後ろでワイワイ騒いでいる声に振り返えると、今下って来た岩山の上で三人の人夫が手に手に石を拾って下から登って行く熊に投げ付けているのであった。熊は慌てて復西側の陣竹の中に隠れた様子である。これが奥山で見た唯一の熊であった。

岩銀杏の間に白山小桜の花叢が散点した東側の草地を東北に廻り込むように辿って行く。小さい池がある、これが郡村誌に所謂月ノ沼であろう、此外には附近にそれらしいものは見当らなかった。傾斜が少し急になって、間もなく刈り込んだように奇麗な一尺許の笹の中を左斜に登り切ると小沢岳の円い頂上である、打上から二日半を要した。見渡した所一面の笹原で、少数の禾本科植物の外には、岩石もなければ目を喜ばせる草花もない、下から眺めて想像したのとは打って変った至極平凡なものであった。然し頂上から少し東に下ると石英閃緑岩が露出し、残雪から滴る水がひたひたと流れている湿地には毛氈苔が美しく、草地には岩銀杏に交って白山小桜の花が深紅に燃えていた。人夫の話に拠ると下津川はさして困難なく通行されるそうであるから、越後方面からは此沢を上れば直接に達せられる訳である。或は下津川より更に奥の——恐らく三国川の本流と思われる沢を遡って下津川山から取り付くもよかろうし、又は牛ケ岳から尾根を縦走するもよい。孰にしても藤原から登るのと日程に大差はあるまいと思う。此日は雲が頻に飛んで広い筈の眺望も、北では中ノ岳の連山、西から南にかけては牛ケ岳から宝川の笠ケ岳に至る間の諸山に限られてしまったのは遺憾であった。附近にあまり適当な野営地はない。

下津川山

小沢岳の頂上から北微東に向って草地を二十分も下ると鞍部に達する、この鞍部から下津川山の頂上までは四十分で足りる。初は草地で、次に岩石の露出した痩尾根となり、偃松石楠大米躑躅などが岩間に簇生している。頂上は小沢岳より狭く且高さも十六七米低いが、二等三角点を取り巻いて岩塊の狼藉たる上に、偃松や石楠が枝を延し、四、五寸の小笹に交って苔桃、御前橘、イワハゼ、ウイキョウ、深山鍬形、三葉黄蓮など、山の植物も乏しくないので、確に小沢岳よりも高山相を呈している。頂上から東に出る沢は流れて北ノ谷となり、本谷と合してから小沢岳の東に発源する南ノ谷を容れ、東南に流れて小穂口山の西麓でブナ沢を併せ、小穂口沢となって利根川に注いでいる。本谷の瀑は細いが可なり高いようであった。

此山から西北に向って派出した尾根は、下津川と三国川の上流との間に蟠崛して、長い頂上を南北に展開した一座の雄大な山を聳起している。三角点の標高は千七百七十四米二と測られているが、最高点は中央に在って五六米突は高いであろう。東から望めば破風の形にも見える。高さに比して実に立派な山で、殊に東面に懸る数条の長い雪渓が一しおの壮観を添えている。名を知らないから仮に三国川の三国の字を変えて佐具利山と命名した。下津川山からは草地続きなので、三、四時間あれば往復されると思ったが、天候の不良と前途を急ぐのとで割愛してしまった。郡村誌には下津川山に関する何等の記載もない。

本谷山（駒ケ岳）

下津川山から東北を指して少し下った所は黒い岩壁を裸出した小隆起で、夫を踰えると偃松は絶えて、短い木本や笹の生えた比較的狭い尾根上を一上一下しながら之字形に辿って行く。瘤のような高まりを五つ程越した所に三坪許の池がある。池の縁には日光黄菅や鷺菅が花を咲いたり実を結んだりしていた。私達が二頭の珍らしく大きい羚羊を見たのは其処から十五分許進んだ所である。本谷と北ノ谷とに挟まれた枝尾根の最高点に当る峯の東側は、小石交りの草地に残雪があって、水がゆたかに小溝を流れていた。此辺から越後側は四、五尺の陣竹が密生し、夫に交って七竈が散生している。千七百四十米の圏を有する峯を東に下ると、尾根の南側が堤のように高くなって其間に十五六坪の池がある、底が小石である故か水は綺麗だ。丁度瀑の符号の有る沢の真上であろうと思った。此処から二十分を費さないで千八百六十八米の峯頭に立つことを得よう。下津川山から四時間の行程である。

此山は小穂口沢の本谷の源頭に位しているので、本来ならば小穂口山と命名す可きであるが、其名は此山から南に延びた尾根の末端に近き千五百二十六米の峯に充てられてしまった。既刊の而(しか)も信用ある地図に記入された名を個人が改めたとて一般には通じない、且(かつ)此場合強いて改める必要もない、それで此山には本谷山の名を命じたのである。

郡村誌には

駒ケ岳　高サ二里、村ノ北ニアリ。巌山ニシテ東麓利根川ニ至リ、南嶮峻屏列月ケ岳ニ連リ、北方巉巌重畳シテ刀嶺ノ岳ニ連亘シ、西ハ越後国伊香沢村ノ奥ニ跨ル。

一読した所では此山らしくもあり又北隣りの越後沢山らしくもある。殊に巌山といい、嶮峻巉巌(けんしゅんざんがん)などいう文字は、越後沢山の方に適した形容であるし、南方から望めば山勢奔馬の如きものがあって、駒ケ岳の名は越後沢山に冠せしめた方がよいようである。け

れども同書の

越後沢　駒ケ岳ノ北ニ発シ、東方ニ繞テ南流利根川ニ入ル。長四里幅拾二間。

を合せ読めば此山の名であることが分る。然し此地方に駒ケ岳の名は余り多くて紛らわしい上に、村人さえ既に忘れてしまった名であるからして、之は単に別名として存して置くことにした。西南方の小穂口沢に面した部分は、山腹に急崖を連ねて、瀑なども二三ある様子であるが、郡村誌のいう如く巌山ではない。頂上は二峯に分れ、最高点は南に在って越後沢山より七米程高く、北方の者は更に二峯に岐れている。西の斜面から頂上の一部にかけて松虫草、玉簪花、日光黄菅が非常に多い。其外は蔓性木本のように低く匐った栂や短い笹であるが、北側に廻ると一面の笹で、一尺から一尺五六寸の長さに延びている。其上を滑るようにして下ること十五分で、越後沢山との鞍部に達する。北の方は左から緩く引下して来た線が右へ緩く引上げて、眉の高さに大なる弧を描き、弧の内面には美しい笹を青天鵝絨のようにくけて、其上に銀を象嵌した金字形の八海山と中ノ岳とが程よく安置された据物のようだ。其下の窪には二坪余りの池が叢に落ちた一面の古鏡の如く横たわっている。南の方の一段低い所には少許の残雪が萋々たる緑蕪の間に一脈の冬を蔵し、雪消の跡には白山小桜の紅葩があたりに華やかな色を添えている。当面に屹立した岩壁の右を廻り、稍急な斜面を登ること十分で、越後沢山の長い頂上の一角に立つの人となるであろう。

越後沢山

利根川を挟んで東微南に対峙した平ケ岳と共に此山は奥山中の異彩である。西南から東北に延びた狭くして長い頂上は、大略之を東西の二峯に分つことを得よう。三角点は東の峯の突端に在って利根水源の地形を観望するに絶好の位置を占めてはいるが、流石に本流は急峻な山脚の下に深く身を潜めているから目に入らない。頂上から肩のあたりへかけて何処にもこれという程の露岩がある訳でもなく、例の如く短い木本や笹が生えているのみなるにも拘らず、山勢頗る峭抜して恐ろしく引緊った感じを与える。尤も胸から下は、殊に東南越後沢と東北利根の左俣とに面して、赭色の懸崖を連ねている。東から東南に転向して利根川と越後沢とを分っている枝尾根なども、二百米近く下った所から両側に崩岩の頽れを押し下した薄ぺらな鎌尾根と変って、縦走の意外に困難なるべきを偲ばせるものがある。若し夫れ東北の方向から展望せんか、山容全く一変して俄然尖鋭な金字塔を擡げ、左股に落ち込む谷という谷は、繃帯に似た雪に掩われてはいるが、生々しい裂傷のような赭色の岩壁を露して、山の半面を掻き取った跡のように物凄い。それが頂上を包む雲の中から半身を見せている時は、如何なる高い山かと怪ませる。

頂の一端から他端まで十五分乃至二十分を要するであろう。

三角点から正北に向って下る尾根は、笹の深い所もあるが、或所では日光黄菅が透間もなく咲き匂って、森の奥の草原にさし込んだ日光のように明るく、或所では丸葉岳蕗が乱咲して、恰も夕日に燃えて金茶色に焦げた山の一角を望むようだ。下り切るあたりは五六尺に伸びた陣竹の密叢が一町余も続いている。夫を乗切ると鞍部で、池があり残雪があって、白山小桜が咲いている。三角点から二十分とはかからないようであった。

丹後山

越後沢山から北の鞍部に下って、再び草地を縫いながら十分も進むといつか小隆起の上に出る。其処から望んだ行手北の方は、幅の広い高原状の尾根が見渡す限りというて差支ない程茫々たる陣竹の原をなし、一歩下る足元から既に等身以上の藪を押分けなければならない。一位の拗曲した古木が竹の中に枝を拡げて、稀に来る人間の足を払ったり胴を支えたりする。斯うして三十分程辿って行くと、原の中央と覚しき窪に谷地があって、岩銀杏や梅慶草や禾本沙草両科の植物に混じて、白山小桜と小岩鏡が咲いている。これから笹の中を東に抜けて芳草を追う獣の群のように草地から草地へと移り歩き、前面に横たわっている二つ許の小雪田をいつしか右手に過ぎて、上るともなく一の峯頂に達する。東側に小雪田がある。雪田の附近には何処も白山小桜が多い。北アルプスでは五色ケ原や清水平の外には余り群落を見ない此花も、利根の奥山では草地あり残雪あれば殆ど必ず其花叢を見ざることなしという有様である。

　此山は丹後山の南にあって、千八百米の圏を有するものであるが、丹後山よりは少し低い。東の沢は即ち丹後沢で、其雪渓は直ぐ北に隣る丹後小洞(コボラ)の雪渓と共に水源地に於ける最も大なる者の一である。コボラという語は隣り合ってる沢に同じ名を命ずる際、小さいことを示す接尾語であって、利根の支流には其例に乏しくない。小沢(コザワ)と小沢コボラの如きは夫(それ)である。この峯頂から尾根は極めて緩い下りを続けて、少許の残雪ある鞍部めいた所に達すると、復(また)徐(おもむ)ろに上りとなって、間もなく日光黄菅の咲き乱れた広やかな草地を展開する。其処が千八百八米の丹後山の頂上なのである。伐り倒された櫓の残りの柱を頼りに三角点の標石を草の中から探し出すのも一興であろう。西北の方にある小突起は、目測では三角点より二米位高いように思われた。南の方に池が二つある。池畔にはほうけた綿のように白毛を冠った鷺菅の実が風にゆらめいている。稍(やや)足に絡る程の草を蹈み分けて、下り気味に十分も行くと又小さい池があり、あたりには毛氈苔が多い。今度は再び上り気味に十二三分も歩いて、丹後小洞の源頭に懸る雪田を横切り、のろのろした山の脊(せ)を伝って、右に延びた堤のような高みを踰(こ)えると、忽ち脚下にかなりの大雪田が現れる。これこそ真に利根川の水源をなすもので、其量から推すと一部分は或は万年雪となって残るであろうと想われる。

大水上山（利根岳）

大水上山の名は、一たび正保図にあらわれてから、其後の絵図や地志の類は皆之を蹈襲している。然し伝写の間に大をスに誤ったり、なの変態仮名をかと間違ったりして、富士見十三州図の大スミカミ山や、上野国志のすみがかみ山等の名が作られたけれども、根本は皆大みなかみ山から導かれたものであることは容易に察することが出来る。そして大みなかみ山の名が利根川の水源を意味していることも正保図を見れば疑う余地はない。勿論正保図の利根川は此山の麓まで記入してはいないが、利根の水流が其山の方向を指し、側に利根川水上と書いてある所から判断すれば意味は自ら明瞭である。然るに利根川は文殊岳より発源するという伝説が生れてからは、大みなかみ山に向っていた利根川の水源は、利根川図志などのようにいつの間にか文殊岳に押向けられて、大みなかみ山は閑却されてしまったと同時に漸く土地の人にも忘られてしまったらしい。斯くて文殊と名のつく山も岩も其存在が疑わしくなり、且其存在と否とに拘らず利根の真水源は別にあることを知るに至って、其山に対して新に利根岳なる名称が与えられた。恐らくこれは明治十二年に利根郡村誌を編纂する時に下した新名であろうと思う。されば大水上山と利根岳とは異名同山であって、共に利根川の水源たることを表わす為の名である可き筈である。郡村誌に

刀嶺岳　高一里拾九町、村ノ西北ニアリ、大利根岳、利嶺岳トモ云。巌山利キコト刃ノ如シ、故ニ名ツクトイフ。山脈西南駒ケ岳東南塗桶山ニ連リ、北方ハ岩代国会津郡忠見村ニ属ス。西ハ越後国魚沼郡伊香沢ノ榊山八海山ニ連ル。上野岩代越後三国ニ跨ル。南方利根川ノ源ヲ出ス。

といい、又明治二十一年の藤原村の書上に

大刀嶺岳　所在、字大利根入。形状、巌山刀ノ如ク峙チ、岩代国越後国上野国三ケ国ニ跨リ、高山ニシテ積雪四時不絶、利根川本源ヲ出ス、嶮岨ニシテ鳥声スラ稀也、高一里拾九町、周囲五拾里。登路無之。樹木、ヒバ、ゴエフマツ、シヤクナギ、ブナ。

というているのは、畢竟之に依って利根の水源たることを表わさしむるだけでは満足出来ないで、所謂尖りたる嶺多ければ利嶺の郡なるべしといえる名跡考の言葉までも、具体的に此山に代表させようと思う心から、巌山利きこと刀の如しというような実際とは全く相反している記事さえも捏造して、故に名づくというなどととぼけても、文字

の上の戯れか又は贔負の引倒しに過ぎぬというものである。

さりながら斯くも此山を峭抜しているものと想像せしむるに至ったことには相当の理由がある。正保図にも大水上山は突兀として南に岩崖でも有るかの如くに描かれているし、利根水源探検紀行の著者すらも、「岩代の燧岳、越後の駒ケ岳八海山等皆巍然として天に朝し、利根川水源たる大刀根岳は之と相頡頏して高さを争ふ」というている。これは孰れも此山の北に在る兎岳を誤認した結果である。正保図の如きは明に肉眼で南方から遠見をした兎岳の形状を誇張して描いたものに相違ないであろうが、探検紀行の文は、展望の位置から推して兎岳と重り合って更に其上に聳立した中ノ岳を誤認したのではないかとさえ思わせる。兎岳が利根の水源と誤られ易い例は他にもある。私達の連れて行った人夫の一人は、曽て測量部の荷持となって、平ケ岳方面から山稜を水源地に向けて縦走したものであるが、兎岳を指しながら「あの山へつながっていると許り思っていたが、行って見たら違っていた」と話した。若し何人にもあれ地図を見ないで初めて此地方に来て、南方から兎岳を望見したならば、利根川両岸の山脈は兎岳に於て合するものと思わぬ者はないであろう。

さもあらばあれ利根川の水源は兎岳ではなくして其南に位置する山である。刃の如く峙った巌山ではなくして、弧の内面を東に向けて彎曲して南北に延びた頂上の平な山である。私は利根の水源であるが故に利根岳又は大刀嶺岳の名を認容するに吝（やぶさか）なるものではないが、この局限した動（やや）もすれば利刃の如き巌山と聯想（れんそう）し易いせっかちな名前よりも、正保図に記載されて不幸にも水上村の人にすら忘られてしまった荘重な大水上山の名を既記の駒ケ岳の場合とは反対に復活せしめて、再び此山に与えるのが最も良いと

思うのである。

大水上山の標高は地図に明記してないから正確な事は知れないが、千八百四十米をいくらも超えていないであろう。狭い平な頂上はそれでも南北の両端が中央より少し高いというだけで、其孰（そのいず）れが最高点であるかは判然しない。下津川山以来殆ど見なかった偃松が割合に多く、それに交って一位も生えている。笹や栂などのあることはいう迄もない。南寄りの大きな雪田は扇を開いた形に東側の斜面に懸って、上端は年々尾根を侵蝕するものと覚しく、赭色の地肌が急傾斜をなして六七尺の高さに露出しているので、雪の上に立って尾根を眺めると堤防を見るの感がある。下端は谷に向って急に蹙（せば）まり、其下から雪消の水が細い瀑をなして長い雪渓の裡に走り入るのが望まれる。これが利根川の水源をなす本谷と称す可きものであろう。他に幾つかの雪渓はあるが長さからいうても水量からいうても、之に匹敵するものは無いのである。

山側の傾斜は思の外緩く、又谷に臨んで岩壁を露出していることも少ない。然し三百米も下ると傾斜は急となり、且雪渓の両側は殆ど壁立の岩崖が続き、頻々として瀑が現れて来る。森林は遥か下の滝ノ倉沢（剣ケ倉山の三角点ではなく、其北の小隆起から西南に派出した尾根の北にある沢）北方の尾根を限界として、最早上流には生育していない。枝尾根の上も山ひらも、場所によっては人長を没する程の藪であろうけれども、見懸けには刈り込んだように綺麗である。丹後山からは四十分の距離で、小沢岳からならば約十一時間を要する。先ず一日の行程であろう。五十沢（いかざわ）方面からは栃ノ木沢を遡れば其支渓を辿って直接頂上に出られよう。それでも傾斜が急であるから、最奥の部落清水瀬あたりを出発点としても、二日は懸るものと見なければなるまい。

兎岳

輯製二十万の日光図幅に拠れば、大水上山の位置と思われるあたりに鶴ケ岳の名が記入してある。其の東方の白沢岳とあるものは平ケ岳に、其北微西に在る大平山というのは兎岳に、共に相当しているらしい。この鶴ケ岳は何処の称呼であろうか、上州方面では絶えて其名を聞くことがない。高頭君は平ケ岳登攀記（「山岳」第十年第三号所載）に於て、越後方面の名なるが如しといわれ、且それが五万分一図の景鶴山と同一のものと記載されている。鶴ケ岳と景鶴山とは果して同じ山であるか、私は之（これ）を判断す可き一の材料を有していない。但景鶴山は上州戸倉の称呼で、書上には形状鶴の彳（たたず）むが如しとあって、恰（あたか）も形に因（よっ）て名付けたように書いてあるが、藤原温泉記行には平鶴山となっている。これは勿論ヒラヅル山ではなくしてヘエヅル山であろう（上州の俗イをエと発音す）。楢俣川の支流にヘエヅル沢というのがある。私達が誤って下った沢であるが、岩壁高く瀑布が多いから、ハイヅラなければ下りられない。ハイヅルがヘエヅルとなり或は又ヘツルとなるのは山地に例がある。ところが景鶴山は如何かというに、附近から望見した所によると、頂上の周り殊に南側は可なり岩壁を露している。そこをヘツリながら登るので、ヘエヅル山の称が起り、終に景鶴山となったのであるというのが臆測を逞(たくましう)して到達した私の結論である。会津方面で呼ぶニウ岩というのも、つまり此頂上の露岩の形に起因する名称であろう。その景鶴山が高頭君のいわれるように鶴ケ岳と同一山であるとして、輯製二十万や地質調査所の予察四十万の図では、何故あのように西の方へ記入されたか、到底其理由を知ることを得ないのである。

話を本題に戻して、鶴ケ岳の北にある大平山対兎岳の問題に移るのであるが、今私の手許には之に関する何等の材料もないから、これは其儘(そのまま)取り残して置くことにする。

兎岳は大水上山よりも七八十米高いのである。けれども三方へ脚を延して姿の整ったこの山は、何処から眺めても著しく秀でて見える。明治三十年であったか八海山へ行く途中、六日町の東にある坂戸山へ登って東を眺めると、銀山（中ノ岳）だと教えられた山の右に頭の円い高い山があったと記憶している、恐らく此山であったろう。八海山の頂上へ立った時も、其山を御岳や鳥海山などのように附近に肩を駢(なら)べる者のない其地方の最高山であると信じていた私は、西方の眺望の広闊なのに引換えて、東方はつい鼻の先から頭の上を圧(おさ)えつけるような高い山の連亘(れんこう)しているのを見て、甚しく失望を感じたものだが、其折も銀山の右に円い頭の山が聳えているのが目に入った。平ケ岳方面からは前記の如く中ノ岳と重り合う為に其下に蹲(うずくま)ってしまうが、さりとて其大きな輪廓と東面に懸る数条の雪渓とは、元より紛るべくもないのである。

頂上はさして広くはない。東側は草地続きで、二、三の雪田が横たわり、猩々袴(しょうじょうばかま)、白山小桜の外にこれまで見なかった大桜草や白山千鳥などが近くに咲いている。西側には偃松が多い。東北に曳く尾根は灰ノ又山から一曲して肩幅の広い荒沢山となり、中央に純ピラミッド形の尖頂を擡(もた)げ起している。西北に曳くものは直ぐ脚下に在る小兎岳から一旦低下して、直に雄大な中ノ岳に連っている。此処から眺めると中ノ岳は頂上が著しく丸味を帯びて来る為に、痩せた奇秀な姿は失せて温乎(おんこ)たる山容を呈している。小兎岳から下って少し登るあたりまでは藪が深いかも知れないが、其外は草地らしく思われたので、往復四時間もあれば充分であろうと藤島君と話し合った。処が大正十年に藤島君は中ノ岳から逆に兎岳へ向ったが、片道だけに五時間も費したそうである。此辺の山稜は実際歩いて見なければ、どの位の時間を要するか全く不明であるというてよい。同君は兎岳から灰ノ又山にかけて荒沢岳へ縦走する予定のところ、この藪に呆れ返って北又川の上流へ下った。すると其所にも悪場が待構えていて、一行を悩したそうである。

兎岳の東に発源する西ノ沢は割合によい沢らしいが、夫(それ)でも上部は可なり急傾斜で瀑もあるらしかった。

大水上山から兎岳へは五十分あれば足りる。鞍部に下り着く迄の間は、丈余の陣竹を押分けなければならない、之(これ)が下りには二十分上りには三十分を費すので、結局往復とも同時間を要することになるのである。

藤原山と劒ケ倉山

試に越後沢山の三角点に立って、東方利根川左岸の山脈を展望したならば、大水上山から平ケ岳に至る間の諸山は、高低起伏残る隈もなく一眸(いちぼう)の裡(うち)に収まるであろう。されど目に立つ程の山は二三指を屈すれば足りる。これ畢竟(ひつきよう)この山脈が平ケ岳の頂上から西北に延びた長大な山脚であるに過ぎない為であろう。

大水上山から右に曳いた尾根は、極めて緩い恐らく二三度を超えぬ傾斜を以て一直線に降下して最低の鞍部に達する。其中央と覚しき所に単調を破るポツンとした瘤が地図の千六百八十米の圏である。其瘤までは令法、犬黄楊、栂、米躑躅、七竈の類が邪魔をするけれども、通行は割合に楽である。鞍部の南に発源する沢は、越後沢山からは正面に全容を曝露して、左右から襟を重ねたように十数条の小山脚が重畳している。この鞍部から尾根の走向は南より東に転じて、更に東南を指すようになるのであるが、望見した所では一直線をなして円い頭の一峯を起している。即ち千七百米の圏を有する峯で、其右の肩ともいう可き南に在る同じ等高線の一隆起よりは十五六米は高いであろう。此等を中心として藪がひどい。就中（なかんずく）其西の方に在る尾根の上では、私達は大平氏の中越探山紀行に所謂「鶴の巣籠」又は「貉の冬籠」を繰返せしこと幾十百回なるを知らずという有様であった。同行の藤島君は小沢岳を登る尾根でズボンを損じたので、復（また）これを用いず、どんな藪の中でも猿股一つに脚袢をつけた儘（まま）押通し、無数の擦り傷引掻き傷を受けて、平然としていたのには、人夫達も舌を捲いて驚歎した。

　千七百米の峯から尾根は一寸低くなって、直ぐ其南に二つの隆起を見せている。右寄りのものが地図に記入された千七百二十米の圏である。それから四つ許（ばかり）の小さな突起が波を打ったように続き、最後にグイと撥ね上った線が鋭く折れて金字形の峯頭を描出しているのが、千七百五十米四と測られた藤原山（登高行第三年所載宮川君の「越後銀山平より平ケ岳尾瀬方面旅行記」に拠る）である。私達は午前八時に大水上山を出発して、午後四時半に此峯頂に達した。尾根には水がない。又雪も容易に得られぬから、私達は此峯の北方に発源する藤原沢の上部に下って、恐ろしい急斜面に野営することを余儀なくされたのであった。

此山の頂上は偃松と黒檜と石楠と米躑躅が一尺許の高さに密生して、荒くれた風物が高山らしい感じを漂わせる。丁度南方の天が開けて、秩父連山が小川山から雲取山まで見渡され、唐松尾の上に淡い富士山の姿さえ指点された。藤原沢は上部の雪渓が断続している上に、両側が急峻であるから登攀に困難であろうが、南に発源する沢を辿れば骨を折らずに中ノ岐川の上流へ下られそうである。

藤原山の南には顕著な二の隆起がある。それが孰れも千七百四十米の圏で地図に記入されている。藤原山と頡頏する高さであるが、南の者の方が少し高い。続いて二三の小突起から地図に記入してない黒木の生えている十二三米の緩い高まりを起して、劒ケ倉山の左の斜面に連っている。しかし越後沢山からは劒ケ倉山の絶頂は見えないようである。滝ノ倉沢はまともに全容を露して、瀑の水の動揺まで肉眼で認められる。劒ケ倉の右の肩には、平ケ岳の西の肩ともいう可き二千八十米の隆起が突兀と峙ち、其上に尨大な平ケ岳が特有な頂上を左方に長く展開している。劒ケ倉山の尖頂は平ケ岳の絶頂と其左の二千九十米位と思われる頂上との間のくびれ目へ鋭く突き出して、将にそれを突破せんとしている。

藤原山からの下りは、藪が深いので可なり歩行に悩んだ。瘤を一つ踰えて其南の二の隆起は思ったより楽に通れた。又二つ程瘤を上下して白檜の疎林に切明けの通じている高まりを踰えると池がある。これから長い劔ケ倉山の登りが始まるのであるが、折悪しく雨が降り出したのみならず、枝を張った矮少な白檜、万作、トネリコ、四、五尺の陣竹、長い石楠と偃松というように攻道具の揃った猛烈な藪を押分け潜り抜けて登るのであるから、稀に切明けの跡はあっても大して役に立たず、僅ばかりの距離に殆ど三時間近くを要して、漸く三角点を絶頂より少し低い南端の笹の中に見出した時には、皆濡れた体から湯気を立てながら、骨の折れた割に一向面白くもないあたりの光景を眺めて、寒さに慄えてしまった。尤（もっと）も晴れてさえいれば眺望も悪い筈はない。唯頂上まで藪で、三角点の附近は二尺許の笹であるから、名のいかめしさに似ず平凡であるのは止むを得ない。人夫の言に拠ると地図に井土沢とあるものが即ち劔ケ倉沢で、井戸沢は水長沢山の西端が両岐した間に発する小さい沢であるという。劔ケ倉山の西に発源する沢に就ては其名を知らなかった。

　三角点から下りに向うと、尾根は急に痩せて、露岩の壁面が霧の中へ続いている場所もあった。稜角の尖（するど）い破片岩の露出が尾根を「窓」状に截（き）っている場所も二三ケ所あった。それでも藪よりは此方が遥に楽である。岩峯を二つ許踰えたろう、すると一面に陣竹の生えた緩い斜面が前面に現われる、其中を横切って漸く懐しい草地へ出た。この藪の中で二、三本の竹が枝を交叉した所に作ってある鶯の巣を見付けた。巧（たくみ）に巣を作るのでうぐいすの名があるといわれるが、頬白に較べて大差はないようだ。確か柄長であったと思う、何でも鳥の羽で入口に蓋のある上手な巣を作るものがある。然し卵は小豆色で奇麗だ。中には孵化して間もない雛のいるのもあった。尾根通りは白檜、万作、偃松、石楠の藪であるから、絶えず左側の草地から草地へと縫うように辿って行く。三五の残雪を過ぎ、最後に短い笹の中を抜けて、禾本莎草両科の植物に石菖(せきしょう)類の交った岩銀杏の原に出る。ここは既に平ケ岳の頂上であって、藤原山から大略十時間の行程である。私達は雲が深く展望がきかなかった為に、平ケ岳の遠くないことは信じていたが、残雪があったのを幸に午後五時頃野営してしまった。そこは二千八十米の小突起を踰(こ)えた尾根の上で、三角点まで四十分足らずの距離であることを翌朝知ったのである。

　私の考では、平ケ岳と劒ケ倉山との間は、露岩などもあって、利根川左岸の山脈中では珍らしいし、藪も左程深くないから縦走するも悪くはあるまい。けれども劒ケ倉から大水上山への縦走はやめて、同じ労力を費す位ならば、劒ケ倉から金山沢を下って中ノ岐川に出で、夫に沿うて西ノ沢との合流点に達し、そこから西ノ沢を遡行して、兎岳なり大水上山なりへ登るのが困難はあっても夫だけ興味が深いと思うのである。

平ケ岳（塗桶山）

此山に就ては『山岳』第十年第三号に高頭君の詳細なる記文と撮影の写真とが載っているから、茲（ここ）に贅言を要しない訳であるが、私の所見をも少し附け加えたいと思う。因（ちなみ）に平ケ岳は平岳の方が正しいのであるが、通称に従って改めないことにした。

正保図を見ると大水上山の東では、駒子下と駒かたけとが最も大きく図示してある。そして駒かたけの東をよっぴ川が流れている所から、この山が郡村誌の駒ケ岳即ち景鶴山であることは疑うの余地がない。そうすると駒子下は平ケ岳に擬して差支ないようである。下は副本を作る際に山の字を書き損じたものではあるまいか。これはコマネと読むものらしい。其後の図書の多くは、例せば富士見十三州図や利根川図志などの如く、駒根山となっている。藤原温泉記行には「北より西へ廻り、丑ヶ岳、駒根山、大烏帽子山、小烏帽子山云々」とありて、利根川右岸の山のように思われるのである。孰（いず）れにしても今日となっては、最早此名はどの山に充てられたものか、少しも知ることを得ないのは是非もない。

平ケ岳の名を始めて紹介したものは、地質調査所発行の二十万分一日光図幅である。この名は越後方面の称呼であって、藤原では之（これ）を塗桶山と呼んでいる。感服し難い名であるが、実物を見ると一面に於てそんな感じがないでもない。此名は相当に古いと見えて、藤原温泉記行にも「東より北へめぐりては、手小屋山、大高山、小高山、高倉山、平鶴山、火打峯、われ沢山、みな笠山、ぬり桶山、白根山」と書いてある。われ沢山は赤倉岳と異名同山であって、三角点の西に源を発しているのが赤倉沢、南に発して西流しているのがわれ沢である。みな笠山は水長沢山の誤で、白根山は白峯銀山即ち中ノ岳の異名であろうか。郡村誌の記事は次の通りである。

塗桶岳　高一里三十町、村ノ北方ニアリ。東方ハ戸倉村尾瀬沼ヲ隔テ岩代国火打ケ岳ニ対峙シ、北方刀嶺岳ニ連リ、西方ノ山脈ヲ負塞ト字ス、利根川ソノ地中ヲ伏流スルコト一里余。東北岩代国会津郡忠見村ニ属ス。

記載が正確でないから、此文だけでは平ケ岳と同一の山であることを知るに苦しむであろう。

平ケ岳の頂上は其名の如く実に平で広い。三角点の位置からは東南の眺望は得られるが、其他の方面は中ノ岳や駒ケ岳の如き附近の高峯すら視界に上って来ない程茫々と原が拡っている。そして三角点の東から北へかけては主として二十尺前後の白檜の森林であって、西から南へかけては岩銀杏を主とした草原である。森林には下生えに偃松と笹とクロウスゴが繁っているし、草原には小梅慶草（こばいけいそう）や日光黄萓、珍車が散生している外、一団をなした偃松が途切れ途切れに縁辺を囲んでいる。三角点の附近には、沢山の小さな池が巧に按配されて、自然の庭園をなしている。其中で南に在るものは稍（やや）大きく、水も飲料に差支ない程度に澄んでいる。池の囲りには小岩鏡、御前橘、石楠、姫石楠、イワハゼ、珍車、岩高蘭、立山竜胆、蔓苔桃、麒麟草（きりんそう）、猩々袴、鷺菅などがあり、殊に毛氈苔と白山小桜が美しい。此辺は一体に水苔の床であるらしく、二尺近く掘っても土は出なかった。大きな池から南に下ると三日月形の大残雪がある。そこだけは花崗岩の霉（ばい）爛（らん）した砂地で、雪消の跡にも草は生えない。それから南へ暫くの間は、尾根も広く草地続きで、白山小桜と毛氈苔に取り巻れた小池が至る所に存する。中には浮島があって、知らずに飛び乗った拍子にすういと動き出して人を驚かしたことなどもあった。

　平ケ岳は高頭君に依りて記文や写真が発表されて以来、登山者の注目する所となり、大正九年には私達の外に宮川君が登山されている。同君は七月二十日に銀山平の清水を立って、其日は中ノ岐川と西ノ沢との合流点附近に野営し、翌二十一日午前六時に出発、中ノ岐川を遡り、午後三時には三角点に到着したそうであるから、此登路は案外楽であるように思われる。又昨十一年には一高旅行部の浜田君の一行が藤原から水長沢を遡って之に登られた。此路は水長沢が悪るい谷で、一日に登り詰めることは不可能である。或は高頭君の登られた白沢口よりも困難が多いかと思われる。これで此山の主要なる登若し出発が午前六時頃であるならば、優に原まで辿り着けるであろう。

十一時過に平ケ岳の頂上を出発したので、其の日の中に尾瀬ケ原まで出られなかった。私達は午前

人を聞かない。そして高頭君の外は皆尾根を南走して尾瀬ケ原へ出ている。私達は午前

路は略探り尽されたことになる。尤も二岐沢からも登れるそうであるが、未だ登山した

白沢山

平ヶ岳から南に延びた尾根上の一隆起であるが、取り立てて言う可き程の峯ではない。尾根は白檜の森林が時折東からも西からも延び上って、中央の部分で結び付いていることもあれど、概して東側に草地が続いて、尾根上の平な所には多くは小池が存在する。歩行も至て楽である。白沢山の登りに懸るあたりからそろそろ陣竹や矮少な木本の藪が始まるけれども、僅ばかりの登りであるから直に三角点に達する。平ケ岳から一時間余りを要するであろう。櫓もまだ伐り倒されずに残っていた。これから暫く藪を押分けて下って行くと、次第に木立が深くなって、林の中にとり籠められる。二三丈もある独立の大岩が斜面に突立っているのは珍しいと思った。小高い瘤を踰えて池のある鞍部に下り着く。稍急な上りが始まる。主として丈余の陣竹が密生した中を登るので、劒ケ倉の登りとはまた変った苦しさを味った。此附近は大白檜の大木が少くない。白沢山から二

時間余を費して大白沢山との鞍部に近き峯の突端に達した。渡辺氏の一行が水長沢を遡って終に上越の国境山脈に登ったというのも、丁度このあたりであったろうと思われる。大白沢山の北に在る草原も池も目の下に瞰られた。

郡村誌に拠ると笹分峯というのが此附近にある可き筈である。

　笹分ノ峯　高一里八町、村ノ北方ニアリ。山脈西南方ニ延クモノヲ水長沢ノ尾根トシ、西方ニ走ルモノ劔ケ倉峯トナリ、利根川東岸ニ至ル。北ハ塗桶岳ニ連リ、東方戸倉村尾瀬沼ニ至ル。南方大倉岳ニ亘ル。

一読した所では恰（あたか）も平ケ岳に相当しているかのように思える。されども平ケ岳の塗桶山であることは動かし得ない事実であるから、他に此の山に相当する者を探さなければならない。処が此記事にあてはまるような誂（あつらえ）向きの山はない。郡村誌の記事は前にも申したように山に就ては多く信じ難い。私の考では此山はススケ峯のことではないかと思う。ススケはササワケの転訛であろうか。或は元からススケ峯（篶（スス）ケ峯）と唱えているのを殊更に笹分と漢字を充てたものかも知れぬ。又郡村誌の所謂中手山は、ススケ峯から赤倉岳に連り、其処から西南に延びて利根川と楢俣川とを分つ支山脈の総称であるらしい。

予定ではこれから大白沢山を経て景鶴山に登り、然る後尾瀬ケ原に下る計画であったが、山頂まで白檜の森林に掩(おおわ)れた藪の深い様子を眺めては、到底縦走を続ける勇気もなく、近い大白沢山もススケ峯も一瞥を与えたのみで、鞍部から猫又川へ下ってしまった。

猫又川には上流に三、四の瀑布がある。地図を見ると大白沢山の三角点の東南方に長い懸崖の符号が記入してある。あの懸崖は地図にあらわされたる如く千七百二十米の等高線のあたりで終っている訳ではない、実際は其儘(そのまま)下に延びて猫又川を横断してから、方向を転じてススケ峯の北方に向って続いているらしい。第一瀑は其懸崖に懸っているので、高さは四丈を超えているであろう。其西にある小沢も同じ崖を落下して細長い瀑をなしている。此瀑は左岸を下ればよい。人夫の話では、此懸崖の下の小沢に沿うて大白沢山へ登れるそうである。瀑から五、六町も下った所で、約一町許(ばかり)の間沢は伏流となっている。四、五十分も下ると又瀑があって、上のものは三丈余り下のものは二丈余り、両瀑の間二十間程急湍をなしている。右岸の崖の上を高廻りするので、通過に十五六分を要した。又一町も下ったろうと思う頃三丈近い瀑があり、夫(それ)が一曲して又五六丈許の滝となり、岩面を瀉下(しゃか)しているさまが美事である。左岸を辿れば難なく滝の下へ出られる。これからは河床も平になって、一時間許りで水と共に尾瀬ケ原の一端に吐き出されるであろう。

至仏山（岳倉山）

至仏山は利根水源地に於ける最高の山であると同時に、国境上の諸山を除けば、東小川の笠ケ岳と共に二千二百米を超えた上州最高の山である。至仏という名は戸倉の称呼であるが、檜枝岐（ひのえまた）でも同名である。或（あるい）は会津方面の称呼が基になったのかも知れない。藤原方面ではタケクラと呼んでいる。郡村誌は之（これ）を日崎山と同一なりとし、

日崎岳　大高岳、岳ケ倉、至仏山トモ云。高一里、村ノ北方ニアリ。東北戸倉村字尾瀬ニ属ス。南方小高岳北方笹分峯塗桶岳ニ連ル。東方猫川ノ源ヲ出シ、西方狩小屋沢日崎川沢種沢等ノ数渓ヲ出シ、山脚西方中手山ニ連リテ、南方ニ旋テ上ノ原ニ至ル。

というている。至仏山の範囲を北はススケ峯から南は武尊山迄も包含するものとしなければ、此記事を満足に説明するに足りない。明（あきらか）に混同と誤謬とに満ちた記事である。人夫も之を日崎とは呼ばなかった。日崎山は矢張五万の図に記名してあるものを夫と認めてよいであろう。又此文に依りて笹分峯のススケ峯なることも想像される。藤原温泉記行に高倉山とあるものは、大方このタケクラを間違えた誤（あやまり）であろうと思う。クラは上州殊に山地の方言で巌又は岩壁を意味している。タケは壮なる貌をいうのであろう。

至仏山の西面は巖や岩壁が露出しているから、藤原で之をタケクラと呼ぶのは当然のことである。私は通俗的に岳倉の二字を充てた。それが偶然にも郡村誌と一致したのである。

ここまで書いてふと或考が浮んだ。海岸に日崎という地名がある。多くは東に面して日の出る方に当っている。至仏山は藤原の東北東に在って、其方面の最高峯であるから、旭の光は真先に此峯頭を照し、日も亦此山から出る（広い意味で）。それで日崎の名を得たのではあるまいか。けれども其名は次第に廃れて今は北の山腹から発源する沢の名として残るのみで、山貌から名付けられたタケクラの方が広く行われるに至ったものと見れば見られぬことはない。若し沢の名が初から日崎でそれを山名に冠したものとすれば、郡村誌には賛成し難い。どの道今日となっては、地図の日崎山は動かない所であろう。

至仏山に登って其記文を発表した最初の人は恐らく沼井君であろうと思う。同君は大正三年八月に御山沢（頂上直下から東微南を指して川上川に合流するもの）の北にある小沢から標高線の数字が記入してある尾根に取り付いて、其儘頂上へ驀進したらしい。三時間を費したそうである（「山岳」第十一年第二号所収「尾瀬の事ども附至仏山」参照。）宮川君は私達より五日前に沼井君の登った尾根の北に発する小沢から同じ尾根を辿って、二時間で登山された。これは荷物のないことが時間を要しなかった一つの原因であったかも知れぬ。私達は三角点の北方から発源して猫又川に注ぐ貉沢というのを登ったが、三時間を費した。然し此沢の登りは楽であるから、猫又川を下って来た人は勿論、尾瀬方面からも此沢を上下するのが便利であろうと思う。

貉沢は地図に水の符号が入れてないが、千八百米附近までは確に水がある、下流の方では岩魚が泳いでいるのを見た。朱泥をなすり付けたような赤赭色の岩塊は、少しも滑る憂がないので非常に歩きよい。斯様な色の岩は今迄見たことがない、橄欖岩であるという。この岩の色から貉沢に渋ツ沢の一名があり、山名の至仏はそれから導かれたものであろうとの事である。千七百米附近で休んだ時、試に近傍の植物を数えて見た。丸葉下野、黒檜、偃栢心、偃松、米栂、七竈、米躑躅、石楠、イヌツゲ（?）、目木（?）、笹などの外に、虎杖、小梅慶草、紅葉升麻、其他三五の名を知らぬ草があった。黒檜と米栂は非常に多く、灌木状をなして叢生しているから、此藪を通過するのは困難である。間もなく小さな瀑の上で沢が二分する。右に沿うて何処までも登って行き、頂上近くなって左に折れて登れば、少しの藪で済む。夫を左の沢に入った為に、一町許りで水が尽きて山ひらを登るようになり、黒檜と米栂の中で一しきり苦しんだ後、漸く左手の尾根の岩多き草地へ出て、南へ巻くようにして登った。千八百米附近から伊吹麝香草、深山茴香、大葉黄菫、高根薔薇、姫石楠、四葉塩竈、高根撫子、深山沙参、白根人参、真柏などがつぎつぎと目に入る、立派なお花畑である。二千百米の附近では深山薄雪草、苔桃、粘り芒蘭、梅鉢草、珍車、虫取菫などが新に加った。此外に幾つか名を知らない植物もあって共に採集したのであるが、砂糖の空缶に入れたまま、密閉してあるから安心だと思い、帰京後も手を付ずに置て、四、五日過ぎて少閑を得たので開けて見ると、残らず腐っていたので、武田君に鑑定を願ったりお土産にしたりしようと思ったのが徒労に帰してしまった。兎も角高山植物の種類に富むことは、確に平ケ岳以上であると思う。

頂上は磊砢たる巉岩の堆積であって、南北の二隆起に分れ、肉眼では孰れが高いか判じかねるが、三角点は北の隆起に置かれ、其附近のみ僅かに一勺の平地を存している。真柏と偃松とが岩から岩へと深緑の枝を伸して匍い蔓っている。真柏は殊に多い。其間に交って高根薔薇の艶麗な花が紅一点と言いたいが、実は紅千点ともいう可き程に咲き誇っていたのは、白馬岳北方の雪倉岳以外には曽て見たことのない光景であった。

藤原方面から此山へ登るには、楢俣の路を遡って狩小屋沢から登るのが捷径である。山の西側は急峻で露岩も多いとはいえ、地図に示されたように一列の屏風岩ではない。何処までも沢を上ればよいのである。其他には尾瀬へ出て登る外適当な登路はない。

大高、小高（大笠、小笠）

大高は測量部の輯製二十万や其他に笠科山又は笠品山として記載されたものである。其東に発源する川は即ち笠科川であって、今では笠科川と片品川とを別物としているが、片品は笠科の転訛であるとは、多くの学者の説く所である。従って之を笠と名付けたのは戸倉方面であることも分る。藤原では之を大高と呼び、其北にある千九百八十米の圏を有する小尖峯を小高と呼んでいる。或は大笠小笠と唱えることもある。郡村誌には、

大笠岳　大高山トモ云。高三拾四町、村ノ東北隅ニアリ。東方戸倉村ニ属シ、東方笠科川ノ源ヲ出ス。西方小楢俣川ヲ出ス。山脈北方小高岳、南方穂高見岳ニ連ル。

小高ノ岳　高三拾三町、村ノ東北隅ニアリ。南ハ大笠山保高山ニ連リ、西ハ坐々良ノ峯ニ連ル。西方堺弦沢ヲ出ス。

略正鵠（ほぼせいこく）を得ているが不統一を免れない。

此山に関する記行文の類は、まだ登った人もないのか発表されたものを見ない。私達は日数を制限されたので、小高の手前まで行きながら、それを登らずに横を搦（から）んで、小楢俣に出ようとしたところ、尾根を一つ間違えてヘエヅル沢に入り込んでしまった。この横を搦む際には密生した一丈か一丈二三尺に生長した黒檜の純林中を進むので、非常

なる困難と闘い、ヘエヅル沢では連続した瀑布の通過に多大の苦心を要した。結局小高大高を踰えて小楢俣に下った方が、山へも登れるし行程も反て捗取ったに相違なかったと後悔した程である。

至仏山の頂上から其南にある二千百米の峯迄は岩の上が歩けるので、偃松などはあっても苦にはならない。夫を踰えると右側から次第に白檜の疎林が押寄せて来る。一ところ草地に池があって毛氈苔や白山小桜が咲いていた。二千四十八米の隆起から五六尺の高さに密生した陣竹の中を進むので、思うように足が運べない。時折両側の白檜の林に蹈み込んで見るが、まだしも陣竹の方が相手にし易い。至仏の頂上から二時間半を費して、小高の北の鞍部に辿り着いた。私達は此処から西に白檜の林中を下ること十五六分で水のある所に野営し、翌日は其日の中に柳淀へ帰ろうとして、一向距離の点にのみ拘泥したので、終に大高へ登る機会を逸してしまったのである。恐らく此鞍部から小高の登りは陣竹が深いであろう。頂上附近は偃松らしく思われた。小高大高間の山稜も陣竹と白檜の林とが入り交っているようであるが、大高の円錐状をなした斜面は、至仏山のと同じ色の岩の堆積で、所々に一団の偃松か真柏らしいものが生えている。此岩は小高にも露出している。野営地から多くも三時間を費さないで登れたものを、今となっては残り惜しい。

大高へ単独に登るものとすれば、どういう路を取るのが得策であろうか。尾根通はどれも藪がひどいから到底其煩に堪えない。寧ろ沢を上る方がよいであろう。若し戸倉を出発点とすれば笠科川を遡行する外手段はない。藤原ならば湯之小屋から木之根川に沿うて支流砥沢に入り、途中より百米許の峠を乗り越し、千之洞(センノホラ)の上流に出て之を登り詰るか、或は小楢俣を真直に登り詰るか、二の道がある。判然したことはいえぬが後者の方が困難の度は少ないであろう。

此山は東京市内の赤羽台から冬季の快晴の日には、武尊山の東に当って白雪を戴いた秀麗な笠状の山容を遠望することを得るので、何となく懐しいように思われる。清水峠以西では上越の国境山脈中にも、仙倉山や白砂山のように東京市中の高所から望まれる山もあるが、利根川水源地では武尊山を除いて此山と至仏山のみが辛うじて市中から望見されるだけである。

利根川水源地の山で当然記述しなければならないものは、以上列記した外尚(な)お多く残っている。又大高より南方大ダルミを経て武尊山に至る部分も、ここに漏す可(べ)き筈のものではあるまい。武尊山に就ては既に「山岳」第十四年第一号に日高君の記文があり、十六年三号には武田君が藤原からの登路に関して陳(の)べられている。其他の諸山はまだ一も私は登っていない。それで余り実際の用をなさない郡村誌の記事を掲げて臆説を附記することなどは止め、ここに本篇の筆を擱くことにする。唯私は上越鉄道が完成した暁は言う迄もなく、目下工事中の鉄路が沼田、後閑、小日向と延長するに連れて、今日の秩父のように必定此地方に入り込む登山者が増加するものと信じているから、若し此文が其等の人に幾分なりとも参考となることあらば幸である。

（大正十二、五『山岳』）

〔附記〕

清水峠より牛ケ岳に至る間の上越国境山脈に於ける諸山に関しては、「山と溪谷」第十五号に藤田喜衛君の「登川奥（利根川右岸）各ピークと沢の名称に就て」が載っている。実地を探究された有益な記事であるから参照して戴きたい。尚お同号所載大町周一郎君の「利根水源溯行記」も利根水源探検の記行中最も優れたものであると推薦する。

［「山岳」第十六年第三号・大正十二（一九二三）年／『山の憶ひ出』上巻］

秋の鬼怒沼

［大正九（一九二〇）年十月］

日光の紅葉

大正九年十月十日。松本善二君と倶（とも）に、午前五時五分発の列車にて上野駅出発、九時二十七分日光着。馬返まで電車に乗り、午後二時三十分中禅寺湖畔、三時五十分湯元。板屋に泊る。

日光の町から馬返へ行く途中、眉を圧して聳え立つ女貌山（にょほうさん）や赤薙山（あかなぎさん）の姿が、或（あるい）は開けた谷間の奥に、或は繁った黒木の森の上に、電車の進行に連れて忙しく右手の窓から仰がれる。其（その）中腹千五六百米附近と思われるあたりに、真紅なそして冴えた一団の霞のようなものが諸所に屯（たむろ）している。それは汽車が文挟（ふばさみ）駅を過ぎて今市に近づく頃から既に眼に映じていたものであったが、今此処から見ると霜に飽いた紅葉であることがはっきりと認められたのであった。然し麓の秋はまだ浅い。神橋のあたりでは僅（わずか）に紅を催すという程度である。剣ケ峯ではそれは可なり色づいてはいたが、中禅寺に来てはじめて秋の日光らしい粧が見られた。

中禅寺の秋を代表するものは、何と言っても大崎から古薙(ふるなぎ)の辺に至る間の湖畔一帯の闊葉樹林であろう。水を隔てて南に丘陵の如く横たわる半月山や社山(しゃざん)の連嶺も、黒木は多いが相当の距離があるので明るい。千手ケ原の湖水に接したあたりは、葭(あし)やら薄(すすき)やら禾本(かほん)科植物の穂先が、午下(ひるさがり)の太陽から迸射する強い光芒に照されて、銀の乱れ髪のように微風にゆらめいている。其(その)奥に仄(ほのか)に紅味のさした紫にぬりつぶされて、秀麗な錫(すず)ケ岳が西の天を限っていた。久振りで眺めた中禅寺湖畔の秋色は矢張(やは)り勝れていると思った。

戦場ケ原は秋正に闌(たけなわ)である。東から北にかけての落葉松の林が続いていたように覚えているが、今は殆ど伐り尽されて、眺望は開闊(かいかつ)になった。男体(なんたい)太郎二山の裾や小田代原方面の紅葉も無論よいが、泉門池(いずみやど)の北方で湯元への道が端山の裾に沿うて緩かに上るあたり、掩(おお)いかかる大木の梢から下枝の先に至るまで、鮮かな黄に彩られた霜葉の美観は、蓋(けだ)し此処(ここ)の圧巻であろう。温泉(ゆぜん)岳から金精(こんせい)山や前白根に至る諸峰も指呼の間にある。奥白根の絶巓(ぜってん)も何処かでちらと見たようであったが判然しない。

湯元に来ると二度も雪が降ったという程あって、紅葉は既に爛熟して、次の木枯(こがらし)には一たまりもなく吹き掃われそうである。濃紅の色の中にもはや凋落の悲哀が蔵されている。それが又黒木の茂った静寂な環境と調和して、寧(むし)ろ凄味ある湯ノ湖を中心に、陰鬱ではあるが、極めて荘重な風景を現している。日光の秋はここに至って時と処と共に其極（そのきわみ）に達した。湖の北畔の水際からは湯のけむりが濛々（もうもう）と立ち昇って、夕暮の晴れた空に消えて行くのであった。

湯治の客は大方引き上げて、観光を目的の旅の人も此処まで来る者は稀にしかないので、どの宿も閑（ひま）そうである。私達の泊った板屋にも四、五人の客しか居なかった。明がた寒いと思ったが、起きて見ると霜が真白で、新に掃かれた庭前の若い槭（かえで）の下には、紅葉が箒目を隠す程に散っていた。余りにせせこましく粧飾された湯殿は気に入らないが、温泉に浸る心地はいつもながら実に好い。

鬼怒（きぬ）沼まで尾根伝いを続けて行くには、人夫がいる方が都合がよいので、一人雇うことにした。幸に大金弥一郎という逞しい男がいて、案内は出来ないが、お伴なら何処へでも行くという。三日間十円は高い。けれども湯元にいて仕事をしても其位にはなるのだからと主人がいう儘（まま）に話は纏（まとま）った。

温泉ケ岳

十一日。午前七時五十分板屋出発、金精峠に向う。九時四十五分峠の頂上。十分間休憩して後、国境の切明けを辿り、十一時温泉岳の巓（いただき）に達す。眺望広闊、遠く北アルプスの諸峰及飯豊（いいで）山の白雪を望む。午後十二時二十分頂上出発、急斜面を下り、十二時三十五分鞍部。一時高薙山への分岐点。二時湯沢山頂上、木立繁く遠望なし。これより長き下りとなり、三時三十分最初の鞍部。四時二十分菅沼北方の千四十米の峰より右に下り、十五分にして水を得て野営。

湯元の耕地を離れて、金精峠の登りにかかるあたりの森林は、いつ見ても美しい。一面に青々と繁った短い笹を下草にして樺や榛(はんのき)の類などの交った栂の深い林である。それは勿論(もちろん)木立がそれ程珍らしい訳ではない、秩父あたりにもこれ位の森林はいくらもある。然しこのなよやかな笹原は容易に他所で見られないものである。如何にも気持がよい。人工を加えたもののように見えて全く自然の儘(まま)なのである。菖蒲(しようぶ)ケ浜の養魚場の建物の附近も、元は殆どこの通りであったが、今は半以上も天然の面影を失ってしまった。

笹が少なくなって石楠(しやくなげ)や御前橘(ごぜんたちばな)、岩鏡、苔桃などが下草に交って現れる。左に近く笈吊(おいづる)岩の絶壁を仰ぐようになると直ぐ峠の頂上である。十日程前には紅葉が盛りであったという。上州側は木立に遮られて眺望はないが、ふり返るときらきらと光る湯ノ湖を前に、男体山が東の空を領して一幅の画を展開する。

暫く休んで国境の切明けを北に向って登り初める。雑木の茂った所や笹の深い所もあるが、大して困難を感ずる程ではない。峠から一時間余りを費して、温泉ケ岳の三角点に達することを得た。頂上は南北に長く、測量当時木を伐り払った跡には笹が生えている。南の方に少し木立が残って稍(やや)展望を遮るが、自分の位置を換えれば邪魔にはならない。三角点の東二、三間の距離に直径四尺程の池があって、一尺許(ばかり)の深さに水を湛えている。余り綺麗ではないから消え残りの雪に喉を潤し、昼食をとりながら眺望に耽っ

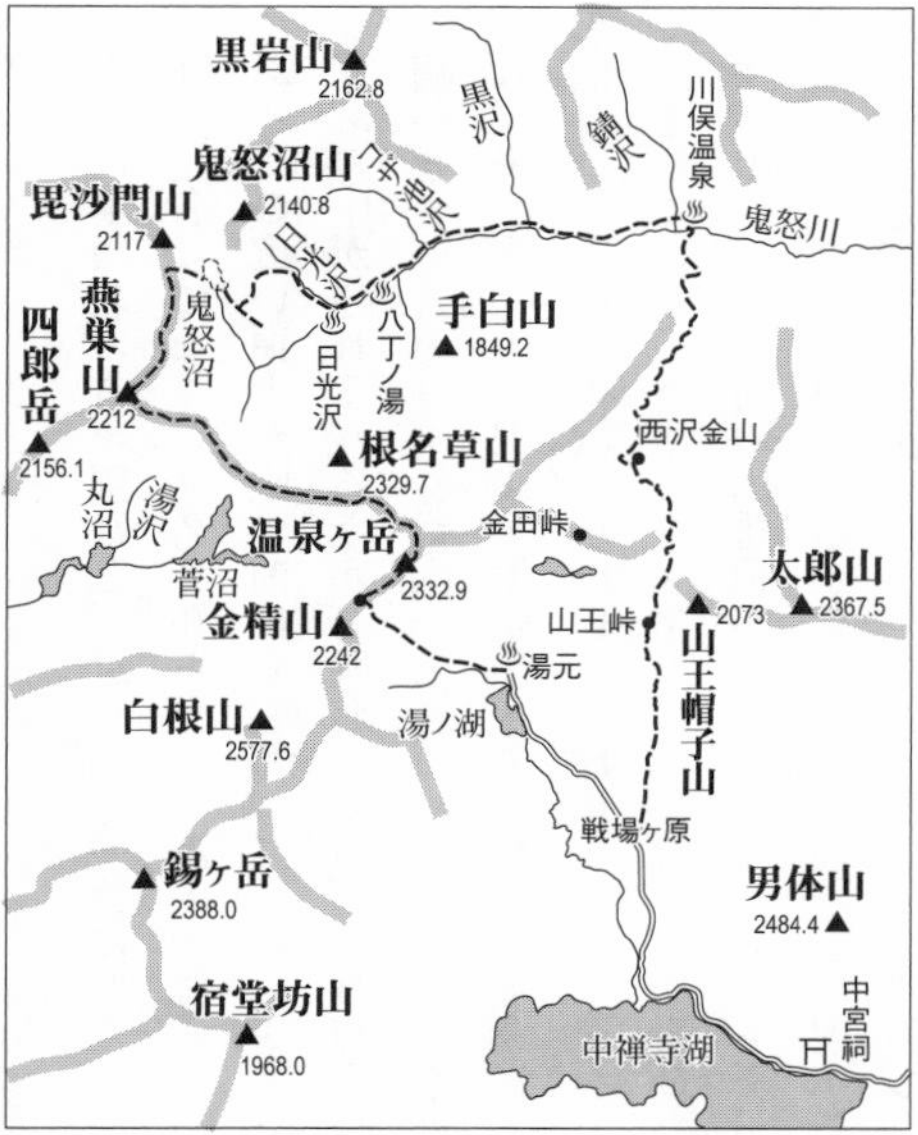

た。

先ず行手西北の方を望むと、近く大鼈の背に似た湯沢山（根名草山の南方にある山で、地図に記名してなく、又名を知らない、湯沢の源頭にあるから仮に湯沢山と命名したのである）の広い頂上が眼の前に立ち塞っている。黒木立が透間もなく生え茂っているので、あの中が通れるだろうかと疑わしめる。最高点を少し西にはずれて後から頂上だけを覗かせているのは根名草山である。続いて燧岳の双尖が鞍状の峰頭を擡げている左には、平ケ岳・大白沢山・景鶴山・ススケ峰・赤倉岳・日崎山などの連嶺が波濤の如く起伏し、其奥に越後沢・小穂口・下津川・小沢・三石など利根川西岸の諸山が奔馬の如く南走している。燧岳と平ケ岳との間には、雪を帯びた越後の駒ケ岳が全容を露し、平ケ岳の上には中ノ岳の円錐頂が認められた。いつも三日月形の大残雪が残る平ケ岳の東南面には、夥しく白いものが見える。表面から反射する光の工合はどうも氷のようである。双眼鏡で熟視すると夫は霜柱であることが判明した。周囲は草原であるのに、此処だけが花崗岩の霉爛した細沙と粘土との露出地である為に、この驚く可き霜柱を生じたものと想われる。近い燕巣山は赤倉岳と下津川山との間に其尖頂を突き入れ、東面に懸る菱形の大きなガレが著しく目を惹く。頂の少し平な四郎岳は、其傾斜の緩い、そして恐ろしく長い山脚を南に投げ出して、恰も頭を北に向けた臥蚕に似ている。この二山の間には至仏山が群を抜いて高い。其右の肩にふわりと青黛を浮べているのは牛ケ岳の連脈であろう。

至仏山の左には小高（小笠）大高（大笠）の二山が大海のうねりのような緩やかな山稜の上に、赭色の岩峰をぽつんと立てる。其うねりの低まったのが一度隆起して西山となり、再び大に隆起して忽ち波がしらの砕けたように五、六の峯尖を乱立させているのが武尊山だ。

至仏山の為に一旦遮断された利根川右岸の連嶺は、恰も四郎岳の上で小高の右に破風形をした柄沢山と、大高の左肩に蕎麦粒状の朝日岳とが、共に額から上を露している。其左には宝川の笠ケ岳が一段と高い。茂倉、一ノ倉、谷川富士、谷川岳の諸山は、附近に比類のない崔嵬たる姿を呈して、西山の土に蟠屈している。赤谷川上流の上越国境では、仙ノ倉山の外は識別するを得なかった。谷川富士の上には苗場山が特有な長い平な頂上を横たえ、其右の方茂倉岳の上には、遠い妙高火山群の雪が望まれ、仙ノ倉山の南で佐武流山の北にある二千五十一米の峰を超えて、更に遠く白雪皚々たる白馬の連峰が、肉眼では天際に棚引く一抹の横雲かと怪まれた。

尨大なる武尊山を蹈まえて、烏帽子岩菅の峰頭は、流石に高く抜け出ている。白砂山から西の方赤石山に至る上信国境の山々は略高さの平均した長い山脈を縦観する為に、到底一つ一つの山を区別することは不可能であった。横手・白根・本白根・四阿（あずまや）・浅間の諸山は紛る可くもない。四阿山を中にして右には槍ケ岳、左には穂高山が遥の天際に剱戟（けんげき）を連ね、横手山の右には真白に輝く立山劒ヶ岳の姿が執念（しつこ）く離れまいとする雪雲の間から垣間見られた。南に廻ると高い奥白根や前白根の為に遠望は遮断されてしまう。此処から眺めた奥白根の絶巓は、痛々しく筋骨をむき出してはいるが、山勢頗る峭抜（しょうばつ）して、坐（そぞ）ろに駒ケ岳から仰いだ北岳の雄姿を偲ばしめるものがある。

湯沢山の右には鹿の子斑に雪の積った会津の駒ケ岳が広い頂上を展開している。其東に連る会津境の黒岩・孫兵衛・台倉・帝釈（たいしゃく）・田代の諸山は、一様に黒い針葉樹林に包まれて、秋らしい快い日の光に隈なく其半面を照されてはいるが、重苦しさに堪えぬが如く押し黙っている気配がある。北東には遠く吾妻山が望まれ、次で那須高原の二山塊、近くは東に日光の諸山が目睫（もくしょう）の間に迫っている。然し最も強く私達を惹き付けたものは、此等の山でも又遠い北アルプスの雪でもなかった。それは孫兵衛山から台倉高山に至る間の山稜を超えて、翠紫を畳む幾重の山のあなたに、岸を嚙む怒濤の砕けて白泡空に跳るかと怪まれる長大なる雪の連嶺の姿であった。まともに照りつける日光を受けて純白に輝く雪の美しさ。それが飯豊山であることは一目で知られた。

頂上の北側には白檜（しらべ）の若木に雑（まじ）って偃松（はいまつ）が生えていた。石楠はもう寒そうに葉を縮めている。国境の尾根は此処から東北に迂廻して、更に西北を指すようになるので、其方へ向って少し下ると笹が稍や深い。夫を押し分けて十二、三歩も進むと、俄然として擂鉢状の小窪地に行き当った。不意に足場を失った私は筋斗打ってのめり込もうとした体を、笹にしがみついて辛くも支えることを得た。余りの馬鹿らしさに独り苦笑して、這い上る拍子にふと見ると実に驚いた。この直径六尺ばかりの擂鉢の底には、更に直径二尺許りの穴がある。ちょいと覗いただけでは底も見えない。余程深そうである。気味の悪い穴もあったものだ。それが笹に掩われているから尚更危険であると思った。

下りが恐ろしく急になる。木から木につかまって、漸く鞍部に着いた。小石を敷き均したようないい平で、小屋でもあったらしい跡がある。東からは長いガレが這い上って来ている。これからは笹はあるが楽な上りで、黒木の間を林班の杭とかすかな切明けとに導かれて、思い切り右の方へ迂廻した。間もなく高薙山へ続く尾根との分岐点に出る。白檜の若木が邪魔になって困った。それでも例の杭と切明けがあるので迷うようなことはない。倒木もあるにはあったが、むごたらしく風に吹き倒されたのは少ないようであった。

白檜の純林は何処までも続いている。禁猟区と書いた五尺余りの杭が、忘れた頃に先々と立っている。落葉が積ってふっくりと柔い土を踏んで、上るともなく上って行くと、小鳥の声さえも聞こえぬ淋しい黒木立の中で、咽ぶような幽な音が耳に入った。あの立派な噴湯丘があるので名高い湯沢の源流の一がいつの間にか私達の足元近く寄り添って来ているのであった。もう頂上であろうと思うが、この広く平で木立の茂った林の中では、何処が最高点であるかを見究めるのさえ容易でない。恐らく此辺が絶頂であろうと思われるあたりから少し北に下って見た。すると木立の稍や透いた間から測量の櫓の残っている根名草山がちらりと望まれた。この藪では往復二時間は懸るであろう、其上見通がきかぬので方向を誤る恐が充分にある。それに午後二時を少し過ぎている。遅くなれば引返して最前の水のある所で泊るという手段はあるものの、明日の行程を考えると出来るだけ先へ行く方が都合がいいので、根名草山を究めることは止にしてしまった。

切明けを頼りに下って行くと、途は間もなく南を指して、奥白根を正面に仰ぐようになる。いい切明けではあるが違ったなと直ぐ気が付く。木が太くなって木立は少し疎になって来た。其の中を右に突切ると国境の切明けに出る。下生えが少いので歩きよい。三人は足に任せてドンドン下った。そして一の鞍部に着いた時は、そろそろ泊り場所を探してもよい時刻であった。右手の薄暗い谷底に白く光る水の流が見えたが、其処まで下りる気にはなれなかった。また爪先が仰いで一の小隆起を踰えた。尾根は平で広いが附近に水はない。もう闇は間近く押寄せて来た。人夫を南の谷へ下らせたが、暫くして水はないといいながら帰って来たので、左に小尾根を派出している所から、右の谷らしい窪を十五分許り下ると水が得られた。急峻な谷間には一勺の平地とてもない。止むなく大木が倒れて根と共に山腹を掘取った其跡へ泊ることにした。一方は木の根に支えられている。其根が終夜の焚火に焼かれて、翌朝出発する前に、いざ一あたり火にあたろうとするとき、ドッと燃え抜けて落ちてしまったのは、滑稽でもあり又運がよくもあった。

鬼怒沼

十二日。朝来霧深し。午前八時二十七分出発。二十分にして尾根上。左に菅沼を瞰下す。十時二十分二千七十米の峰頂。午後十二時十分燕巣山頂上。笹深くして眺望よろしからず。休憩二十分にして出発。一時北方の鞍部着、中食。一時三十分出発、一時間にして二千九十八米の三角点着。尾瀬方面の霜葉実に美観を極む。四時鬼怒沼。五時原の東南の空沢を下り、六時大絶壁に遇い、下る能わず。夜営。夜風雨。

暁方目を覚すと霧が間近の木から木へ鼠色の幕を張り渡していた。夜中に焚火の煙だと思ったのは矢張この霧であったかも知れない。頭上に傘をさしかけたように枝を拡げた栂の葉からは、時折雨のように雫が落ちて来る。日の出に間もないと見えて、四辺が一しきりぽうと赤くなる。其頃から次第に霧も薄らいで、頭上には青空も見られるようになった。木の間に日の指す気配がして、そこにもここにも華やかな影が認められたが、それは霧の中から滲み出る今を盛りの紅葉であった。

　昨日下りた所へ登りついてまじまじと周囲を見廻した。直ぐ目の下に鴨緑(おうりょく)色の水を湛えた菅沼が手に届く程に近い。湖を匝(めぐ)って鬱蒼たる針葉樹の梢が無数の鉾を建て連ねたように、水際からひら地へ、ひら地から山腹へ、すくすくと立ち並んでいる。其間に闊葉樹が黄や紅の冴えた色を丸くこんもりと盛り上げる。奥白根の渋色のドームが南の空に半ば雲に包まれている。行手には四郎岳らしい鈍円頂が雲から吐き出されたように不意に木の間から姿を見せた。

　小さな隆起を二つ許(ばか)り越して、倒木の横たわっている笹の中を一の峯に登った。菅沼と丸沼とを分つ尾根が南に出ている。途中ふり返る度に湖水をこえて奥白根の絶頂が高く仰がれる。つい今しがたまで粘り付いていた雲は、山の膚に薄く白いものを残して消え去ってしまった。空は真綿を引伸したような高い巻層雲に掩(おお)れているけれども、眺望は次第に開けて、さし添う日光と共に体も漸(ようや)く汗ばんで来た。

　再び笹や倒木の中を下ると、また同じ様な登りとなったが、これは直に終って、余り高低のない尾根を辿り、少し下ってから登りついた所は二千七十米の峯である。峯というよりは寧ろ長い平な尾根の突端というた方が適切であろう。南に丸沼大尻沼が不恰好な瓢簞(ひょうたん)の形をして現われる。あたりとは少しも調和しない養魚場の赤い屋根が異様に光っている。北には真黒な針葉樹林に囲まれて鬼怒沼の原が狐色に暖そうだ。其原の水を集めて流れ行く鬼怒川の谷は、ほんの上流の一部が此処から見られるのではあるけれども、心をおののかすような豊麗にして深刻なる色彩の世界を暗示するに足るものであった。

伐り倒された大木が朽ち残った白骨のような枯枝を縦横に逆立てている深い笹原を、針藷(はりぶき)に刺されながら泳ぎ抜けて、昼も暗い白檜唐檜(とうひ)の深林に入った。朽葉の積った柔い土の香と軽い樹肥(ヤニ)の香とが苛立った神経を落付けて呉れる。緩やかなうねりが二度三度続いた。尾根が痩せて岩が露れると、石楠や躑躅(つつじ)の類が蔓(はびこ)り出して足に搦(から)まる。これも山の親しい友だ。登りが少しえらくなって、愈(いよいよ)燕巣の斜面に取り付いたのではないかと思う間もなく、足元は平になって行手に例の菱形のガレが、冷笑(あざわら)うように大口を開けて、はずみかかった私達の気を抑えつけてしまう。こんなことも二度ばかりあったようだ。湯沢の谷が南に開けて、養魚所の建物や方形の堤や青い畑の物などが、凄い白眼を挙げて空と睨み合っている丸沼の片隅に、淡い人間の匂を漂わしている。樺の大木が多くなった。明るさが葉を振り落した枝から幹を伝って、隧道の明り窓のようにさし込んでくる。笹が復繁り出して、私達はいつか長い登りに懸っていた。

傾斜は登るに従って増して来る。倒木を乗り踰えたり、根曲り竹の密叢を匐い抜けたりする。もう両手を使わないでは一歩も足が先へ出せない。三人は散り散りになって思い思いに攀じ登った。頂上に近く立木が疎になると笹が殊に深くなって、全く目隠しをされてしまった。開いているのは頭の上ばかりだ。漠然と空を見上げては足を運ぶ。

やっと少しの平に出た。笹は短くなったがそれでも肩を越す程の高さである。突き当りは樺や白檜の木立に遮られて何一つ見えない。右を見ても左を見ても、疎ではあるが同じ木立に取り巻かれている。此処が燕巣の頂上なのであろうか。心をとどろかせる或もの——それが何であるかは判然と意識しないにしろ——そんなものを期待して、満されない心の欠陥から暗い気持になるのは情なかった。二千二百二十五米の頂上。空しくあたりを見廻した私の眼は、地上五六尺の所からへし折れて笹の中に僵れている太い樺の木に注いだ。急いで其上に登って改めて復あたりを見廻した。温泉岳と根名草山と鬼怒沼原の一部とが、辛うじて得られた眺望のすべてである。東の風が少し強く吹き出した。寒いので笹の中へ潜り込んで横になる。其時初めて自分独りであったことに気が付いた。

下りは更に笹が深かった。体を圧しにして無理に押分けて行く、不意に針蕗が搦み付いてチクチク刺すには弱った。黒木の繁った二つ許りの突起が前面に現れる。其一の岩壁から火のように赤い紅葉がのり出して、パッと明るく谷間を照している。栂や樺の木立を抜けて一の鞍部に着いた。水を探したがありそうもないので、凍ってバサバサしている握飯をたべて昼食にする。足の指先が切られるように痛い。体も寒さに震える。こんな時には焚火が何よりの馳走だ。めらめらと炎を揚げて勢よく燃え出した火を囲んで、三人の冷い顔にも漸く笑が浮んだ。

栂の若木や石楠の間を掻き分けて一の岩峰を踰(こ)えた。ホッと息する間もなく、更に荒けた急峻な岩峯の上りとなる。さっき眺めた二番目の突起にさし掛ったのだ。透間もなく密生した石楠を手掛り足掛りとして、表面は奎角(けいかく)の鋭いぼろぼろの岩屑と変っている岩の間を匐い上り、長いが狭い頂上の突端に立った。三角点の標石があって、櫓は横に倒れている。岩巣だけに石楠が多い。豆桜らしいものがあったのも珍しかった。赤い実を持った苔桃や御前橘、岩鏡に高根日蔭縵(たかねひかげのかずら)、皆懐しい山の植物ではあるが、此処では其一つ一つが確(しっか)りと存在を認めさせないでは置かなかった。最高点はずっと北寄りにあって、二十米余り此処より高いであろうが、黒木が茂っている。此処は測量当時に邪魔な木を伐り払ったので、広い眼界を与える。

北から西にかけて燧岳がいつも真先に目に付く。昨日眺めたよりもずっと大きく、しかも全容を露して、頂きの双尖の間から今にも噴烟が天に沖するかと思わしめる程、火山特有の形を備えている。其裾のあたり青磁色の一線が所々強く光を反射しているのは尾瀬沼であろう。駒ケ岳、平ケ岳、景鶴山。平ケ岳には今日は霜柱が見られなかった。下津川山から小沢岳の方面へかけて雲が余程低く垂れている。至仏山、笠ケ岳。武尊山の乱杭頭にも古綿のような雲が流れ寄っていた。尾瀬沼の東の檜高山(ひだか)、治右衛門池の南の皿伏山(さらぶせ)、さては其名の如く双峰を対峙させた荷鞍山(にぐら)までも、皆大きな蛞蝓(なめくじ)が匐ったようにのろのろしている。そして此等の山を屏風の如く立て廻して其処に驚く可き色彩の世界が展開していた。

満谿――片品川上流の粘沢(ネバ)、柳沢、中岐沢の一部――を埋むる闊葉樹の大森林は、見渡す限り赤と黄と其間のあらゆる色とに染められて、朝暾落暉(ちょうとんらっき)の光に炎と燃える雲の幾群が谷中に瀰漫(びまん)したようである。昵(じつ)と見ていると丸く盛り上った一つ一つの梢は、大きな竈(かまど)の中で渦を巻く焰(ほのお)のように、明くなったり暗くなったりして、光と蔭と錯綜した曲線の皺(しわ)がモクモクと動いているようだ。それが谷風に煽られて、燎原の火の様に山麓から山頂へと一気に音もなく燃え拡がって行く。まるで大きな山火事だ、と私は思った。

ふと、あの白樺に富む尾瀬ケ原の秋色が想い出された。

振り返って眺めた鬼怒川渓谷の霜葉も劣らず美しいものであった。上流は針葉樹が多いだけに、黄の勝った華やかな色が其間を点綴（てんてい）しているに過ぎないが、下流の方へ行くに従って闊葉樹が増すと共に赤が加わり、色も濃くなって漸く谷を埋めんとしている。近い根名草山の巓（いただき）を除いては、奥白根と女貌山とが此色彩の圏外に聳立（しょうりつ）した二の山であった。鬼怒沼ケ原はつい目と鼻程の距離に迫って来たけれども、土堤のように取り巻いた黒木に遮られて、原は眼に入らない。

三角点から黒木の繁った細い山稜を少し登って、陰湿な土に印した熊の足跡を踏みながら笹の中へ下り込む。所々木立は薄くなるが深い笹は何処までも続いている。骨まで朽ちた潰れ小屋を足元の笹の中に見出したのは夫から一時間の後であった。行手は透間もなく黒木と笹とに掩われた毘沙門山である。夫を避けて爪先下りに右の方へ二、三十間も行くと、壚坶（ローム）の固まったような河床を穿（うが）って、水が潺湲（せんかん）と流れている。私達は始めて今朝来の渇を医することを得た。

丈に余る笹を押分けて、広々した黒木の林に出る。唐檜や黒檜の薄暗い幹の中に、白茶化けた樺が仄に明るく光っている。それを目あてに東南を指して進んだ。笹は短くなって歩きよくなるが、白檜や大白檜（おおしらびそ）の若木が蔓（はびこ）り出した。其中を潜り抜けると忽ちあたりがパッと開けて、私達は鬼怒沼ケ原の一端に跳り出た。そして足に任せて原の中を歩き廻った。

原は水苔の床らしく踏むとじめじめしている。東寄りの方には矮小な黒檜白檜の一叢が沙漠の沃地を見るが如くに碁布しているけれども、其他は茫々たる草原で、五六寸から一尺あまりに延びた禾本科や莎草科の植物が吹き募る東南の風に靡いている。紅に染った葉の色も霜や雪に焼けて、少し黒ずんでいた。草間には小岩鏡の群落が花時の美観を偲ばせ、蔓苔桃の紅い実がこぼれ散った宝玉を思わせる。

原のほぼ中央と覚しきあたりに最大の池がある。水は深くはないが澄んでいる。其附近が原の最も窪い所で、其北に少し宛高くなって三つ許の池が連っている。南北に長く東西に狭い原は、又南北に低く中央が高い。其高い所は国境より少し南に当っているであろう。それで北の方にある二、三の池の水は、上州方面に流れて東岐沢に入ることになる。最大の池の東南にあたる一段高い所には、二、三十の小池が群集している。俗に鬼怒沼四十の称があるのも偶然ではないが、雨期にはこれ等の池が増水して一に連り、満々たる大沼を出現するということは到底信じられない。

いつの頃か此原に一人の姫が住んでいた。鬼怒沼の美に憧れて稀に訪い来る里人は、八千草の咲き匂う花の中で姫の機織る梭の音を聞くのが常であった。里人はそれを衣姫と呼びなしていたが、ついぞ姫の姿を見た者はない。或時暁かけて此原をおとずれた一人の若者があった。晴やかな五月の一と日である。美しい原の景色に恍惚としていた若者は、ふと池の面に白い霧のようなものが漂うているのを不審に思った。瞬もせずに見詰めていると、やがて忽然として手に梭を持った気高い乙女の姿が顕れた。あたりに人ありとも知らぬ乙女は、水の上をするすると渉りながら岸に近付いて、嫣然と笑みつつやおら花咲く原に歩を移さんとした刹那、不意の人影に驚いて振り返りさま手にした梭を若者に投げ付け、掻き消すように失せてしまった。人心地もなかった若者は三日過ぎて家に連れ戻されたが、熱を病んで七日の後には最早此世の人ではなかった。夫以来衣姫の梭の音は聞くことを得ないという。

　四方を黒木の深林に囲まれた原の中央に立って眺めると、ここは衣姫の機織る場所ではなくして、森の精――サチルスやジレニ――が恣に踊り狂う饗宴の場所であるように想われる。されど今はこれ等の精も森の奥の何処かの洞穴に隠れて、蕭条たる原は空しく冷い風が吹いている許りである。北は木立の間から燧岳の双尖と袴腰山の平な頂上とが窺うように原を覗いている。南は緩やかな傾斜で低くなって行く原を限る針葉樹の梢が眼の高さに止っているので、視界はそっちに開けているが、山という山は灰色の雲にすっぽりと包まれてしまった。雲間を洩れる夕日の光も木立に遮られて、其力ない影はもう原にはとどかなかった。子供のように側目もふらず苔桃の実を摘んでいた私達は、急に寒さの加わるのを覚えて立ち上った。時計を見ると四時半である。泊ってもいい時刻であるが、此処は好ましい場所ではない。鬼怒川まで下って河原に泊れば明日は好都合である。其処まで行けなければ途中で泊ることにして、原の東南の隅から同じ方向を指して林の中を下り始めた。

木立が深いので下草の笹は短かった。唐檜を主として黒檜や羅漢柏の大木が交った原始の針葉樹林は、この冬枯にも尚お生気の溢れているような爽かさを感ぜしめる。暫くして水の流れた窪に出た。其窪もいつか谷らしい形になって、笹原をうねっている。四、五人の野営には有り余る程水が溜っている所もあった。右から石のごろごろした空沢が合してからは、花崗岩の大塊が次第に多く見られるようになる。間もなく河床が薬研(やげん)を立てたように傾くと、前方の空が急に低く垂れて、脚の下まで押寄せて来た。しかし日は既にとっぷりと暮れて、闇は濃くなる一方だ。其上谷は刻々に険悪の度を増して行くので、不安の念に襲われて稍(やや)躊躇していると、先に立った大金が、旦那もう駄目だ、先へは行けないと下から声をかける。松本君と其処まで辿り着いて、大岩に凭(もた)れさま下を覗き込んだ。暗いので底までは眼が届かない、何という高い絶壁だろう。もうここで一夜を明すことにきめてしまった。

生木の焚火が燃え上って、寒さに硬ばった手足を暖める頃から、雨が強く降り出して来た。岩から岩へ大油紙を張り渡し、其下へ潜り込んで邪魔な石を掘り起したり取捨てたり、やっと腰をおろせるだけにはなったが、鰕(えび)のように身を屈めても、寝ることなどは思いも寄らない。唯岩蔭である為に風が当らないのは幸であった。体が少し落付くと腹の空いていることに気が付く。大岩から流れ落ちる雨水を飯盒(はんごう)に受けて湯を沸かし、焼いた塩鮭の切身にかけて、銘々に夫を啜(すす)った。一斤のドロップと一缶のおたふく豆とが残り少になって、長い夜も漸く明けるまでには、雨水の湯が幾杯か飯盒で沸かされた。

日光沢と鬼怒川

十三日。風雨。午前六時五十分野営地出発。来路を空沢の出合まで遡行し、夫より右斜に上りて、九時一の平坦地に達し、東に向って下り、十時日光沢。十一時鬼怒川本流との出合。十一時五十分八丁湯附近にて昼食。雨歇(や)む。午後二時出発。三時十分小在池沢。四時黒沢。湯沢の合流点より左岸の道を歩みて五時川俣温泉着、泊。

日光沢には十余の瀑布あり。五万の地図に「光」の字の上にて西方より小渓の来り合するを見る可し、此附近二町許の間を除けば右岸に登る道なきに似たり。恐らく日光沢より鬼怒沼への通路というはこの小渓を遡行せしものに非ざるか。されど余は更に鬼怒川本流を遡りて、原より南下する沢若しくは其附近の尾根を登る方可ならんと考う。

暁かけて雨は少し小降りになったが、霧が深いので出発が遅れる。出懸にもう一度絶壁を覗いて見た。遥か下に濛々たる霧の間から華やかな闊葉樹の梢がぼうと滲み出して復吸い込まれるように消えて行く。見ていると目が眩んで前へのめり落ちそうになる。早々振り捨てるようにこの野営地を立った。

日光沢の外には鬼怒川へ下る道はない、ということを聞いたと大金がいうので、兎も角も空沢との出合まで沢を戻ることにした。乾き切った河床も昨夜来の大雨でチョロチョロ水が流れている。高い滝なども懸っていた。あの暗がりによくもこんな所が下りられたものだと空恐ろしくもなる。

沢を離れて黒檜や羅漢柏の密生した山腹に潜り込む。日光沢からの登路が若しあれば夫と交叉するように、北微東を指して緩い上りを続けた。ぶくぶくした腐埴土が崩れて、踏む足の下から水がだぶだぶ湧き出したかと思うと直ぐ又何処かへ吸い込まれてしまう所などもあった。刈り払われた跡のように笹の若芽が延びて、夏の間に人でも通ったかと疑わしめる所もあった。刃物の切り跡などが明に道とも認められるので、夫に跟いて行くと下草の絶えた木の間でいつか見失ってしまったことなどもあった。けれども終に登路らしいものには出遇わなかった。

風が西に変って復雨が強く降り出した。時折木立が透いて展望のききそうな場所に出るが、意地の悪い霧が忽ち目隠しをしてしまう。深い笹を押分ける苦しさにいつとなく下りに向った脚元が急に明るくなって、右の方に大谷が口を開いていると気が付いた折などは、慌てて上の方へ引返したりした。雨の中に立ってふやけた手にくしゃくしゃになった地図を拡げ、磁石を按じて松本君と行先を相談したことも一再ではなかった。斯(か)くて二時間あまり小休もせず歩いて、稍(やや)平な場所に出た。最早(もはや)鬼怒沼ケ原の東に在る林のあたり迄辿り着いた筈である。東北の方を望むと折柄霧が薄れて、谷の向うに尾根らしいものが木の間から見られた。ほんの一瞬間ではあったが、夫が鬼怒沼山続きの尾根であると直感したので、ここから東を指して下ることにした。

　下るに従って予想の誤らなかったことが確められた。広い山腹は次第に狭い尾根となり、尾根は瘠(やせ)て大きな岩が露出し、黒檜の若木が石楠のように頑強な枝を張って、嵩(かさ)にかかって押し通ろうとする私達を手鞠(てまり)のように跳ね返す、笹が思い切って深くなる、其中をおずおず下って行くと、前面の霧が幕を絞るようにすうとれて、五十歩の先に谺(か)然(ぜん)として壑(たに)が開け、対岸には四、五十丈の滝が幾段にも連って、雲の中から奔下している。黒味を帯びた壮大な岩壁の襞には躑躅らしい灌木や玉簪花(ぎぼうし)などが所々に散生して、花咲く初夏の美しさを思わせる。

　何処にも沢へ下りられる場所がないので、暫く絶壁の縁に沿うて辿った。馬蹄形に抉(えぐ)れ落ちた古い山抜けの跡に出る。内側は恐ろしく急峻ではあるが生えている草の根を足掛りにして、無事に沢へ下りられた。間もなく右岸から小沢が合している。このあたりは谷も少し開けて、両岸とも崖などは見られない。日光沢から鬼怒沼への道というのは、この小沢を上下したものではないかと考えられる。

気をゆるして歩けたのはしかし一、二町の間に過ぎなかった。谷は何の変った様も見えないで、いきなり五、六丈の瀑が脚下にたぎり落ちている。夫を過ぎると水は再び深山榛などの生えた河原を蜘蛛手(くもで)に流れて行く。竹で編んだ円い物が塵と一緒に其処らに引かかっている。何かと拾い上げて見れば魚をとるウケであった。そんな物がこの沢にあるのは寧ろ不思議であるが、人の通った証拠にはなるので気は休まる。このウケは春の生殖期にサンショウウオを捕るものであることを後に知った。

同じ様に高い瀑が三つ許りあった。其の二は殆ど連続しているので、一町あまり崖の上を高廻りしなければならなかった。小さな瀑は七か八も越えたであろう。

瀑が無くなると今度は谷の傾斜が急になって、落ち込むように下って行く。見るから険悪な相を呈しているが足元は危くない。水は右岸の岩壁の裾を横なぐりに深く刳(えぐ)っているので、滑(なめらか)な壁面の上部は円天井のように狭い河身を掩うている。まるで片側の上の方が途切れた長い洞穴を見るようだ。それが可なりの距離に亘って連続している。岩は石英粗面岩ではないかと思った。この乗り出している岩の天井は縦に裂け目がついていて、剝れたり脱け出したりした岩が垂氷のようにぶら下っている所などもあった。何だか地震地帯の陥落線を見るような気がする。事実この狭い急峻な河床は、年々崩壊する岩や土が左岸に堆積した其上が通れるのであって、左もなければ到底通過されないような場所が少くなかった。中にはつい近頃崩れ落ちたらしい者もある。夫だけ其下を通るのは誠に薄気味が悪い。殊に今日は大雨の後であるから、下りながら眼と同じ高さに横から眺めて、危険と感じた岩を頭の上に戴く折などは、こま鼠の様に走り抜けたりした。夫からは絶えず左岸に沿うて、鬼怒川本流の広い河床に出た時にやっと明るい気持になった。

日光沢の温泉というのは此附近にあるのであろうが、あたりを物色しても湯気の立ち昇っている所などは見当らない。或は対岸の草の茂った河原に湧出していたかも知れぬ。唯何処となく硫黄の香が漂うているように思われた。

砂地を歩いたり水を渉ったりして暢気に歩いて行く。雨は小降りになったが、雲は低く垂れて上流も下流もまだ暗く閉されている。時々電光でも迸るように空の何処かがパッと明るくなると、雲のあわただしい擾乱が始まる。重く停滞した下層の霧までが翅を得たもののようにすうと舞い颺りながら川下へ飛んでは消える。其下から紅や黄に染った闊葉樹の梢が、さながら魔術師の杖が触れたように浮き出して来る。見る間に両側の山腹はこの華やかな錦繍（きんしゅう）の大屏風と化してしまった。

雨が歇（や）んで薄日の光がさして来た。硫黄の匂が稍（やや）強く鼻を刺激する。八丁ノ湯の附近であろう。此処は幸に河原が開けて流木も多い。濡れた物など乾しながら、飯を炊いたり汁を煮たり、ゆるゆる三度分の食事を済した。大金は椎茸がある筈だというて頻（しきり）に探し廻ったが、四つか五つしか採れなかった。二、三日前に椎茸採が入ったのだと之は後に聞いた。大金の言う所に拠ると、椎茸と松茸は生で食えるものだそうだ。試に其言に従って松本君と味って見る。成程軟（やわらか）で甘味があって香気が高い。次手（ついで）に自分で採集した分まで食べてしまう。

川俣温泉はもうすぐそこのような気がするけれども、まだ二里は下らなければならない。荷を纏めて足早に河原を下り始めた。川上から根なし雲が追いかけるようにおろして来る。夫に連れて小雨が如露（じょろ）で水を撒くように注いで来るが長くは続かない。水みちが広い河原を崖から崖へと蛇行しているので、幾回か浅い徒渉を繰り返した。左手に狭い谷が現われて、板を張り詰めたように平な赤土色の岩盤の上を、水は小躍りしながらトットと落ちて来る。奥を覗いて見たがすぐ右折しているので見えなかった。これが小在池沢である。何だか物凄いところのある谷だと思った。

広い河原は益（ますます）広くなって、水の流れた跡が箒目のように残っている細かい砂の上には、無数の羚羊の足痕が印してある。夏の緑をかなぐりすてた雑木の梢は、瑞々しい黄や紅の闊葉に掩われて、打ち開いた左右の山側を凹凸はあるがベットリ塗りつぶしている。ふり仰ぐ尾根上のあたりはまだ古綿のようなちぎれ雲が木の間に搦み付いてはいるものの、端からこぼれかかる目覚しい絢爛の粧を隠しおおせるものではなかった。松本君と私とは暫く立ち止っては周囲の色彩に眺め入った。実に此附近の闊葉樹林こそは、最も美事に鬼怒川上流の秋を表現するものであろう。

　黒沢を過ぎると河原は次第に狭くなって、大きな岩が河床に突立ったり横に峙ったりしている。時には小高い崖なども現れる。そんな場所には屹度左岸に上の方を廻る元の道が壊れずに残っていた。それでも二度三度あちこちと徒渉したろう。水が深いのでもう前のように楽ではない。一度などは川底に紺屋の藍瓶を伏せたような濃藍色を呈した甌穴の連っている間の縁を、股を没する急流に押されながら渉ったこともあった。湯沢の合流点の下では水深腰の上迄も及んだので最も苦しめられた。此処で左岸に徒渉すると、立派な道が雑木の茂った段丘の上に通じている。烟草の包紙やキャラメルの箱などそこらに落ち散っているのは、湯治客の捨てたものであろう。

　これから道は暫く川と離れる。山坡を下って小沢を渉った。ふと見ると上手の浅瀬に二尾の岩魚が泳いでいる。人影に驚いて岩の下へ隠れたのを幸に、上下を堰止めて大金が造作なく手捕にした。二疋とも尺に近い。産卵する為にこんな小沢に上るのだそうだ。錆沢というのを過ぎて、道端の落栗を拾いながらだらだら坂を下りて温泉宿に着いた。

温泉宿は一軒だが二階建の大きな構だ。川に臨んだ左岸の崖の上を切り開いて流に沿うて縦に長く建ててある。入口は横にあって、這入(はい)ると右の帳場の前から長い廊下が続いている。左は炊事場であろう竈(かまど)が築いてある。濡れたものを乾すように頼んで草鞋(わらじ)を脱ぐと、二階の一室に案内された。どの部屋もがらんと空いている。湯治客は下の座敷に自炊している者が三四人だけで、それも近く里へ帰ってしまえば、もう来春まで湯治客は絶えるとのことである。

浴槽は下手の別な建物にあって、板屋根は湯気に包まれている。湯は二本の樋で導かれ、二の浴槽に湛えているが、質は各(おのおの)違っているそうだ。温度は誂向きである。長々と手足を伸して首まで湯に漬る。濃かい感触のいいぬくもりが皮膚を撫でながら体内へ滲み込んで行く。うっとりと気が遠くなる。

温泉は前の川中にも湧いている。鬼怒川は対岸の二丈余りある崖の下に白い石の洲を残して、岩をこづきながらぐるり北へ廻って流れる。其河原の石の間から湯気が立ち昇っている。崕(がけ)からも二、三箇所湯がにじみ出して、岩面に湯垢が木目のように附着している。此湯は日光沢の温泉宿が押流された明治三十五年の大洪水に浴槽を埋められて以来、今は少しの水にも浸るので其儘（そのまま）に放置してある。崖から川面へ突出した一本の槭（かえで）の紅葉が薄暗い二階の障子に赤く映っている。

今夜は心よく熟睡した。

明くる十四日の昼頃、私達は西沢金山から山王峠を踰（こ）えて、道のべの車前草の葉まで深紅に染った満山の紅葉を詠めつつ、再び戦場ケ原の人となった。そして一しおの濃さを加えた中禅寺湖畔の秋色も、また心を惹くに足らぬとように側目（わきめ）もくれず道を急いだ。

（大正一二、五「山岳」）

［「山岳」第十六年第三号・大正十二（一九二三）年／『山の憶ひ出』上巻］

花敷温泉より四万へ

［大正十（一九二一）年五月］

草津軽便鉄道の一番列車は、定刻より二十分も遅れて軽井沢を発車した。今日花敷温泉まで行く積りで、昨夜新潟行の終列車に乗って上野を出発した松本君も自分も、この二十分をどれほど待ちあぐんだことであったろう。五月十五日の朝である。深い霧はあたりを立ち罩(こ)めて、砂利を敷いたままのプラットフォームに植えられた桜草の花が、しとどに露を帯びて寒い風に慄えているのが目に残る、何処か近所で採って来て植えたものらしい。此(この)草は浮間(うきま)のような平野の沖積地より外には野生しないものと思っていたが、元来山の方が原産地なのだそうである、夫(それ)にしても千米突以上の高原地に産するものとすれば、野生している所を見たいものだなどと考えている中に、汽車は曲りくねった線路をのろのろ上って、離山(はなれ)の北の眺望の開けた地点で一休みする。汽車が休むというのは可笑(おか)しい話だが、実際野天で十五分以上も動かずにいた。或(あるい)は此処(ここ)が停留場なのかも知れない。折よく霧が霽(は)れて冴えた渋色の浅間山が真先に孱顔(さんがん)を露わす、この方面からは雲の片影も認められない、三ッ尾根山のあたりには多少の残雪があった。八ケ岳の群巒(ぐんらん)は濃い紫紺の色に染められて、峯頭は真白であるが肌は滝縞を入れたようになっている、其(その)雲までが紫を帯びて如何にも鮮麗である。濃藍色をしている秩父山塊からも、所々数点の白いものがちらと目を射る。仙丈岳や鳳凰山地蔵岳などはまだ冬の粧を脱しない。霜枯色の中にも春の気の漂うている美ケ原を超えて、常念山塊の後に槍穂高の尖鋭な峯頂も流石(さすが)に少し霞んでいる。おしなべて春の山の色は紫が濃いように思われる。

　小瀬に近づくと突然浅間山が爆発して、柱状の積雲に似た噴烟が非常な勢で上昇して行く。乗客は総立となって吾も吾もと一方の窓に押寄せて其壮観に見惚(みほ)れる。こう一方に片寄ってはこんな小さな客車は引繰り返りそうで心配だ。汽車が停ると松本君は早速飛び出して三脚を立てた、然し噴烟はこの時既に東南に靡(なび)いて、雨脚が立ったように沙を降し始めていたので、凄味は余程失われていた。若(も)しや続いて又爆発が起るかと軽い期待に時々山を望見していたが、終に何事もなく、先の噴烟もいつか天半に揺曳する横雲と見分けがつかなくなってしまった。

　木立の少ない枯草の鼻曲(はなまがり)山や矢筈山（浅間隠(あさまかくし)）の諸山を送り迎えて、二度上(ニドアゲ)の停車場を離れると忽(たちま)ち前面に高原が展開して、其奥に黒木の繁った臥牛のような幾つかの峯巒(ほうらん)が現れる、鹿(か)の子(こ)斑(まだら)に消え残った雪の模様までが暢(のん)びりしている。孰(いず)れも上信国境山脈の山々である。天明の浅間山大噴火以来殆ど百四十年を過ぎても、まだ何処かに荒寥たる面影の存しているあたりの風物に対して、淋しさを感じない訳にはゆかなかった眼は、此等の山々の姿に接して、甦ったようにすがすがしくなるのも無理のない次第である。

それ許りではない。このあたりから汽車が若草の萌えた谷間の小川に沿ってゆるく走っている時、ふと紅の花叢が草間に断続しているのに気が付いた、よく視ると夫は疑う余地もなく桜草の花である、白山小桜や大桜草は夏の高山で見なれている為か、反て普通の桜草の野生の方が山では珍らしいような気がする。これで心懸りがあった桜草の野生問題も解決したので、また眼を放って遠くの山に眺め入った。

この鉄道は今また吾妻川の南岸にある芦生田までしか通じていない、そこが嬬恋駅である、軽井沢からここまで来た乗客は幾人もなかった。往来に出ると所謂荒神乗りの支度をした馬がいて、馬子が頻に乗馬を勧める、尤も自分等のように草鞋ばきの者へは、通り一遍の言葉しかかけなかった。袋倉へ行く道と岐れて左に折れ、だらだらと下り込むと正面に吾妻川を隔てて瀬戸ノ瀑が姿を現した、細いが可なり高い。仮橋で川を渡り、長野街道に出て今井の部落から又左折し、小川について半里ばかり進んだ後坂路を登り切ると茶屋があったので、渇いた喉を霑しながら暫く休むことにした。

此処は既に白根山の裾野の一部であり、高さも千米突を超えているから、四方に向っ

佐武流山
2181.5
三国山
1636.4
三国峠
岩菅山
2295.0
魚野川
上ノ間山
稲包山
1597.7
法師
白砂山
2139.7
2033.3
大高山
2079.4
赤石山
2108.6
八間山
1934.5
白砂川
野反池
草津峠
相ノ倉山
1567.3
四万
横手山
2304.9
大原
芳ケ平
渋峠
花敷
根広
平兵衛池
和光原
白根山
大沢川
引沼
常布滝
品木
京塚
四万川
草津
本白根山
2176
須川
暮坂峠
中之条
谷所
今井
長野原
長野街道
吾妻川
つまごい
芦生田
吾妻牧場
草津軽便鉄道

て眺望が開けている。浅間山もこの方面から見ればまだ残雪が多い。ゆっくり休んで出発しようとする所へ、汽車の中で顔だけは知り合いになった若い男と女とが、どう相談を纏(まと)めたか例の荒神乗りで馬にゆられながらやって来た。お早いですねと男が声を掛ける、とうとう乗りましたねと松本君。道は一面に落葉松を植林した高原をうねっている、そこを湯治客を乗せた田舎馬がぽくぽく歩いているのは、如何にもよくあたりに調和していると思った。松本君が背後から忍び寄って、白根山を背景に撮影したものは、焼付けて見ると頗(すこぶ)る面白い出来で、芸術写真とでもいう可きものであった。夫は兎(と)に角(かく)此道は谷所(ヤトコ)で長野原からの道と合する迄は、尾上には山桜が咲き乱れ、人家の近くでは梅や桃や椿が盛りで、山には鶯畑には雲雀(ひばり)が囀り、鶏の声に和して時には雉子(きじ)の鳴くのを聞くなど、耳目の楽(たのしみ)と共に野趣溢るる許りであった。

草津へ着いたのは午後二時頃である。町を通り抜けて、分り悪(にく)い花敷への道を尋ね、それを辿って大沢川を越えると品木の人家が散在している。最初はここから京塚へ出て須川を渡り、引沼を経て花敷へ行く積りであったが、道を聞いた人に、京塚からは橋が落ちて対岸へ渡れない、花敷へは京塚へ下らずに尾根へ出たらば道について四五町も登りなさい、そうすれば右へ下る新道があるから、夫(それ)を辿れば温泉へ出られると教えられたので、其言葉に従って温泉に着いたのは、長い春の日も暮れるに間のない頃であった。

この尾根通りの道は、京塚から平兵衛池の北を通って、常布ノ瀑の半里程上流で大沢川を横切り、草津峠の道に合するもので、五万分一の図に点線で記入してあるものである。京塚から尾根に上った所に「右は信州、左はくさつ」と二行に書いて、其下部の中央に「道」と刻した古い石標が建ててある。正保図には草津から渋峠に通ずる道はなくて、此道が掲げられてある所から察すれば、昔の渋峠の道は京塚を通って信州へ出たものらしく、草津からも亦（また）此道に依ったものらしい。富士見十三州輿地之全図にも入山村からの道しか挙げてない。谷沢と大沢川との迫り合った所が通過に困難であったことが想像される。

花敷温泉は白砂川と長笹沢との合流点に近い所で、長笹沢の右岸に湧出している。其処には大きな岩があって、其岩を中心にして湯が湧いているが、河水が混ずるかして温度は左程高くない、冬季には少しぬるいであろう。岩間を掘り下げて二ケ所に湯を湛えるようにしてある、河が増水する毎に浴槽が埋まるので、其度に砂や石を掘り出さなければならぬそうである。唯低い藁葺（わらぶき）の屋根はなくもがなと思った。

温泉宿は河の左岸にある、三軒ある中で屋号は忘れたが一番温泉に近い家へ泊った、今は湯治客もなく至って閑散である。湯から上ると早速登山の目的を話して、日高、森の二君を白砂山に案内した引沼の山本照吉老人を呼び寄せて呉れるように頼んだ。つい二週間ばかり前に藤島君も発哺（ほっぽ）から来て、照吉老人を連れて野反（のぞり）池に行き、八間山へ登ったとのことである。何でも其時藤島君が恐ろしく早く歩いたというので、なんぼ東京の人だってあんなに足の早い人があるだろうかと照吉が舌を捲いて驚いたとおかみさんが話した。夜になると照吉が来たには来たが、丁度蕎麦の種蒔が忙しいので、とても案内に出ていられないという。それに林区署でも二三日前から雪解の後の植林を始めて、男は皆山へ泊りがけに入り込んでいるから、他に案内者は勿論人夫を雇うことさえむづかしいとのことであった。或は藤島君の早足に怖毛（おじけ）を振った照吉は、自分等も東京から来たと聞いて尻込みしたのではないかと疑って見たが、あながちそうでもないらしい。野反池から上越国境山脈の山々に登って、四日目に四万（しま）へ下る予定で天幕まで携帯して来たものの、悪い時にぶつかってはどうにも仕方がない、明日は一日野反池に遊び、其翌日笠松峠を踰（こ）えて四万へ出て帰京することにきめる。

　野反池の記事は、本誌第十四年第一号所載の白砂登山記に詳（つまびらか）であるし、本号にも藤島君の記事があるから略することにする。自分等は池で船を漕いで遊んだり、八間山に登って眺望に耽ったりして、愉快に一日を過した。池の畔には可憐な花をつけた日光石楠（しゃくなげ）が多い、其外毛氈苔（もうせんごけ）や岩鏡や蔓苔桃（つるこけもも）なども少くないようである。行きには根広から登って、帰りには和光原から引沼へ出た。前者の方がずっと路もいいし眺望も開けている。

岩壁に咲き乱れている躑躅（つつじ）の花に見入りながら湯に浸っていると、植林に出た引沼や世立の女達が三五人の男も交ってぞろぞろ戻って来た。大部分は若い娘である。昨日から多少顔見知りにもなったし、夫に田舎では珍らしいことでもないから、別に恥しがりもせずにさっさと衣物を脱いで湯に入る、孰（いず）れもきびきびした立派な体の持主だ、其中でも三人ばかり如何にも肢体の整った美しい娘さんがいた。荒神乗りに味を占めた松本君は、昨日からこの自然の好題目を頻りに撮影しようと苦心していたが、湯壺の中は暗いので思うようにならない、それで湯から上ったところを捉えて、うまいことを言って暫く岩の上へ立たせようとする、中老のおかみさんも傍から写しておもらいよと勤める、本人も意頗る動いた様子で暫く躊躇していた。其間に松本君は素早くファインダーを覗いて、どうにか物になりそうであったが、こだわりのない山の乙女も流石に裸体では極りが悪いか、すうと横にそれたりまた湯に入ったりしてしまったので、惜くも松本君の希望は実現されずにしまった。こんなことも人里離れた山の湯でなくては見られない旅の一興であろう。

花敷から四万へ踰える道は、地図には記入してないが、温泉で聞くと道は通じていて、半日の行程であるとのことであったから、十七日の朝もゆっくりして出発した。昨日の帰り路を辿って和光原を過ぎ、野反への道と分れて原沢を渡り、大原へ出た。東西に狭く南北に長い極めて平坦な原で、幅は十町許りであるが長さは一里余もある。どうしてこんな原が出来たものか、谷に臨んだ地層の露出面を見ると、稜角の磨滅した円石の層が幾つか重っている。此附近は一帯にこの円石が多い、恐らく洪積世のものであろうと思う。原は落葉松が植えてある。生長すれば立派な森林となるであろう。道は今は地図の点線のものと異った位置にあって、原に出るまでは同じであるが、夫から東微北に向って千百四十八米突の三角点の北を通り、更に東を指して下って行くと原から流れ出す細い沢を横切る。このあたりには植林当時の小屋が二三あって、孰も潰れかかっている。そこから北に進むこと一町足らずで、道は急に白砂川に下って、眼前にまだ新らしい橋が現れた。相ノ倉山から発源する米々沢の合流点より少し下流である。橋には笠松橋と書いてあった。夫に因んで峠を笠松峠と命名したのである。

川は雪しろで少し濁って水量が多い、橋がないと徒渉するには困難である。打ち開けた原から忽ち若葉の茂った谷へ入ったので、清爽の気が水と共に流れているように感じた。橋を渡ると道は直に登りとなって間もなく尾根の上に出る、椈の森林で下草は例の笹であるが、三尺幅に刈り払ってあるので邪魔にならない。最初の考では、天気さえよければ相ノ倉山に登って、八間山からは見えなかった白砂川源頭の忠次郎山（約二千八十米突）や上ノ合山（約二千百二十米突）の雪の姿だけでもせめて遠望したいものだと思っていたのであった。けれども朝から不良であった天候は、東風頻りに雲を送って、低雲迷濛、眺望皆無となったので、ひたすら前途を急ぐのみであった。それでも道を挟んで咲き盛っているいろいろの躑躅の花にはしばしば足を停めた。

相ノ倉山の南方で道は右に折れて、東に派出した支脈の上を辿るようになる。とうとう雨がポツポツ落ちて来た。一筋路のことであるから紛れる恐はないが、次第に笹が被さって来て、人の通った跡が薄くなったと思うと、今迄の道は笹の中に消えて、極めて新しく開鑿された道が右手の谷に通じている。外に仕方もないので不安ながら夫を下った。木の間で人の話声が聞える、間もなく沢に下りついて、それに沿うて左へ廻り気味に行くとトロッコの布設してある道へ出た。これは醋酸会社が木材搬出用に供したものであることを後に知った。この新開の道は地図のどの辺は当っているか、森林と雨とで眺望を遮断された為に見当をつけ兼るのであるが、尾根が東北に向って二の平行した小支脈を分岐しているその中の東に在るものと、東南に転向した主脈との間にある沢へ下ったものであるらしい。

雨の中を歩き悪いトロの道について下った。下るに従って小屋や飯場が次第に多くなる、中には人の住まっているのもあった。小倉滝の末流を合したあたりに醋酸会社の製造所の建物がガランとして取り残されていた。四万の田村温泉宿へ着いたのは午後三時過であった。夏ならば見窄（みすぼら）しい草鞋ばきの一夜泊りの客などは、寄り付けもしないであろうが、今は未だ閑散なので、広い座敷へ悠々と落ち付くことを得た。

この道は四万又は花敷からどちらへ越すにしても、さして興味のあるものではないが、一日がかりならば相ノ倉山へ登って国境山脈の可なり目ざましい眺望が得られることと信ずる。奥上州の温泉と山とを春秋の湯治客の少ない時にあさり歩く人には、重要なる道であろうと思う。唯（ただ）四万方面からは、尾根に取りつく道の入口が稍（や）や分り悪いかも知れぬが、其他には迷う所は少しもない。（大正十年）

［「山岳」第十六年第三号・大正十二（一九二三）年］

上越及び秩父の山々

秩父の山々

私が初めて秩父へはいりましたのは今から余程前でありますが、先ず御岳へ行きまして、金峯山へ登り、川端下から梓山へ出て十文字峠を越えて秩父の方へ行った、これが秩父へ入った最初であります。この時受けた印象はといえば、何しろ私が二十歳頃のことでありますから、余り大した感興は湧かなかったものと見えて、もう忘れてしまって、今ではそう大して残って居らない。唯金峯山の頂上へ登ったときに、初めて山の上でゆっくり落ち着いて、あたりの山を見渡すことが出来たことを覚えて居りますが、その以前に登った御岳とか乗鞍とかいうような山では、絶頂で一夜を明かしながらも、翌朝になると、何か後から追掛けてくるのではないかというような気持であわてて下ったのでありますが、金峯山の上では落付いてゆっくりすることが出来た。詰り金峯山という山は、私に初めて山というものをしみじみ味わうことを教えて呉れた山である。それだけのことを覚えて居ります。

その次に秩父の地にはいりましたのは、小仏峠から小仏山脈を縦走して向うの端にある三頭山へ登ろうとしたが、雨の為に果さず、多摩川対岸の川野に宿り、翌日鴨沢から雲取山を上下し氷川から東京へ帰ったのであります。この雲取山は眺望が宜いので、西の方を見ますと山脈が蛇ののたくるようにうねうねと続いて居ります。それを見て、今度は一つあれへ登ろうじゃないかと同行の田部君と話し合ったのでした。雲取山の西の方にはまだ大分山があるなということを深く印象づけられた。

その年の十月に亦田部君と一緒に栃本へ行きまして、十文字峠を踰えて梓山へ行き、そこから甲武信岳とその北の三宝山を上下し川端下から金峯山を越えて黒平の方へ下りました。この時に初め甲武信岳と三宝の間の白檜の森林の中で田部君が何かおかしな格好の物を拾いまして、それを両手に捧げて一生懸命に木に突当らないように持って歩いて案内人の油井安十郎に鑑定して貰ったら「ああ、熊の糞だ」と言う……、その時はなかなか笑うどころではなかった。そんな珍談もありました。

その次に、夏でありましたが、塩山から雁坂峠へ出まして、初めて秩父の一部分を縦走致しました。詰り雁坂峠から前に来た甲武信まで縦走して梓山へ下ったのであります。丁度七月で雁坂峠の次の破風山の頂上では石楠の花が満開で、頂上一面に咲いて居ります。私達はその石楠の花の中へ首を突込みまして、鼻の頭を黄色にして喜んだりなどしました。私は梓山で田部君に別れて、中津川へ出まして、そこから両神山（りょうかみ）へ登って帰ったのであります。この両神山は今では相当登る人がありますが、その当時は登る人は恐らくなかったので、普通の登山者としては私が最初ではなかったかと思うほどであります。それから同じ年の八月に今度は私一人で塩山から柳沢峠を踰（こ）え、更に犬切峠を上下して三ノ瀬という所へ行って、そこから唐松尾という山へ登りました。これはその附近の最高峯であります。そして出来るならばそこから縦走して雁坂峠まで行く積りでありましたが、雨に降られたので、一旦三ノ瀬へ下り、翌日雁坂峠から雁坂に出て栃本に下り帰京しましたが、三ノ瀬へ行った時に、丁度あの辺は盗伐の盛んな所でしたから、その盗伐の監視に来たのではないかと疑われて、途中で殴ってやるという相談があったのだということを後で聞いて非常に驚きました。おまけに天狗が出るの、狼が出るのといって色々登山することを妨げられましたが、能（よ）く能く話をした所が唯単なる登山者であるということが分って、危い所を助かったような訳であります。

　先ずそういう工合にして雁坂以東の山の大体が分りましたので、今度は一つ雲取まで縦走してやろうじゃないかというので、十一月の二十日過ぎになりまして、又三ノ瀬へ行って、唐松尾へ登り、東の方の大洞山即ち飛竜山から雲取の方へ縦走しました。途中で日が暮れて、大血川の谷へ下って炭焼小屋に一泊し、強石（こわいし）へ出て帰ったのであります。最初の日は唐松尾を登って将監（しょうげん）峠へ出て、あすこの井戸沢の笹小屋へ泊りましたが、何しろ十一月下旬で非常に寒かったものですから、小屋の外へ体を出した者は、朝になって見ると霜が一杯に下りて、冬蓆（むしろ）の外へ転がり出した芋の子のように真白になってしまったのでした。

　これで初めて秩父の山の大体が分ったので、一つ大々的の縦走即ち西は金峯山から東は雲取山まで縦走しようという大計画を立てたのであります。この時も中村、田部の両君と一緒に行きました。これは五月の二十日過ぎであります。先ず金峯山に登って、国師岳まで初めての縦走に成功しました。此間は五月でもまだ三尺以上の雪があって、大分落ち込みます。二人は背丈が高いが私は割合に低いから一番悩んだ。その時は背丈が高いのが憎くなって、二人の臑（すね）を五寸ばかり叩き切ってやりたいと思ったほどでした。国師の方へ来まして、頂上の南の三繋平で一泊して、翌日は甲武信まで行き、雨に降られて梓山に下りその翌日上天気なので十文字峠から三宝山へ出て、甲武信、破風（はふ）、雁坂の諸山を経て雁坂峠へ出ました。兎（と）に角（かく）山の中で四泊しまして、全部で六泊八日を費していましたからすっかりだれ気味になって雲取山の方は止めて帰京しました。この時も色々な滑稽がありました。国師の南の斜面の三繋平で夜営した。何しろ水がないので炊事当番の田部君が一生懸命に雪を掻き集めていると足の下の雪にスポンと穴が明いて股まで落ち込みだぶだぶ溢れている水でズボンを濡らしてしまった。思いがけず水を得られたので非常に助かりました。甲武信岳ではミズシの小屋へ泊りましたが、この小屋は側師(がわし)が曲物(まげもの)を拵(こしら)えていた小屋でありますから、屋根にも羽目にも鉋屑(かんなくず)が詰めてあり、下にもそれが敷き詰めてあります。そこへ泊りました所が、夜中に火事になった夢を見てふと目が覚めて見ると、頭の上に吊したまま忘れていた提灯の蠟が溶けて燃え広がり、釣るした糸が焼け切れて提灯が落ち、鉋屑に燃え移って枕許が一面の火になっている。傍の二人を見るとグーグー寝ているから火事だ火事だと叩き起して、漸(ようや)く火を消して危く火傷を免かれました。明くる日雨の中を梓山へ下るのに何も着るものがありませんので、六尺に九尺の油紙を三つに切って、三人がめいめいそれを頭から被って、縄でぐるぐると帯の代りに巻いて、達磨様見たいな風体で村の人を驚かしたのでありました。こんな話をすると切りがありませんから止しますが、兎に角それで秩父の山の方は大体は分ったのであります。

秩父の谷

そこで今度は谷の方へ這入って見ようということになりました。それは何故かといいますと、この金峯山から雁坂へ縦走しましたときに、丁度国師と甲武信との間に東梓という山があります。その山の南面に両門岩という岩壁があります。その岩壁の上に立って谷を瞰下しますと、谷川のほとりに唐松の若葉が一際鮮かに冴えて居る所がありました。此日それを黙って暫く見て居ましたが、終に三人とも口を揃えて「あすこへ行って見たいなあ」と言い出したので、翌年はそこへ這入ることになったのでありました。それで翌年のやはり五月、三人で笛吹川を遡りまして、東沢の川の中をジャブジャブと歩いた。無論この時は川の中を全部徒渉して遡行する積りでありましたが、丁度鶏冠山という山の東へ流れて来る鶏冠谷というのがあります。鶏の鶏冠のように山頂に岩が突立っているのでそう呼ばれています。そこへ行きますと、川が全部瀞になってしまってどうしても進まれない、仕方なしに向って左側の方の崖をへつりながら上って行きました。道がないので、急斜面の崖を木につかまりつかまり辿って行くのですから、非常に時間が掛ってしまった。最後に出た小さな谷を瀑の水を浴びながら下り込むと、実に妙不思議といおうか法螺の貝という淵の所へ下りてしまった。ここは上の方も瀞、下の方も瀞、左右は崖で唯その細い急な谷川だけがそこへ出られる道なんです。どうすることも出来ない。もう夕方で、到頭そこへ泊ることになった。それを田部君が「秩父巡禮」に旨く書いている。「前と後とに物凄い瀞を控え、左右に聳立つ山をもって、明日の不安を心に抱きながら、而も生命の十分なる保証をもちながら、斯（こ）ういう所に一夜を明かすのは何と愉快な事だろう。」こんなことを書いているが全くその通りだと思います。見ると、前の瀞は非常に真碧で先は洞穴になって居ります。そのずっと奥の方から落ち込んでいると見えて滝は見えないが、白い泡がフツフツと沸立っている。天井に穴か何かあると見えて、そこから青い光線が射込んで来る。それを見ていると、もの珍らしいような怖ろしいような、非常に妙な感じに打たれた。その時は豚肉を持って行ったので、途中で黙って失敬したサヤ豌豆（えんどう）と一緒に煮て贅沢な晩餐を摂った。

それから翌日、下りた谷川を上って此日と同じように崖をからみ、少し登り気味の所を登って行くと、向うに直径三尺もある大きな穴がある。なんだと思って能くみると、それは熊の穴だ。雨の後ですから。熊の足跡がはっきり分る。付近には熊の糞もあった。これは甲武信岳で経験済みだから直ぐ分った。そこで熊の穴の下の方をソッと通って、やっと上流の割合に好い所へ出ました。それからは始終谷の中を遡って、最後に信州沢というのを通って、国境の尾根を乗越して梓川へ下りて梓山へ出ました。信州沢というのは楽な沢ですが、割合に面白い沢です。

その次には、東沢の本流である釜沢にはいって見ようということになって翌年の五月に出掛けて行くと、東沢の入口に丁度好い塩梅（あんばい）に魚釣りが居って、それに聞いた所に依りますと、沢の左岸の方に道があるというので、去年一泊して約七時間も費して而も大骨を折って行った所を僅かに二時間足らずで楽々と行きました。そこは大井川の支流である信濃俣とガッチ河内との合流点に能く似ています。そしてガッチ河内に当るのが釜沢で中俣に当るのが信州沢であります、ところが釜沢には入口に滝と瀞があって、どうもそこが通れなさそうです。已むを得ず遡行を止しまして、信州沢と釜沢の間の尾根を登って行きました。途中で霧が巻いて来て、なんだか左の方の崖のような所でドドドドという音がして直ぐウィウィウィという小豚の鳴き声のようなものが聞える。すっかり驚いてしまった。すかして見ても何も見えない。こっちが歩き出すと、またドドド、ウィウィという、けれども引返す訳に行かないから、耳を塞いで通りました。後で考えて見ると、それは恐らく猪だったろうと思いますが、遂に姿を見ずにしまいました。尾根へ出ますと、先年焚火をして私共が談笑した所がそのまま残って居って、非常に嬉しかった。それから甲武信に登り荒川の上流の真ノ沢の林道を通って栃本に出たが、この時も非常に愉快であった。

　その次の年には、東沢よりもっと嶮悪であるといわれている西沢を通って見ようと思って、東沢との合流点二股から西沢の方へ入って見ると、魚留瀑の所から奥へは容易に行けそうもないので断念しまして、此年中止した釜沢の方へ這入りました。瀑が七つ八つもあり淵も可なりありますが首尾能く通ることが出来まして、遂に甲武信岳の頂上へ達した。そして今度は甲武信の頂上から、雪が六七尺積っている所をまっしぐらに荒川の上流の真ノ沢へ下り込み、谷の中を辿って柳平という所へ出た。その当時は小屋は潰れてなかったのですが、今はちゃんと小屋が出来て居ります。そこで野宿して栃本へ出た。この時は釜沢を上ることが出来たので非常に嬉しかったのであります。

秩父の特色

これで先ず私の主なる秩父の沢と山とを知ることが出来たと思うのでありますが、この結果から判断しますと、どうしても秩父というものの特色は森林であり、又一方に於ては渓谷の美である。成ほど金峯山とか或は破風山のような岩の山もあります。又少し低い所では瑞牆（みずがき）山、武甲山、両神山のような山もありますが、何といっても秩父の特色は森林と渓流の美であります。それですから秩父へおいでになるのには、どうしても森林と渓流とが最もその特色を発揮している時が一番好いのでありまして、本来ならば春或（あるい）は秋、この二つの時季が一番好いのであります。どっちかというと夏はお奨めしたくないのですけれども、場合に依って夏行くことも已むを得ないでしょうから、その時は成べくこの特色ある場所を選んでおいでになる方が宜いと思います。先ず金峯山から甲武信岳まではどうしても見て置く必要があります。荒川と笛吹川の上流も是非見て置く方が宜いと思ます。

上越の山について

秩父の方へ余り深入りすると、上州の方がお留守になりますから、この位に致しまして上越の方へうつります。ついこの間上越の山に就てラジオで放送がありましたので、それを聴きますと大分面白い話でしたが、山の方には少し名前の間違いがあったようであります。例えば川古温泉を「カワフル」温泉、平岳を「タイラガ岳」、景鶴山を「カゲヅル山」、大黒山を「ダイコク山」と言われたようであります。尤も贋札と違って贋の名前などは、それが一般に通用するようになれば反て本物になってしまうような時がありますから、名前などはどうでも宜いようなものでありますが、しかし正しい名がある以上は正しい称呼に従うのが本当でしょう。癩病患者が鼠に喰われて骨ばかり残っていた話、追剝や、追剝のうわ手に出る和尚の話など面白いものでした。私の話は迚もそんなに面白くはない。唯ちょっとここで申上げて置きますのは、秩父の山はなんだか人間に喩えて見ると、ずっと育つ所までのびのびと育ったという感じの山でありますが、上州の山はなんだかこまっちゃくれた山だという感じがする。それは何故かというと、奥上州の山は高さが低い、二千米を越えている山は一つもない。それで尾根は幅が広く、山の起伏も割合に大まかで、突兀(とっこつ)とした岩山などは比較的に少い。頂上といえば刈り込んだような笹原とか灌木とか、そういうようなものが生えているので、どこから見ても中山性の山であります。その代表的のものは即ち平ケ岳と苗場山であります。平ケ岳は本来ヒラダケというのが本当なんですが、今では平ケ岳と呼ばれています。この二山は奥上州の山を縮図にした感があります。尾根の幅が広く、頂上はさして岩がないに拘らず、肩のあたりへ来ると、大分岩が突出して居ります。更に腹のあたりには岩が多い。山の裾の方になるとまるで岩ばかりの山が中々多いのであります。だからこれを麓の方から眺めると低い割合に高山相を呈して居ります。所謂こまっちゃくれた感じを呈して居るのであります。尤(もっと)もこまっちゃくれたといっても、人間のこまっちゃくれたのと違って、山はその方が有難いことがある。

上州の岩山

最も岩の露出の甚だしい、詰り岩石の立派なのは八海山から中ノ岳、駒ケ岳の山塊と、西は白砂山付近、中央では清水山塊でありまして、八海山の方では西の方の水無川に面して非常に立派な岩壁を露出して居りまして、上から眺めると全く肝を潰すようであります。あれは角蠻岩（かくばん）か何かで脆いものでありますが、或る部分は硬い所もあります。清水山塊の方でも、就中（なかんずく）谷川岳から茂倉岳に至る間の東側は、あの堅硬な閃緑岩が赤錆びた山骨を剥き出して居ります。私は初めて清水峠を通った時に、岩壁の素晴らしいのを見て、妙義山以上だと思いました。尤もその頃は妙義山以外の山は余り知らなかったのですが、兎に角そういう風に考えました。今日ではあすこで岩登りが盛んに行われて居ます。それから谷川岳の西南の方の俎岩（まないた）、幕掛岩、あの方面の山登りにしても可なり困難な所があります。この二つの所は大変立派でありまして、その外越後側にも岩の出ている所はあります。加うるに高い所まで秩父のように森林がないということも上州の山をさして割合に高山性を帯びているように感ぜしめる所以であります。更に又もう一つの特色としましては上州の山は雪が非常に多いのであります。秩父あたりですと仮令（たとい）雪が降ったにしましても、まあ上州ほどではありませんが——一日二日で黒木の上に積った雪がすっかり振り落されてしまうと、遠くから見た所ではやはり一つの森林の山としか見えないのであります、それが上州の山はあらわでありますから、あらわでないにしても、笹か矮（ひく）い木の繁った所でありますから、雪が積ると真白になる。そして可なりいつまでもそれが白くなっている。だから冬から春にかけて、前山は青くなっても、まだ後の方では真白く銀色に輝いている山が望まれる。これを望むと、二千米或はそれ以下という感じは起らない。二千五百米を越えている相当な山だという感じがする。それが上州の山が低い割合にこまっちゃくれた感じを持たせる原因でありましょう。でありますから、奥上州の山が最もその美しい景観を現わすのは冬から春にかけての雪の多い時であります。夏になりますと、この雪は大部分消えてしまいますが、それでもまだ可なりの雪が場所に依っては残っている。そういうことが秩父方面よりも奥上州の方面が却って人の注意を引く所以ではないかと思って居ります。奥上州の山は秩父と違いまして森林が割合に少い。それでも上越の山の範囲を西は野反(のぞり)池附近から東は尾瀬附近に限りますと、三国峠から西の方は割合に森林がありますが、あれから東、北の方には、下には森林はあるが上の方には森林がない。そしてその森林帯が闊葉、針闊混淆、針葉というようにはっきり区別されて居りませぬ、それですから白砂山、これはシラスと読むのが本当かも知れませぬが、白砂から三国峠あたりへ掛けましては、上越方面でも森林が頂上附近まで茂って居ります。

厄介な灌木

それですから上越の山へ普通に登山を試みようと思うならば、清水峠から仙倉(せんのくら)山に至る間が本当に縦走し得らるべき所でありまして、その他の方面は縦走は困難であります。遠くから見た所では、まるで苅込んだ草か或は芝生のように奇麗な青い山でありますが、実際そこへはいって見ると、自分の背丈よりも高く陣竹や灌木が生えている。その灌木も実は灌木ではなくて、喬木（きょうぼく）になるべきやつが雪や風に押し竦（すく）められて背丈が矮（ひく）くなっているのですから、極めて頑強なものです。そこを通る時は全く猿のように枝の上を渡り歩かなければならない。そして一度枝の下へ落ちると、非常に枝葉が密生していて網のようになっているから、上へ出ることは中々困難だ。そうかといって木の間を潜って行こうとすると、上が閊（つか）えて厄介だ。八海山から中ノ岳の間や利根川の奥山を通った時は、実際それが余りにひどいので、やけになって、落っこったら「ままよ」といって、そのまま二三十分もじっとして居った。何しろ上に這い上るには容易でない。木の高さはせいぜい七八尺位ですが、落っこちれば、上が籠目になって居って出られない。それですから、人夫を連れて行っても、人夫に付いて歩くことが出来ないで、銘々勝手に行き易い方へ行くから離れてしまう。それで「オーイ、オーイ」と呼んで見ると、とんでもない方向へ行っていることがあります。殊に利根の奥の方では斯（こ）ういうことが多いのであります。

それから谷の方で申しますと、この上越にも中々好い谷があります。例えば利根本流の如きは、非常に嶮阻（けんそ）で、容易に通過することが出来ない。あんな短い間でも時に四五泊を要する程度でありますが、中々景色は好い。それから上州方面の白砂川の如きも、白砂山の頂上から真直ぐに南へは入り込めない。そして川の中を胸あたりまではいって徒渉する場合がある。それから白砂川の反対にある越後側の清津川の如きも、通過に可なり困難な谷であります、又赤谷（あかや）川の上流阿弥陀瀑のあたりは黒部の或部分にも匹敵する嶮絶さを持って居ります。初めて奥上州の方へおいでになるのでしたら、先ず谷川岳を中心として――これは汽車の便も非常に宜しいから、宝川の笠あたりから清水峠を踰えて谷川岳あたりまで縦走するならばさしたる困難もなくて面白い。更に仙ノ倉あたりまではそうひどく藪に苦しめられずに縦走することが出来ます。更に西の方では野反池附近から白砂山へ登るもよし、そこから苗場山までの縦走も不可能ではありません。殊に苗場山は汽車の便が非常によくなったので一泊なら楽に東京から往復出来ます。兎に角秩父の方は森林がその美を代表、上越の方は山は低いけれども高山性を呈しているのが特色であります。これでこの二地方の山の大体をお話した積りであります。

〔昭和八（一九三三）年六月、朝日新聞社登山講習会での講演録。『山に行く人々へ』昭和八年・朝日新聞社〕

万太郎山・谷川岳・小出俣岳

上越の山の思い出

二十戸許りの人家が道の東側に軒を並べてひっそりしている、少しも宿場らしい所はない。谷川に沿うた西側には木の樋が引いてあって、それから流れ出る無色透明の湯が余り大きくない円や四角な桶になみなみと湛え、八月末ではあるが未だ陽の射さない朝の谷間に淡い湯気をあげている。湯の濃度は相当に高いが、中を覗くと青い藻の類が生えているものがある。こんな奇麗な湯が豊富に湧いているのに、一軒の温泉宿もないのは惜しいものだと思った。この街道を再三往復したことのある同行の老人に質すと、この湯は馬鹿湯で少しも温泉の効能がないから、土地の人の遣い湯にされているのに過ぎないのであるという。これは確か明治二十六年の八月越後の八海山に登る積りで清水峠を踰える折りに、午前四時半頃湯原を出発して湯檜曽を通った時に私の見聞した朧ろ気な記憶である。新道の方からはガタガタ車を軋らせたがら、二三台らしい馬力が通っている音が聞えて来るが、旧道では馬を曳いて朝草を刈りに出た帰りと想われる二人に逢った外は、峠を踰える迄人影を見なかった。

シラカッパの小屋に休んでお茶を飲む。お茶代として二銭を置く。栗の実に似たようで異っている木の実が土間の片隅に山に摘まれてある。途中にいくつとなく落ち散っていたもので，現に私も珍しいので五ツ六ツ拾って持っていた。主人に問うと、これは栃の実であって、擣(つ)き砕いて水に浸し、アクを抜いて食料にするのだと答える。栃の実で飯を炊くということを話には聞いていたが、実物を見たのは初めてで、何だか恐ろしく奥山に来たような感じがした。周囲の山の嶺(みね)には朝から雲が懸っていたが、この頃から益々低く垂れて今にも雨が降り出しそうになる。左手に赤黒い岩壁が続いている。まだまだ高く聳(そび)えているものらしい、妙義山よりも嶮(けわ)しい山であろうか、見るからに物凄い形相を呈している。これこそ小屋の主人からこの辺の高い山だと聞かされた一ノ倉だなと思った。峠の頂上からは遂に少しの眺望も得られなかった。

其(その)当時私は八海山を附近第一の高峰であろうと思っていたので、これに登れば群山を脚下に踏まえて遠く長天に睥睨(へいげい)することを得るものと信じていた。然るに頂上に立って見ると、成程鉄の鎖なども五ツ六ツあって、嶮しい山ではあったが、東の方には自分よ高い山が連亘(れんこう)していて、恰(あたか)も目隠しをされたようなので、すっかり失望してしまった。しかし西に開けた眺望には大に満足した。殊に鱗雲の高く懸っている天のあなた、日本海のはてに沈み行く落日の壮観は、其後に弥彦(やひこ)、鳥海及び越中薬師岳から眺めた日本海の落日と共に、強い印象となって残っている。
八海山の竜灯は磐城の閼伽井岳の竜灯と共に甚だ有名で、毎年旧七月晦日に参詣がてら之を見に登る信徒は、二三百人から多い年には千人にも余ったそうで、午後から出発し、絶頂大日岳に参拝してから、尾根を少し西に下った千本檜のお籠り堂に集って、この不思議な光り物の出現を待っているのである。人の話では少い時で十二三、多い時には五六十の松明の火程の光り物が、南西の山の裾から沢に沿うて中腹に上って来るとのことで、雨又は風の強い夜は現れないそうである。私の登った日は穏かであったので、出現の望みは充分であったが、私は大日岳で遊び過ぎて急いで帰る途中、誤って崖を辷り落ち、運よく木の古株に支えられて一夜を明かしたので、遂に之を見る機会を失ってしまった。竜灯の出る所は魚沼川の沿岸にも一二ケ所あるように聞いたが、今は八海山でも閼伽井岳でも絶えて其話を耳にしない。八海、銀山、駒ケ岳の三山がけのことも其折知ったけれども、これには是非案内者が必要であり、しかも私が登山した山口方面には適当な案内者が無いというので断念してしまったのは、今考えると残り惜しいことであった。

其後或年の夏休みに小千谷から田代の七ツ釜を見物して三俣に出で、三国峠を踰えたことがある。七ツ釜のことを知ったのは日本風景論であるから、明治二十八九年の頃だったと思うが判然しない。此時峠の上から連日雲に隠されていた苗場山をちらと望み得たので、更に好い眺望を得ようとして、左手の茅戸を登って一つの山頂に出た。私の持っていた地図は輯製二十万の高田図幅で、明治二十一年の出版であった。それでこの山を地図の千倉山と思ったのであるが、素晴らしい展望に全く驚喜してしまった。殊に近く右手に連る清水山塊の雄偉な姿に魅せられた。これ程いい山がこの附近にあろうとは全く思いがけぬことであった。地図にサコ山とあるのは正面の最も高い山であろう。富士山とあるが富士山らしい形をした山はない。孰れも硫々とした山ばかりである。或は浅間様が祭ってある為の名かも知れない。あの右の端にある尖った山の後あたりが清水峠であろうなぞと勝手に想像して、どうしても近い内に出直して登らなければならぬと考えた程強い印象を受けたのであったが、交通不便な当時に一週間以上を費して出直すことは容易でなかったので、いつもそうであったように此時のこの望みも近い頃まで実現されずに了った。草津から白根山に登って渋峠を踰えたのも、又檜枝岐から尾瀬を通って沼田に出たのも、この頃のことであったように思う。

明治時代に於ける私の上越の山旅は以上の二つに過ぎない。其他の野反池附近、谷川附近、苗場山、利根水源等の山旅は、大正時代のもので、私には比較的新しいもののみである。

［「登山とスキー」巻号不明／『山の季節』昭和十七（一九四二）年・昭和書房］

相俣宿と小出俣岳

木暮理太郎略年譜

『山の憶ひ出』(龍星閣)所収の登山記録のほか、田部重治『山と渓谷』『わが山旅五十年』、「霧の旅」第十九年第五十四号(一九四四年・霧の旅会)、武田久吉「亡き友木暮君を憶ふ」(「山岳」第四十三年・一九四八年)、中村清太郎「木暮理太郎伝」(「山と溪谷」一九五六年二月号)、山崎安治『劒の窓』(一九六二年・二玄社)、『山の憶い出』(平凡社ライブラリー)などから主な登山記録をまとめた。

明治六(一八七三)年

十二月七日、群馬県新田郡寺井村(現太田市寺井町)の農家木暮理重郎の長男として生れる。

明治十一(一八七八)年　六歳

祖母の湯治について湯ノ沢へ、背負われて赤城山に登る。

明治十八(一八八五)年　十三歳

富士講に加わり富士山に登る。

明治二十一(一八八八)年　十六歳

新田高等小学校卒業。

明治二十二(一八八九)年　十七歳

四月、上京。東京府尋常中学校(現都立日比谷高校)入学、後に私立郁文館へ転校。夏、父と前年爆発した磐梯山を訪れ、帰途檜枝岐—尾瀬—沼田。

明治二十六(一八九三)年　二十一歳

三月、私立尋常中学郁文館卒業。四月、第二高等学校(仙台)入学。八月、妙義山、浅間山、蓼科山、御岳山(八海山に登るとの記述もあり)。仙台では太白山、泉ケ岳に二十回以上登ったほか、御所山、四月の蔵王熊野岳などの登山を行う。

明治二十七（一八九四）年　二十一歳

九月、渡辺千吉郎の利根川水源探検隊の後を辿り、尾瀬に足を踏み入れる。

明治二十九（一八九六）年　二十四歳

七〜八月、針ノ木峠、立山、乗鞍岳、御岳山、木曽駒ヶ岳、甲斐駒ヶ岳、金峰山（金峰山は「信甲旅行日記」には記載なし）。

明治三十（一八九七）年　二十五歳

七〜八月、御岳山、その後北岳を試みるが引き返す。

明治三十一（一八九八）年　二十六歳

八月、鳳凰山、その後北岳を試みるが引き返す。

明治三十二（一八九九）年　二十六歳

東京帝国大学文科大学哲学科入学（『東京帝国大学一覧』による）。

明治三十七（一九〇四）年　三十二歳

月刊雑誌「ハガキ文学」（日本葉書会発行・博文館運営）の編集に従事。

明治三十八（一九〇五）年　三十三歳

東京帝国大学中退。この頃、文芸評論家の高須梅渓から紹介されて南日重治（※南日は明治四十三年四月、田部きよと結婚し田部家に入る）を知る。

明治四十（一九〇七）年　三十五歳

東京市史料編纂室嘱託となる。

明治四十一（一九〇八）年　三十六歳

『泰西名画鑑』(日本葉書会)刊行。

明治四十二(一九〇九)年　三十七歳

五月、小仏峠―(笹尾根)―三頭山手前―鶴峠―川野―七ツ石山―雲取山(南日)。十月ごろ、南日とともに辻本満丸宅に招かれ、小島烏水、高野鷹蔵、中村清太郎、三枝威之介ら日本山岳会の有志と相知る。十月、十文字峠―梓山―甲武信ヶ岳、川端下―金峰山(南日)。十一月、野田友枝と結婚。

明治四十三(一九一〇)年　三十八歳

春、武蔵野から秩父を眺める遊行(小島、田部、梅沢親光、中村)。

明治四十五・大正元(一九一二)年　四十歳

七月、雁坂峠―甲武信ヶ岳(田部)、両神山。八月、三ノ瀬―唐松尾山―雁峠―雁坂峠。十一月、三ノ瀬―唐松尾山―将監峠―大洞山―雲取山(田部、中村)。

大正二(一九一三)年　四十一歳

五月、金峰山―国師岳―甲武信ヶ岳―梓山―甲武信ヶ岳―雁坂峠(田部、中村)。七月(九月とも)、雑司ヶ谷で梅沢、武田久吉、中村、田部らと秩父会開催。八月、槍ヶ岳―五色ヶ原(田部)、続いて立山温泉―立山―剱岳別山尾根(田部、中村、案内=佐伯春蔵、宇治長次郎)。九月、日本山岳会入会(会員番号三一九。紹介者=高野鷹蔵、辻村伊助)。

大正三(一九一四)年　四十二歳

七~八月、雨畑―山伏峠―田代―信濃俣―イザルガ岳―茶臼岳―上河内岳―聖岳―赤石岳―悪沢岳―井戸沢―大河原(案内=望月雄吉ほか)。日本山岳会機関誌「山岳」第九年第一号に巻頭画「東京愛宕塔上より望める大井川奥山」「『東京より見ゆる山』の補遺」、同第二号に「秩父の奥山」を寄稿。日本山岳会幹事に就任。以降長らく「山岳」の校正、編輯に尽力する。

大正四（一九一五）年　四十三歳

五月、笛吹川東沢・信州沢（田部、中村）。七月、南又谷釜谷―毛勝山―大窓―小黒部鉱山―池ノ平―三ノ窓―剱岳―立山―御山谷―黒部川―東沢谷―赤牛岳―黒岳―野口五郎岳―烏帽子野陣場―高瀬川（田部、南日実、案内＝宇治長次郎、宮本金作）。

大正五（一九一六）年　四十四歳

五月、笛吹川東沢・釜ノ沢と信州沢間の尾根（田部）。

大正六（一九一七）年　四十五歳

六月、笛吹川東沢・釜ノ沢（田部）。七月、北又―恵振谷―朝日岳―白馬岳―八峰キレット―鹿島槍ヶ岳―針ノ木峠（田部、森喬、案内＝宇治長次郎ほか）。

大正七（一九一八）年　四十六歳

三月、小金沢山、大菩薩峠を目指すが、雪のため丹波山―大丹波峠―鶴峠―上野原（武田）。七〜八月、白峰三山、塩見岳、仙丈ヶ岳（武田）。十一月、桑西―黒岳―嵯峨塩―小金沢山―大菩薩峠―小菅（武田、浅井東一）。

大正八（一九一九）年　四十七歳

黒部川・鐘釣温泉―欅平―阿曽原―仙人谷―剱沢―立山（中村、案内＝佐々木助七、宇治長次郎ほか）。十一月、原―砥沢―不動沢―皇海山―六林班峠―銀山平（藤島敏男）。

大正九（一九二〇）年　四十八歳

四月、麓―大方山（毛無山）―雨ヶ岳―本栖湖（田部、松本）。七月、奥利根・小沢岳―大水上山―兎岳往復―平ヶ岳―大白沢山北方―尾瀬ヶ原―至仏山(藤島、案内＝林主税)。十月、日光・温泉ヶ岳―燕巣山―鬼怒沼山―日光沢(松本善二、人夫＝大金弥一郎)。十月、美ヶ原。

大正十(一九二一)年　五十一歳

三月、三頭山(霧の旅会)。以降、霧の旅会と密接な関係を持つ。五月、花敷温泉―四万(松本)。

大正十一(一九二二)年　五十歳

一月、日原―蕎麦粒山―川俣(武田)。四～五月、谷川温泉―阿能川岳(武田、松本)。六月、梓山―十文字峠―栃本(武田、義兄の野田九浦)。七月、朝香宮に随行し、西山温泉―農鳥岳―間ノ岳―野呂川―仙丈ヶ岳―甲斐駒ヶ岳。

大正十二(一九二三)年　五十一歳

秩父宮に随行し、燕岳―大天井岳―槍ヶ岳。

大正十三(一九二四)年　五十二歳

十月、尾瀬、燧ヶ岳(松本)。

昭和六(一九三一)年　五十九歳

六月、三国峠―赤湯―苗場山(松本)。十月、甲斐駒ヶ岳(阿部、岡田、他二人)

昭和九(一九三四)年　六十二歳

六月、笛吹川東沢。十月、与瀬―焼山―鳥屋(五、六人同行)。

昭和十(一九三五)年　六十三歳

春、尾瀬、燧ヶ岳、至仏山。八月、霧ヶ峰(雑誌「山」を発行する梓書房が主催したヒュッテ霧ヶ峰での「山の会」に講師として参加)。十二月、日本山岳会第三代会長に就任。

昭和十一(一九三六)年　六十四歳

『山岳講座』(全八巻・共立社)に「中央亜細亜の山と人」を執筆［改稿して「山岳」第四十五年(昭和二十五・一九五〇年)、『山の憶ひ出』増補版(昭和五十・一九七五年・大修館書店)に所収］。

昭和十三(一九三八)年　六十六歳

『山の憶ひ出』(龍星閣)上巻刊行。

昭和十四(一九三九)年　六十七歳

『山の憶ひ出』下巻刊行。

昭和十六(一九四一)年　六十九歳

日本山岳会が社団法人認可され、社団法人日本山岳会初代会長に就任。

昭和十九(一九四四)年　七十二歳

五月七日、心臓疾患のため逝去。

昭和二十六(一九五一)年

金峰山山麓金山に木暮理太郎記念碑建立。

没後刊行書　『木暮理太郎全集　山の憶ひ出』全四巻(一九四八年・福村書店)／『東京から見える山々』(一九四八年・朋文堂)／『山の憶ひ出』上下(一九五三年・福村書店)／『登山の今昔』(山溪山岳新書・一九五五年・山と溪谷社)／『山の憶ひ出』(日本岳人全集・一九六九年・日本文芸社)／『山の憶ひ出』増補版・上下(覆刻日本の山岳名著・一九七五年・大修館書店　※「登山五十年」「改稿　中央亜細亜の山と人」、展望図「東京から見える山々」を増補)。／『山の憶い出』上下(平凡社ライブラリー・一九九九年・平凡社)

至仏山にて著者（川崎房五郎撮影）

『山の憶い出　紀行篇』について

木暮理太郎は、大正時代、劔、黒部をはじめとする日本アルプスに残された未知の領域が次々と踏破された探検登山の黄金期ともいうべき時期に活躍し、奥秩父の開拓、槍ヶ岳から劔岳への縦走、笛吹川東沢遡行など、田部重治、中村清太郎らと行なった先駆的登山で知られる。

日本山岳会創立［一九〇五（明治三十八）年］の中心人物・小島烏水と同じ一八七三（明治六）年の生まれであるが、その登山歴は古い。一八八五（明治十八）年に十三歳で富士山、一八九三年に御岳などの講中登山（信仰登山）に始まり、二十二歳の時、志賀重昂『日本風景論』（一八九四年刊）の影響を受け、立山、乗鞍岳、御岳山、木曽駒ヶ岳、甲斐駒ヶ岳など、明治日本の近代登山発祥に先立って独自の登山を重ねている。一九一〇年に小島烏水ら日本山岳会有志と武蔵野遊行の際、中村清太郎は木暮を「隠れたる古き登山家」と紹介したと記している。

一九〇五年の南日（田部）重治との出会いを機に、高尾山や雲取山への山旅を重ねる中、二人は触発し合うかのように、奥秩父や日本アルプスで、次々と未知の領域を求めるスケールの大きな登山を重ねる。

主な山行は略歴に挙げたが、登山史上の記録的な登山は次のようなものがある。

一九〇九（明治四十二）年から一九一三（大正二）年にかけて、田部、中村らと数度にわたる奥秩父主脈縦走。開拓的登山の成果は一九一四年「秩父の奥山」（「山岳」第九年第二号／『山の憶ひ出』上巻）にまとめられた。

一九一三年八月、田部と槍ヶ岳から五色ヶ原を案内人なしで縦走し、中村、案内人・佐伯春蔵、宇治長次郎を加えて剱岳に別山尾根から登頂。五色ヶ原—槍ヶ岳の縦走は一九一〇年に三枝威之介、中村清太郎、辻本満丸が行っており、近藤茂吉も一九一三年七月、剱岳登頂後槍ヶ岳へ縦走しているが、いずれも案内人、人夫を伴っており、案内人なしでの大縦走は登山界の常識を覆す壮挙だった。剱岳は登山家としての第四登（一九〇九年の吉田孫四郎ら、一九一三年の近藤茂吉、同年の榎谷徹蔵に次ぐ）であり、別山尾根は近藤の初下降に次ぐ初登高である。木暮はこの登山の記録を残していないので、田部重治の「槍ヶ岳より日本海まで」（『山と渓谷』所収・ヤマケイ文庫ほか）『わが山旅五十年』（平凡社ライブラリーほか）を参照していただきたい。

一九一四年の南アルプス南部縦走は、一九一二年の中村の光岳から赤石岳縦走の初記録（「大井川奥山の旅」「山岳」第八年第二号／『山岳渇仰』）に次ぐもので、富士川から大井川に越し、まさに「奥山」の名にふさわしい山々を辿った大縦走である。

一九一五（大正四）年、田部、中村と、奥秩父・笛吹川東沢信州沢遡行。奥秩父の稜線から望んだ渓流の緑に誘われ、渓谷遡行に足を踏み入れた。

同年、田部、南日実（田部の甥）と、毛勝山から大窓、三ノ窓から剱岳へ剱岳北方稜線の初縦走、その後東沢から赤牛岳を経て野口五郎岳、三ツ岳、高瀬川へ。山稜と渓谷を縦横に巡ったこの記録の背景には、一九〇七（明治四十）年に陸地測量部の剱岳登頂で大きな働きをし、この後、冠松次郎の黒部川探検で超人的活躍をする宇治長次郎の存在がある。なお毛勝山は一九一〇年、田部らが阿部木谷・毛勝谷から登山者として初めて足跡を記している。

一九一七（大正六）年、笛吹川東沢の本流である釜ノ沢遡行。記録に残る最初の遡行であるが、本文にあるとおり途中まで人跡を認めている。

同年、田部、森喬と、恵振（いぶり）谷（上部）から朝日岳に登り針ノ木峠まで縦走。この時、宇治長次郎の八峰（はちみね）キレットの稜線上の通過は初記録。

一九一九（大正八）年、黒部川・鐘釣温泉から仙人谷。早くから黒部川に着目していた中村との山行。翌二〇年の田中喜左衛門らの上ノ廊下初下降、沢本千代二郎らの上ノ廊下初遡行、冠松次郎の平から黒部別山谷までの下降に先立つ記録で、下ノ廊下遡行の初めての試みである。日本電力による水電開発調査前の記録としても貴重である。なお、同年、佐伯平蔵を伴った近藤茂吉は仙人谷を下降、仙人谷出合付近で黒部川を渡り、牛首尾根から鹿島槍ヶ岳へ登った。また、沼井鉄太郎らは八峰から東谷を下降、十字峡に達し、棒小屋沢を遡行している。

この年、すでに四十代後半であったが、未知への挑戦の意欲は衰えることなく、同年十一月には、藤島敏男（当時二十三歳。一九二〇年、森喬、案内人・剣持政吉と仙ノ倉山―谷川岳初縦走）と足尾山塊の皇海山へ、登山者としての初記録となる。翌一九二〇年には藤島と、藪に閉ざされた利根川水源の山々を一週間かけて縦走踏査する。

以降、日本山岳会のほか、霧の旅会（一九一九年創立、一般の勤労社会人の山の会で、大菩薩連嶺などの東京近郊の山々を中心に歩き、松井幹雄、河田楨らの筆によって広く紹介した）に武田久吉とともに名誉会員として加わるなど、登山を続けたが、一九二三（大正十二）年、朝香宮に侍して南アルプス縦走、翌年、秩父宮に侍して燕岳から槍ヶ岳縦走、一九三五（昭和十）年、日本山岳会会長就任などが示すように、常に先蹤者として多くの岳人から敬愛され続けた存在であった。

著作は『山の憶ひ出』上下巻〔一九二五（大正十四）〜二六年・龍星閣〕にまとめられたが、その内容は、登山記に止まらず、古文書や古地図の研究、山名などの歴史考証、東京からの山岳展望の検証をはじめ、他に類をみない発想と探究心に基づく。これら著作の多くは日本山岳会機関誌「山岳」に掲載されたものだが、木暮は一九一四年以降、「山岳」の校正、編集に長く携わり、その立場からも登山界に大きな影響を与え続けたといえよう。後にはヒマラヤ研究に注力し、当時まだ遥かにあったヒマラヤ登山を志す者を導いたことも忘れてはならない。その成果「中央亜細亜の山と人」（『山岳講座』一九三六年・共立社）は、没後「山岳」第四十五年（一九五〇年）、『山の憶ひ出』増補版（一九七五年・大修館書店）に収められている。

本書では、木暮理太郎の登山の記録を中心にその足跡を辿るべく、『山の憶ひ出』龍星閣版を底本として、紀行を中心に登山の年月順に収め、『山の憶ひ出』に収められなかった紀行と随筆を年代に沿って加えた。回想記が多く登山時期がわかりにくいため、標題下に登山の年月を記載した。

新たに収めた作品は、幼少期からの回想「思い出ばなし」、仙台二高時代の「サビタのパイプ」、一八九六（明治二十九）年の御岳、木曽駒ヶ岳、甲斐駒ヶ岳を記した「信甲旅行日記」、中村清太郎との長閑な旅「栃本まで」、武田久吉との大菩薩連嶺の回想「大菩薩連嶺瞥見」、上州の旅日記「花敷温泉より四万へ」、秩父を中心とした回想講演録「上越及び秩父の山々」、明治の上越の回想「上越の山の思い出」の八篇である。また、奥秩父周辺、黒部川周辺、皇海山、利根川水源周辺、奥鬼怒、花敷から四万の地図を新たに加えた。

「秩父の奥山」「望岳都東京」「中央亜細亜の山と人」などの山岳研究の代表的著作は紙数の都合で止むなく割愛し「紀行篇」とした。

（編集部）

表記について

一、読者の便を図るため、以下の基準で表記の現代化を図った。

・引用文を除き、旧仮名遣いは現代仮名遣いに改める。

・常用漢字表に掲げられている漢字は新字体に改め、常用漢字表外の漢字は「表外漢字字体表」に従う。峰と峯、劒・劔・劍などの異体字は原著のままとする。

・送り仮名は原文通りとし、読みにくい語には振り仮名をつける。原著の振り仮名はそれを尊重する。

二、今日の人権意識、自然保護の考え方に照らして考えた場合、不適切と思われる語句や表現があるが、本著作の時代背景とその文学的価値に鑑み、そのまま掲載した。

山の憶い出　紀行篇

二〇二三年十二月五日　初版第一刷発行

著　者　木暮理太郎

発行人　川崎深雪
発行所　株式会社　山と溪谷社
郵便番号　一〇一―〇〇五一
東京都千代田区神田神保町一丁目一〇五番地
https://www.yamakei.co.jp/

■乱丁・落丁、及び内容に関するお問合せ先
山と溪谷社自動応答サービス　電話〇三―六七四四―一九〇〇
受付時間／十一時～十六時（土日、祝日を除く）
メールもご利用ください。
【乱丁・落丁】service@yamakei.co.jp　【内容】info@yamakei.co.jp
■書店・取次様からのご注文先
山と溪谷社受注センター　電話〇四八―四五八―三四五五
ファクス〇四八―四二一―〇五一三
■書店・取次様からのご注文以外のお問合せ先　eigyo@yamakei.co.jp

印刷・製本　大日本印刷株式会社

定価はカバーに表示してあります
Printed in Japan　ISBN978-4-635-04983-2